한국철학의
소통과 확산

"이 저서는 2021년 대한민국 교육부와 한국학중앙연구원(한국학진흥사업단)을 통해 K학술확산연구소사업의 지원을 받아 제작되었음 (AKS-2021-KDA-1250001)."

"This work was supported by the *Fostering a New Wave of K-Academics* Program of the Ministry of Education of the Republic of Korea and the Korean Studies Promotion Service (KSPS) at the Academy of Korean Studies (AKS-2021-KDA-1250001)."

한국철학의

박소정 • 정대현 • 이한구 • 김시천 • 한형조 • 조은수 • 정세근
장일규 • 도현철 • 김선희 • 심재룡 • 이은선 • 이중원 • 김교빈

소통과 확산

한국철학문화연구소 K-학술확산연구센터

성균관대학교
출 판 부

II. 한국 전통철학의 세 기둥, 유 · 불 · 도 사상

III. 한국 전통철학의 역사적 흐름

총론: 살아있는 전통으로서의 한국철학
: 한국–철학하기

박소정(성균관대학교)

  이 책은 성균관대학교 한국철학문화연구소 산하의 K학술확산연구센터에서 펴내는 첫 연구서입니다. 필자로 모신 선생님들과의 토론 끝에 이 책에는 처음 기획에서의 '한국철학의 새 지평'이라는 심심한 제목 대신 우리 센터의 프로젝트가 지향하는 목표를 담아 『한국철학의 소통과 확산』이라는 야심 찬 제목(이하 『소통과 확산』)이 붙었습니다. 2021년 7월부터 5년간 진행되는 사업의 한가운데에서 기획하여 출간을 맞이하는지라 저희로서는 지난 3년간의 사업을 되돌아보고 앞으로의 방향을 가늠하는 중요한 의미를 가집니다. 그런데 여러 선생님과 함께 책의 내용을 구성하고 공유하며 곱씹는 과정에서 저는 이 책이 다만 우리 센터의 성과물에 그치는 것이 아니라 한국에서 철학을 하는 이들에게 중요한 이정표가 되리라는 기대감을 품게 되었습니다.

  『한국에서 철학하는 자세들: 철학연구 방법론의 한국적 모색』이라는 책(1986, 집문당. 이하 『철학하는 자세들』)을 기억하는 분들이 계실 것입니다. 제가 1987년 철학과에 막 입학했을 때 공부 모임에서 돌려 읽었던 책이었습니다. 당시에는 적잖이 실망했던 기억이 납니다. 어린 마음에 한국철학에 대한 해답을 얻을 것이라 기대했는데 읽고 나서는 오히려 한국철학이라는 말이 과연 성립 가능한가? 라는 오랜 질문을 붙들게 되었기 때문입니다. 이 책을 다시 떠올리게 된 것은 그로부터 한참 지난 어느 날, *After Philosophy: End or Transformation*(1987, MIT Press, 이하 『철학 이후』)이라는 책을 만나면서였습니다. 대문자 필로소피, 즉 보편 철학이 이제는 가능하지 않다는 인식을 공유하는 유럽과 미국 철학자들의 글을 모아 "철학"의 종말, 혹은 변용을 논하는 책입니다. 서구에서는 내로라하는 철학자들이 모여 "철학"이 끝났다는 논의를 하고 있을 때, 우리는 뒤늦게 한국에 철학이 있냐 없냐, 있다면 어떤 범위와 규모를 가진 것이고 무엇을 대상으로 해야 하느냐는 논의를 겨우겨우 시작했던 것이었나 싶어 당시에는 못내 씁쓸했던 것 같습니다.

그러나 지금 다시 돌아보니 『철학하는 자세들』은 시대착오적인 책이 아니라 새로운 시대를 예감하는 책이었다는 생각이 듭니다. 비슷한 시기에 세상에 나온 두 권의 책은 공통점을 가질 뿐만 아니라 흥미로운 대조를 이루고 있습니다. 먼저 공통점을 살펴보자면, 두 권 모두 새로 쓴 글도 더러 있지만 대체로 그 이전까지 출간되었던 글들을 재수록하였는데, 『철학하는 자세들』은 1960년부터 1985년까지, 『철학 이후』는 1965년부터 1987년까지의 글들을 싣고 있습니다. 즉 두 책 모두 어느 한 철학자의 특정한 견해가 아니라 각각의 철학계에서 다양한 분야의 학자들이 참여하여 이삼십 년 동안 골몰해온 문제를 간추려 담고 있습니다. 반면, 두 책은 "철학"을 바라보는 서로 다른 태도를 선명하게 보여줍니다. 『철학 이후』가 20세기에 접어들어 서구 근대 철학의 자신감이 꺾이면서 당시 영미권과 프랑스, 독일의 철학자들이 공유하고 있던 위기의식으로부터 출발하여 대안을 모색한다면, 『철학하는 자세들』은 과연 현대의 철학적 문제의식과 방법론을 적용하여 한국의 전통 사상을 오늘날에 의미 있는 것으로 되살려낼 수 있을지를 다양한 각도에서 묻습니다.

그렇다고 『철학하는 자세들』이 "언어적 전회(linguistic turn)"라는 말로 대표되는 현대철학의 목소리를 무시하는 것은 아닙니다. 오히려 역사적 특수성에 안주하지 말고 철학적 보편성을 획득해야 한다는 분석철학자의 일갈까지도 소중하게 싣고 있습니다. 동시에 『철학하는 자세들』에서는 "우리 철학사"를 쓴다는 것이 "무모한 모험"이라고 자각하면서도 설사 띄엄띄엄 "큰 봉우리만을 점검"하는 것에 불과할지라도 어떻게든 시도해보겠다는 용기를 보여주며, 한국철학, 한국사상, 동양철학 등으로 접근 방식을 달리해가며 과거와 현재 사이의 대화를 이어가고자 합니다. 그런데 이러한 자세는 근대 중국에서 시도되었던 방식인 전근대의 문화전통 가운데에서 서양의 "철학"이라는 기준에 부합하는 것만을 뽑아서 서술하겠다는 태도와는 사뭇 다릅니다. 그리고 '동서 전통의 대화'라는 무모해 보였던 도전을 줄기차게 이어온 한국의 철학계는, 동아시아 세계에서 가장 먼저 "필로소피"를 받아들여 "철학"이라는 동아시아 공통 신조어를 만들어냈으나 동아시아 전통은 서양의 "철학"에 부합하지 않는다고 결론 지음으로써 이제는 "사상" 혹은 "종교"라는 이름으로 가르치고 연구하게 된 일본의 학계와도 매우 다른 행보를 보여줍니다.

그 후로도 우리 학계에서는 "한국철학의 회고와 전망", "한국 현대 철학 100년의 쟁점과 과제"와 같은 주제들이 꾸준히 토론되었는데,

중요한 것은 그때마다 이른바 "서양철학"과 "동양철학" 전공자들이 함께 참여하여 한국철학이란 무엇이며, 어떻게 해야 하는가를 토론해왔다는 점입니다. 『철학하는 자세들』의 출간으로부터 거의 40년에 가까운 시간이 흐른 지금, 우리는 여전히 한국철학의 정체성과 방법론에 대한 질문을 던지고 있고 아직도 모두가 동의할 만한 한국철학사를 가지지 못했다고 탄식하기도 합니다. 하지만 저는 그동안 쉽게 결론을 내리지 않고 어려운 질문이 응당 거쳐야 할 시간을 견뎌왔기에 오늘날 한국철학의 다양한 가능성이 움트고 있다고 생각합니다. 이것은 동아시아의 사상 전통을 전근대의 것이라 치부하지 않고 서양철학도 남의 것이라 소외시키지 않고, 이 모두를 감싸 안고 계속해서 대화해왔기 때문에 가능했던 일입니다.

저는 지금 여기 『소통과 확산』에 모인 14편의 글이 오늘날 살아있는 전통으로서 한국−철학하기의 신호탄이 되어줄 것이라 믿습니다. 38년 전의 『철학하는 자세들』과 비교해볼 때, 다소 거칠지만 다양한 분야 사이의 경계를 넘는 작업이 시도되어 한국에서의 철학함이 무르익어 가고 있음을 엿볼 수 있습니다. 그리고 무엇보다 엮인 글 대부분이 필자들 사이에 실질적인 대화를 거쳐서 수정·보완하거나 새로이 쓰인 글이라는 점을 말씀드리고 싶습니다. 센터의 연구기획팀에서 2023년 2월에 처음 출판 계획안을 내고 몇 차례 편집 회의를 거쳐 봄학기 동안 필자분들을 모시게 되었는데, 한 분도 빠짐없이 요청에 응해주셨을 뿐 아니라 논의 과정에서 필자 간 의견 교환이 이루어질 수 있는 워크숍을 제안하셔서 여러 달 동안 온·오프라인에서 난상(爛商) 토론이 이어졌습니다.

그동안의 여정을 간단히 소개하면 다음과 같습니다. 2023년 7월 4

일 국문연구서를 위한 온라인 간담회가 처음 열렸습니다. 다양한 질문과 깊이 있는 의견에 대면 회의의 필요성을 실감하게 되었고, 7월 26일에 오프라인으로 간담회를 열게 되었습니다. 여기에 많은 선생님이 대면으로 참여하셔서 이 책의 목표와 전망, 각자 맡은 주제와 글의 성격, 대상으로 삼는 독자층 등을 놓고 더욱 많은 대화가 이루어졌고 이는 집필 전 내용 조율을 위한 워크숍 개최 계획으로 이어졌습니다. 처음 생각했던 것보다 확대된 계획을 실행하기에는 센터 내부 인력만으로 역부족이라 판단, 김제란 선생님을 새로이 공동연구원으로 모시게 되었습니다. 그리고 9월부터 11월까지 4차례의 분과별 줌회의를 거친 후에 12월 8일에는 온종일 전체 워크숍을 가졌습니다. 의욕과 열정이 넘치는 선생님들의 모습을 오래오래 잊을 수가 없을 것 같습니다.

  살아있는 전통으로서의 한국철학이라는 연구프로젝트의 목표에 부합하는 내용으로 읽는 이에게 쉽게 다가갈 수 있는 간명한 글로 써주실 것을 당부드렸을 뿐, 주제별 내용과 서술 방식은 필자들께 전적으로 맡겼기 때문에 글이 가지런하지 않다고 느낄 수도 있겠습니다. 또한, 이 책이 한국철학과 관련한 모든 영역과 문제들을 다루고 있는 것도 아닙니다. 하지만 이 책은 새로운 한국철학사 서술을 목표로 하는 것이 아니라, 그동안 논의해왔던 "한국철학"이라는 개념에 대해 다시 생각해보고, 한국철학에 어떻게 접근해야 하는지, 각자의 관심 분야에서 짚어보아야 할 중요한 맥락은 무엇인지, 한국철학의 확장성과 미래 전망은 어떠한지 등의 문제에 대한 필자의 견해를 드러내는 것을 목표로 삼았다는 점에서 새로운 시도이자 흥미로운 제안으로 받아들여질 수 있으리라 봅니다.

"I부 오늘의 관점에서 한국철학 다시 보기"에는 오늘날 서양과 동양이라는 경계를 넘어 한국철학을 다루고자 할 때 취할 수 있는 과감하고 신선한 시각과 방법론을 제안하는 세 편의 글을 담았습니다. **정대현** 선생님의 「유불도 융합론의 음양적 우산」은 동아시아적 유불도 전통이 융합적 일원론의 전형으로서 오늘날 서양 주류의 이분법적 철학에 대한 대안이 될 수 있음을 주장합니다. 이 글은 서양철학의 주류를 이루어온 참·거짓의 이분법에 입각한 명제논리가 인간 경험의 중요한 부분인 윤리, 예술, 종교, 가능성 등의 언어를 경시했다는 한계를 보이는 지금, 한국의 전통적 사유의 역사에서 줄기차게 견지해왔던 유·불·도의 융합적 일원론으로부터 새로운 시대의 철학적 대안을 찾아보고자 합니다. 한국 전통철학에 이미 완성형의 대안이 들어있다는 주장이 아니라 유·불·도의 전통 가운데 어느 쪽이 이분법적 철학의 폐해에 대한 더 나은 대안이 될 수 있는지에 대한 현재의 토론을 통해 한국철학의 가능성을 소통하고 확장함으로써 실질적 대안으로 발전시킬 수 있다는 주장이라는 점에서, 오늘날의 한국철학을 모색하는 이들이 새겨들을 만한 제안이라고 생각합니다.

이한구 선생님의 「보편성과 특수성의 관점에서 본 한국철학 (2004년-2020년)」은 디지털 방법론을 활용하여 한국학술지인용색인(KCI)에서 데이터를 제공하기 시작한 2004년부터 약 20년 동안 한국 철학계에서 일어난 철학적 주제들을 서구철학계에서 논의된 주제어들과 비교한 실증적 연구입니다. 한국과 서구의 철학 학술지에 나타난 주제어의 중복 비율을 비교함으로써 21세기에 들어와서 한국철학의 성격이 보편성이 증가하는 쪽으로 변화했다는 결론을 얻었는데, 저에게 결과 자체보다 더 흥미로웠던 것은 그동안 한국철학에 대해 이루어진 다양한 규정들을 범주화하는 틀의 유효성입니다. 이 글은 한국철학의 정체성과 관련하여 서로 혼동되기 쉬운 입장들을 실체성과 역사성, 그리고 특수성과 보편성이라는 두 축을 교차시켜 네 가지 영역으로 나누어 봄으로써 선명하게 구분하여 비교 고찰할 수 있게 해 줍니다.

김시천 선생님의 「한국철학' 문헌 범위」는 '한국철학'을 탐구할 때 대상으로 삼아야 할 문헌 자료의 범위에 대한 질문으로 시작하여 '한국철학'에 대해 서양철학 전공자와 동양철학 전공자가 가지는 시대적 범위가 다르다는 지적으로 이어지고, 마침내 '동양철학'이라는 용어는 사라져야 한다는 과감한 주장으로 나아갑니다. 그리고 대안으로 제시되는 것은 '동양철학'이라는 근거 없는 포괄 개념의 일부로서가 아니라 "중국철학, 혹은 일본철학과의 차별성 차원에서" 한국철학을 정의해야 한다는 제안입니다. 더 나아가 이 글은 철학함의 장소성 문제를 제기하는데 이는 한국철학의 고유성을 강조하다가 초래되곤 하는 단절을 극복하기 위한 논의로서, 여기서 장소성이란 단지 한국철학에만 국한되는 문제가 아니라 글로벌 사회에서 철학적 사유가 일어나는 조건이자 활동 무대를 의미합니다. "동"은 우리 자신을 기준으로 하고 있지 않지만 "K"는 스스로에 근거하는 기표라는 주장에는 곧장 동의하기 어렵습니다만, 한국 사회에서 "동양철학" 전공자로 분류될 법한 필자가 보여주는 동서 철학을 오가는 활달한 분석과 풍부한 사례 제시는 읽는 이에게 오늘날 한국에서의 철학함에서 동양철학과 서양철학의 경계가 점차 사라지고 있다는 실감을 선사합니다.

"Ⅱ부 한국 전통철학의 세 기둥, 유·불·도 사상"에 유·불·도 사상을 넉넉히 횡단할 저력을 지닌 내로라하는 세 분의 필자를 모시게 된 것은 큰 행운이 아닐 수 없습니다. 어찌 짧은 지면에 한국 전통 철학의 세 가지 기둥의 내용을 남김없이 담을 수 있겠습니까마는, 세 분 선생님의 필력과 서술 전략은 그러한 염려를 불식시킬 만큼 거침 없습니다. **한형조** 선생님의 「이학(理學)의 좌표 & 조선 유학의 분지」는 읽는 이에 따라서 술술 읽을 수도 접근하기 어려울 수도 있을 듯합니다. 제게는 친절하고 너그러우며 언제나 영감을 주는 선생님이시지만, 유학의 정수를 전달하려는 이번 글은 아주 친절하지만은 않습니다. 골자를 추려보자면 유학은 지상 너머에서 희망과 구원을 찾으려하지 않고 지상에서의 위대한 약속인 '덕성'을 통해 개인의 행복과 사회적 선을 동시에 실현할 것을 추구해왔다는 것이고, 12세기의 주자가 체계화한 이기론(理氣論)은 새로운 체계가 아니라 유교의 오랜 '덕성'의 추구를 이론적 프레임으로 만든 결과라는 것입니다. 주자의 이기론을 한국철학이라고 볼 수 있는가라는 물음을 지나쳐서 조선 유학으로 들어서는 이 글은 '덕성'의 기원을 놓고 초월적 소명을 강조한 주리(主理)와 자발적 진화를 역설한 주기(主氣)로 나누어 각각 제시한 덕성의 기획을 정리합니다. 저는 주자에 이르기까지 동아시아의 학술과 사상에 깊고 선명한 흔적을 남긴 불교와 도가의 기여를 모두 유교에 수렴시키는 것에 완전히 동의하지는 않지만, 동서고금을 오가며 유교의 핵심을 지상의 원리로 해석함으로써 고리타분한 유교라는 통념을 불식시키고 많은 영감을 주는 글임을 인정합니다. 이 글 마지막에 놓인 열린 결말을 인용해둡니다: "유교는 하나가 아니다. 거기 아직 오지 않은 유교까지 있다."

조은수 선생님의 「한국불교의 철학적 담론과 특성을 통해 살펴본 특수성과 보편성」은 한국불교를 제대로 탐구하기 위해서는 한국이라는 맥락을 넘어 동아시아 및 인도 불교를 포괄하는 사상적 지형을 염두에 두어야 함을 일깨워줌으로써 한국불교를 바라보는 우리의 시야를 넓혀주는 글입니다. 인도에서 발원한 불교가 기원전 1세기경 동아시아에 전해져 오늘날 중국불교라는 이름으로 불리는 거대한 전통을 형성하게 된 역사적 배경을 간명하게 서술한 후 한국불교의 특징적 담론을 5세기의 고구려 승려 승랑, 글로벌 지식인으로 살았던 7세기의 신라 승려 원측을 통해 제시합니다. 이어서 우리에게 너무나도 잘 알려진 것 같지만 그 사상적 요체에 대해서는 파악하기 어려운 신라의 원효와 의상의 핵심적 문제의식을 쾌도난마로 설명한 후, 고려의 지눌 및 조선시대의 선불교 전통의 소개를 거쳐 근현대 한국불교의 정체성까지 일별하고 있습니다. 이 글은 민족주의 담론의 틀 속에서 일어난 통불교 등의 근대 담론에 대해서는 비판적으로 고찰하면서도 5세기의 승랑으로부터 조선 시대 휴정에 이르는 동안 한국불교가 보여주었던 진리 인식의 다층적 모델과 포괄적이고 융합적인 면모를 담백한 언어로 서술합니다.

정세근 선생님의 「새로운 도학으로서 한국의 도가」는 다소 여백이 많은 글입니다. 그것은 도가와 도교 사상을 추적하여 재구성하는 데 필요한 문헌 및 실물 자료가 지극히 부족한 탓이기도 하고, 필자가 지적하였듯이 도가철학이 지닌 다양성과 개방성과 정체성의 부정이라는 내적 특성 때문이기도 합니다. 그래서 이 글은 가장 초기의 기록인 『삼국사기』에 나타나는 고구려 장군 을지문덕의 노자 인용(612년)으로부터 시작하여 근대의 신채호 및 이능화의 견해에 이르기까지 종횡무진으로 도가와 도교 관련 자료를 언급하면서 여기에 필자의 내공과 상상력을 발휘한 해석을 얹습니다. 필자는 도가를 "너른 들"이라 부르며, 도가의 개방적이고 관용적인 정신이 한국철학의 미래로 구현되기를 기대합니다. 도가와 도교, 신선 사상, 단학 등의 다양한 개념이 호환적으로 쓰이는 점은 도가 연구가 부딪히는 어려움을 보여주고 있습니다. Ⅱ부에 실린 세 편의 글을 통해 읽는 이들은 큰 틀에서 유·불·도 사상의 체질을 충분히 익히셨으리라 봅니다.

"**Ⅲ부 한국 전통철학의 역사적 흐름**"에서는 한국 전통철학을 시간적인 흐름에 따라 일별할 수 있도록 5편의 글을 배치하였습니다. 한국철학의 기나긴 역사에서 보이는 큰 봉우리들 모두를 빠짐없이 담은 것은 아니지만 한국 고대 철학을 대표하는 신라의 최치원부터 20세기 중반의 근현대 유학과 불교까지 천년이 훌쩍 넘는 시간을 다루고 있습니다. 흥미롭게도 5편의 글들은 조선 유학을 대표하는 퇴계와 율곡에 대한 글을 제외하고는 모두 시대적 전환기 내지는 혼란기를 배경으로 성장한 사상가들을 다루고 있습니다.

장일규 선생님의 「최치원과 한국 고대철학」에서는 매우 다양한 자료를 토대로 최치원의 사상이 형성된 배경과 그 핵심 내용에 대해 면밀하게 검토하고 있습니다. 그 결과 최치원이 말하는 풍류도의 의미를 두루뭉술하게 표현하는 대신 관련 자료에 근거하여 다양한 실마리들과 연관시키고 있는 점이 매우 흥미롭습니다. 가령 그 유명한 「난랑비」 서문에서의 난랑이 바로 국선이었던 경문왕임을 지적한다던지, 최치원이 석가모니가 가섭에게 불법을 전한 것을 '풍류'라고 표현한 사례를 제시한다든지 하는 것이 그것입니다. 이 글은 최치원이 신라와 신라 사람들에 대해서 줄기차게 서술했던 내용, 이웃한 백제의 의례에 대한 기록, 그리고 우리나라에 대한 중국인의 사유를 언급한 기록 등을 통해 최치원의 내면을 상세하게 재구성해나감으로써 최치원을 '사람'을 중심으로 한국 고대 철학의 흐름을 갈무리한 온전한 사상가의 모습으로 복원해냅니다.

도현철 선생님의 「여말선초 유불 사상 전환의 성격」 역시 고려말의 혼란기를 배경으로 정주학(程朱學)을 적극적으로 수용한 고려 지식인들의 내면을 탐색합니다. 크게는 이색과 이숭인을 중심으로 하는 심성 수양 중시의 유학과 정도전과 조준을 중심으로 하는 제도 개혁을 중시한 유학으로 나누고, 이들이 지닌 학문 경향의 차이에 따라 유가와 불교의 차이에 대한 인식이 달랐을 뿐 아니라 고려의 기존 정치체제를 인정할 것인가 부정할 것인가에 대한 견해도 크게 달라졌음을 보여줍니다. 그리고 이들 가운데 유교의 이상사회론을 기초로 해서 체제 변혁을 추구한 입장이 정치적으로 승리함으로써 조선이 유교의 이념이 지배하는 사회가 될 수 있었으며, 이에 따라 불교 배척의 논리도 확립되어 유불 교체라는 사상교체가 이루어질 수 있었음을 주장합니다.

한형조 선생님의 「퇴계와 율곡, 그 동행과 갈림길」은 1558년의 퇴계와 율곡의 대면으로부터 시작하여 조선 유학의 두 거장의 사상적 차이와 갈림길을 흥미롭게 다룹니다. 이 글에서 검토하고 있는 편지 자료는 많지 않습니다. 처음 대면했던 1558년, 10년 후인 1568년, 그리고 1570년에 주고받은 편지를 마지막으로 율곡은 퇴계의 부음을 듣게 됩니다. 일반적인 연구논문에서는 퇴계와 율곡의 사상적 차이에 대해 대개 점잖게 표현하느라 다 드러내지 못하고 만다면, 이 글에서는 퇴계와 율곡의 만남과 거리 두기에 대해 적나라하게 그려냄으로써 우리에게 퇴계와 율곡의 인간 됨됨이를 생생하게 전달해줍니다. 퇴계의 꾸지람과 따끔한 충고, 그리고 율곡의 반발과 거침없는 비판까지도 불꽃 튀는 장면으로 묘사해냄으로써 두 사람이 주자학이 체계화한 길에 의지하여 유교 문명을 드러내고자 하는 공통 기반을 가졌으면서도 결국은 서로 엇갈리게 된 사정을 짐작할 수 있게 합니다.

김선희 선생님의 「근현대 한국철학: 유학의 심화와 경계의 확장」은 '실학'이라는 문제를 중심으로 근현대 한국철학을 다룹니다. 이 글에서는 조선 중기의 풍토와는 다른 새로운 학풍이 시작된 것을 통상 '실학'이라고 부르는 관행을 '문제'라고 보면서도, 정면으로 도전하거나 새로이 규정하는 대신 조선 후기의 지적 풍토와 사상적 전환을 이해하는 데 필요한 개념으로서 일단 받아들입니다. 이 글의 목표는 오히려 조선 후기 사상가들을 바라보는 전형적인 관점인 반주자학적이라든지 근대 지향적이라든지 하는 관점을 수정하여 이 시기의 사상가들이 행했던 다양한 학문적 시도들과 복합적인 면모를 드러내는 것입니다. 그래서 조선 후기 지식인들로부터 근대적 특징을 찾아내려는 세간의 시도를 무력화시키곤 하는 '중화주의'라고 불리는 정치 이념의 배후에 놓인 내적 동기를 살피고, 서학 지식에 접근한 연구 그룹의 다양성과 개방성 등을 다루며, 선교사들과 직접 접촉했던 중국의 지식인들과 달리 서학을 받아들인 조선 학자들의 학문은 자발적인 선택과 의지에 의한 것이었음을 주장합니다.

심재룡 선생님의 「근대불교의 네 가지 반응 유형 – 4대 사상가」는 이 책에서 유일하게 작고하신 필자가 2003년에 발표한 글을 오늘날의 문체에 맞게 가다듬어 재수록한 글입니다. 2부에 참여하신 조은수 선생님의 제안으로 싣게 되었는데, 심재룡 선생님은 『철학하는 자세들』을 기획하고 엮어낸 분인 만큼 우리의 책 『소통과 확산』과 연결고리가 생긴 듯 반가울 뿐 아니라 한국 전통철학의 흐름을 일별하는 3부에 꼭 필요한 내용이 아닌가 싶습니다. 이 글은 암울했던 일본 식민지 시대에 등장한 송경허(1849-1912), 백용성(1864-1940), 박한영(1870-1948), 그리고 한용운(1879-1944)을 전통주의자, 온건 및 과격 개혁주의자와 혁명주의자의 네 부류로 나누어 이들의 주장과 근거를 상세하게 다루고 있습니다. 비슷한 시기에 활동했던 불교사상가들로부터 이러한 다양한 유형을 발견할 수 있었다는 것 자체가 근대 불교의 가능성을 보여준다고 생각합니다. 필자는 20여년 전의 "현재 한국"에서 추진되고 있는 "새로운 한국철학의 정체"를 확인하고자 하는 작업의 하나로 이러한 틀을 마련했다고 밝히고 있는데 오늘날에도 그대로 적용될 수 있을 만큼 유효한 틀이라 생각됩니다.

마지막 "**Ⅳ부 한국철학의 현대적 모색과 새로운 가능성**"에서는 종교, 과학, 문화라는 학제적 맥락에서 한국철학과의 접점을 모색하는 세 편의 글을 담았습니다. **이은선** 선생님의 「종교와 철학의 통섭으로서의 한국 사유」는 한국의 전통적 사유는 서양 주류 철학이 구분해온 '종교'와 '철학'을 통섭해왔다고 보고, "가장 적게 종교적이면서도 풍성히 영적인" 포스트모던적 대안 영성으로 거듭날 수 있다고 주장합니다. 이를 위해 유교의 길을 역(易), 중(中), 인(仁)이라고 요약하고, 종교와 철학을 통섭으로 볼 수 있는 한국 유교의 세 가지 특질은 천명(天命), 성리(性理), 효친(孝親)이라는 구체적 언어로 표현될 수 있다고 주장하며, 여기서 한 걸음 더 나아가 조선 여성의 삶에서 구현된 성(誠)·경(敬)·신(信)을 통해 생명의 창조와 살림의 영성이라는 가치를 읽어낼 수 있다고 주장합니다.

이중원 선생님의 「현대과학과 한국철학의 만남─ 관계론적·유기체적 세계관」은 동서 사유 전통의 교섭사에서 한때 가장 뜨겁게 달아올

랐던 현대과학과 동양사상의 만남이라는 매혹적인 주제가 지난 수십 년간의 풍화를 거치면서 비로소 차분하고 간명한 언어로 기술될 수 있게 되었음을 보여주는 글입니다. 현대과학과 한국철학의 만남이라는 제목이 붙기는 했지만, 이 글의 대부분의 지면은 과학 전공자가 아니더라도 이해할 수 있게끔 현대 과학이 부딪힌 난감한 상황들을 설명하고 새로운 패러다임이 요구된다는 점을 전달하는 데 할애됩니다. 우리가 경험하는 거시 세계 이외의 미시, 중시, 초거시 세계에서 일어나는 현상들을 기존의 물리학이 정초하고 있는 세계관으로 설명할 수 없다는 점은 잘 알려져 있습니다. 우리 시대는 부분에서 전체로, 구조를 과정의 산물로, 개체에서 시스템으로의 인식의 전환을 요구합니다. 그러나 아직까지 서양 근대 과학 그리고 철학은 이를 설명해낼 수 있는 언어를 가지지 못했습니다. 이 글은 한국철학에서 견지해온 관계론적이고 유기체적인 사유의 모델과 현대과학이 요청하는 새로운 패러다임 사이에서 발견되는 접점을 탐구해보자고 조심스럽게 제안합니다. 지면의 한계로 인해 접점에 대한 자세한 서술이 전개되지는 않았으나 오늘날 과학의 시대에 철학의 역할을 고민하는 분들에게 일독을 권합니다.

김교빈 선생님의 「아는 만큼 보이는 한국문화와 한국사상」은 한국 전통철학의 의미를 서구철학과의 비교와 대결을 통해 입증하는 대신, 더 넓은 범위를 포괄하는 개념이자 보다 강력한 힘을 가진 자원이라고 할 수 있는 '문화'에 눈을 돌릴 것을 제안합니다. 물론 필자는 '문화(文化)'가 서구의 '컬처(Culture)'의 근대 번역어이기는 하지만 동아시아의 개념 네트워크 속에서 의미를 부여받는 이상 '컬처'라는 개념과 정확히 일치하는 의미값을 가지는 것이 아니라는 점을 잘 알고 있습니다. 인문학적 함의를 지니는 동아시아의 '문화'라는 함의를 살려본다면 한국사상은 한국문화와 불가분의 관계에 있다고 볼 수 있습니다. 이 글은 서구의 "철학"이 상륙했을 때 한국사상을 바라보는 틀을 수립하고자 했던 박종홍이 조선 미술사와 조선 사상사를 같은 구도에서 서술했음을 예로 들면서 한국사상을 이해하는 데 있어서 한국문화의 탐구에 대한 관심이 필요하다는 점을 역설합니다.

『소통과 확산』의 내용을 정리하면서 처음 기획했을 때보다 확실히 더 짜임새 있는 구조를 가지게 되었음을 실감하게 되었습니다. 분과별로 만나서 토론하면서 그리고 전체 워크숍을 진행하면서 알게 모르게 마치 서로 선창하고 화답하듯이 서로 부추기고 마름질함으로써 다소 느슨하고 허술했던 구상이 서로 단단하게 엮이게 된 측면이 있는 듯합니다.

먼저 글 한 편을 완성하기 위해 여러 차례 거듭된 간담회와 워크숍에 참여하여 토론하고 퇴고를 거듭하는 수고를 마다하지 않으신 필자분들께 깊은 감사와 존경의 인사를 드립니다. 3차년도에 연구기획팀장을 맡아 초반의 기획과 섭외를 담당해준 이원준 박사님, 편집 회의를 통해 이 기획이 실현될 수 있도록 도와준 강경현 부센터장님께도 감사드립니다. 워크숍 개최로부터 원고 수합과 교정 등 출판을 위한 전 과정을 도맡아주신 김제란 선생님께 깊은 감사의 말씀을 드리며, 정갈한 단행본으로 출간하는 데 심혈을 기울여주신 성균관대학교출판부 임직원 여러분들께도 감사드립니다.

I

오늘의 관점에서
한국철학 다시 보기

유불도 융합론의 음양적 우산

정대현(이화여자대학교)

1. 과제-이분법적 철학에서 융합적 철학으로

지구촌 현대철학의 지형도는 여러 가지 방식으로 그릴 수 있을 것이다. 그 중의 하나는 이분법적 이원론과 융합적 일원론의 대치라는 그림으로 그려볼 수 있다. 그러한 대치가 심각할수록 양자 중 택일의 논쟁은 치열할 것이고 논쟁의 장을 명료하게 할 필요가 커진다. 이 책이 채택한 『한국철학의 소통과 확산』이라는 표제는 그러한 지형도를 진지하게 바라보면서, 소통하고 확산해야 할 한국철학이 융합적 일원론의 전형이라는 믿음을 나타낸다. 이러한 철학적 지평에서 제기될 수 있는 과제들은 다양할 것이다. 이 글은 그 중의 하나를 "한국철학사의 중심에서 논의되어 온 동아시아적 유불도 전통이 어떻게 융합적 일원론의 전형일 수 있는가"를 밝히는 것으로 선택하고자 한다. 이를 위해 유불도는 음양적 시위(時位) 존재론과 융합적 수행론을 포함한다는 가설을 제안한다. 먼저 개략적인 배경적 문제를 제기한다.

1.1 서양주류철학의 이분법적 이원론

서양철학의 주류는 플라톤으로부터 데카르트, 칸트, 흄, 현대 분석철학에 이르기까지 이분법적 철학의 패러다임을 이어 왔다. 현상/실재, 이성/감성, 마음/몸, 선/악 등의 이분법은 궁극적으로는 "모든 문장은 참이거나 거짓이다"라는 진위(眞僞)의 이분법을 당연시하거나 절대화했다. 진위의 명제논리나 일차술어논리는 형식언어, 기계언어를 발전시켜 현대 정보문화에 일정 부분 기여했다. 그러나 그 논리는 외연적 시공상의 사물만을 실재하는 것으로 상정하여 세계나 인간 경험의 많은 부분을 제외하거나 경시하여 일상언어를 왜곡하였다. 윤리, 예술, 종교, 가능성 등의 언어는 '심리적', '평가적', '주관적', 또는 '피안적'이라고 분류하여 설명해 '버림'으로써, 인간 삶의 지성적 공간을 외연적이고 기계적이고 사물적인 질서로 채운 것이다. 진위의 이분법적 언어는 일종의 흑백논리로서 흑과 백 사이에 무수히 많은 색깔이 있다는 것을 간과하여, 세계나 인간 실재에 온전히, 충만하게 접근하거나 설명, 이해하는 데 한계를 보여왔다.

1.2 동양주류철학의 융합적 일원론

동양철학은 오랜 역사만큼 다양한 전통들을 가지고 있다. 그 전통들은 대부분 융합적 일원론을 향하여 있다. 여기에서는 한국철학사에서 많이 논의된 유불도(儒佛道)의 세 전통에 한정하여 주목하고자 한다. 신라의 최치원(崔致遠)이 유불도를 '삼교(三敎)'로 이미 분류한 것은 그 오랜 전통을 인정하게 한다. 유불도의 융합적 철학은 여러 가지 방식으로 접근될 수 있겠지만, 주어진 문맥에서 그 전통의 특징적 개념 중의 하나로 강조되어 왔던 성(誠), 연기(緣起), 도(道)의 개념들에 주목할 수 있을 것이다. 한 존재의 성(誠)은 '다른 모든 존재자들과 상호작용하는 문맥에서 그 존재의 본래적 목표를 구현하는 능력'으로 이해된다. 연기(緣起, paticca-samuppada)는 '종속적 기원의 주기적인 과정을 통해 존재의 상호 연결성과 고통의 발생을 원인과 결과의 연쇄로서 보이는 개념'으로 간주된다. 도(道)는 '우주가 조화, 균형 및 자발성으로 이루어져 있다는 원리'로 인식되어왔다. 유불도의 세 전통은 융합적 구조나 논리적 표현을 달리 개진하고 있지만 세계는 하나라는 융합적 지향은 같다고 할 수 있을 것이다.

유불도 전통을 성(誠), 연기(緣起), 도(道)의 개념들로 요약하고 구조화하고 연결할 수 있다면 동양주류의 융합적 철학은 서양주류의 이분법적 철학에 대한 대안이 될 수 있을 것이다. 그렇다면 한국철학의 소통과 확산의 과제는 정당화된다. 그러면 이를 향한 과제는 무엇일 것인가? 이러한 문맥에서 한국철학의 연구주제는 무엇이어야 할 것인가? 나는 적어도 두 개의 과제를 제안하고자 한다. 하나는 유불도의 전통을 하나의 우산 아래에서 연결하고 힘을 모으는 작업이다. 그 우산은 음양론일 수 있는가를 논의할 수 있을 것이다. 다른 하나는 유불도가 그동안 존재론에 주력하였지만 이제 그 존재론으로 수행론을 보완하는 작업일 것이다. 민간 전통이나 기업 시장에 맡겨져 있는 유불도의 수행론을 그 존재론과 합일하여 보다 온전한 융합론으로 태어날 수 있기를 바라는 것이다. 다가오고 있는 과학시대는 한편으로 위협적이지만 다른 한편으로 융합적 전통을 지지하는 세력이고 분위기를 이끌고 있다고 생각한다.

1.3 과제 1 — 융합적 일원론의 존재와 수행

유불도 융합적 일원론이 가지고 있는 여러 과제 중 하나는 그 존재
론과 수행론을 통합하는 것이다. 존재론과 수행론을 통합한다는 것
은 어떤 작업인가? 먼저 통합하지 않았을 때의 융합적 존재론은 지식
에 그치고, 말로만 하는 '융합'이란 그 지식의 표제일 뿐이다. 실천하
지 않는 윤리 이론가와 비슷한 상황에 빠질 것이다. 그러나 통합했을
때의 융합적 철학은 예술의 지식과 수행의 통합에서 이루어지는 무용
이나 연주 같은 융합이 될 것이다. 융합론이 매력적이고 강력한 까닭
은 인간이 몸과 마음의 일원적 융합체이기 때문이다. 그러면 융합적
일원론자의 삶은 이상적으로 무엇일까? 많은 성찰을 해야 하지만 우
선적으로 시[詩]·글[書]·그림[畵]·음악[音]·무예[武]·무용[舞], 또는
정신적 절대 자유의 소요유(逍遙遊)같은 "우주적 융합의 명상을 수반
하는 몸의 행위 사태"를 고려할 수 있을 것이다.

인간이 몸과 마음의 일원적 융합체라면 동양 주류의 융합적 일원론
은 우주 구성방식으로서 정당하고 우주적 삶에 맞는 철학일 것이다.
그러나 이 주류는 어떻게 융합적 일원론의 존재론에 머물고 그 수행
론을 그 만큼 강조하지 않았을까? 그러한 괴리에 대한 하나의 추측이
가능할 것이다. 서양 주류는 이분법적 이원론의 존재론을 구성하고
이를 정당화하는 과정에서 그에 맞는 인식론을 발전시켜 왔다. 반면
융합적 일원론은 서양 주류의 인식론의 효과적인 대응으로부터 눈을
떼기가 어려웠을 것으로 짐작된다. 서양주류가 그 이분법적 존재론으
로부터 이분법적 인식론으로 이행하는 것이 당연했다면, 동양주류는
일원적 존재론으로부터 융합적 수행론으로 꾸준히 이행해 왔어야 한

다. 유학의 시서화, 불교의 참선, 도가의 기공 등의 수행은 더욱 이어지고 심화되었어야 하는 것이다.

1.4 과제 2-유불도의 융합적 음양론

융합적 일원론의 또 하나의 과제는 유불도 전통을 음양론이라는 하나의 우산 아래에 엮어 볼 수 있는가라는 물음이 던지는 과제이다. 다음 장에서 좀 더 논의할 것이지만 여기에선 단편적 성찰을 한다. 유학의 주돈이는 『태극도설』에서 "태극은 음양이라는 두 기가 섞여 나뉘지 않은 상태"라고 하였다. 주희는 『주자어류』에서 "사람마다 하나의 태극이 있고, 사물마다 하나의 태극이 있다"고 하였다. 태극은 음양오행의 리의 전체로서 그것의 전개는 바로 음양오행과 만물이라는 것이다. 불교의 연기(緣起)는 모든 존재가 서로 의존적으로 연결되어 생긴다는 개념으로 용수의 『중론』에서 밝혀진다. 따라서 연기 개념은 그 존재론을 바탕으로 인식론적 설명 도구와 윤리적 공생 모델을 제시할 수 있는 것이다. 도가의 도(道)는 "말로 표현할 수 있는 도는 영원한 도가 아니고, 부를 수 있는 이름은 영원한 이름이 아니다. 무명은 천지의 시초요, 유명은 만물의 어머니이다"라는 노자의 말과 "모든 존재마다 도의 표현이 아닌 것이 없고, 모든 존재마다 옳지 않은 것이 없다…… 도(道)로 통하여 하나가 된다"라는 장자의 말로 요약될 것이다.

유불도는 융합적 철학을 서로 다른 말로 표현하지만 그 표현되는 바의 존재론적 기반은 동일한 것이라 상정할 수 있다. 이러한 상정은 자연스러울 뿐 아니라 필연적이라 할 수도 있다. 그러면서 생기는 하나의 의문은 전통적 음양론을 논의하면서 "어떻게 이를 유불도를 통합하는 하나의 우산으로 제안하지 않았을까"라는 의문이다. 이러한 우산에 대해 유불도는 각기 반대하거나 주저할 이유가 보이지 않기 때문이다. 과거에는 공동의 적이 없었기 때문에 적극적이지 않았을 것이다. 그러나 상황은 달라졌다. 서양 주류의 이분법적 이원론이 인간 지성계를 주도하고 왜곡하는 상황에서 동양주류가 제시한 '동도(東道)'의 대응책은 정당하고 올바른 것이었지만, 정당한 평가를 받지 못했다고 생각한다. 이 대응책은 유불도를 통합하는 음양론이라는 우산을 통해 더욱 효과적이고 강력한 대응책이 될 수 있었을 것이다. '동도서기'의 '동도'라는 구체적 체계의 제시에 소홀했던 것이다. 음양론이 실제의 삶에서 선명하게 유통되고 신봉되고 있었다는 점을 고려할 때 그러한 소극적 대응은 아쉬운 지점이다. 그렇다면 지금이라도 '동도'의 보다 선명한 대응책을 제시할 수 있어야 할 것이다.

2. 융합적 존재론 1–유불도의 융합성

2.1 유가적 성(誠)의 통전성

유가 철학을 요약할 수 있는 핵심 개념들은 여러 가지이다. 한형조는 유학의 모든 국면을 아우르는 총체론적 접근보다는 개념적, 실천적 부담을 줄일 수 있는 최소론적 접근법을 제시한다. 성즉리(性卽理)라는 개념이 유학의 단일한 필요충분조건일 수 있다는 것이다: 인간이 구현해야 할 길이 우주적 지평에서 인간 안에 선험적으로 예비되어 있다. 리(理)는 천지가 있기 이전에 있었고 능동적으로 천지를 있게 하고 유지한다는 것이다. 그는 이를 기반으로 자연신학(自然神學)을 구성할 수 있다고 믿는다. 레게(J. Legge)의『중용』에 대한 종교적 해석과 일치한다. 리의 이러한 능동성은 중용의 성(誠)의 통전성(統全性)과 맥을 같이 한다.『중용』의 '성(誠, cheng)'은 전통적으로 논어의 인 개념의 무게를 좇아 윤리적으로, 인간학적인 해석인 '정성성'으로 이해되어왔다. 그러나 "성(誠)은 만물의 처음이요 마지막이니, 성이 없다면 만물이 없는 것이다[誠者物之終始, 不誠無物]"와 같은『중용』의 지배적 존재론을 구성하는 명제들이 허다하다. 성은 윤리적으로는 정성성이지만 형이상학적으로는 통전성으로 해석하는 것이 자연스러워 보인다. 정성성과 통전성을 통합할 때 "지성(至誠)이면 자신의 본성을 다하여(盡性) 성기성물(成己成物: 나를 이루는 것과 만물을 이루는 것이 맞물려 있다)하고 성인(聖)의 경지에 이른다"라는 명제가 온전한 뜻을 갖는다고 할 것이다. 이것은『중용』의 대의라고 생각한다.『중용』은 이 대의를 인간만이 아니라 만물에 적용하고 있다. 이 글에서는 유가 철학의 융합성을 더 잘 보인다고 생각하는 그 형이상학적인 국면인 통전성, 즉 성의 지향성과 맞음론의 두 국면에 주목하고자 한다.

"성(誠)은 통전(統全, integration)적이다"라는 명제를 지지하기 위해 먼저 살펴야 하는 것은 성의 통전이라는 능동적 속성이 무엇인가라는 점이다. 이 물음은 그러한 성이 지향적일 수 있는가라는 물음을 불러 일으킨다. '성(誠)'이라는 한자어는 언(言)과 성(成)이라는 두 요소로 구성되어있다. '언(言)'은 언어, 원리, 목표를 뜻하고 '성(成)'은 완성, 실현, 도착을 뜻한다. 성(誠) 개념에 대해서는 많은 주석들이 있지만 이를 지향성으로서의 통전성 프레임에서 해석할 수 있는 5개의 명제를 제안하고자 한다.

(1) 誠은 사물이 모든 다른 존재와 더불어 자신의 본래적 목표를 실현하는 인간과 만물의 마음 능력이다;

(2) '마음'은 단일한 실체적 종의 능력이 아니라 정보를 처리하는 복합성의 존재들의 능력을 지칭한다;

(3) 개체의 誠은 만물의 道理와 맞물린 그 개체의 道理를 이루는 개체의 수행의 성질이다;

(4) 만일 진화가 더 맞는 종으로의 과정의 역사라면 역사는 더 지적이고 더 공정한 생명 형태의 진화이다;

(5) 개체의 성(誠)은 그것이 주변과 관계하는 상황에서, 모든 조건이 같다면, 최선을 구현하는 속성이다.

이 명제들을 각기 지지할 수 있다면 이들은 연언적으로 지향성으로서의 성 개념의 구조를 나타낸다 할 것이다.

지향성으로서의 성 개념이 얻어진다면 다음의 과제는 그러한 지향성의 존재가 어떤 기준으로 실재의 부분으로 얻어질 것인가의 과제이다. 전통적으로 그러한 과제는 소박실재론이나 진리 대응론으로 수행되어 왔다. 그러나 다음에 주목하고자 하는 세 철학자는 달리 생각한다. 이들은 맞음(fitting) 관념을 소극적으로지만 분명하게 시사한다. 비트겐슈타인(L. Wittgenstein)은 우리가 말을 듣거나 문장을 읽을 때 "시간이 걸리지 않고 순간적으로 이해한다"는 사실에 주목한다. 그것은 '진리 의미론'에 따른 복잡한 절차를 밟는 것이 아니라 문맥에 맞는 것을 순간적으로 눈치챈다는 것이다. 그리고 우리가 단어를 다른 방식으로 사용할 때 '일관성 원리'를 사용하는 것이 아니라 그것이 맞는지

안 맞는지를 순간적으로 느낀다는 것이다. 굿맨(N. Goodman)에게 맞음 개념은 물리적인 것이 아니어서 대응, 짝짓기, 반영, 결집의 수동적 사안이 아니라 맞추어가는 능동적 과정이라고 생각한다. 골드맨(A. Goldman)은 참인 선접문, 조건문, 반사실문 등은 사실 체계로서의 진리론에 대한 반례라고 생각한다. 세계는 기성 범주 체계로 주어지는 것이 아니라 맞춤 양복을 지어 입듯이 삶에 맞게 맞추어간다는 것이다. 이러한 통찰은 맞음 개념이 서양 언어에서는 익숙하지 않은 개념이므로 놀라운 것이다. 동북아 전통에서는 맞음 개념의 어휘들이 일상언어에 강하게 기반해 있는 것을 알 수 있다. 성(誠), 통(通), 도(道) 등과 관련된 융합적 어휘들은 진리, 대응, 실재 등과 관련된 이분법적 어휘들보다 일상언어에 지배적인 영향력을 발휘하고 있는 것을 볼 수 있다.

2.2 불교적 연기(緣起)의 상호의존성

불교 철학의 융합성을 보이는 여러 개념들 중의 하나는 연기 (緣起, paticca-samuppada)이다. 용수(龍樹, Nagarjuna)는 그의 『중론(中論, Madhyamakakarika)』을 통해 중관 사상의 연기 논리를 정치하게 구성한 것으로 간주된다. 용수가 원시불교에서 이어받은 연기 개념의 큰 구조는 다음과 같은 싯구에 나타나 있다. "이것으로 인해 저것이 있으며, 이것이 없으면 저것도 없고, 이것이 생기므로 저것이 생기며, 이것이 사라지면 저것도 사라지느니라."

홍성기는 이 싯구에서 '이것'과 '저것'이라는 색인사의 사용방식을 분석하여 연기 개념의 상호 의존성을 보이고 있다.[1] '이것', '저것'은 특정 개별자를 지칭하는 것이 아니라, 임의의 대상이나 상태를 나타내는 변항적 색인사이다. 이 싯구는 상태들 사이의 상호의존성을 보인다. 개별자로 취하는 경우 절대적 시간과 공간에서의 인과적 관계로 한정되지만, 상태로 취하는 경우 시간과 공간의 무궁무진한 차원들과 범주들의 존재를 망라하는 것이다. 불교의 세계(法界)를 총괄하는 것이다. 우주의 모든 사태들의 상호 의존성으로서의 연기는 '이것'과 '저것'이 서로 다르다고 초견적으로 파악된 질서가 결국 연결된 하나라는 것을 보이는 개념이다.

　연기 개념의 이러한 논리적 분석의 성격의 자리는 명료하게 보여질 수 있을 것이다. 그러나 연기는 논리적 분석으로 도달되는 것이 아니다. 어떤 진리론이나 집합론이나 논리체계의 배중율도 역설에 걸리는 것처럼 연기개념을 논리적으로 말한다면 순환논법에 빠질 수 있다. 실재론적으로 오해될 여지를 갖는 것이다. 이웃을 깨달음으로 인도한다고 하면서 더 큰 해를 끼칠 수 있는 것이다. 잘못 잡은 뱀이나 잘못 닦은 주술 같은 것이 되고 만다. 궁극적으로 모든 이론은 선험적 근거를 결핍하고 있기 때문에 공(空)앞에 서게 된다고 한다. 모든 의견이나 관점의 소멸을 뜻하는 것이다. 인간 지성의 역할은 잘못된 사유를 논파하고 올바른 견해를 드러내는 '파사현정(破邪縣正)'일 뿐이라고 한

---

1) 홍성기,「緣起說의 관계론적 해석에 기반한 陰陽五行論의 재구성」,『한국불교학』 37, 2004, 289-321쪽 ; 홍성기,「龍樹의 緣起說 解釋과 否定의 意味」,『철학』 42, 1994, 31-62쪽. 한자경은 연기를 경(境)과 식(識)의 관계로 보다 일반화한 구조를 보인다. 인식과 존재의 순환에서 아공과 법공의 깨달음을 통해 유식무경, 주객합일의 해탈적 일심(一心)에 이른다고 본다. 한자경,『유식무경: 유식불교에서의 인식과 존재』, 예문서원, 2000, 147-189쪽.

다.

　"거짓을 제거하면 진리에 가까이 간다"는 최한기의 개과천선(改過遷
善)이나 포퍼의 진리박진 (verisimilitude)은 연구자의 가설 선택의 역할에
초점을 맞추지만, 파사현정은 "구름이 걷히면 해가 나타난다"라는 법
계의 질서에 초점을 맞춘다. 최한기나 포퍼는 낱개적 가설 명제의 단
위에 머물러 있지만 용수는 원자론적 명제론을 수용하는 대신 우주론
적 상호의존성을 유지해 낸다. 선택된 가설을 나타내는 문장은 특정
한 언어체계에 속하는 것이고 그 언어 체계의 정당성이 전제된 것이
다. 용수가 지적하는 모든 논리체계의 순환성을 벗어날 수 없는 것이
다. 인간 지성의 역할은 "그릇됨을 깨치는 것에서 올바름 또는 도(道)
나 공(空)이 나타난다"는 파사현정(破邪顯正) 인 것이다.

2.3 도가적 도(道)의 무위자연

　도가 철학의 융합성은 도개념 자체에서 나타난다. 노자는 '도'를 명
명한 까닭을 밝힌다. "혼연히 이루어진 어떤 것이 있어 천지보다 먼
저 생겼다. 소리도 없고 형체도 없구나! 홀로 서서 바뀌지 않고, 두루
통행해도 위태롭지 않아 천하의 어머니가 될 수 있다. 나는 그 이름
을 알지 못해 억지로 글자로 호칭하여 도(道, Tao)라 한다." 노자는 도
의 신비스러운 작용에 의해 만물이 나타난다고 한다. "모든 존재마다
도의 표현이 아닌 것이 없고, 모든 존재마다 옳지 않을 것이 없다……
도(道)로 통하여 하나가 된다"라는 장자의 말은 그러한 도의 역할을
명료화한다. 이러한 도의 기능은 무위자연 (無爲自然), 유무상생(有無相
生), 소요(逍遙)의 주제 아래에서 그 특징적인 세 국면을 살펴볼 수 있

을 것이다.

이강수는 도가철학에서 무위자연이 '가장 중요한 개념'이라고 본다. 도가철학을 '자연철학'이라 부르는 까닭일 것이다. "사람은 땅을 본받고 땅은 하늘을 본받고 하늘은 도를 본받고 도는 자연을 본받는다"라고 노자가 설파한 논리에서도 보인다. 그리고 사람, 땅, 하늘, 도는 "위대한" 명사적인 어떤 것이지만 자연은 도의 기능을 수식한 형용사일 뿐이라고 한다. "자연"은 어떤 것을 지칭하는 것이 아니라 "절로 그러하다"라는 상태의 본질적 속성을 나타낸다는 것이다. 그럼 '무위'는 무엇인가? 이것도 그의 도 개념에서 비롯된다. 도가 모든 것의 발생처라면 도는 어디서 오는 것일까? 도는 필연적으로 무(無)에서 온다고 해야 하는 것이다. 그러나 만물을 생(生)하는 무는 다른 차원의 유(有)라고 해야 한다. 그렇지 않으면 생의 질서를 이해할 수 없기 때문이다. 그래서 노자는 "유(有)와 무(無)는 서로를 생(生)겨 나게" 한다고 말한 것이다. 노자는 무위자연의 이러한 존재론으로부터 "도는 항상 무위하여 이루지 않음이 없다"라는 윤리론을 처방한다. 사람은 강이나 바다처럼 항상 낮은 곳에 처하는 것이 자연스럽고 조화로운 것이다.

장자는 자기가 꿈꾸어 나비가 되었는지 나비가 꿈꾸어 장자 자기 자신이 되었는지 모른다는 나비꿈[胡蝶夢] 이야기를 한다. 유무상생 원리가 적용될 수 있는 주제라고 생각한다. 나비꿈 문헌에 대한 전통적 해석은 꿈과 실재의 전통적 이분법에 따른 해석이 주류를 이룬다. 실재를, 유무상생의 유를 절대 시간 공간의 외연적 사물의 존재로 파악한 것이다. 그러나 실재 개념을 보다 개방적으로 해석하는 것이 도가의 존재론과 일관된다고 생각한다. 유무상생에서 유의 외연은 현실태(Actuality)만이 아니라 잠재태(Potentiality)[2] 까지도 포함시켜야 할 것이다. 넓은 외연은 사람만이 아니라 동물의 관념, 빈 이름의 대상, 신화적 대상뿐만 아니라 회화적 대상, 음악적 대상도 포용하게 된다. 그렇지 않다면 만해 한용운의 「춘몽(春夢)」을 어떻게 이해할 수 있을 것인가?

꿈은 낙화 같고 꽃은 꿈 같은데	夢似落花花似夢
사람은 왜 또 나비 되고 나비 어찌 사람 되나	人何胡蝶蝶何人
나비 꽃 사람 꿈이 마음의 일이니	蝶花人夢同心事
봄의 신 찾아가 이 한 봄 못 가게 하자.	往訴東君留一春

이 시의 감동은 어디에서 오는 것일까? 현대문화의 시뮬레이션 또는 가상세계의 주제는 도가의 유무상생의 범주 안으로 자연스럽게 편입될 수 있을 것이다.

장자는 그의 책을 「소요유(逍遙遊)」로 시작한다. 몇 천리나 되는 크기의 물고기 곤(鯤)과 붕(鵬)새가 바다와 하늘을 소요하는 장면에서 갈매기, 비둘기, 참새가 그 수고로움을 비웃는 장면은 소지(小知)가 대지(大知)를 모르는 문맥으로 그려진다. 모든 존재는 "자연의 본성을 따라 온갖 기운의 변화를 거느려 무궁에서 노니는" 존재라고 한다. '소요(逍遙)'와 '유(遊)'는 같은 뜻이어서 목적이 있어서는 안 된다. 이름도 없고 (無名), 공적도 없고(無功), 자기가 없어야(無己) 하는 것이다. 놀이의 기

---

2) 천병준, 「노자철학에서 무(無)의 생성론과 기능의 철학적 고찰」, 『동서사상』 8, 2010, 133-160쪽.

본 철학을 나타내면서 인간 존재의 방식이 드러나는 것이다.

3. 융합적 존재론 2-음양 시위(時位) 존재론

3.1 음양의 사태적 관계항

앞에서 유불도 철학의 융합적 성격을 살펴보았다. 그러면 유불도 철학을 '한국철학'이라 부르고자 할 때 그것은 어떤 의미일까? '동아시아적 유불도 전통이 한국의 시간과 공간에서 이어지고 있다'는 요소는 소중하다. 그 세 전통은 만날 수 없을까? 충분히 큰 개념적 지붕을 얻을 수 있다면 만나기 위해 이를 거부할 이유는 찾기 어려울 것이다. 그러한 개념적 지붕의 한 후보로 음양론을 고려할 수 있을 것이다.

고전들은 음양에 대해 여러 가지 방식으로 언급하고 있다. 『주역』은 천지 만물을 '자연' 즉 '그 스스로 그러함'으로 파악한다. 『노자』는 "도는 하나를 낳고 하나는 둘을 낳고 둘은 셋을 낳고 셋은 만물을 낳나니, 만물이 음을 등에 짊어지고 양을 안고서 충기로써 조화하니……"라고 적고 있다. 주돈이는 『태극도설』에서 "태극이 활동하여 (動) 양을 낳고 고요하여[靜] 음을 낳는다. 양이 변하여 음과 합한다"고 하고, 주희는 『주자어류』에서 "하나의 사물은 각자 하나의 태극을 갖추고 있다"고 하였다. 태극은 음양오행의 리(理)의 전체로서 그것의 전개는 바로 음양오행과 만물이라는 것이다. 사물마다 음양으로 구성되어 있고 음양은 도 또는 태극에서 나오고 도 또는 태극은 무극에서 나온다는 것이다. 그러니 음양으로 이루어진 모든 사물은 본래적 태극의 구현으로서의 개별적 태극으로 그 음양을 조화롭도록 하나를 이루게 한다고 이해된다.

음양 고전에 대한 이러한 개괄은 하나의 과제를 제시한다. 이 과제는 "사물은 품고 있는 음양간의 관계를 개별적 태극으로 하나이게 한다"라는 명제가 제기하는 물음으로 나타난다. 서양적 언어론은 동일율(identity, A=A: A는 A이다), 무모순율(non-contradiction, ¬(A∧¬A), A가 참이고 동시에 참이 아닌 경우는 없다), 배중율(excluded middle, A∨¬A: A는 참이거나 참이 아니지 중간은 없다), 재귀율(reflexivity, aRa: '같다'에서 처럼 모든 요소는 그 자체와 관계한다), 대칭율(symmetry, aRb→bRa: '형제'에서처럼 a가 b의 형제이면 b도 a의 형제이다), 이행율(transitivity, (aRb ∧ bRc) → aRc: '친척'에서처럼, a가 b의 친척이고 b가 c의 친척이면 a는 c의 친척이다) 같은 규칙을 수용하는 언어론이다. 이러한 언어론이 전제하는 것은 규칙의 관계항이 물리적 시간 공간에서 식별할 수 있는 개별적 실체들이다. 시공적 실체 없이 규칙들은 수행도 평가도 불가능하다. 그러나 음양 관계의 관계항이 그 규칙을 따를 것인가? 이명현은 음양의 관계항의 맞물림에 주목하고, 김혜숙은 음양의 포괄적, 맥락적, 상호감응적 속성들이 구성하는 총체론에 주목한다. 이를 기반으로 음양의 관계항의 성격을 조금 더 추상해볼 수 있을 것이다. 음양관계의 관계항은 특정한 개체(individual)가 아니라 특정한 상태(state)라 해야 할 것이다. 음양의 특정한 관계항에 들어가는 상태는 문맥에 따라 양일 수도 있고 음일 수도 있다. 이규성은 이러한 관계항 상태의 특성을 "한 번 음하고 한 번 양하는[一陰一陽] 형태"로 설명한다. 이 두 상태는 차원이 다른 단일한 상태를 구성하면서 아래로 내려가면서 또는 위로 올라가면서 다른 차원의 상태와 만나 또 하나의 유기적 음양관계에 들어 갈 수 있다. 상태는 개체가 가질 수 없는 그러한 '융합적'이고 '포괄적'이고 '총체적'인 융합성을 갖는 것이다.

예를 들어, 다음의 문장을 보자.

(1) X와 Y는 음양관계에 있다.

여기에서 X와 Y는 무엇을 나타내는가? X와 Y는 행성 태양과 달, 김연아의 부모 김현석씨와 박미희씨, 두 지역 충청북도와 충청남도 같은 '개체적 실체'를 지칭하지 않는다. 음양의 관계항들은 태양과 달, 김연아의 부모, 두 지역을 실체로서가 아니라 변화에 열려있는 '상태(state)'로 나타낸다(일반적으로 x와 y는 개별자 변항이고 X와 Y는 속성 변항이지만, 음양론에선 닫혀진 속성이 아니라 열린 속성이다). 상태는 문맥에 따라 변화한다 할지라도 상태는 국소성(locality)을 유지하여 시공에서 찾을 수 있고 분리가능성(separability)을 나타내어 동일시적으로 동일성을 인지하는데 장애를 갖지 않을 것이다. 음양의 관계항들은 실체적 개체성 없이 상태의 동일성으로 충분히 음양관계에 들어가는 것이다. 상태의 동일성은 개체의 동일성과 달리 '일음일양'에 열려있는 동일성이다.

3.2 음양의 시위(時位)적 관계구조

음양의 관계항에 대해 갖는 또 하나의 물음은 그러한 상태들이 시간과 공간에 어떻게 관련되는가이다. 사물적 개별자가 시간과 공간에 갖는 관계는 뉴턴의 운동법칙으로 잘 설명되었다. 사물이 공간적으로 가지는 질량과 힘에 의해 시간적으로 운동하는 관계가 설명되는 것이다. 그러면 음양의 관계항은 어떤 관계를 가질 것인가? '음양의 시간'은 순환적, 역동적, 문맥적이다. 음과 양의 상호작용과 관계하고 상태들은 지속적 변화와 탈바꿈의 양상으로 전개된다. 다른 한편 '음양의 공간'은 상태 배열의 공간적 국면을 지칭한다. 이것은 뉴턴 물리학의 고정적이고 절대적인 공간을 나타내지 않고 아인슈타인의 역동적이고 중력적으로 휜 시공과도 다르다. 이것은 주어진 문맥에서 상태들의 위치, 배열, 문맥과 더 관련되어 있다. 음양론에서 '시(時)'와 '위(位)'의 관계는 분리된 개체들의 관계가 아니라 상호 관련되고 상호 의존적인 관계이다. '시'와 '위'는 음양론의 순환성 본질의 부분이다. 공간적 배열은 상태의 시간적 전개에 영향을 미치고, 또한 시간의 역동적 성격은 상태의 요소들의 배열이나 변화하는 위치에 반영되어 있다. 음양적 시공은 아인슈타인의 시공과 근본적으로 다르다. 음양론은 총체적 융합적 세계관에 기반해 있고 상보적 힘들의 역동적 상호작용을 강조하는 반면에 아인슈타인 물리학은 중력 운동의 문맥의 시공적 상대성에 초점을 맞추고 있다.

음양 관계항의 이러한 시위적 특성은 음양관계가 관계항의 본질을 구성하거나 규정하는 것이 아니라 관계항 상태들의 관계일 뿐이라는 점을 설명한다. 상태는 "통전성(integration)"이라 부를 수 있는 속성을 갖는다. 상태는 위로의 거시적(macro) 통전성을 갖기도 하지만 아래로의 미시적(micro) 통전성을 갖는다. 장재(張載, Zhang Zai)가 "음양대대(陰陽對待)의 쌍방을 겸하는 겸체(兼體)"를 말한 것처럼, 관계항들의 '복수성', '다원성', '총체성'을 허용하거나 요구하기 때문이다. 예를 들어, 영희와 숙자라는 두 누이 자매는 특정한 문맥에서 음양관계에 들 수 있다. 문맥에 따라 언니 동생의 음양관계는 달라질 수도 있다. 또한 두 자매가 하나의 상태를 이루어 그들의 부모나 형제와 음이나 양의 관계에 들 수 있는 것이다. 그리고 그들이 속한 가족이 다시 하나의 상태를 이루어 다른 가족과의 음양관계를 가질 수 있고, 이러한 음양 관계의 확장은 국가, 세계, 우주에 이른다. 앞의 영희는 한편으로 이렇듯 거시적 통전성을 갖지만 다른 한편으로 미시적 통전성도 유지한다. 그녀의 생각이나 몸의 여러 부분 상태들은 그 자체적인 내부적 음양 관계를 더 세분화하여 내려갈 수 있는 것이다. 상태의 음양관계는 복수성, 다원성, 총체성 등의 속성으로 특징 지워질 수 있는 것이다.

구체적으로 말해, 음양이란 하나 안에서 온전한 하나를 이루어 가는 국면들의 상호작용이다. 예를 들어, 두 형제(brothers)인 a와 b가 음양적 관계에 있을 때, 한편으로 a와 b는 '실체적 개체'가 아니라 변화에 개방된 '융합적 상태' A와 B이지만 분리 가능(separable)하고 국소적(local)이다. 다른 한편으로 a와 b는 내부적으로 형제임(brotherhood)이라는 하나임 안에서 그 하나임을 더 완성하려 하는 국면적인 통전적 성(誠, integration)의 단위다. 마찬가지로 두 형제는 외부적으로 자매들(sisters) c와 d의 상태들, C와 D가 구성하는 자매임(sisterhood)이라는 상위의 다른 상태를 포함해 인간 사회와 우주의 모든 상태들 그리고 다른 차원들과 음양적 관계를 맺는다.

유불도 전통이 위에서와 같은 음양 융합론에 대해 유예하거나 주저할 까닭이 있는가? 그러한 까닭이 있다면 논의를 통해 조정할 수 있을 것이다. 그러한 논의 자체가 음양의 상호작용의 경우이다. 음양의 상호작용은 정적인 것이 아니라 역동적이고, 일자가 타자로의 전환이 영구적인 순환성을 갖는 지속적인 과정이다. 또한 음양의 상호의존성은 그러한 토론을 요구한다. 하나 없이 다른 것은 존재할 수 없고 이들의 관계는 지속적인 흐름과 교환으로 특징지어진다. 이러한 논의는 철학계뿐 아니라 인문, 사회, 자연 세계의 전체적인 균형과 조화에도 기여할 것이다.

3.3 지칭의 자연화-음양적 인과론

음양의 시위 존재론은 보다 구체적으로 보여질 수 있을 것이다. 이를 위한 한가지 방식은 음양적 인과론이 어떻게 물리주의가 기반해 있는 단선적 인과론과 다른가를 대조하는 방식일 것이다. 먼저, 물리주의가 기반해 있는 단선적 인과론이란 인과관계의 사건이나 대상들이 '수동적 사물성'에서 그 지칭 개념이 '구성적' 역할을 한다는 관점으로 요약할 수 있을 것이다. 흄(D. Hume)과 맥키(J. Mackie)가 이 관점을 대표한다. 원인 사건과 결과 사건 간에 상례적, 시간적 선후성, 근접성을 인과 관계의 불가피한 요소로 제안하면서, 인과관계상의 사물이나 사물의 성질들을 단순히 '수동성'으로 파악하는 것이다. 원인 사건에서 결과 사건에 이르기 까지의 소위 '인과 연쇄'라는 단일 연쇄성을 구조로 가지고 있기 때문이다. 그러나 문제는 그러한 연쇄선 상의 사건들이 서로에 대해 아무런 능동적 관계를 갖지 않고 수동적으로 '거기에 던져져' 있을 뿐이다. 외연적 논리에 입각한 물리주의적 인과 개념은 물질과 정신의 이원론에 입각하여, 물질적인 모든 것은 능동적일 수 없는 수동적인 기계이거나, 능동적 위치를 갖지 못하는, 시공상의 하나의 지점일 뿐이라고 본다.

그러나 음양론의 인과론은 모든 사물이 오행(五行), 기(氣), 힘[力]의 주체일 것을 전제한다. 인간이 대하는 대상, 사건, 속성, 성향이 그러한 주체로서의 원초적 지향성을 갖는다는 점을 인정할 수 있다면, 이들이 구체적 상황에서 대하는 정보들에 대한 〈능동적 처리자〉라 해석할 수 있을 것이다. 단선적 인과개념은 "철수가 던진 야구공이 영희 집 창문 유리 한 장을 깼다"와 같은 사례를 견본적으로 제시하여, "야구공 던짐"과 "유리창 깨짐"의 두 사건의 관계를 단선적으로 파악한다. 그러나 음양적 존재론이 주목하는 사례는 "잔 속의 얼음은 식혜를 식히면서 또한 식혜는 얼음을 녹인다"와 같은 것으로, "얼음의 식혜 식힘"과 "식혜의 얼음 녹임"은 두 상태의 선후를 구별할 수 있는 관계가 아니라, 두 상태가 동시적이고 상호적 관계에 들어 있는 것이다. 사물들의 오행에는 이러한 성향성(disposition)이 전제되어 있는 것이다. 사물의 오행이 갖는 이러한 성향성은 동시적이고 편재적인 것이다. 편재성이 두드러져 나타나 보이지 않는 까닭은 상태들의 성향적 성질들이 표면적으로 표출되어 있지 않기 때문이지만, 이것 또한 다른 상태들의 성향적 성질들의 방어 때문인 것을 고려하면 "세계는 바쁜 세계"라는 것을 알 수 있다.[3]

음양적 인과론이 단선적 인과론을 만날 때 만나는 과제는 "단선적 인과가 전제하는 단칭적 지칭 개념에 대해 음양적 인과의 대안은 무엇인가?"라는 물음이다. 이 물음에 대한 초견적 시사는 이미 음양개념이 전제하는 사물의 능동성 인과 요소에서 얻어진다. 그것은 사물의 속성 성향성에 정보 처리자라는 능동자의 자리 부여를 설득력있게 제안하는 것이 필요하다. 그러나 사물의 속성들이 지향성을 가질 수

---

3) 성향에 대한 이러한 방향의 논의는 Molnar G (*Powers. A Study in Metaphysics.* Oxford: Oxford UP. 2003: p. 223); Daihyun Chung ("Dispositions: An Integrational(誠) Analysis", *Diogenes,* Special Issue on Korean Philosophy Today, June 9, 2017: 1-9)에 의해 시도되었고, 최근에 김재영(「성향 해석과 양자이론의 존재론적 기초」 (미발표 원고, 2024)은 성향이 "대상에 내재한 속성이 아니라 대상이 포함된 상황 속에 내재한 속성"일 것으로 구체적으로 제시한다.

있다는 것을 쉽게 수용하기 어려울 수 있다. 물론 속성들의 지향성은 인간의 지향성과는 다른 것이다. 인간의 지향성은 진화 과정의 최첨단에 서 있는 지향성이기 때문이다. 그러나 중요한 점은 인간의 지향성과 비인간 자연의 지향성은 지속적인 연속선 상에 놓여 있다는 것에 주목하는 것이다. 그리고 단선적 인과론은 사건 간의 인과관계를 '구성적 지칭'을 통해 일반화하지만, 음양적 인과론은 상태 간의 인과관계가 이미 '자연화'되어 있다는 전제 하에서의 '해석적 지칭'을 통해 이해에 이르고자 한다.[4]

4. 융합적 수행론–유불도적 실천

유불도 존재론의 융합적 요소들을 살펴 보았다. 그러나 유불도가 존재론만으로 간주되어서는 그 융합적 지향을 완성할 수 없을 것이다. 유불도의 융합성은 수행론을 통하여 존재론도 개념적 온전성을 얻을 것이다. 유불도의 수행성은 어떻게 표상될 수 있는가? 이를 위한 방안에는 여러 가지가 있겠지만 여기에서는 중용의 성(誠)에 기반한 성기성물(成己成物: 나를 이루는 것과 만물을 이루는 것은 하나다) 명제에 주목하고자 한다. 윤사순은 '물(物)'을 사용하여 '성기성인(成己成人)'으

---

4) 이를 위한 상세한 논의는 정대현, 「지칭의 자연화 –음양 존재론을 향한 지칭 개념 모색」, 『철학』 120, 2014, 27–52쪽 ; Chung, Daihyun. 2016. "Integrationality(誠): A Metaphysical Basis for the Concept of Causation". Philosophical Analysis(ed., The Korean Society of Analytic Philosophy). 17(1): pp. 1–20 참조.

로의 지향을 배제하는 표현방식에 주목한다.[5] 나를 이루는 것이 만인을 이루는 것으로 끝나는 것이 아니라 만물을 이루는 것을 지향하는 보편적 수행의 지평을 확보한다는 것이다. 유가의 이러한 성기성물적 수행 전통은 서양 주류의 지성 전통과 대조된다. 그것은 '지기지물(知己知物: 나를 아는 것과 만물을 아는 것은 하나다)' 명제로 요약될 수 있는 전통이다. 이 전통도 '지기지인'이 아닌 것에 주목할 필요가 있다. 성기성물 명제는 유가 철학의 융합성을 완성하는 수행 명제로 나타난다. 여기에서 하나의 연구주제가 떠오른다: "주희(朱熹)가 성(誠)을 '정성성'으로 해석한 것은 윤리적이고 인간론적인 '성기성인' 모델을 선택했기 때문이고, 형이상학적이고 존재론적인 '성기성물' 모델을 선택했더라면 '통전성'으로 해석했을 것인가?" 성기성물 명제는 성기성인 명제를 함축하지만 그 역은 성립하지 않는다는 사실이 아쉽다.

불교와 도가의 수행 명제는 어떻게 표상할 수 있을까? 여러 가지 제안들이 가능할 것이다. 하나의 접근 방식은 다음과 같다. 불교의 존재론을 "나는 만물과 연기된다"라는 명제에서 얻는다면 그 수행론은 "나는 마음을 비운다"라는 명제에서 얻을 수 있을 것이다. 도가의 존재론을 "나는 도로부터 나왔다"라는 명제로 요약한다면 그 수행론은 "나는 무위자연이다"라는 명제에서 구할 수 있을 것이다. 도가의 '소요유(逍遙遊)'와 불교의 '심우십도(尋牛十圖)'의 이미지는 구분되면서도 융합적인 지점을 보이는 것 같다. 장회익이 그의 '심학십도(尋學十圖)'로 여기에 공감하는 것도 고무적이다.[6]

---

5) 윤사순, 「유학의 이상인 "成己成物"의 현대적 가치」, 『유교사상문화연구』 26, 2006, 5-18쪽.
6) 장회익, 『장회익의 자연철학 강의』, 청림출판, 2019 ; 정대현, 「양자역학 철학과 심학십

마음 비움과 무위자연 명제가 어떻게 나의 수행 명제가 된다는 것인가? 그 명제 자체가 나의 존재를 포기, 또는 파기하는 자기 부정적 명제가 아닌가? 두 명제는 표면적으로 자기 수행이라는 작위를 거부하는 자기 부정적 명제로 보인다. 그러나 크립키의 '나'의 고정지시어론은 이 주제에 대한 통찰을 준다. 하나의 사유 실험에서, 한 건망증 학생이 "나는 어디에 있는가"라는 물음에 답하기 위해 자신의 일대기를 포함한 '완전 도서관'에서 모든 책을 읽어도 "알지 못한다"고 말할 수 있다는 것이다. 그러나 그 학생이 "나는 어디에 있는가를 모른다", 또는 "나는 누구인가를 모른다"라고 말하는 경우에도 크립키는 그 학생이 "나는 그것을 안다"라고 말할 수 있는 의미가 있다는 것이다. 그 학생이 그것을 모르는 것은 불가능하다는 것이다. 그 학생은 "나"를 고정지시어로 사용했기 때문에 그러한 회의주의를 표현할 수 있다는 것이다. 이러한 논리를 수용할 수 있다면 나의 마음 비움과 나의 무위 자연은 불교적, 도가적 '자기 수행론'의 명제라 할 것이다.

유불도의 수행론은 성기성물, 마음 비움, 무위자연의 명제들로 나타난다. 이 수행론이 나의 수행이기 위해 나의 몸은 어떻게 참여하는가? 나의 몸을 배제하고도 나의 수행이라 할 수 있는가? 이 주제에 대해 보다 체계적이고 종합적인 연구가 필요하다. 제한된 범위이지만 연구된 많은 저술들 중에서 몇 편의 논문을 언급하고자 한다.

무예, 태권도에 대한 도가적 해석들은 소중했다.[7] 태극권의 수련에

도-서평: 장회익의 자연철학 강의」, 『철학』 150, 202 333-343쪽.

7) 김이수, 「동양무예의 알레고리(allegory) 연구」, 『한국사회체육학회지』 56(1), 2014, 23-34쪽 ; 빙원철, 권혁정, 「태권도에서 덕(德)의 수양적 의미: 노자의 도덕경을 중심으로」, 『세계태권도문화학』 12(2), 2021, 5-28쪽 ; 류봉선, 김동규, 「老子의 『도덕경』에 근

서 몸을 깨워 행동하는 것(作爲)은 부드러움이 강함을 이길 수 있기[柔能制剛] 때문이다. 태권도의 자기 수양을 위한 실천은 신법(身法)과 심법(心法)을 기초로 한다: 신법(身法)은 조식(調息)과 조신(調身)이고, 심법(心法)은 마음을 다스리면서 드러나는 도의 깨달음으로 비우는 것이다. 비움(損), 무욕(無欲), 지족(知足)을 체득하는 방법으로 요약할 수 있을 것이다. 완벽한 기술을 익히면 자신감이 생기고 오히려 마음을 비워 부동심을 만들어낸다. 따라서 심법은 평상심(平常心)이자 부동심(不動心)이다. 태권도는 조식과 조신, 그리고 정상심과 부동심에 이르게 한다. 무예에 대해 다음과 같은 물음을 묻고 싶다: 훈민정음에 대해 자음과 발음기관의 관계에 대한 주역적 분석이 있었던 것처럼,[8] 몸의 신체적 동작들의 체계에 대해서도 주역적 해석이 가능할 것인가?

불교의 선(禪)이나 힌두교의 요가에 대한 연구는 방대하고 체계화되어 있다. 선과 요가의 융합적 수행 국면은 널리 수용되고 실천되고 있다는 점에서, 동양 주류의 융합적 전통을 지지하는 소중한 자산으로 간주된다. 남은 과제는 여러 전통에 들어 있는 융합적 수행의 실천법들이 하나의 우산 아래에서 만날 수 있는가라는 것이다. 또는 그 만남을 통해 또 하나의 수행 실천이 가능할 것인가를 묻는 것이다. 복잡해진 새 시대는 새로운 처방을 필요로 할 수 있다.

거한 태권도 수양론」, 『한국체육철학회지』 21(3), 2013, 1−20쪽.

8) 이선경, 「학산 이정호의 훈민정은 역리연구에 대하여」, 『학산 이정호 연구』, 지식과교양, 2021, 123−148쪽.

5. 태극적 음양의 융합 철학

한국철학계가 '소통하고 확산'하고자 하는 한국철학이 있다면 그것은 무엇일 것인가? 한국철학의 정체성은 여러 가지로 규정될 수 있다. '한국어로 이루어진 철학', '한국인이 수행한 철학', '중요 주제들에 대한 한국철학자들의 작업' 등이 그 후보일 수 있다. 그러나 이 책의 문맥에서는 "한국의 전통적 주류가 논의에 참여한 유불도 철학"이라 할 것이다. 그렇다면 이러한 유불도 철학을 소통하고 확장하기 위해서는 어떤 과제에 주목할 것인가? 우선 두 개의 과제를 언급할 수 있다. 첫째, "유불도 전통은 어느 쪽이 더 융합적인 철학인가"의 주제보다는 "유불도 전통들은 이원론적 이분법의 철학에 대해 어느 쪽이 더 대안적인가"의 주제에 관심을 기울이고 경쟁할 수 있어야 할 것이다. 둘째, 유불도 전통은 각각의 융합적인 음양적 요소를 기반으로 하나의 우산 아래 만날 수 있지만, 그 만남이 통합에로 갈 수 있는가를 물을 수 있을 것이다. 그 가능성, 필요성, 정당성의 물음은 토론에 열려 있을 것이다. 이러한 논의가 중요한 까닭은 이원론에 기반한 이분법적 세계관을 대치할 대안이 절실하기 때문이다. 이분법적 세계관이 강력할수록, 그 폐해가 심각할수록 그 대안에 대한 꿈은 절박해진다. 동도서기(東道西器)의 동도를 보다 체계적으로 접근할 필요가 있는 것이다. 서양도 동도를 바라보는 시대가 되었다. 우선 양자역학 형이상학적 고려를 통해 유불도의 음양적 우산을 지지하고자 한다.

보어(Niels Bohr)는 양자물리학에 기여한 공로로 덴마크 왕으로부터 귀족의 작위를 받았을 때 양자물리학의 상징으로 라틴어 문장을 삽입

한 태극 도형을 문장(紋章)으로 선택했다:

Contraria Sunt Complementa(대립적인 것은 상보적인 것). [9]

양자역학에 대한 보어의 해석을 총체적으로 수용하긴 어렵지만 양자존재론이 전제하는 상태들의 관계에 대한 그의 음양론적 추상은 중요한 지향을 나타낸다.

양자역학 형이상학이 유불도의 음양적 우산을 지지한다면 그 방식은 무엇 같은 것일까? 이를 위한 하나의 사변적 추상은 앞 절에서 추상한 음양 존재론의 얼개를 확인하고 양자 형이상학이 이와 일관되는가를 확인하는 것이라고 생각한다. 음양존재론의 윤곽은 세 가지 주제로 요약할 수 있을 것이다. 첫째 음양관계의 관계항은 일차적으로 실체적 개별자가 아니라 온 우주와 관계되어있는 상태이고 이차적으로 이 상태는 국소성과 분리가능성을 유지하여 상태의 동일성을 유지할 수 있다는 것이다. 둘째 음양상태의 시간은 뉴턴적 절대 시간

---

9) 〈https://www.researchgate.net/publication/343472590_Contraria_sunt_Complementa〉;
September 25, 2023.

이 아니라 순환적, 역동적, 문맥적이다. 셋째 음양적 인과관계는 사물이나 속성을 수동적 실체가 아니라 능동성을 유지하는 행위자로 이해되어 인간은 그 '자연화된 지칭' 상태를 해석적 지칭으로 이해하는 것이다.

양자물리학의 최근 형이상학적 논의들은 이러한 음양 존재론과 일관되게 진행되는 것으로 해석될 수 있다. 음양론의 중요한 몇 주제들에 대해 양자물리학의 형이상학 논의가 어떻게 전개되고 있는가에 주목할 수 있을 것이다. 첫째, 음양관계의 관계항은 앞의 형제들이나 누이들의 사례에서 본 것처럼 실체적 개별자가 아니라 순간적으로 음하기도 하고 양하기도 하는, 일음일양적 상태인 것을 보았다. 관계항이 '비지칭적'인 것이다. 양자물리학의 형이상학도 양자나 소립자에 대해서 거의 같은 해석을 하고 있다. 양자는 실체적 개별자가 아니라 파동함수의 상태라는 것이다. 양자의 이중 슬릿 실험이 이를 보인다는 것이다. 실험 장치가 첫째 스크린의 틈 곧 슬릿 a, 둘째 스크린의 슬릿 b와 c, 셋째 스크린 d로 구성되어있을 때, 입자 x를 첫째 스크린 a를 통해 입사하면 x는 셋째 스크린 d에 도달하지만 둘째 스크린의 b와 c중에 어느 슬릿을 통과했는지 알 수 없다는 것이다. 인식의 한계 때문이 아니라 양자의 비실체적 개체성, 또는 양자의 비지칭성 때문인 것으로 이해된다. 원자는 연장성을 갖지만 양자는 그렇지 않기 때문이라는 것이다.

둘째, 음양상태의 시위적 관계구조는 단칭적 인과관계가 아니라 융합적, 통합적 인과관계를 수행한다는 것을 보았다. 양자 개별자는 없지만 양자 상태는 실재한다는 데이비드 알버트(David Albert), 배리 로워(Barry Loewer), 알리사 네이(Alyssa Ney)의 파동함수 실재론을 잠정적으로 수용해 보자.[10] 그러면 양자적 미시세계의 기초적 존재에서 사람이나 책상 같은 거시세계의 대상들을 추상해 낼 수 있을 것이다. 이 실재론은 파동함수의 분리가능성과 국소성을 유지할 수 있다는 배위공간론(configuration space)에 입각해 있다. 단일입자 체계는 파동함수가 일상 공간, 삼차원 공간의 지점들에 부여되는 변항 값으로 이해되지만, 다수 입자 체계는 다른 종류의 공간, 배위공간의 지점들에 부여되는 변항 값으로 해석된다. "배위공간에서의 각 지점은 그 체계 각 입자들의 확정적 위치 목록에 대응한다." 따라서 단일 지점을 사용해 '한 체계의 모든 입자들'을 표상할 수 있고, 단일 곡선을 사용해 모든 입자들의 시간적 궤도도 표상할 수 있다. 거시세계를 미시세계에서 추상하는 일이 가능해지는 것이다. 이 단계에서 양자역학의 형이상학이 음양론의 융합적 인과관계를 천명한다고 보기는 어려울 것이다. 그러나 양자 사이에 모순이나 비일관성이 개입해 있다고 볼 근거도 보이지 않는다.

셋째 음양론은 인과관계의 능동성을 전제한다. 양자역학에서 그러한 능동성 가설을 읽어낼 수 있을 것인가? 이를 위해서는 하나의 사변적 추상을 해 볼 수 있을 것이다. "정보로부터 사물"(it from bit) 이라는 가설이 하나의 단초를 허용한다. 파인만(R. Feynman)과 에버렛(H. Everett)의 지도교수였던 휠러(J. A. Wheeler)의 통찰이다. 이 가설을 수용한다면 이 정보는 어디에서 오는가? 정보는 그 자체로 추상적이고 의미가 없어서 물리적 구조로 구현될 수 있지만 정보적 구조로 해석될

---

10) Ney, Alyssa. 2021. The World in the Wave Function: A Metaphysics for Quantum Physics. Oxford University Press. ; 정대현, 「서평: 네이, 파동함수로 된 세계-양자물리학의 형이상학」, 『철학』, 156, 2023, 211–224쪽.

때 비로소 의미와 내용을 부여받는다고 보인다. 그러나 정보라는 것도 마음, 해석, 상상이 개입해야 하는 의식에서 주어지는 것이다. 그렇다면 "의식으로부터 정보로부터 사물"(it from bit from consciousness)이라는 가설의 개연성을 상정해 볼 수 있다. 물론 아직 물질의 국소적 계산성과 의식의 총체적 단일성의 연결고리는 더 추구되어야 할 것이다. 중요한 것은 이 가설이 음양론의 능동성 가설과 모순되지 않는다는 점이다.

음양적 유불도는 세계적으로, 과학적으로 주목을 받고 있다. K-유불도의 매력은 K-문화의 추세로 더욱 힘을 얻고 있다. 한국철학계는 이러한 '철학적 기회'를 역사적으로 가져본 적이 없었고 우리 세대 이후에는 다시 돌아올 것인지는 의문이다. 우리는 이 시대에 특별한 기회를 마주하고 있다. 이 역사적 우연이 태극적 음양의 K-철학에 부여하는 당위성의 책임은 막중하다. 이원론적 이분법의 세계관이 기여하는 바도 있었지만 요즈음 그 폐해가 날로 심각해질수록 철학적 당위성의 책임은 더욱 절박해지고 있다 할 것이다.[11]

---

11) 이 글이 조금 더 보완될 수 있도록 초고를 읽고 의견이나 자료를 주신 김혜숙, 이선경, 이종철, 정하영, 한형조 교수께 감사를 표한다. 다음의 보완을 위해 독자의 의견을 구한다: chungdhn@ewha.ac.kr

| 추천도서 |

곽신환, 『주역의 이해』. 서광사. 1990.

김성철. 『중론, 논리로부터의 해탈 논리에 의한 해탈』. 불교시대사, 2004.

김혜숙. 『신음양론: 동아시아 문화논리의 해체와 재건』. 이화여자대학교출판부 2014.

이명현, 『신문법 서설: 다차원적 사고의 열린 세계를 향하여』. 철학과현실사, 1997.

정대현, 『맞음의 철학: 진리와 의미를 위하여』. 철학과현실사, 1997.

한형조, 『왜 조선유학인가』. 문학동네, 2008.

보편성과 특수성의 관점에서 본 한국철학
(2004년-2020년)

이한구(경희대학교)

1. 문제 제기

이 논문은 지난 2004년부터 2020년까지 약 20년간 한국의 철학 학술지에 실린 논문의 핵심어(keyword)를 정리하고, 서구 문명에서 논의된 철학주제들의 핵심어와 비교하여 한국철학의 보편성과 특수성을 실증적으로 보여주려는 것이다.[1]

이 주제를 연구하기 위해 채택한 방법은 최근 활발하게 논의되고 있는 디지털 인문학의 방법이다. 디지털 인문학의 방법은 여러 측면에서 규정될 수 있지만, 대체로 ①연구자료의 디지털화와 ②빅데이터의 계량적 연구 방법을 의미한다고 할 수 있다.

이 논문에서는 먼저 Thomson Reuters 회사가 축적해놓은 Web of

---

[1] 참고, 이한구, 「철학연구의 동향과 쟁점 개관(2011-2020)」, 『학문연구의 동향과 쟁점』 12, 대한민국 학술원, 2022; 이한구, 「문명융합의 이론적 근거와 그 실증자료」, 『학술원 논문집』 59(1), 대한민국 학술원, 2020.

Science(WS)의 핵심어를 2004년부터 2020년까지 약 20년간의 철학 분야 논문을 중심으로 연도별로 수집했다. 그리고 같은 기간 동안 한국연구재단에서 축적해놓은 한국 인용지수(Korean Citation Index, KCI) 중 철학 분야 논문의 핵심어를 수집했다. 그런 다음 이들의 중복 비율을 연도별로 비교했다.

연구를 시작할 때 세운 가설은 한국철학과 서구철학의 핵심어 중복 비율이 높으면 한국철학의 보편성이 높은 것으로, 중복 비율이 낮으면 한국철학의 특수성이 높은 것으로 볼 수 밖에 없다는 논제였다. 물론 다른 문명권의 철학은 제외하고 서구철학하고만 비교하면서 보편성을 말할 수 있느냐는 의문이 제기될 수 있지만, 전 세계적으로 세계화란 서구를 기준으로 서구화냐 아니냐하는 문제가 논의의 핵심이기 때문에 이런 제약은 큰 문제가 되지 않을 것으로 판단했다. 이 때 물론 핵심어의 중복만으로 보편성을 판단할 수 있겠는가 하는 문제가 제기될 수 있다. 그 이유는 어떤 주제에 대해 찬성하든, 반대하든 핵심어는 같을 수밖에 없기 때문이다. 그렇지만 이 논문에서 다루려는 것이 주제와 방법의 보편성이지 내용의 보편성이 아니라는 점을 이해하면, 이런 문제 제기 역시 해소되고 만다.

2. 한국철학의 의미 규정

2.1 한국철학의 두 의미

철학연구의 동향과 쟁점을 논의하기에 앞서 '한국철학'의 내포와 외면을 정확하게 규정할 필요가 있다. '한국철학'은 크게 두 가지 의미를 갖는다. 하나는 한국인의 의식을 지배하는 세계관, 즉 인간과 세계에 대한 근본적 신념체계로서의 철학이고, 다른 하나는 한국의 철학계에서 논의되고 있는, 연구하고 가르치고 있는 인문학의 한 분과로서의 철학이다.

분명히 다른 두 의미를 혼동하면 큰 혼란이 야기된다. 영어로 표현한다면, 첫 번째 의미는 The Philosophy of Koreans 이고, 두 번째 의미는 The Philosophy in Korea 이다. 몇 년전 한국 갤럽에서 『한국인의 철학』(2011) 이란 책을 출간했는데, 한국인을 상대로 해서 인생의 의미와 가치관, 가정과 가족관, 윤리관과 운명관, 종교관, 국가관과 사회관, 정치의식 등을 조사해서 정리한 것이었다. 그렇지만 이 책에서 다룬 내용들은 현재 한국 대학의 철학과나 철학연구소에서 연구하고 가르치는 내용과는 매우 달랐다. 동양철학이나 한국철학 분야에서 이런 내용들을 부분적으로 다루고 있다고 할지라도, 전체적으로 보면 일부에 불과하다.

어떤 사회에서 신념체계로서의 철학과 학문 분과로서의 철학의 내용은 시대적 상황에 따라 같을 수도 있고 다를 수도 있다. 학문적 교류가 활발하지 않고 변화의 속도가 느린 사회에서는 이 둘은 같을 가능성이 매우 높다. 그러나 변화가 극심하고 다른 문명과의 교류가 활발하게 이루어지는 현대에서, 이 둘은 오히려 일치하지 않을 가능성이 높다.

이 문제를 쉽게 이해하기 위해서는 우리가 외국의 철학 사상을 받아들인 역사를 살펴보는 것이 매우 좋은 방법 중의 하나이다. 외국 사상은 처음 몇 사람들에 의해 소개되고, 그리고 시차를 두고 지식인 그룹이나 학계를 중심으로 논의가 이루어지고, 이것이 전통과 융합하며 정제되고 여과되면서 서서히 민중 속으로 스며들어 침전되었다고 봐야할 것이다. 이러한 과정은 우리가 불교를 받아들일 때나 유학을 받아들일 때도 마찬가지였다. 그러므로 지식인 집단이나 학계에서 학문적으로 논의하는 철학과, 일반 대중의 신념체계는 일단 구분해서 논의할 필요가 있다.

물론 시대에 따라 수용의 시차는 불가피할 것이다. 변화가 느린 시대에는 수용의 시간이 오래 걸릴 것이고, 변화의 속도가 빠른 시대에는 수용의 시간 역시 단축될 것이다. 예컨대 서구 철학의 수용 기간은 불교나 유학의 수용 기간에 비해 훨씬 짧았다고 할 수 있다.

이런 논리는 현대 한국 철학을 논의할 때도 적용될 수밖에 없다. 어떤 사람은 단순히 학계 차원에서 몇몇 학자들에 의해 논의되는 철학이 한국철학인가 하는 의문을 제기하기도 한다. 혹은 한글로 쓰지 않고 외국어로 써서 외국 학술지에 실리는 논문도 한국철학인가 하는 의문을 제기하기도 한다. 그렇지만 세계화시대에 이런 것들은 크게 문제될 것이 없다고 본다. 비록 몇 사람이 시도하고 있다고 할지라도 한국 학계에서 논의되고 있다면, 그리고 어떤 언어로 표현하여 어느 학술지에 발표했건 한국에서 연구되었다면, 모두가 학문으로서의 한국철학에 속한다고 봐야 한다. 이런 상황은 불교나 유학이 수입될 당시의 상황을 생각해보면 쉽게 이해할 수 있을 것이다.

이 글에서 다루는 철학은 한국철학계를 중심으로 해서 논의되는 학문으로서의 철학이다. 다시 말해, 현재 대다수의 한국인들이 갖고 있는 인간과 세계에 관한 근본적 신념체계가 무엇인가 하는 문제가 아니라, 현재 한국의 철학계에서 논의되고 있는 철학이 어떤 것인가를 다루는 것이다. 이것이 전통적인 것이든, 그 원산지가 영미든 독불이든 상관하지 않는다. 모두가 어떤 필요성 때문에 탐구되고 있다고 봐야하기 때문이다. 한국철학에 관한 지금까지의 많은 논의가 어렵고 복잡하게 진행된 것은 두 영역의 논의가 같은 차원에서 진행되었기 때문이다. 말하자면 범주 착오를 범한 것이다.

2.2 한국철학의 정체성 논의

한국 철학의 의미를 1) The Philosophy of Koreans(한국인들의 철학)와 2) The Philosophy in Korea(한국에서의 철학)로 나누고, 앞으로의 논의를 2)에 국한시킨다고 해도, 한국철학의 내용이 구체적으로 어떤 것인가 하는 문제는 여전히 남아있다. 한국철학은 "한국의 대학이나 연구소에서 논의되는 철학이다"는 규정은 형식적 논의에 불과하기 때문이다. 한국철학의 정체성 논의는 매우 까다롭고 의견의 충돌이 일어날 소지가 많은 주제이다.

한국철학이 무엇인가 하는 물음은 여러 사람들이 제기했고, 또 나름대로 대답들을 했다. 박종홍 선생님이 일찍부터 한국철학의 정립을 위해 고군 분투해온 역사와 한국철학의 정체성을 확립하기 위한 류승국, 이동준 등 한국철학 전공 교수들의 노력은 잘 알려져 있지만, 심재룡 교수가 편집한 『한국에서 철학하는 자세들』(1986)에서는 박종홍 이외에 길희성, 윤사순, 이명현, 김재권, 김여수 등 여러 분들이 '한국철학 가능한가', '한국사상은 무엇인가', '동양철학 어떻게 할까?', '세계 속의 한국철학으로' 등의 문제를 다루고 있고, 비교적 체계적으로 한국철학의 정체성을 문제 삼았다. 그 후로도 백종현 교수가 『독일철학과 20세기 한국의 철학』(1998)에서 '한국의' 철학을 논하고 있고, 정대현 교수가 『한국 현대 철학: 그 주제적 지형도』(2016)에서 '한국적'의 의미가 무엇인가를 묻고 있다. 이 밖에도 김혜숙, 강영안 등도 계속해서 이 문제를 천착하고 있다.

이명현은 '한국철학의 전통'을 "가) 한국의 역사 속에서(고대에서 현재에 이르기까지), 나) 한국인에 의해 '비판적'으로 논의되었거나, 다) 새로 '창출된', 라) '이론화된 철학 사상'"으로 규정하면서, 그 외연으로는 토박이 사상에서부터 불교, 유학, 실학, 동학사상, 서양철학이 맺은 열매들을 든다.[2]

백종현은 한국철학을 "한국사람이 한국에서 통용되는 언어로 한국사회 문화 제영역의 최고 원리와 제 영역의 통합원리를 반성적으로 탐구하는 지적 활동, 또는 그 결실"[3]이라 정의하고, 정대현은 '한국적'을 실체적 조건과 부사적 조건으로 나누어 설명한다. 실체적 조건이란 다른 나라에는 없으면서 한국에만 고유하게 있는 철학이라는 의미이며, 부사적 조건은 이와는 대조적으로 다른 나라에도 있을 수 있지만 한국에 특히 두드러지게 존재하는 철학이라는 의미를 나타낸다. 말하자면, 부사적 조건은 정도의 차이를 의미한다.[4]

이들의 이야기를 종합해보면, 엄밀하지는 않지만 대체로 한국철학이란 '한국인이 한국의 현실 문제를 주제로 다루어 한국어로 표현한 철학적 결실' 정도로 규정될 수 있을 것으로 생각된다. 이들 정의들을 자세히 검토해 보면, ① 한국인 ② 한국의 현실문제 ③ 한국어 표현으로 그 골격이 분석된다.

---

2) 심재룡 외, 『한국에서 철학하는 자세들』, 집문당, 1986, 22쪽 이하.

3) 백종현, 『독일철학과 20세기 한국의 철학』, 철학과 현실사, 1998, 16쪽.

4) 정대현, 『한국현대철학』, 이화여자대학교출판문화원, 2016, 15쪽.

그렇지만 이 모두를 동시에 충족시키지 못하는 경우란 세계화 시대의 오늘 날에는 너무도 흔한 일이다. 우선 각 대학에 외국인 철학 교수가 꽤 많다. 또 외국 대학에서 한국학에 종사하는 학자들도 상당하다. 이들 중 어떤 외국인 학자는 한국인의 정신세계를 탐구하기 위해 한국 선불교를 연구하는 경우도 있다. 이것은 꼭 한국인이 아니라도 한국철학을 할 수 있다는 이야기다. 둘째로 한국의 현실 문제라고 해도 여기에는 보편적인 문제도 있고 특수한 문제도 있으며, 이들이 서로 섞여 있기도 하다. 철학은 본성상 보편성을 지향하기 때문에 한국의 특수한 현실에는 특별한 관심 없이, 서양의 그리스 철학이나 근현대의 서양 철학을 전공하는 학자들도 많다. 셋째로 요즘은 학문에서도 국제 무대로 진출해야 하기 때문에 영어로 논문을 쓰는 학자들도 점차 늘어나고 있고 각 대학은 이를 적극 권장하고 있다.

한국철학의 정체성을 논의하기 위해서는 한국철학에 관한 다음과 같은 도표를 활용해 보는 것이 편리할 것으로 생각된다. 도표는 두 축으로 구성되어 있다. 세로축은 고정불변의 의미를 갖는 실체성과 역사적으로 형성되어 전승되는 역사성을 양극으로 한다. 실체성이란 불변의 어떤 본질 같은 것, 즉 플라톤의 형상 같은 것을 갖고 있다는 의미이고, 연속성은 한국철학이라 해서 그런 불변의 형상 같은 것은 있을 수 없고 다만 한 민족이 역사적으로 형성해온 어떤 사상의 흐름 같은 것을 의미하는 것으로 규정할 수 있겠다. 가로축은 우리에게만 고유한 특수성과 그 대립 개념인 보편성을 양극으로 한다. 두 축을 교차하면 그림과 같은 네 영역이 나타난다.

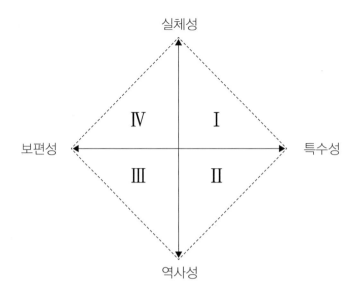

실체성

Ⅳ   Ⅰ

보편성   특수성

Ⅲ   Ⅱ

역사성

Ⅰ 영역을 한국철학이라고 주장하는 사람들은 한국인의 고유한 사고방식이나 사유체계가, 그리고 인간과 세계에 대한 독특한 이해가 태고적부터 존재해 왔으며, 그것을 찾아 해명하는 일이 한국철학을 하는 일이라고 본다. 이러한 관점에서는 불교나 유교도 현재의 서구 철학사상과 마찬가지로 외래사상에 불과하다.

Ⅱ의 영역을 주장하는 사람들은 외국의 철학사상을 받아들였다 하더라도, 우리의 특수한 문제들과 씨름하며 우리 나름으로 역사 속에서 창조해낸 철학적 결실들을 한국철학으로 본다. 이때 강조되는 특수성은 1) 해결해야 할 문제, 2) 문제를 다루는 방법, 3) 철학하는 언어의 특수성을 의미한다. 말하자면, 철학이 현실에서 출발하고 현실이 특수하다면 철학이 다루는 문제도 특수하다고 할 수 밖에 없으며, 문제가 특수한 이상 다루는 방법도 특수해야 하고 언어는 단순한 표현수단 이상의 의미를 갖기 때문에 언어가 다르면 철학의 내용도 당

연히 다를 수 밖에 없다는 것이다.

Ⅲ의 영역은 Ⅱ의 영역과는 대립된다. Ⅲ의 영역에서는 철학이라면 그것이 한국철학이든 서구철학이든 문제, 방법, 언어 등에서 특수해야 될 이유는 없다고 본다. 물론 특수한 경우도 있겠지만, 그것은 우연에 불과할 뿐, 철학의 본질에 속하는 문제는 아니라고 본다. 말하자면 어떤 시대의 보편적인 문제를 다룬다 해도, 그리고 설사 특수한 방법론을 사용하지 않거나 혹은 독특한 어떤 결론이 도출되지 않았다 해도, 철학적 탐구가 한국에서 진행되었다면 한국철학이 될 수 있다고 본다.

Ⅳ의 영역, 즉 실체성과 보편성을 양면으로 하는 영역은 이중적인 해석이 가능하다. 하나는 개념상 모순이기 때문에 성립하기 어렵다는 해석이고, 다른 하나는 표면상으로는 모순같이 보이지만 심층적으로는 모순되지 않는다는 해석이다. 이런 해석에서는 표현 방식은 다르지만 핵심적 내용은 동일하다는 논리가 성립될 수 있다. 말하자면 한국철학의 실체는 표면적으로는 특수하게 보이지만 내용상으로는 보편적일 수 있다는 것이다.

한때는 한국철학이라 하면 〈Ⅰ〉의 영역, 즉 실체성과 특수성을 동시에 갖고 있어야 한다는 주장도 있었지만, 오늘날 이런 주장은 설득력이 약한 것으로 파악된다. 물론 지금도 소수의 사람들은 한국철학을 이런 식으로 규정하고 있지만, 세계화가 진행되면서 환경이 비슷하면 사고방식도 비슷할 수 있다는 비교 연구도 많아졌을 뿐만 아니라, 우리에게만 고유한 칼 융의 집단 무의식 같은 어떤 원형을 찾는 것이 어렵고 동시에 큰 의미가 없다는 논의가 거의 일반화되었기 때문이다.

〈Ⅳ〉의 영역을 한국 철학으로 규정하는 일도 결코 쉽지 않은 일이다. 형이상학이나 인식론의 표현 형식과 심층구조에 관한 설득력 있는 연구가 전제되어야 하기 때문이다. 〈Ⅰ〉과 〈Ⅳ〉의 공통점은 이들이 모두 불변의 실체성을 기반으로 한다는 점이다. 한국철학에 플라톤의 형상이론 같은 논리를 적용하지 않는 한, 정당화되기 어려울 것으로 판단된다.

실체성을 배제하면 역사성을 기반으로 하는 범주〈Ⅱ〉와 〈Ⅲ〉이 논의의 중심으로 떠오른다. 〈Ⅱ〉의 영역은 한국철학의 원형같은 것은 없지만, 우리의 특수한 문제들을 다루면서 창출해낸 독특한 이론들과, 동시에 변화 발전하면서도 역사적으로 연결되어 있는 철학 사상들이나 사고 방식이 한국 철학이라는 주장이다. 이런 주장은 일견 설득력이 있어 보인다. 윤사순의 『기본 원리에서 본 한국의 유학사상』(2016)은 중국유학과는 다른 한국 유학의 특성을 규명한 저서인데, 전체적 맥락으로 보면 역시 한국 유학을 〈Ⅱ〉의 영역으로 해석하고 있다. 길희성의 『보살예수』(2004)도 마찬가지다. 한국불교의 특수성을 추구하고 있지만, 어떤 불변의 한국적 원형을 주장하는 것으로 해석되지는 않는다.

그렇지만 〈Ⅱ〉의 영역을 한국 철학으로 규정할 때, 즉 한국 철학을 역사성과 특수성의 결합으로 볼 때, 현재 한국 학계에서 실제로 논의 되고 있는 내용들과는 잘 맞지 않는 문제점이 발생한다. 특히 현재 대학의 철학과 교과 과정은 특수성보다는 보편성이 우세하기 때문이다.

〈Ⅲ〉의 영역은 일단 현실과 어느정도 조화된다는 점에서 긍정적으로 평가된다. 시대적 상황과도 어지간히 잘 어울린다. 그렇지만 〈Ⅲ〉의 영역만으로 한국철학을 규정할 때 우리의 전통적 철학사상과 우리의 특수한 현실에 대한 반성이 자칫하면 소외될지 모른다는 우려가 제기될 수 있다. 아무리 세계화 시대이고 철학이 보편적인 학문이라 해도 우리의 전통을 완전히 배제한다는 것은 우리의 기반을 스스로 허물어버리는 꼴이 될 수 있다. 이런 맥락에서 보면 한국철학의 정체성을 위해서는 특수성과 보편성은 어느정도 균형을 유지하는 것이 바람직하다고 할 수도 있다. 여기서 다음과 같은 물음이 제기된다.

(1) 어느 정도의 균형이 바람직하다고 할 수 있을까?

(2) 현재의 실제 상황은 어떠한가?

이런 물음에는 많은 논의가 필요할 것이다. 사실 각 대학의 철학과에서 교과 과정을 정할 때나 교수를 채용할 때 암암리에 고민하는 주제이기도 하다.

다음 3절 이하에서는 특수성과 보편성의 비율이 21세기 들어와서 실제로 어떻게 변화하고 있는가를 밝힌다.

3. 보편성과 특수성을 기준으로 한 주제와 방법의 분류

보편성과 특수성의 잣대는 철학 탐구의 주제와 방법에 대해 각각 적용해 볼 수 있다. 이것은 다음과 같은 도표로 정리된다.

이때 〈가〉는 주제와 방법 모두에서 특수한 경우이고, 〈라〉는 정반대로 모두 보편적인 경우이다. 〈나〉는 주제는 보편적이지만, 방법은 우리의 특수한 방법을 활용하는 경우이고, 〈다〉는 이와 대칭적으로 주제는 특수하지만 방법은 보편적 방법을 사용하는 경우이다.

이 글에서는 〈Ⅱ〉와 〈Ⅲ〉의 영역을 함께 보편성과 특수성의 차원에서 논의를 진행했다.

		주제	
		특수	보편
방법	특수	〈가〉	〈나〉
	보편	〈다〉	〈라〉

4. 연구 방법

여기서 중요한 것은 매년 총 키워드에서 중복되는 비율을 비교하는 것이다. 비교는 두 측면에서 할 수 있다. 하나는 한국의 논문 키워드를 기준으로 비교하는 것이고, 다른 하나는 서구의 논문 키워드를 기준으로 하는 것이다.

1) 한국의 논문 키워드를 기준으로 했을 경우:

KCI 특정 기간의 전체 키워드를 분모로 하고 WS와 공통되는 키워드들을 분자로 하여, KCI의 전체 키워드 중 WS와 중복된 키워드의 비율을 알아 본다. 비율을 구할 때에는 각 키워드들의 빈도수를 포함하여 구한다. 가령 2004년에 Kant는 KCI논문 중 8번 나왔고 Derrida는 2번 나왔다면, 계산에서는 빈도수까지를 함께 계산한다. 수식으로 표현하면 다음과 같다.

a/b

a= KCI에서 WS와 중복된 키워드의 빈도수의 총합

b= KCI 총 키워드 빈도수

2) 서구의 논문 키워드를 기준으로 했을 경우:

이것은 WS의 총 키워드 수를 분모로 하고, KCI와 공통된 키워드들을 분자로 하여 WS의 전체 키워드 중 KCI와 공통된 키워드의 비율을 측정하는 것이다.

수식으로 표현하면 다음과 같다.

a/b

a= WS에서 KCI와 중복된 키워드의 빈도수 총합

b= WS 총 키워드 빈도수

두 측면이란 다음과 같은 것을 의미한다. KCI를 기준으로 했을 때의 지표는 한국이 서구와 얼마나 비슷해지는가를 알고자 하는 것이고, WS를 기준으로 했을 때는 서구가 한국과 얼마나 비슷한가를 알려고 하는 것이다. 물론 KCI와 WS가 같은 체제가 아닌데도 불구하고, 같은 지평에서 비교를 수행했다는 점에서는 이 비교는 한계를 갖는다.

또한 과거로 갈수록 핵심어가 없는 논문들이, 전체에서 비율은 얼마되지 않지만, 가끔 있었다. 이런 경우는 몇몇 경우를 제외하고는 논문의 제목과 초록에서 핵심어를 추출했다. 이 부분에서도 저자가 직접 작성한 핵심어가 아니기에 약간의 문제점은 제기될 수 있다. 하지만 핵심어는 통상 제목과 초록에 나타나기 때문에 큰 문제는 없을 것으로 판단된다.

각 연도별 논문 편수와 핵심어의 수는 다음과 같이 조사되었다.[5]

〈표 1〉 KCI 한국철학 핵심어 개수, 논문편수

KCI 한국철학	2004년도	2005년도	2006년도	2007년도	2008년도	2009년도	2010년도	2011년도	2012년도
핵심어 개수	4178	4599	4873	5312	5341	5852	6332	5858	6014
논문 편수	846	900	946	988	1013	1104	1193	1129	1145

KCI 한국철학	2013년도	2014년도	2015년도	2016년도	2017년도	2018년도	2019년도	2020년도
핵심어 개수	6311	6817	6837	6488	6617	6246	6542	5828
논문 편수	1187	1217	1202	1152	1189	1156	1165	1079

〈표 2〉 WS서구철학 핵심어 개수, 논문편수

WS 서구철학	2004년도	2005년도	2006년도	2007년도	2008년도	2009년도	2010년도	2011년도	2012년도
핵심어 개수	16088	17482	19050	21070	30004	32347	34028	37858	36253
논문 편수	3570	3797	4004	4238	5907	6290	6951	7638	7487

WS 서구철학	2013년도	2014년도	2015년도	2016년도	2017년도	2018년도	2019년도	2020년도
핵심어 개수	39452	40652	43889	43802	44519	45212	51282	60880
논문 편수	8296	8288	8863	8741	8823	8987	10054	12181

〈표 3〉 한국철학 VS 서구철학

	2004년도	2005년도	2006년도	2007년도	2008년도	2009년도	2010년도	2011년도	2012년도
서구철학/ 한국철학	967/ 4178	1070/ 4599	1257/ 4873	1461/ 5312	1617/ 5341	1751/ 5852	1965/ 6332	1823/ 5858	1937/ 6014
중복률	0.23	0.23	0.26	0.28	0.30	0.30	0.31	0.31	0.32

---

5) 이 글에서 제시한 통계자료와 이전의 논문에서 발표한 승계자료가 다소 일치하지 않는 부분이 있다. 이것은 통계자료가 나중에 보완되었기 때문이다.

	2013년도	2014년도	2015년도	2016년도	2017년도	2018년도	2019년도	2020년도
서구철학/ 한국철학	1926/ 6311	2227/ 6817	2424/ 6837	2241/ 6488	2268/ 6617	2204/ 6246	2188/ 6542	2147/ 5828
중복률	0.31	0.33	0.35	0.35	0.34	0.35	0.33	0.37

* 서구철학–한국철학 중복된 키워드 개수 / 한국철학 총 키워드 개수= 중복률

〈표 4〉 서구철학 VS 한국철학

	2004년도	2005년도	2006년도	2007년도	2008년도	2009년도	2010년도	2011년도	2012년도
한국철학/ 서구철학	1817/ 16088	2030/ 17482	2431/ 19050	3074/ 21070	4813/ 30004	5398/ 32347	5471/ 34028	5864/ 37858	5724/ 36253
중복률	0.11	0.12	0.13	0.15	0.16	0.17	0.17	0.15	0.16

	2013년도	2014년도	2015년도	2016년도	2017년도	2018년도	2019년도	2020년도
한국철학/ 서구철학	6519/ 39452	6657/ 40652	7547/ 43889	7011/ 43802	7445/ 44519	7395/ 45212	8616/ 51282	9916/ 60880
중복률	0.17	0.16	0.17	0.16	0.17	0.16	0.17	0.16

* 한국철학–서구철학 중복된 키워드 개수 / 서구철학 총 키워드 개수= 중복률

5. 한국철학과 서구철학의 동조화 비율

서구 문명의 철학 학술지 WS에서 추출한 핵심어와 한국철학 학술지 KCI에서 추출한 핵심어를 비교해 보았을 때, 핵심어의 중복부분이 점차 증가하고 있었다. 핵심어가 같다고 하는 것은 논의의 주제가 동일하다는 것을 의미한다. 동시에 한국철학의 보편성이 증가하고 있음을 함축한다.

<표 5>

	2004년도	2005년도	2006년도	2007년도	2008년도	2009년도	2010년도	2011년도	2012년도
WS 서구철학	0.11	0.12	0.13	0.15	0.16	0.17	0.16	0.15	0.16
KCI 한국철학	0.23	0.23	0.26	0.28	0.30	0.30	0.31	0.31	0.32

	2013년도	2014년도	2015년도	2016년도	2017년도	2018년도	2019년도	2020년도
WS 서구철학	0.17	0.16	0.17	0.16	0.17	0.16	0.17	0.16
KCI 한국철학	0.31	0.33	0.35	0.35	0.34	0.35	0.33	0.37

이를 간단히 그림으로 그려보면 〈표5〉와 같이 된다.

〈표 6〉 서구철학 VS. 한국철학

6. 설명 논리

우리는 한국철학과 서구철학의 동조화 비율이 증가하는 현상을 어떻게 설명해야 할 것인가? 왜 이런 현상이 초래되었는가? 물론 철학적 탐구는 철학 교수나 연구자들의 자발적 의지에 기반하여 추진되는 것이지만, 배경과 간접적인 원인들은 추적해 볼 수 있다.

설명논리로서 나는 두 가지를 제시하려고 한다. 하나는 문명융합론적 설명이고, 다른 하나는 연구자들의 활동론적 설명이다.

6.1 문명 융합론

세계화 시대가 되면서 문명들이 모두 융합되어 간다는 주장이 문명융합론이다. 이런 관점에서 보면, 철학분야에서 보편성이 증가한다는 것은 당연하다. 모든 영역에서 문화유전자가 뒤섞이며 문명 전체가 융합되는 현실에서 철학이라 해서 예외일 수는 없기 때문이다.

문명은 문화유전자의 결합체라 할 수 있다.[6] 이 주장은 어떤 건축물이 설계도의 실현인 것과 마찬가지로, 문명은 문화유전자가 구체화된 것이라는 의미이다. 그렇다면 문화유전자란 무엇인가? 그것은 생물 유전자와 어떻게 다른가?

문화의 진화를 설명하기 위해 리처드 도킨스가 창안한 meme는 모방을 의미하는 그리스어 mimeme의 축약어인데, 문화적 정보의 복제자로서 문화적 전달 내용의 단위를 의미한다. 유전자 gene과 문화유전자 meme은 다음과 같이 구분할 수 있다. gene은 신체의 세포 속에 저장되어 다음 세대에 전달되는 단백질을 만드는 정보인 데 반해, meme은 두뇌나 다른 대상에 저장되어 모방에 의해 전달되는 행위의 수행을 위한 정보이다.

칼 포퍼(Karl Popper)가 말한 객관적 관념의 세계(the world of ideas in the objective sense)나 니콜라이 하르트만(Nicolai Hartmann)이 주장한 객관화된

---

6) 이한구, 『문명의 융합』, 철학과 현실사, 2019, 145쪽 이하.

정신의 세계(Die Welt der objecktivierter Geist)는 모두 문화라는 대양을 의미한다고 할 수 있다. 동시에 객관적 관념의 세계에서 살고 있는 가장 핵심적인 주민들, 즉 이론이나 명제, 혹은 진술들은 모두 중요한 문화유전자들이다. 그리고 포퍼나 하르트만이 객관화된 정신의 세계에 포함시킨 모든 것들, 문화, 시, 조형 예술, 음악 등의 창작물, 각종 기념물, 건축물, 기술적 작품, 도구, 무기, 수공업과 공업의 산물, 과학적 및 철학적 체계들, 신화적 관념들이나 종교적 관념들은 모두 중요한 문화 유전자들이다. 철학 논문의 핵심어들도 문화유전자의 일종이다.

다른 한편 정보사회가 진화하면서 전 세계는 전 지구적 연결망 사회가 되면서, 문화유전자들의 총체적 헤쳐모여가 진행되고 있다. 문화 유전자들의 총체적 뒤섞임은 결국 어떤 결과를 가져올 것인가? 뒤섞임 현상은 일차적으로 어떤 융합을 초래하고, 융합이 누적되면 새로운 문명이 창출된다는 것이 나의 주장이다.[7)

융합은 단순한 혼합이나 혼종이 아니다. 혼합이나 혼종은 두 사물이 단지 서로 섞이는 것에 불과하다. 예컨대 한쪽에는 a만 있고 다른쪽에는 b만 있다가, 서로 섞여 양쪽에 모두 a + b가 존재하게 되는 현상은 혼합이나 혼종에 불과하다. a와 b가 비슷해지는 현상이 융합이다. 여기에는 다양한 방식이 있을 수 있다. a가 b를 흡수할 수도 있고, 그 반대일 수도 있다. 또 a와 b가 c로 수렴될 수도 있다. 예컨대, 백인과 흑인의 유전자가 만나면 중간색이 나타나듯이, 서양 음악과 국악이 만났을 때 새로운 형태의 음악이 만들어질 수 있다. 그러므로 내가 문화 유전자들의 융합이라 했을 때는 문화 유전자들의 단순한 뒤섞임

---

7) 이한구, 『문명의 융합』, 철학과 현실사, 2019, 258쪽 이하.

이 아니라 문화 유전자들의 공통성이 증가함을 의미한다.

6.2 활동이론

미시적 접근이란 철학 논문을 산출하는 개별 철학자들이 사회 속에서 수행하는 역할과 기능이 달라졌다는 관점에서 변화를 설명하려는 것이다. 이를 나는 활동이론(Activity theory)을 이용해서 설명하려고 한다.

활동이론은 러시아의 교육 심리학자 레프 비고츠키(Lev Vygotsky, 1896-1934)가 처음 제기한 학습이론으로, 인간의 학습(learning)을 단순한 자극-반응의 조건반사적 관계가 아니라, 인공물에 의해 매개된 실천이란 점을 강조하는 이론이었다. 말하자면, 그것은 사회 속에서 이루어지는 인간의 복잡한 실천을 설명하는 이론적 틀이었다.

활동이론을 발전시킨 엥게스트롬(Y.Engeström)[8]은 인간의 학습활동을 6항의 복잡한 도식으로 설명하려고 한다. 이 논문에서는 이런 학습이론을 학문활동 일반의 이론으로 확장시켜 보려고 한다. 그 근거는 두 가지이다. 하나는 서양철학의 도입은 어떤 면에서는 학습의 과정과도 유사하며, 다른 하나는 한 사회의 학문의 성장 과정이 역사문화적 전통 속에서 진행되는 일종의 집단적 실천으로 이해될 수도 있기 때문이다.

우리가 활동 이론을 활용하여 20세기 철학교수들이 처했던 상황과

---

8) Y. Engeström, Activity theory and individual and social transformation, *Perspectives on activity theory,* (Cambridge University press, 1999), pp. 19-38.

21세기 철학교수들이 처한 상황을 비교해 보면, 두 상황에서의 차이점은 모든 국면에서 드러난다. 연구자료에서부터, 규칙, 공동체, 역할, 그리고 목표에서 차이점은 뚜렷하다. 먼저, 연구자료에서 차이가 난다. 20세기 후반까지는 대체로 교수들이 활용하는 연구 자료가 자신의 영역에 국한된 자료들이었다면, 21세기 들어서는 그 범위가 자신의 전공영역에 관한 자료뿐만 아니라 동서양의 고전까지 크게 확대된 것으로 해석된다. 여기에는 고전의 번역서와 그간의 축적된 연구물이 중요한 역할을 한 것으로 판단된다. 교수들의 연구 활동의 기준이라 할 수 있는 규칙은 교내 학술지나 국내 학술지에 논문을 발표하는 일에서 한국연구재단 등재지나 국제적인 전문학술지에 논문을 발표하는 일로 전환되었다. 교수들과 연관된 공동체도 소속대학 및 국내 학회에 덧붙여 국제학회로까지 확대되었으며, 교수, 연구, 봉사라는 교수가 수행하는 역할의 기본 골격은 바뀌지 않았지만 그 활동 영역이 국제무대로까지 넓혀졌다. 목표의 변화도 무시하지 못한다. 예전에는 많은 철학교수가 학자이면서 세상에 영향력을 행사하려는 경세적 학자를 내심 목표로 삼았다면, 이제 대학 사회에서 경쟁이 더욱 치열해지면서 전문적 학자 이상을 추구하기는 어려운 일이 되었다.

이 도식을 활용하여 20세기 후반부 한국의 철학교수의 활동과 21세기 한국의 철학교수의 활동을 비교해 보면 다음과 같이 표현될 수 있다.

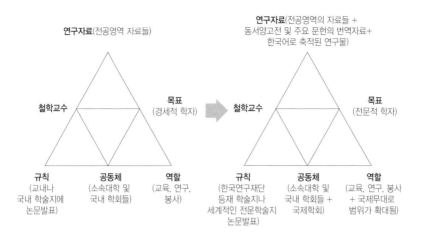

7. 결론

이 글에서 나는 21세기 들어와 한국철학의 성격이 서구철학과 비교했을 때 보편성이 증가하는 쪽으로 진행되고 있는 추세를 밝혔다. 말하자면, 2004년도 한국철학과 서구철학의 핵심어 중복비율이 23%에서 2020년에는 37%로 증가했다. 이때 Web of Science에 실린 철학 논문의 핵심어와 한국의 여러 철학지에 실린 철학 논문의 핵심어의 통계자료가 근거 자료로 활용되었다.

그렇지만 이 연구는 다음과 같은 한계를 갖는다.

1) 저술을 다루지는 못했다. 저술의 질적 평가를 할 수 있는 장치가 현재 전혀 마련되어 있지 않기 때문이다. 그렇지만 보통 저술이 나오기 전에 몇 편의 논문을 통해 아이디어를 먼저 발표하고 이를 확대해서 저술한다는 점을 고려하면, 그리고 특히 최근 10여 년 간 각 대학

들이 대학의 평가 순위를 올리기 위해 자연과학의 모델을 기초로 하여 인문사회과학에도 논문 발표를 매우 장려해온 사실을 고려하면, 논문만으로도 어느 정도의 흐름을 가늠할 수는 있겠다.

2) 논문의 질적인 문제를 고려하지는 않았다. 인용지수 등을 통해 논문의 우열을 가리는 기준이 있기는 하지만, 아직 한국연구재단에 이런 자료까지 축적되어 있지는 않은 실정이다.

3) 당위의 문제를 다루지는 않았다. 여기서 다룬 것은 오직 현실적으로 진행되고 있는 추세뿐이다. 이런 추세가 바람직한가 어떤가 하는 문제는 실증적인 자료를 기초로 한다 해도 별도로 논의될 문제이다.

| 추천도서 |

길희성, 『보살예수』, 현암사, 2004.

박무익, 『한국인의 철학』, 한국갤럽, 2011.

백종현, 『독일철학과 20세기 한국의 철학』, 철학과 현실사, 1998.

심재룡 외, 『한국에서 철학하는 자세들』, 집문당, 1986.

윤사순, 『한국의 유학사상』, 두양사, 2016.

이한구, 『문명의 융합』, 철학과 현실사, 2019.

정대현, 『한국현대철학』, 이화여자대학교출판문화원, 2016.

허남진 · 백종현 · 차인석 · 김남두 · 성태용, 「서양철학수용에 따른 전통철학의
대응 및 전개 1–3부」, 『철학사상』, 제8호, 12, 1998.

'한국철학'의 문헌 범위

김시천(숭실대학교)

1. '한국철학' 개념의 모호성

이 글에서 우리가 생각해 보고자 하는 문제는 '한국철학'의 '문헌범위'라는 논제이다. 21세기를 살아가는 오늘날 한국 내에서는 물론 세계적으로 '한국철학'이라는 개념을 인정하지 않는 학자는 이제 있을 것 같지 않다. 실제로 지난 몇십 년간 '한국철학'이란 말이 사용되어왔고, 오늘날 한국에서 철학하는 사람들을 철학자라 부르는 사회적 현상은 설명의 여지 없이 자연스럽기 때문이다. 그러나 이 때 사용되는 '한국철학'의 의미와 내용은 여전히 논란꺼리이고, 누가 철학자인가에 대해서는 여전히 합의된 바가 없기 때문이다.

'한국철학'이라는 개념이 여전히 모호한 상황에서 한국철학을 연구하고자 할 때 그 문헌 범위가 어디까지인가에 대한 논의는 불명확할 수밖에 없다. 이러한 모호성은 한국철학의 형성과정에 영향을 미친 역사적 조건에서 비롯된 것도 있지만, 몇몇 문제는 오해와 편견으로부터 비롯된 것들도 있다. 이 때문에 우리가 현실에서 접하는 '한국철학' 개념은 전공 영역에 따라 다른 의미와 범위를 가지며, 같은 주제를 논하면서도 서로 다른 개념과 뉘앙스를 띄는 경우가 많다.

가장 대표적인 것은, 서양철학을 전공했느냐 혹은 동양철학을 전공했느냐에 따라 한국철학이 의미하는 시대적 범위가 서로 다르다는 점이다. 또한 전통의 철학적 문헌에 대해서도 한쪽은 '철학적 해석'의 대상으로 보지만, 다른 한편에서는 그 자체로 '철학'이라고 보는 입장으로 갈라진다. 문제는 이러한 논제를 놓고 공식적인 토론이나 논의는 매우 적다는 점이다. 그래서 전공 영역에 따른 대화나 소통이 부재한 까닭에 한국철학의 개념은 여전히 모호한 상태에 놓여 있다.

물론 이에 대한 논의가 없었던 것은 아니다. 앞서 열거한 여러 문제점을 명확하게 인식하고 '한국철학'의 개념을 진지한 철학적 주제로 다루어 보고자 했던 체계적 시도는 1986년 심재룡이 묶어서 펴낸 『한국에서 철학하는 자세들』을 통해 확인할 수 있다. 하지만 이 책에 실린 여러 논자들의 글 가운데 한국철학의 개념에 대한 본격적인 토론이라 볼 수 있는 글은 몇 편에 지나지 않으며, 몇 가지 점에서 아쉬움을 느끼게 한다.

예컨대 우리는 이 책의 저자 가운데 하나인 이명현의 「한국철학의 전통과 과제」에서 '한국철학'을 정의하려는 하나의 시도를 찾아 볼 수 있다. 그에 따르면 한국철학 개념의 내포와 외연은 다음과 같이 설명된다.

한국철학의 전통—개념의 내포

가) 한국의 역사 속에서(고대에서 현재에 이르기까지), 나) 한국인에 의해 '비판적'으로 논의되었거나, 다) 새로 '창출된', 라) '이론화'된 철학사상.

한국철학의 전통—그 외연

위에서 말한 '한국철학'의 전통이라는 말의 내포에 들어맞는 사상적 사례들이 한국철학의 외연을 구성한다. 그 두드러진 사례들을 열거하면 다음과 같은 것이 될 것이다. 가) 한국 전통사상 중에 비교적 이론적 틀을 갖춘 토박이 사상, 나) 인도나 중국으로부터 유입된 불교사상에다가 비판적 논의를 거쳐 수정 보완했거나, 새로운 빛 아래서 불교적 메시지를 재구성한 이론들(예: 원효의 화쟁론, 지눌의 정혜쌍수의 사상), 다) 중국으로부터 유입된 유학·도교·양명학의 이론에 대해 비판적 논의를 한 이론이나 수정 보완한 이론들(예: 퇴계와 율곡의 이기론 및 사칠론), 라) 수기치인을 위한 인성론에만 몰두한 주자학적 관심을 넘어서서 사회·경제적 문제와 기술·생산적 문화에 필요한 객관적 지식의 필요성과 그에 상응하는 새로운 가치관의 필요성을 제창한 실학사상가의 이론들, 마) 조선시대 주자학이 지배이데올로기로 경직되어 민중으로부터 소외될 뿐만 아니라 새로운 사회구조적 변화에 대해 처방적 기능을 상실하게 되자 나타난 인내천의 동학사상, 바) 1920년을 전후하여 파종되기 시작한 서양철학의 씨앗이 반세기 동안 이 땅 위에서 맺은 열매들.

이와같이 '한국철학'의 개념을 명료하게 정의하고자 한 시도는 아마도 최초의 것이라 평가할 만한다. 특히 이명현은 한국철학의 개념을 한국의 역사와 한국인이라는 조건에 더해 '이론화'라는 세 번째 요소를 확정함으로써 나름의 객관적인 정의를 내리고자 했다는 점에서 높이 평가할 만하다. 하지만 그럼에도 불구하고 외연에 관한 논의에서 어떤 것이 철학'이고' 어떤 것이 철학'이 아닌가'에 대한 분명한 구분을 제시하고 있지는 않은 것으로 보인다.

그럼에도 이명현은 "한국철학의 역사는 한국역사의 시간 좌표와 궤적을 같이 한다"는 언명을 통해 그 다음 해인 1987년 처음으로 출간된 『한국철학사』(상중하)의 '역사'에 대해 긍정적 이론 기반을 마련했다는 점에서 매우 큰 의미가 있다. 하지만 이명현이 제시한 앞의 정의는, 『한국철학사』 발간 당시 한국철학회 회장 한전숙의 '간행사'에서 지적했던 것과 같은 한계, 즉 "여러 토속적인 사상과 종교사상 중에서 어디서부터가 철학사상인지 하는 기본 개념에 관한 문제들"을 판단할 기준과 근거가 되지는 못한다.

다른 한편 이와 같은 한국철학 개념의 정의에는 매우 중요한 한 가지 조건이 빠져있다. 그것은 바로 언어의 문제, 즉 '한국어'라는 문제이다. 이 언어의 문제는 매우 직관적으로 주어지는 기준임에도 불구하고 '한국철학'의 개념에 관한 논의에서 생략되어 있다. 예컨대 우리는 '그리스철학'의 경우 고전그리스어로, '로마철학'의 경우 라틴어로, 근대 이후의 영미철학이나 프랑스철학, 독일철학은 각각 『성서』의 번역과 더불어 체계화된 영어, 프랑스어, 독일어로 된 텍스트들을 먼저 떠올린다. 즉 독일철학은 독일어로, 프랑스철학은 프랑스어로 된 철학 텍스트와 일차적으로 관련된다. 그럼에도 한국어는 '한국철학'의 정의에서 생략되어 있다.

따라서 이명현의 한국철학에 대한 정의는 최초의 시도로서 의미를 갖는다. 더욱이 물론 원효의 화쟁론, 퇴계와 율곡의 이기론, 실학사상은 물론 동학사상에 이르기까지 역사상의 전통 사상 대부분을 이른바 '철학'의 영역에 포용하려는 매우 긍정적 의미를 갖고 있다. 그럼에도 그의 한국철학의 개념은, 어떤 개념이 기여해야 하는 가장 중요한 역할, 즉 어떤 것이 철학이고 어떤 것이 철학이 아닌가에 대한 분명한 기준을 제시한 것으로 보기는 어렵다.

하지만 아쉽게도 나 또한 이 글에서 한국철학에 대한 포괄적이고 객관적인 차원에서 명확한 개념을 제시하지는 않을 것이다. 다만 한국철학의 개념을 정의하고자 했던 몇 가지 명시적이거나 암묵적인 시도들에서 나타나는 문제점들을 검토하고, 이러한 한국철학의 개념적 범위들이 한국철학의 '문헌 범위'에 대해 어떤 함축을 갖는가 하는 문제를 중심으로 이하의 논의를 전개해 나가고자 한다.

이 글에서 먼저 검토해 보아야 할 문제는 '동양철학'과 '한국철학'이라는 용어에 대한 것이다. 결론적으로 말하자면 '동양철학'이란 개념은 결코 한국철학과 같은 개념이거나 혹은 한국철학을 넘어서면서 상위에서 포괄하는 그런 어떤 개념이 아니라, 없는 개념이라는 점을 강조하고자 한다. 동양철학은 일제강점기의 식민지 유산으로서 청산되어야 할 개념이거나 혹은 전혀 새로운 차원에서 재정의되어야 할 미래의 개념이라는 점이다.[1]

오히려 한국철학이란 개념은 '동양철학'이라는 포괄 범주에서 벗어나 중국철학 혹은 일본철학과의 차별성 차원에서 정의되는 것이 훨씬

---

1) 만약 동아시아의 여러 나라들이 공통의 언어로 철학하기가 가능하다면, 그것은 그러한 철학하기에 참여하는 공동체의 수를 포괄하는 하나의 개념으로 성립 가능할 수도 있다. 예컨대 과거 전통 사회에서 '한자(漢字)'를 통해 공동의 문제의식을 지닌 철학하기가 일정 수준에서 있었던 것처럼. 그러나 이는 과거에서도 현재에서도 미래에서도 논증해내기 매우 어려운 것으로 보인다.

상식적이지 않을까? 즉 한국철학은 '한국'이라는 장소, '한국어'라는 언어의 문제와 관련하여 일차적으로 정의되어야 마땅한 것으로 보인다. 그러나 이런 접근 또한 그리 간단한 것만은 아니다. 왜냐하면 '한국'이라는 개념 자체가 역사적이고 유동적이며, '한국어'라는 문제 또한 마찬가지이기 때문이다.

예컨대 '한국철학'의 외연을 한국의 역사 시기 전체와 동일한 것으로 간주할 때 한반도에서 생산된 모든 텍스트 자료는 한국철학의 문헌 범위에 해당할 수 있다. 그러나 '한글'을 바탕으로 생각하는 오늘날의 현실에서 과연 '한자 문헌'은 그 자체로 한국철학이 되는 것일까? 과연 번역 없이, 언어의 문제를 생각하지 않고 철학을 단순히 '보편적 사유'의 문제로 정의하는 것은 바람직할까? 적어도 우리가 한국철학의 문헌 범위를 생각하고자 할 때, 먼저 고려되어야 하는 것은 이와 같은 매우 기초적인 물음들이어야 하지 않을까 싶다.

2. 다른 목소리: "동양철학은 없다!"

나는 '동양철학'이란 것은 과거에도 없었고, 앞으로도 없어야 한다고 생각한다. 우리가 이야기할 수 있는 것은 오로지 'K-철학'이다. 이야기를 쉽게 이끌기 위해, 2020년 출간된 김재인의 도발적 주장을 담은 글 "동양철학은 없다"는 논의에서 시작해 보자.[2] 논의의 필요상 다

---

2) 이 글은 다음 저서에 실린, 짧은 독립된 글이다. 김재인, 『뉴노멀의 철학: 대전환의 시대를 구축할 사상적 토대』, 동아시아, 2020, 166-169쪽.

소 길지만 여기에 인용해 보고자 한다.

　동양철학은 있을까? 결론부터 말하자면 동양철학은 없다. '철학'이라는 말 자체가 만들어진 게 19세기 중엽 일본에서였다. 더 정확히 말하자면, 오늘날 우리가 사용하는 '철학'이라는 말은 메이지明治 시대의 일본 사상가 니시 아마네西周가 처음 쓴 말이다.

　1861년 니시는 이렇게 말했다. 전래된 서양 학문 중에서 "격물, 화학, 지리, 기계 등 여러 분과에 대해서는 그것을 궁구하는 사람이 있지만, 오직 희철학希哲學(필로소피) 한 분과에 대해서는 아직 그런 사람을 볼 수가 없다." 여기에서 '희철학'이라는 말은 '필로소피philosophy'의 번역어로 처음 등장했다.

　(……) 네덜란드 유학(1862-1863년)을 마치고 돌아온 니시는 1866년 전후로 교토에서 행한 강의를 정리한 책 『백일신론百日新論』(1874)에서 이렇게 적는다. "교敎의 방법을 세우는 것을 필로소피[ヒロ ンヒ], 번역하여 철학哲學이라 명한다." 이제 '희철학希哲學'은 '철학哲學'으로 대체되며, 필로소피아의 본뜻을 얼마간 잃게 된다.

　사정이 이렇다면 가장 앞에서 던진 물음은 이렇게 바뀔 수 있을 것이다. 동양(동아시아)에도 서양의 필로소피아에 해당하는 활동이 있었을까? 동양에도 철학이 있었느냐는 물음은, 투박하게 표현하면 '서양의 필로소피아=동양의 ( )'에서 ( ) 자리에 오는 것이 뭔가 있지 않겠느냐는 물음으로 바꿀 수 있다. 이 물음은 다음의 물음으로 연결된다. 서양의 필로소피아가 갖는 의미 내용에 상응하는 의미를 갖는 동양의 어떤 것이 있지 않을까?

　(……) '철학'이라는 말을 발명한 니시의 입장을 보자. 사실 니시가 처음

번역어로 염두에 두었던 용어는 '희구현학希求賢學'이라는 의미의 '희현학希賢學'이었다. 성리학을 집대성한 주희朱熹에게 영향을 주었으며 『태극도설太極圖說』을 쓴 주돈이周敦頤가 이 구절을 썼는데 니시가 이를 모방해서 만든 것이다. 그렇긴 해도 니시는 주돈이의 '희'에 주목했지 '현'은 피하려 했다. 그 까닭은 한자 문화권에서 '현'이라는 표현은 성리학을 연상케 하기 때문이었다. 그래서 니시는 '희철학'이라는 표현을 쓰기로 했다. 나아가 더 깊은 고민 끝에 '희'마저 버리고 '철학'이라는, 필로소피아 본래 의미와는 다소 거리가 있는 용어로 옮겨 가게 된다. '희'라는 말이 여전히 성리학을 비롯한 전통 한학漢學을 연상케 한다는 이유에서였다.

　(……) 동아시아 전통에도 철학이 있었을까? 동양철학이 있었을까? 적어도 니시의 고민에 따르면 동아시아에는 철학에 대응하는 그 어떤 활동이 없었다. 오히려 철학은 동양 전통의 핵심이라 할 수 있는 성리학과 대립되는 활동으로 이해되었다고 보는 것이 정확하다. 요컨대 동양철학은 철학의 반동이었던 것이다.

이 글에서 김재인이 말하는 핵심은 니시 아마네가 조어한 'philosophy'에 대한 번역어/대응어인 '哲學'(철학)은 '性理學'(儒學)을 회피하려는 의도에서 만들어진 말이라는 점이다. 그 의도에 비추어 볼 때 유학이 곧 철학이라고 하는 것은, 니시 아마네의 의도를 왜곡하는 것이 된다. 따라서 '동양철학'은 없다! 매우 간결한 주장이며, 명쾌한 논의이다. 나는 여기에 전적으로 동의한다. 즉 동양철학은 없다! 그러나 나는 또한 이 주장에 동의하지 않는다.

내가 김재인의 주장에 동의하지 않는 까닭은, 그의 논의의 초점이 '철학'의 부정에 있다면 나의 초점은 '동양'에 있다는 점에서 다르다.

오히려 김재인의 주장은 유학을 철학과 동일시하는 전통에 대해 재검토를 요청하는 것으로 보면 충분할 듯하다. 즉 유학을 연구하는 것과 철학을 연구하는 것은 다른 것이며, 따라서 양자는 분명 다른 학문적 활동으로 보아야 한다는 것이다.

하지만 김재인이 이미 소개하고 있듯이 이는 서양파의 주장이며 동양파의 주장은 달랐다. 오늘날 중국과 일본, 한국의 전통 사회에서 '철학'이 없었다는 주장에 동의하는 학자는 거의 없다. 따라서 그의 주장은 역사적인 재검토와 더불어 새로운 설명 논리를 필요로 하는 것이지, 니시 아마네가 유학을 철학에서 제외하려고 일부러 철학이란 번역어를 만들었다는 사실로부터 철학이 없다는 것이 자명하게 증명되는 것은 아니다. 실제로 지난 20세기 내내 쓰인 수많은 '철학사' 서술은 니시와 다른 선택을 했고, 오늘날 이러한 선택이 주류가 되었다.

오히려 김재인의 논의에서 매우 중요한 점은 "동양철학에 대응하는 무엇인가가 있다"는 생각의 오류를 지적했다는 점에 있다. 예컨대 『태극도설』은 중국철학의 문헌으로 있으며 『율곡집』은 한국철학사 서술에서 반드시 다루어야 하는 문헌자료이다. 그런데 '동양철학'은 그에 상응하는 문헌자료가 어디에 있는가? 실제로 동양철학이란 말이 상용화된 것은 일제강점기이며, 경성제국대학의 커리큘럼에서 '중국철학', 혹은 '지나철학'과 혼용되었던 개념이다. 실제로 나 또한 대학시절 '동양철학사'라는 강좌를 수강할 때 그 내용은 '중국철학사'였다.

이와 같은 의미에서 나는 "동양철학은 없다"라고 생각한다. 달리 말해 우리는 이제 『태극도설』은 중국철학사의 연구 대상 문헌이며, 『율곡집』은 한국철학사의 주요 연구 대상 문헌이라는 인식이 훨씬 적정한 규정이 아닐까 싶다. 즉 한국철학은 동양철학이라는 맥락이 아니라,

중국철학이나 일본철학과의 차이로부터 그 의미를 규정해 나가야 한다는 것이다. 이와 관련하여 우리가 생각해 보아야 할 것은 바로 고유성과 언어의 문제이다. 그 가운데 먼저 '고유성'의 문제를 생각해 보자.

3. 한국의 장자, 중국의 장자: 고유성과 장소성

동양철학에 상응하는 그 무언가가 없었다는 생각과 관련하여 나는 먼저 내 전공 영역에 관한 논의에서 이야기를 시작하고자 한다.[3] 이런 상상을 해 보자. 어느 20대의 대학생이 한자로 빼곡한 고전『노자(老子)』와『장자(莊子)』를 옆구리에 낀 채 거리를 거닌다. 널따란 도로는 이미 촛불 든 사람들로 가득하고, 저 멀리 광화문 쪽에는 온갖 조명으로 밝은 가운데 커다란 연단이자 무대에서 사람들이 번갈아 발언하는 모습이 보인다. 광화문에 다가갈수록 사람들로 붐비자 그 대학생은 중간에 방향을 틀어 청계천을 따라 걸어 인사동 골목의 어느 한 건물로 들어선다. 이미 강연장은 열띤 강연으로 뜨거운 열기가 가득하다.

하얀 백발에 긴 수염을 늘어뜨리고 두루마기를 걸친 한 노인이 강단 한 가운데 서서 칠판에 한자를 적어간다. '聞在宥天下, 不聞治天下也.' 그리곤 차분한 목소리로 소리내어 읽는다. "문재유천하, 불문치천하야. (번역하면) 천하를 너그럽게 둬둔다는 말은 들었어도 천하

---

3) 이 절의 내용 가운데 일부는 "네이버 열린연단"(2020년 7월 4일)에서 강연한 내용을 포함하고 있다. 이 강연 내용은『대학지성』(2020.08.02.)에 "20세기 한국의 '노장 전통'과 무위(無爲)—『노자』와『장자』, 함곡관에서 종로까지"로 소개되어 있다.

다스린다는 말은 듣지 못했다."[4] 그리곤 이렇게 말을 잇는다. "이것은 장자가 전국시대의 군주들과 선비들이 서로 부국강병, 인의예지(仁義禮智)를 내세워 국가주의를 경쟁해감으로써 천하 민중을 괴롭히고 무참히 죽이기를 꺼려 아니하던 것을 꾸짖기 위해서 한 말이다."[5] 이것은 우리 시대의 역사이다.

이번에는 다른 기록을 보자. 공자(孔子)가 살아 있던 시절의 어느 날, 당시 천하를 지배하던 왕의 나라 주(周)의 수장실(守藏室) 사관이던 노자(老子)는 함곡관(函谷關)을 나서 서쪽의 변경으로 길을 떠난다. 관문을 지키던 관리는 그가 기이한 인물임을 알아보고 가르침을 청하자, 노자는 '도(道)'와 '덕(德)'에 관한 두 편으로 된 5,000여 글자를 남기고 훌훌 떠났다고 한다. 이것이 한(漢)의 역사가 사마천(司馬遷)이 기록한 '노자'와 그가 지었다는 책, 『도덕경(道德經)』혹은 그의 이름을 딴 『노자(老子)』에 얽힌 전설이다. 이것은 그 때 그 곳의 전설이다.

아마도 20세기 한국에서 『노자』와 『장자』라는 책에 대한 첫인상은 이 두 가지 서사적 이미지들의 결합일 가능성이 높다. 『사기』「노자열전」(老子列傳)은 『도덕경』의 '저자'인 노자가 함곡관을 나서는 이야기에 더해, 그가 공자에게 가르침을 주었다는 증언을 길게 서술한다. 이는 「노자열전」이 기록되던 당시 유가에 대해 비판적인 분위기를 반영하는 것으로, 공자로 대변되는 유가(儒家)를 조소하는 '노자상'을 만들어 준다. 『사기』「장자열전」(莊子列傳) 또한 낚시하며 유유자적하는 장주(莊周)가 재상이라는 높은 벼슬을 거부하며 평범한 삶을 선택하는 일

---

4) 함석헌, 『씨올의 옛글풀이』(함석헌전집 20), 한길사, 1988. 128쪽.
5) 함석헌, 같은 책, 131쪽.

화를 중심으로 전한다. 이는 오늘날 탈정치적, 혹은 탈세속적 '노장' (老莊)이라는 이미지를 형성하는 데 커다란 영향을 미쳤다.

시간은 흐르고 흘러 한국의 종로, 1970년 4월 19일『씨올의 소리』를 창간한 씨올 함석헌은 1971년 7월부터 1988년 5월까지 오랫동안『노자』와『장자』를 주제로 공부 모임과 공개강좌를 진행했다. 이 강좌에서 함석헌은 "박정희가 유교의 충효를 강조한 데 반해 노장(老莊)의 자유정신과 초월 사상을 강조했다."[6] 특히『도덕경』은 씨올의 삶에 최소한의 간섭만 하는 최상의 통치자의 모습으로 '무위(無爲)'를 주장하는데, 이는 함석헌이 보기에 최소의 정부가 최선이며 소외된 소수의 존엄성을 존중하는 민주주의의 원칙에도 부합하는 것이었다.

강력한 권위주의 정부가 조선 성리학의 전통과도 맞지 않는 '충효 (忠孝)' 이데올로기를 강조하던 때에, 함석헌은『노자』의 '무위'를 정치의 모범이자 씨올이 사회 정치적 참여를 가능케 하는 동시에, 자유와 민주주의를 넘어서서 서구 문명의 폐해를 바로잡을 수 있는 '동양적' 대안으로 보았다. 따라서 '무위'는 무엇보다 치자들의 씨올에 대한 불간섭의 원칙이자 씨올의 저항의 토대였다. 텍스트적 근거에서 본다면 이런 무위는『노자』에서가 아닌, 오로지『장자』에서 찾을 수 있는 이념이자 실천 논리였다. 우리는 바로 여기에서 '노장 전통'(老莊 傳統, the Lao-Chuang tradition)을 조망하는 자리에 선다. 바로 그 '자리'에 함석헌의『씨올의 옛글풀이』가 위치해 있다.

21세기를 사는 오늘날 우리에게 중국의 '장자' 이해는 한국의 '장자' 이해와 커다란 차이가 없어 보인다. 예컨대 리우샤오간(劉笑敢)의『장

---

6) 김성수,『함석헌평전: 신의 도시와 세속도시 사이에서』, 삼인, 2001, 142쪽.

자철학』이나 왕보(王博)의 『왕보의 장자강의』는 1990년대부터 2000년대에 널리 읽히며, 우리가 오늘날 이해하는 '장자상'과 멀지 않음을 보여준다. 그러나 1930년대나 1950년대를 되돌아 보면 어떠할까? 함석헌이 '옛글 풀이'를 하던 1970년대에는 또 어떠할까? 적어도 20세기 중국의 대표적인 장자상을 살펴보면 한국의 장자와 중국의 장자는 전혀 다른 철학과 의미를 가졌다는 점을 확인할 수 있다.

류젠메이(劉劍梅)의 『장자의 현대 운명』[7]에 따르면, 20세기의 중국에서 『장자』는 현대 중국 지식인의 정신적 여정을 잘 보여주는 입구 같은 고전이다. 달리 말해 "현대 중국적 개인의 흥망성쇠와 관련된 『장자』의 파멸과 부활이라는 매혹적 이야기는 지금까지 한 번도 전해진 바가 없다"[8]는 이야기에서 그의 20세기 장자의 운명에 대한 탐색은 시작된다.

1949년 신중국의 출현 이전에 이미 『장자』는 전통적인 '장자'와는 상당히 멀어진, 이른바 비웃어 마땅한 '교활한 철학'이었거나 또는 반드시 극복해야 하는 '아Q 정신'의 원류로 비판되었다. 일본 유학에서 돌아온 궈모뤄(郭沫若)는 초기에 개인주의와 범신론의 철학으로서 『장자』 예찬론자였다. 하지만 비극적인 현실로 인해 사회주의로 개종하게 되면서 그의 장자에 대한 평가는 놀라울 정도의 변화를 보인다. 그

---

7) 내가 일차적으로 참고한 자료는 다음과 같다. Liu, Jianmei, Zhuangzi and Modern Chinese Literature, New York: Oxford University Press, 2016. 이 영문판은 본래 먼저 출판한 중국어판을 스스로 영역한 것이다. 劉劍梅, 『莊子的現代命運』, 北京: 商務印書館, 2012. 오히려 중국어판의 제목이 저서의 내용을 더 잘 보여준다고 판단하여 책의 제목은 중국어판을 참조했다. 다만 이 글에서 인용 표기는 영문판을 따른다.

8) Liu, Jianmei, Zhuangzi and Modern Chinese Literature, New York: Oxford University Press, 2016. 3쪽.

에 따르면 장자와 그의 학파의 철학은 봉건지주 계급의 '교활한 철학'이라는 것이다. 이는 최초의 '중국철학사' 가운데 하나를 저술한 후스(胡適)의 평가와 그리 다르지 않았다. 후스에 따르면 장자의 철학은 하찮은 인간을 길러낼 뿐인 쓰레기에 지나지 않는다고 혹평한다.

이와 같이 교활한 철학, 쓰레기 사상으로 평가된 장자상은 루쉰(魯迅)의 유명한 소설 속 주인공인 '아Q 정신'의 철학적 원류로 지목되면서 더욱 가혹한 비판을 받게 된다. 특히 1960년대 문화대혁명 기간 중에 꾸안펑[關鋒]은 마르크스주의를 적용하여 장자 철학을 재해석하고 비판하면서, 장자 자신이 아Q의 정신승리법을 구현하고 있다고 결론지었다.

1950, 60년대의 유명한 『장자』 연구자인 꾸안펑은 『장자』의 철학을 타락한 노예주, 봉건주의, 유심주의와 결부시켰다. 특히 문화대혁명 기간 중에 장자의 철학은 통치자의 정치적 도구이고, 장자와 그 학파는 그런 통치자들의 공범자로 재판에 회부되곤 했다. 이와 같이 지극히 정치적이고 이데올로기적인 관점에서 장자의 철학은 아Q정신, 허무주의, 패배주의 등의 언어와 동의어처럼 쓰이곤 했다. 이는 1949년 신중국 이후 여러 철학사 서술에서, 장자 "사상의 본질은 현실 사회에 대한 절망적 반항이며 몰락 계급의 비명"[9]이라거나, "소극적이고 퇴폐적인 자세로 오직 정신상의 자아해탈 사상을 추구하였으며, 이는 몰락한 노예소유주 계급의 비관과 실망, 신뢰감이 조금도 남아 있지 않은 패배주의자로서의 정신상태"[10]와 관련되는 것이었다.

---

9) 侯外廬 主編, 양재혁 역, 『中國哲學史(上)』, 일월서각, 1988, 93쪽.

10) 任繼愈 편저, 전택원 역, 『中國哲學史』, 까치, 1990, 143쪽.

20세기 초 장자와 그의 저술로 알려진 『장자』는 서구의 철학과 조우하면서 개성의 해방의 상징이자 문학적 표현의 자유분방함의 모델로 예찬되거나, 스피노자와 같은 범신론적 우주론을 통해 고상한 세계관의 소유자로 숭앙되었다. 그러나 1930년대를 거치면서 궈모뤄, 후스 같은 주요 『장자』 해석자나 루쉰 등의 작가와 비평가들은 그의 철학을 중국의 암울한 운명을 낳은 원흉이자 '교활한 철학'으로서 구국과 계몽의 적으로 간주하였다. 이는 1960, 70년대에 문화대혁명이라는 거대한 역사적 소용돌이에서 정점에 달하였다.

이러한 역사적 맥락을 고려하면서 20세기 후반 중국과 한국에서 장자의 철학을 과연 같은 관점에서 서술할 수 있을까? 또한 장자의 철학을 말할 때 가장 빈번하게 동원되는 '정신적 자유'와 같은 말은 표현이 같아도, 그 장소와 사람들 사이에서 그 개념이 갖는 현실적 함축과 문학적 내포는 상당히 다를 수 있음을 우리는 고려해야 한다. 요컨대 한국철학의 『장자』와 중국철학의 『장자』는 함석헌의 『씨올의 옛글풀이』와 루쉰의 『아Q정전』 만큼이나 그 맥락과 의미가 상이하다. 따라서 한국철학은 중국철학과 다르다.

그렇다면 동양철학이란 말은 어디에서 온 것일까? 근대에 들어선 20세기에 중국의 학자들은 서양철학에 대해 동양철학을 말하지 않았다. 오직 서양철학 대 중국철학, 혹은 중서(中西)를 말했을 뿐이다. 실제 20세기 후반 한국의 철학과에 개설된 '동양철학사'는 주로 중국철학사로 채워져 있었다. 동양철학은 오히려 중국이 아닌 타지역의 학문 전통에서 더 많이 쓰였다.

예컨대 동양철학을 지칭하는 초기 영어 표현은 'Oriental Philosophy'였다. 서구를 기준으로 동쪽이었던 근동 지역 이동(以東)에 대한 말이었던 것이다. 거기에서도 인도는 또한 예외적으로 다루어져 왔다. 인도는 인도철학(Indian Philosophy)으로 오래 전부터 독자성을 인정받고 있었다. 동양이란 표현이 널리 쓰이게 된 계기는 제국주의 일본이 만주, 중국의 일부, 동남아시아의 일부를 석권하던 시절로부터 비롯된다. 그런 의미에서 보면 '동양철학'은 부분적으로 식민지 시절의 잔재라고도 할 수 있다.

일본은 자신들이 지배하던 지역의 공통성을 강조하기 위해 서양에 대해 동양을 강조하였고, 이 지역의 공통성을 한자(漢字)와 유교로 설명하곤 했다. 한자문화권, 혹은 유교문화권이란 이런 역사적 상황에서 비롯된 말이기도 하다. 그런데 한국과 중국, 일본, 베트남의 유교의 역사와 문화 전통을 살피는 『다시 생각하는 유교(Rethinking Confucianism)』의 편자들은 이들 나라의 '유교'가 너무도 제각각 달라 어떻게 하나의 '유교'라고 묶을 수 있는지 의심스럽다고 주장한다.[11]

한국철학이 한국이라는 장소성에 기반한다면 중국철학은 중국이라는 장소성에 기반하는 철학이다. 동양철학은 이러한 철학의 토대가 되는 장소성을 함축하는 개념이 아니라 지정학적 개념이다. 그것은 정치와 외교, 국제질서와 같은 차원에서 의미를 가지지만, 철학의 토대나 조건과는 거리가 멀어 보인다. 지정학적으로 한국과 중국이 긴밀하게 묶일 수 있겠으나, 한국철학과 중국철학은 '동양철학'이란 말의 하위 범주로서 묶일 수 있는 그 어떤 것이 아니다. 그런 의미에서 동양철학은 없으며, 또한 동양철학의 고유성과 같은 것은 있을 수 없다.

---

11) Elman, Benjamin A., John B. Duncan, and Herman Ooms, ed., *Rethinking Confucianism: Past and Present in China, Japan, Korea and Vietnam,* Los Angeles: University of California, 2002.

4. 철학사 기술의 두 갈래: 수용사와 회고사

앞에서 논의했던 문제들과 함께, 한국철학의 문헌 범위가 어디까지인가와 관련하여 우리가 기본적으로 살펴야 할 점은 이미 출간되어 있는 한국철학사에서 기술의 대상이 되는 문헌들이 어떠한 것들인가와 관련된다. 즉 철학사 서술의 기점은 한국철학의 문헌 범위를 보는 여러 관점을 살피기에 유용한 자료가 된다.

그런데 여기서 우리가 생각할 것은 '철학의 기점'이라는 것이 하나가 아니라 여럿이라는 점이다. 즉 앞서 인용했던 김재인이 말하는 번역어 '철학(哲學)'의 성립과 사용을 기점으로 삼는 것은 말의 기점이다. 이러한 지적은 김재인이 처음도 아니며, 사실 대다수 서양철학 '전공자들'의 공통된 관점이다. 예컨대 강영안은 『우리에게 철학은 무엇인가』에서 "초기 철학자들" 혹은 "한국의 첫 철학자들"이란 표현을 통해 번역어로서 철학이란 말의 성립, 그리고 1920년대 경성제국대학 철학과의 설치 등을 통해 우리에게 철학이란 무엇인가에 대한 물음에 답하고자 한다. 즉 철학은 수용된 서양철학에 해당하는 것이다. 따라서 말의 기점이 가장 중요하다.

이와 유사하지만 이광래의 『한국의 서양 사상 수용사』는 조금 더 과거로 올라간다. 논의의 방향설정에서 큰 차이를 보이면서 '한역 서학서와 서교서의 도입'을 통해 문화라는 넓은 범위에서 접근하지만, 최초의 철학적 성과가 『연석산방고(燕石山房稿)』라는 문집에서 칸트를 소개한 글 '강씨철학설대략'을 쓴 이정직(1841–1910)인가, 1912년 『고대희랍철학고변(古代希臘哲學攷辨)』의 저자인 이인재인가에 관한 논의를 소개한다. 이광래는 '말의 기점'에만 한정하지 않지만 어쨌든 그의 서술은 서양철학의 '수용'이 한국철학의 기점이라는 점을 드러내는 듯하다.

하지만 철학이라는 말의 시작을 철학의 기점과 동일시하는 것은, 서양의 철학사 서술과도 맞지 않는다. 아리스토텔레스가 『형이상학』에서 자연철학자들에 대해 논의한 것이 오늘날 일반적인 철학사에서 받아들여지고 있기 때문이다. 이러한 관점은 '철학에 대한 역사—기술적(historio-graphical of philosophy) 기점'이 여럿일 수 있음을 보여준다. 나는 강영안과 이광래에게서 나타나는 철학의 기점은, 철학에 대한 수용사적 역사기술적 관점이라 부르고 싶다.

그런데 동양철학 전공자들의 관점은 이와 판이하게 다르다. 예컨대 단독으로 『한국철학사』를 펴낸 전호근은 서문에서 이렇게 말한다. "원효 이래 1300년에 걸친 한국철학의 거장들이 추구하고 실천했던 삶의 문법이 아직도 한국인의 의식 저변에 깔려있을 뿐 아니라 우리의 삶 곳곳에서 힘을 발휘하고 있다"[12]고 밝힌다. 이 책에서 '철학'은 부제에서 지성사와 혼용되는 듯하며, 또한 '삶의 문법'으로 지칭되기도 한다. 중요한 것은 동양철학 전공자들의 '한국' 철학사의 구성에서 때로는 철학 외적인 영역까지 포함하면서 한국사의 전영역과 일치시키려는 특징을 보인다는 점이다. 이러한 철학사 이해를 나는 철학에 대한 회고사적 역사기술적 관점이라 부르고 싶다. 이러한 회고사적 역사기술적 관점 또한 어떤 이는 동학에까지, 어떤 이는 원효와 같이 분명한 저술가에게까지, 혹은 단군신화와 같은 신화적 기록에까지 포함시키

---

12) 전호근, 『한국철학사: 원효부터 장일순까지 한국 지성사의 거장들을 만나다』, 메멘토, 2015. 7쪽.

기도 한다.

이러한 논의를 살피다 보면, 동양철학이란 말을 둘러싼 무수한 논란거리 가운데 한 가지는 이제 달리 접근해야 할 때가 되었다. 적어도 한국에서 철학의 기점은 말, 제도, 텍스트와 같이 분명한 역사적 기점도 있지만 여러 가지 역사기술적 기점이 혼재한다는 것이다. 문제는 이러한 기점 가운데 어느 하나만이 유일하게 긍정될 수 있는 것이 아니라는 복잡한 문제가 얽혀있다는 점이다.

이와 연관하여 우리가 살펴볼 문제는 '전통철학'과 관련한 논의이다. 1980년대 한국의 철학계는 'philosophy in korea'인가, 아니면 'korean philosophy'인가 하는 두 입장을 둘러싸고 논쟁하였다. 한 측이 철학의 보편성을 강조했다면, 다른 한 측은 고유성, 역사성, 문화와 언어의 차이를 무시할 수 없다는 입장이다. 그런데 이 의미 있는 논쟁에서 아쉬운 점은 두 입장 가운데 어느 한 쪽이 옳은가를 따지는 선언적 논리에 지배되었다는 점이다. 나는 이 두 입장이 상호모순적인 게 아니라 양립가능한 입장이라 생각한다. 오히려 논쟁에서 먼저 따져 물었어야 하는 것은 양자의 관계를 어떻게 규정해야 하는가였다. 그런데 이 논쟁에서 이 핵심적인 논점은 주목되지 않았다.

또한 'philosophy in korea'를 지지한 철학자들은 여기서의 'in'을 보편과 특수의 관계로 파악함으로써 서구의 철학적 언어와 개념을 보편적 기준으로 설정한 것은 아닌가 하는 의문을 지울 수 없다. 나는 여기의 'in'을 앞 절에서 논의했던 장소성으로 이해하고자 한다. 우리가 고유성 대신 장소성이란 입장에서 논의하게 되면, 곤혹스러운 논쟁에서 벗어날 수 있기 때문이다.

다른 한편 'korean philosophy'를 지지하는 입장 또한 마찬가지로 '

korean'을 보편과 특수의 관계로 보면서 이를 통해 고유성을 강조하고 자 했다는 것이 문제가 된다. 이러한 고유성의 강조는 유학, 도교와 같은 전통 사상과 종교를 무분별하게 철학의 영역으로 간주한다는 비판으로부터 자유로울 수 없게 만들어, 이후 철학계의 심각한 단절을 초래하게 되었다.

하나의 예를 생각해 보자. 20세기의 대표적 정치철학자 한나 아렌트의 『예루살렘의 아이히만』은 '평범한 악'의 개념으로 유명하다. 그런데 만약 아렌트가 유대인이 아니었고 여전히 독일에서 활동하는 철학자였다면, 이 저서는 가능했을까? 비록 아렌트가 같은 개념을 제시하는 저술을 했더라도, 저술의 형태와 논증의 구조는 매우 달라졌을 것이라 추정하는 것은 억측일까? 어쩌면 오늘날 우리가 보는 그대로의 『예루살렘의 아이히만』은 그이의 활동 무대가 미국이라는 '장소' 때문에 가능하지 않았을까?

만약 그이가 유대인이 아니라 그의 스승 하이데거처럼 게르만 혈통의 독일인이었거나 앵글로-섹슨 혈통의 미국인이었다면, 『예루살렘의 아이히만』은 어떤 형식과 내용의 저술이 되었을까 상상해 볼 수는 없을까? 달리 말해 한나 아렌트의 『예루살렘의 아이히만』은 그이의 삶과 관련된 언어, 문화, 역사, 혈통(ethnicity) 등의 다양한 정체성을 배제할 때 설명되거나 이해될 수 없는 것 아닐까?

마찬가지로 거의 모든 저술이 한국어로 번역되면서 널리 읽히는 한병철 교수의 경우는 어떨까? 출간되는 책에서, 수많은 인터뷰나 기사에서 그를 '재독 철학자', 또는 '독일에서 활동하는 한국철학자'라고 표기하는 것은 어떤 의미를 함축하는 걸까? 그이는 독일철학자인 걸까, 한국철학자인 걸까? 1980년대 논쟁의 두 입장은 이에 대해 명료하게 설명하거나 이해하게 해 준다고 말하기 어렵다.

5. 한국어의 철학: 언어와 번역 그리고 'K-철학'

마지막으로 살펴 볼 논제는 언어의 문제이다. 상식적으로 볼 때 '언어'는 어떤 철학의 정체성을 설명하는 가장 일차적인 요소이다. 고전 그리스 철학에 대한 연구가 고전그리스어로 된 텍스트를 대상으로 한다면, 프랑스 철학은 프랑스어로 된 텍스트를 통해 표현된다. 이와 같이 생각을 표현하는 일차적 수단인 언어가 한국철학에 관한 논의에서는 제외되어 왔다. 더불어 함께 논의되어야 할 것이 바로 '번역'의 문제이다. 이 번역의 문제는 서양 문헌은 물론 전통 문헌까지 함께 문제가 된다.

나는 번역을 특정 언어에서 다른 언어로의 옮김이라는 의미에서의 '말의 옮김'을 넘어서서, 문자-매체를 통한 하나의 포괄적 문화 행위로 규정하고자 한다. 번역을 단어와 단어, 문장과 문장이 상응하며 옮겨지는 행위로 이해하는 것은 19, 20세기 동아시아, 특히 한국에서 일어났으며 현재 진행 중인 '번역 행위'를 설명하기에 적절치 않다고 판단하기 때문이다.

한국에서의 번역은, 번역어의 의미-기생적 성격으로 인한 순환의 고리 속에서 이루어진다. 한 가지 사례를 보자. 한자 '德'이 의미체라면, 한글 '덕'은 소리글자에 지나지 않는다. 따라서 '德'을 '덕'으로 옮기는 것은 'virtue'를 '버츄'로 표기한 것과 마찬가지인데도 마치 번역한 것처럼 생각되는 경향이 있다. 재미있는 것은, 영어의 'virtue'가 '德'으로 번역되고 다시 '德'은 '덕'이라 표기된다. 이러한 번역의 관행은 언제나 다른 언어에 기대는 방식, 즉 '덕(德)' 혹은 '덕(virtue)'처럼 '덕'은 소리글자일 뿐이고 의미체는 '괄호( )' 안에 표기된다. 우리가 흔히 읽는 많은 텍스트에서 'XX(YY)'형식의 표기에서 XX는 단지 기호일 뿐이고 의미의 주체는 YY가 되기에, 한글 번역은 일종의 '의미-기생적' 성격을 갖게 된다.

이런 한국어 번역어의 의미-기생적 성격은 매우 복잡한 역사적 과정 속에서 형성된 것이다. 현대 한국어를 이루는 중요 단어들은 외국어(주로 서구)를 번역하기 위해, 한문고전에서 선택된 한자어의 조합에서 비롯된다. 예컨대 'reason'을 '이성'으로 옮겼다고 했을 때 한자어 '理'와 '性'의 한문고전적 의미를 모르는 이에게는 단지 'reason'의 음성기호의 대체적 성격만을 가질 뿐이며, 이해를 위해서는 다시 한자 '理'와 '性'에 대한 이해를 요구한다. 따라서 한글 번역에 대한 이해를 위해, 독자는 다시 한문고전의 개념어와 맥락을 살펴야 하는 순환 고리에 빠지게 된다.

이와 같은 한국어 번역의 의미-기생적 성격과 이로 인한 해석학적 언어 순환의 문제는, 텍스트의 범위를 확장할 때에만 그 현상을 바르게 포착할 수 있다. 예컨대 많은 한문고전 번역서는 번역의 원문과 이에 대한 번역문에 더해 주석은 물론 해제와 해설 등 매우 다양한 텍스트로 구성된다. 나는 이와 같은 것들을 지칭하기 위해 서사학적 용어들인 곁텍스트(paratext), 주변텍스트(peritext) 그리고 바깥텍스트(epitext)와 같은 포괄적 텍스트와 이와 관련된 행위를 모두 번역 행위에 포함시켜 이해할 필요가 있다고 본다.

1980년대 이래 한국에서 한문고전 번역은 여러 가지 논란을 낳고 있지만, 아직까지 '번역'에 대한 나름의 이론이나 체계적 설명이 부재하다. 이는 번역을 단지 말의 옮김으로 이해하는 것을 넘어서서 문자 매체를 통한 포괄적 문화 행위로 이해할 때 넘어설 수 있을 듯하다.

오늘날 번역의 행위는, 우리의 철학적 사유를 규정하는 하나의 중요한 조건으로 작동한다. 즉 우리는 '한자'를 매체로 하던 언어생활에서 서구어, 특히 영어에 기반한 새로운 언어를 창조해가고 있다. 이러한 언어를 통해 표현되는 생각은 어쩌면 'K-철학'이라 불리는 것이 더 그럴 듯해 보이기도 한다. 이는 단지 언어에 국한되는 현상이 아니라 문화와 문명의 차원에서 벌어지는 거대한 전환의 일부를 이루고 있으며, 또한 지난 100년간의 '서구화'가 빚어낸 결과인 것으로도 보인다.

언제부터인가 우리에게 한류(韓流, Korean Wave)는 매우 친숙한 말이 되었다. 대략 2,000년 이후 케이팝(K-pop)과 한드(한국드라마)에서 시작되었지만, 요즘엔 K-뷰티는 물론 한식(韓食), 한복(韓服)까지 다채로운 말들이 언론과 인터넷에서 사용된다. 놀라운 것은 이런 말들을 단지 '한국인'만 사용하는 것은 아니라는 점이다. 2020년 초부터 세계적으로 유행하는 코로나19 팬데믹 상황에서 'K-방역'은 세계의 표준이 되었다. 과거 스스로를 '동'(東)이라 표현하던 우리가 이제는 '케이(K)'로 바꾸어 자타가 사용하는 상황이 된 것이다.

한반도를 살아가는 이들에게 '동'은 우리가 사는 곳의 동쪽이 아니었다. 그것은 우리보다 서쪽에 있는 중화(中華)의 동쪽이었고, 다시 서구에 대해 '동양'이었다. 우리가 가진 동쪽은 단지 동해(東海)에 지나지 않았다. 예로부터 그러했다. 16세기 당시 의학의 최고봉에 있다고 할 『동의보감(東醫寶鑑)』의 '동'이나, 서학에 상대하는 동학(東學)의 '동'이나, 20세기 이후에야 사용된 동양철학(東洋哲學)의 '동'은 모두 우리 자신을 기준으로 하고 있지 않다.

'케이(K)'는 이와 다르다. '동'이 어떤 중심의 동서남북 가운데 '동쪽'에 해당한다면, '케이'는 알파벳 가운데 'Korea'의 머릿글자에서 따왔을 뿐이다. 중심이나 주변도 없고, 그저 한반도의 대한민국이라는 나라에서 '만들어진' 것들을 가리킬 뿐이다. 정치적 세계관으로 보면, '동'이 '천하'(天下)라는 중심[中]의 변방[東]을 가리키는 것과 달리 'K'는 근대 이후 주권국가 공동체를 가리킬 뿐이다. 즉 'K'를 'K답게' 하는 것의 근거가 오로지 스스로에게 달려 있을 뿐이다.

따라서 우리는 이렇게 예측해 볼 수 있다. 한국철학의 문헌범위는 주로 한반도에서, 특정 시기에는 '한자'를 통해, 20세기에는 주로 한글을 통해 표현된 철학적 사유의 표현을 담은 모든 문헌이라고 규정할 수 있다. 여기에는 고전그리스어와 라틴어, 프랑스어와 독일어는 물론 영어로 된 텍스트까지 번역을 통해 형성된 모든 문헌들이 포함된다. 핵심은 구어와 문어를 포함하는 '한국어'로 하는 철학적 사유의 산물이 한국철학의 문헌범위라 할 수 있다는 점이다. 특히 21세기 한국인들의 언어생활을 통해 표현된 한국철학을 우리는 'K-철학'이라 부를 수도 있겠다 싶다.

| 추천도서 |

강영안, 『우리에게 철학은 무엇인가』, 궁리출판, 2002.

김재인, 『뉴노멀의 철학: 대전환의 시대를 구축할 사상적 토대』, 동아시아, 2020.

심재룡 외, 『한국에서 철학하는 자세들: 철학연구 방법론의 한국적 모색』, 서울: 집문당, 1986.

류사오간 지음, 최진석 옮김, 『장자철학』, 소나무, 2021.

왕보 지음, 김갑수 옮김, 『왕보의 장자 강의』, 바다출판사, 2021.

이광래, 『한국의 서양 사상 수용사』, 열린책들, 2003.

이태우, 『일제강점기 한국철학: 한국현대철학의 여명기를 개척한 철학자들의 고뇌와 사유』, 서울: 살림터, 2018.

이행훈, 『학문의 고고학: 한국 전통 지식의 굴절과 근대 학문의 기원』, 소명출판, 2016.

任繼愈 편저, 전택원 옮김, 『中國哲學史』, 까치, 1990.

전호근, 『한국철학사: 원효부터 장일순까지 한국 지성사의 거장들을 만나다』, 메멘토, 2015.

韓國哲學會 編, 『韓國哲學史』(上中下), 동명사, 1987.

함석헌, 『씨올의 옛글풀이』(함석헌전집 20), 한길사, 1988.

侯外廬 主編, 양재혁 옮김, 『中國哲學史(上)』, 일월서각, 1988,

Elman, Benjamin A., John B. Duncan, and Herman Ooms, ed., Rethinking Confucianism: Past and Present in China, Japan, Korea and Vietnam, Los Angeles: University of California, 2002.

Liu, Jianmei, Zhuangzi and Modern Chinese Literature, New York: Oxford University Press, 2016.

II

한국 전통철학의 세 기둥, 유·불·도 사상

이학(理學)의 좌표 & 조선유학의 분지

한형조(한국학중앙연구원)

1. 이학(理學)의 정식과 그 도전들

동서의 사유를 정리하면 몇 가지 이념형으로 집약된다.

  이데알 티푸스: 과학(학문)으로 나아가기 위해서는 도식이 요망된다. 그
래서 이상형을 말한다. 현실의 역사상이란 무한히 잡다한 요소의 조직물이
기에 어떤 의미상도 순수한 모양으로 되어 있지 않다. 특정한 사상은 순수
모델을 상정하고 그것과의 거리와 차이에 의해 산정해야 한다. 그러하기,
비현실성이 곧 이념형 개념의 본질이다.(막스 베버)

이념형들은 『주역』을 닮은 듯하다. 하나는 서로 다른 성질로 분화
하고 대대(對待), 보완적 대립항으로 분화해 나간다. 음양(陰陽)이 우주
의 문법이다. 가령 문명이 점증하는 부의 집중과 누적되는 불평등의
압축이라면, 정치는 개인의 자유와 전체의 질서를 조율하는 테크닉이

다. 이즈음 유행하는 MBTI 역시 내향과 외향, 직관과 사고의 두 축으로 인간 성격의 지도를 그릴 수 있다는 것 아닌가.

1.1 지상, The Great Promise

"인간이란 대지의 산물이고, 땅은 그의 고향. 그러므로 인간이 할 일은 이 땅에서 안온히 숨쉬는 것이다. 자기-보존은 지고의 법이자 인간의 의무이기도 하다."

이 원리는 근대 사회가 확산되면서 더 익숙해졌다. 각자 자신만의 목표를 갖고 자유롭게 성공을 추구해 나간다. 전체를 위해 양도한 권리 외에 외부의 부당한 간섭을 받지 않는다. 성공과 자기 개발을 위한 경쟁이 격화되고, 산업과 기술이 이 원리 위에서 발전했다.

그런데 첨단 현대의 '철학자'들은 이 풍요의 한가운데에서 홀로 심각한 우려를 표명하고 있다. 사회심리학자 에릭 프롬은 말한다.

"무궁한 발전에 대한 위대한 약속, 즉 자연의 지배, 물질적 풍요, 최대 다수의 최대 행복, 그리고 무제한적인 개인의 자유에 대한 약속은 산업 시대 이래로 여러 세대에 걸쳐 희망과 믿음을 지탱해온 토대였다. 우리는 무한한 생산과 아울러 소비의 도상에 있으며, 과학과 기술에 힘입어 우리 자신이 전지전능한 존재가 되리라고 확신하고 있다."(에리히 프롬, 『소유냐, 존재냐』)

슈바이처는 1954년 노벨평화상 시상식에서 예언자처럼 경고했다.

"지금의 상황을 보십시오… 인간이 초인이 되는 상황이 벌어졌습니다…. 이 초인은 초인적 힘을 지닐 만한 이성의 수준에는 올라서지 못했습니다."

'위대한 약속'은 지켜질 수 없다. 자원은 제한되어 있으며, 환경이 발목을 잡고 있다. 결정적으로 욕망의 무제한적인 충족이 인간의 복지(well-being)를 증진시키거나 행복을 가져다 주지 않기 때문이다.

"현대인들은 경쟁적이고, 고립되어 있다. 경제적 필요와 본능의 충족을 위해서만 관계를 맺는다. 성공이 화두이고, 마케팅이 신의 자리를 꿰차고 있다. 누가 삶의 목표를 묻는가. 자유는 환상이고, 우리는 남의 욕망을 대리하고 있다. 역사상 처음으로 인류(지구)의 생존 자체가, 정신의 근본적인 변화에 의존하고 있다."(에리히 프롬, 『선과 정신분석』)

1.2 초월, 저 건너편의 삶

인간만이 자의식을 갖고 있다. "나는 누구인가?"라는 물음, "왜 사느냐"는 탄식. 어디서 와서 어디로 가는지도 모르고, 이 땅의 곤고를 견디다 이름 없이 죽어가야 한다? 그는 이 '무의미'를 넘어서고자 한다. 지상 너머에 희망과 구원이 있을지도 모른다.

"인간은 불안한 정신, 하늘에서 추방되어 이땅에 이방인으로 선 유적(유배)의 영혼이다. 인간이 해야 할 일은 그가 지상으로 떨어지기 이전에 그의 본 모습이었던 완전한 상태를 되찾는 것이다. 여기서는 자기-부정이 최고의 법이자 인간의 의무가 된다."(에드워드 콘즈, 『불교: 그 핵심과 발전』)

기독교 또한 영혼이 이 지상에 속하지 않는다고 말한다. 이 땅은 금수의 것이고, 진정한 삶은 다음 내세에서 열릴 것이다.

마테오 리치의 『천주실의』에서 한 대목을 인용한다.

"세상이 이처럼 환난으로 낭자한데, 우리는 지상의 애착을 끊어내지 못하고 편안할 날이 없다. 어째 그런고? 세상의 곤고가 이리 극심하거늘, 세상 사람들은 어리석고 무지해 이곳에다 '삶의 목표[大業]'을 세우려 한다. 토지와 건물을 사들이고[闢田地], 이름과 지위를 도모하며[圖名聲], 오래 살겠다고 바득이며[禱長壽], 자식 경영에 골몰한다[謀子孫]. 이 과정에서 사람을 죽이고, 불의한 침탈도 서슴지 않는다. 위태로운 삶이여!"

"옛적 서쪽나라에 유명한 두 현자가 있었으니, 하나는 헤라클레이토스, 하나는 데모크리토스라 했다. 헤라클레이토스는 언제나 웃고 다녔고, 데모크리토스는 늘 통곡에 목이 메었다. 세상 사람들이 헛된 물건을 좇아 헤매는 것을 보고, 한 사람은 한심해서 놀렸고 또 한 사람은 불쌍해서 울어 주었던 것이다."

"또 이런 이야기도 들은 적이 있다. 옛적 어느 나라의 풍습으로, 지금도 그런지는 모르겠으나, 그곳에는 자식을 낳으면 친구 이웃들이 몰려가서 목을 놓아 통곡했다고 한다. 이 괴롭고 곤고한 세상을 견뎌 나가야 할 것이 가슴 아파서였다. 반대로 누군가가 죽으면 그 문에 몰려 가서 악기를 퉁기며 축하해 주었다 한다. 이제 그 고통과 수고로부터 자유하게 되었기 때문이다. 그들은 삶은 재앙이고, 죽음은 축복이라 여겼다. 그렇지? 좀 심했지… 그러나 이 세상의 실제를 환상 없이 들여다본 통찰이 아닌가?…

그러한 바, 인간은 금세(今世), 즉 이 세상에 속한 것이 아니다. 진정한 삶은 후세(後世), 죽음 이후에 열린다!"(마테오 리치, 『천주실의』 3장)

불교 또한 지상의 곤고[苦]를 말한다. 그럼에도 우리네 중생들은… 가능성은 커녕 이 질곡에서 벗어날 엄두조차 내지 못한다.

"화살을 과녁에 맞추기는 쉽지 않다. 열 개를 쏘아서 다 맞추기는 정말 어렵다. 그보다 더 어려운 것은, 우리네 삶이 고통으로 질펀하고 불완전하다는 것을 자각하는 일이다."

그래서 창시자 붓다는 깨달음을 얻고 난 뒤, 법의 바퀴를 굴리기를 망설였고, 선사들 또한 진실의 조갯살을 함부로 열어 보이지 않으려 한다.

지상의 원리에 비추어보면, 저편의 언덕을 그리워하는 불교의 가르침은 지극히 몽환적이고 비현실적으로 보일 수밖에 없다. 그래서 불교에 접근하기 어렵고, 그것을 이해하기는 더욱 어렵다.

1.3 덕성[理], 전체의 부분에 대한 협력

월 듀란트는 말한다. 아마도 아리스토텔레스의 행복론에서 빌렸을 것이다.

　"철학은 지혜의 과학이다. 지혜란 삶의 기술을 말한다. 행복이 그 목표,
그러나 쾌락이 아니라 덕성이 그곳으로 인도할 것이다."

　"Philosophy is the science of wisdom. Wisdom is the art of living.
Happiness is the goal, but virtue, not pleasure, is the road."(W. Durant, The
Story of Civilization, Our Oriental Heritage)

　위대한 약속(1)은 지켜질 수 없다. 그렇다고 신의 구원을 믿고, 내세
의 영원한 복락(2)을 꿈꿀 것인가?

　삶은 지상의 것이니, 해법 또한 이곳에서 찾아야 한다. 제3의 길은
듀란트가 말한 대로 '덕성'을 개발하고, 아인슈타인이 말한 대로 '이성
의 수준'을 높이는 곳에서 열릴 것이다.

　이곳이 유교가 터잡고 있는 곳이다.

　동서양의 철학, 인문학이 거개가 이 믿음 위에 세워졌다. 공자가 걸
은 길을 보자. 제자들과의 대화는 이렇게 흘러간다.(『논어』)

　"얼른 길을 찾아 나서야지? 이러고 살다 죽을 셈이냐?"[子曰, 不曰如之
何如之何者, 吾末如之何也已矣.]

　"부귀, 쾌락은 영원의 가치가 아니다."[君子食無求飽, 居無求安, 敏於事
而愼於言, 就有道而正焉, 可謂好學也已.]

　"보통 사람은 이 중력을 거스르기 어렵다."[子曰: 貧而無怨難, 富而無驕易]

"자공: 저는 가난에 비굴하지 않았고, 당당히 일군 부에도, 꼰대 갑질은 아니 했습니다."[子貢曰: 貧而無諂, 富而無驕, 何如? 子曰: 可也. 未若貧而樂, 富而好禮者也.]

"자로: 나는 그딴 것에, 시샘, 질투하지 않아."[子曰, 衣敝縕袍, 與衣狐貉者立, 而不恥者, 其由也與? 不忮不求, 何用不臧?]

그런데 놀랍게도 안회는 "가난 속에서 나는 즐겁다네"라고 해서 모두를 무색하게 했다. 사회와 운명에, 원망도 분노도 없었던 사람[不遷怒!], 그래서 공자의 '단 한 사람'이 되었다. 그런데 대체 그는 무엇을 그토록 즐거워했을까. 그것이 유가 선비의 최대 화두였다.

공자는 말한다.

"세속적 열망은 자연스럽다. 그러나 그 추구에 정당한 방법을 잊지 마라!"[富與貴, 是人之所欲也, 不以其道得之, 不處也. 貧與賤, 是人之所惡也, 不以其道得之, 不去也.]

"그렇더라도 부귀는 내가 '추구할 만한' 가치가 아니다. 나는 길(道)을 찾는 사람. 그와 조우한다면, 당장 죽어도 여한이 없다."[子曰, 富而可求也, 雖執鞭之士, 吾亦為之. 如不可求, 從吾所好.]

그럼 이 도(道)란 무엇인가? 로마의 황제는 대답한다.

"이 삶의 열매는 좋은 품성이고, 공통의 선을 향한 행동이다"(마르쿠스

아우렐리우스)

도는 '좋은 품성(good character)', 그리고 '공통의 선을 향한 행동(acts for the common good)'이다.

유교는 이 둘이 분리될 수 없다고 말한다. 만일 최고의 덕이 사회성의 완성이라면, 그리고 웰—비잉이 오직 덕성에서 피어날 것이라면, 그럼 개인의 행복과 사회적 책임이 행복하게도 일치한다?

1.4 이기론(理氣論), 제3덕성의 정식화

이 '제3의 기획'을 정식화한 이론적 프레임이 이기론(理氣論)이다.

이 체계는 12세기에 주자가 완성했다. 앵거스 그레이엄(A.C. Graham)은 이 프레임의 독창을 정이천에게 돌린다.(Two Chinese Philosophers)

그가 집대성한 이 학문을 '새로운 유학(Neo—Confucianism)'이라 부른다. 그럼에도 이 체계는 완전히 새롭지는 않다. 이기론은 요순이 서로 전하면서 내려온, 유교의 오랜 '덕성'의 정식화이기 때문이다.

핵심구는 이렇다.

"인심(人心, 개인적 욕구 충동)은 위태롭다. 그리고 도심(道心, 전체를 향한 협력)은 미약하다. 이 사이에서 중용, 바른 선택과 행동을 붙들지니…"

인간의 자연상태는 홉즈의 이리떼를 닮았다. 배가 고프면 남의 목줄을 뜯고, 성적(性的)으로 거리낌이 없으며, 수컷이 지배하는 힘이 곧 정의인 세상을 무도(無道), 즉 인간적 질서가 결여된 자연 상태의 세상이라고 불렀다.

"희노애락, 음식 남녀는 인간의 자연적 욕구이다. 사망 빈고는 그 반대편의 혐오이고… 이들 본능을 규율하는 사회적 장치가 필요하다. 각자의 자연적 충동[情]을 다스리고, 사회성[義]을 개발하는 장치가… 여기 실패하면 투쟁과 살상을 피할 수 없고, 공동체는 와해될 것이다. 위대한 통치자(성인)들은 사회적 규율[禮]을 통해 쟁탈을 막고 서로 사양하는 장치를 세우는데 성공한 사람들이었다."(『예기』, 「예운」)

이처럼 이기론(理氣論)은 인간의 자연적 욕구[氣]를 어떻게 이성적으로 제어[理]할 것이냐를 둘러싼 실천이성적 논의이다. 이 점에서 플라톤에서 칸트까지 서양철학의 주조와 평행하고 있다.

"진리는 모든 매력적인 여자처럼 자주 옷을 갈아입지만, 새로운 옷 아래는 늘 똑같다. 도덕에서 우리는 놀라운 혁신을 기대할 필요가 없다. 소피스트와 니체주의자의 흥미로운 모험에도 불구하고, 모든 도덕적 개념은 공동의 선(善) 주위를 맴돈다. 도덕은 결합과 상호 의존과 조직에서 시작된다. 사회 안의 삶은 개인의 주권 가운데 일부를 공동의 질서에 양보할 것을 요구한다. 결국 집단의 복지가 행동규범이 된다. 자연이 그것을 요구하며, 자연의 판단은 늘 최종적이다. 그렇다. 결집된 힘이 없으면 동물의 이빨과 이웃의 창칼을 어떻게 막고, 수확과 교환의 활기를 끌고 올 수 있을 것인가."
(윌 듀런트, 정영목 역, 『철학이야기』, 플라톤 편)

유교의 목표는 사회성의 완성, 즉 덕에 있다. 이기적 고착을 넘어,

이 덕을 가족 사회 국가, 그리고 천하의 평화로 확장하는 것이 정치가의 소명이자 유구한 문명의 과제이다. 그래서 왈, '위대한 성취[大學]'라 부른다.

듀란트는『대학』첫장이 유교 이념의 골자를 담은, 철학의 황금의 저작 가운데 하나라고 엄지척을 세웠다.

"삼강령 팔조목은 유교 철학의 토대이자 키노트이다. 다른 것은 다 잊어도 좋다. 그럼에도 이 에센스는 늘 지니고 다니라. 이것은 완벽한 삶의 가이드이다."

"이것은 완전에의 권고이다. 그리고 인간이 육식성 동물임을 잠시 잊고 있다. 그러나 기독교처럼 그것은 우리가 도달해야 할 목표, 올라야 할 사다리를 제공한다. 이 책은 철학의 황금의 텍스트 가운데 하나이다."

임어당은 공자가 "거의 무정부주의자였다"고 말한다. (Confucius is almost an anarchist) "모든 사람의 도덕적 조화가 구축된 곳에는 결국 정부가 필요치 않을 것이다."

1.5 법가(法家), 두 자루면 충분한데…

이 숭고한 기획은 유효할까? 가장 신랄한 비판은 법가의 현실주의로부터 왔다. 듀런트가 적었듯이, 유교는 혹 "인간이 남의 고기를 뜯는 짐승임을 잊고 있지는 않은가?"

한비자는 '세상을 좀먹는 벌레들'을 성토한다.

"지금에 와서도 옛 성인들을 떠받들며, 인의를 빙자하여 행색을 꾸미는 자들…. 그들은 시행되는 법률에 이의를 달고, 그럴듯한 언변으로 군주의 눈과 귀를 어지럽히고 있다."

공자와 그 제자들은 수주대토(守株待兎), 우연히 잡은 토끼에 취해 날마다 나무를 지키고 있는 어리석은 몽상가들이다.

"인류는 문명의 몇 단계를 거쳐왔다. 맹수의 위협을 피해 나무 위에 집을 짓던 유소씨(有巢氏)의 시절과, 비리고 냄새나는 음식을 익혀먹던 수인씨(燧人氏)의 시절, 그리고 홍수의 물길을 바로잡아 중원을 경작과 마을이 가능한 곳으로 만들던 우(禹) 임금의 시절을 거쳐왔다. 아득한 시절의 원리를 지금의 문명시대에 적용할 수는 없는 일이다.

아득한 수렵 채취의 시대에는 음식은 널려 있었고, 짐승가죽도 풍부했다. 그러나 인구는 늘어나고 정착농경으로 경작지가 풍부하지 않게 되자, 사람들이 남의 것을 넘보고 서로 다투게 되었다. 서로 다투는 시절의 원리는 풍족하게 나누어 먹던 시절과는 달라야 한다. 이런 세상에 어떻게 자발적 도덕성과 그에 기반한 자연적 질서를 믿는단 말인가."

"공자의 원리를 믿고 따른 사람은 고작 수십 명에 불과했고, 그것을 진정 구현한 사람은 공자 한 사람뿐이었다. 그런 공자도 노나라의 범용한 군주인 애공(哀公)에게 고개를 숙이고 권력을 구걸했다. 힘과 권위는 실질적이고, 인격과 학문은 무력하기 때문이다."

"국가의 목표를 정하고, 그에 합당하면 상을 주고 그에 어긋나면 벌을 준다. 농사에 매진하고 국방에 기여할 때는 상을 주고, 쓸모없는 논쟁을 벌이거나 떼를 지어 건들거리면 벌을 준다. 법은 즉각적이고 확실하게 효율을 보장한다. 군주가 이 두 자루를 쥐고 있다면 천하를 다스리기는 손바닥 뒤집기보다 쉽다."

진시황이 이 글을 읽고는 책상을 쳤다. "내 생각과 어쩜 이리 같을꼬. 내 이 사람을 꼭 만나보고 싶다."

유학의 꿈은 순진하다. 법가는 그 '유효성'을 의심했지만, 이 기획의 '위험'을 감지한 사람들도 있었다. 도도한 흙탕물을 피해 숨어살던 은자들, 그리고 이들의 이념을 대변하는 노장이 그들이었다.

1.6 노장[老莊], 이성의 그늘

인생은 두 단계로 나뉜다. 반항과 설교로…

건전하고 소박한 것이 언제나 옳은 것은 아니다. 개인이든 국가든 너무 지나치게 지각이 깊고, 참을 수 없이 올바를 수 있다. 그때 억압된 개인들은 반항하고, 도덕에 눌렸던 감성과 예지들이 자신의 권리를 아우성치게 된다.

이기론의 용어를 빌리면, 그동안 이(理)에 억눌렸던 '불행한(?)' 기(氣)가 기지개를 켜기 시작한 것이다.

노장은 유교나 법가가 구축해 나간 사회적 제도와 기술을 전복하고, 그 너머에서 억눌린 삶의 약동을 아우성치기 시작한다.

"옛적 바닷새 한 마리가 노나라 교외에 앉았다. 제후는 그를 모셔다 연회를 베풀었다. 술잔을 따르고 음악을 연주, 산해진미가 낭자했다. 놀란 새는 눈을 끔벅일 뿐 고기 한 점도 못 삼키고 술 한 잔도 입도 대지 못하다가, 사흘 만에 죽고 말았다.

이것은 '나의 기준으로 새를 대접한 것[以己養養鳥]'이지, '새의 본성에 맞게 그를 대접한 것[以鳥養養鳥]'이 아니기 때문이다. 새는 어떻게 길러야 하는가. 깊은 숲 속에 그를 풀어주고 모래톱에서 놀게 하며, 강과 호수에서 떠다니며, 미꾸라지 피라미를 먹게 하고, 저들끼리 어울려 오가게 해주는 것, 그것이 진정 그 새를 기르는 법이다."(『장자』, 「지락」)

장자는 타이른다.

"사회는 허상이고, 문명은 질곡이다. 이 사실을 잊지 마라. 사람들은 두 가지 신기루를 쫓다가 불구가 되거나, 목숨을 잃는다."

장자는 쯧쯧 혀를 찬다.

"새는 높이 날아 화살을 피하고 쥐는 사당 밑에 숨을 줄 아는데, 죽을 줄 모르고 철없이 공동체를 외치며, '인정[名]'을 향해 뛰어드는 이 철없는(?) 불나방들을 어찌할 것인가?"

도덕은 힘이 없다. 그것으로 세상을 구제하겠다는 것은 "맨발로 바다를 건너고, 강을 곡괭이로 파헤치며, 모기에게 산을 지라는 것"과 마찬가지이다.

'진정한 사람'은,

> "마음이 거울과 같다. 지나간 일에 상처받지 않고, 새로 올 기대에 붙들리지 않는다. 오는 일을 그저 맞이할 뿐, 저장하지 않는다. 아무런 흔적을 남기지 않고, 그 무엇도 나를 흔들 수 없기에… 그는 자유롭다."

노장은 유교가 설파하는 과도한 유용성의 위험과 협소로부터 삶을 해방시키려는 정신의 웅비이다. 장자는 묻는다. 먹이를 물고 누가 채가지나 않을까 두리번거리는 인생을 살 것인가, 수천리 바람을 날개에 싣고 회오리쳐 올라 바다의 끝을 향해 비상할 것인가.

2. 조선 유학의 분지: 주기(主氣) & 주리(主理)

도덕이란 부분의 전체에 대한 협력이다. 유학은 공동체를 위해 개인의 품성을 개발하고자 한다.

삼태기를 든 은둔 노인의 대접을 받고, 자로는 이렇게 탄식했다.

> "늙은이와 어린이의 예절도 폐하지 못하거늘, 군신의 대의를 어찌 폐하겠는가. 자신을 깨끗이 지키기 위해 산 중에서 은신하는 것은 세상의 윤리를 어지럽게 하는 것이다. 군자가 벼슬하려고 함은 일신의 영화를 위한 것이 아니고, 성현의 도를 행하여 세상을 바로 잡으려고 하는 것이다. 물론 나는 정도(正道)가 잘 행해지지 못하는 것을 잘 알고 있다."(비탈리 루빈, 임철규 역, 『중국에서의 개인과 국가』)

인간은 사회 속에서 관계를 통해 엮여 있고, 전체의 질서에 동참해야 한다. "누가 폴리스를 떠날 수 있을까. 인간은 정치적 동물이다."

조선 유학은 이 '덕성'의 기원과 작동을 두고 노선이 갈렸다. 하나는 초월적(theistic) 소명을 강조했고, 하나는 자발적(naturalistic) 진화를 역설했다.

그 갈림길을 아마도 조셉 니이담은 예상한 듯하다. 그는 말한다.

– 이원론

"리(理)와 기(氣)의 선후를 두고 주자가 제자들과 나눈 문답을 보면, 우주 발생상의 문제가 형이상학적인 문제와 안이하게 혼동되어 있다. 거기서 앞과 뒤[先後]는 실재와 현상으로 해석될 수 있다. '현상'의 관점에서 주희는 관념론에 빠지지 않는다는 확고한 자세를 지녔지만, 그렇다고 기계론적 유물론자이고 싶지도 않았기에 물질에너지[氣]가 조직[理]에서 나온다거나, 혹은 그 역을 말하지 않도록 신경을 썼다."

– 유신론

"그럼에도 조직을 마음으로부터 완전히 독립적인 범주로 생각하기 어려웠기에, 또 계획에는 시간적으로 우선하고 지위에 있어 높은 계획자(理)를 포함해야 한다는 관념을 떨치기가 어려웠기에, 그는 우리가 살폈듯이 앞의 견해, 즉 리(理)가 기(氣)에 선행한다는 이론에 기울었다. 그래서 그는 인격신이라는 점을 명백히 밝히지는 않았지만, 자못 유신론적 해석 앞에 자신을 맡긴 셈이 되었다."

– 자연론

"그렇지만 우주에 있어 물질에너지[氣]와 조직[理]은 어느 것도 앞서거나 뒷서지 않는, 동시이면서 동일한 중요성을 가진다는 의미에서 어느 정도 '리가 우월하다'는 믿음의 찌꺼기를 버리기가 지극히 어려웠음에도 불구하고, 주희는 근본적으로 이원론자로 남았다."

– 사회적 의미

"나는 그 까닭이, 즉 이원론자였으면서도 선재와 우월에 기운 까닭이 무의식적으로 사회적인 것이었다고 생각한다. 신유학자들이 생각할 수 있었던 모든 형태의 사회제도 안에서, 계획하고 조직하고 배열하고 조정하는 행정관은 기를 점거하면서 그를 대변하고 있는 농부나 장인들보다 사회적으로 우월했다. 만일 주자가 이 편견에서 완전히 자유로울 수 있었다면 800년 앞당겨 변증법적 통합적 수준을 지닌 유기적 유물론의 관점에 참여할 수 있었을 것이다."(Needham, SCC v.2)

2.1 리(理)는 무신론적인가

롱고바르디는 리(理)가 "그 자체로 볼 때, 영혼도 생명도 없으며, 섭리도 없고 지성도 없는" 수동적 제일질료라고 보고했다.

그러나 라이프니쯔는 선교사들이 보내주는 단편을 통해, 이같은 이해가 심각한 결함이 있고 오해를 품고 있음을 알았다.

"태극(太極)은 힘이거나 제일원리이다. 리는 사물들의 이데아와 본질을 포함하는 지혜이다. 우리가 정신이라 부르는 최초의 에테르는 의지이거나 욕구이며, 이것에 의해 비로소 활동이 시작되고 창조가 실행된다. 리에서 나온 것이라는 덕들이 아무짝에도 쓸모없는 것은 아니다. 당신은 아마도 이 덕들을 통해 리 안에는 진리와 선의 근원이 들어 있음을 알 것이다."(라이프니츠, 이동희 역, 『라이프니츠가 만난 중국』)

그는 이 리가 "모든 것을 보고, 모든 것을 알며, 모든 것을 할 수 있는 '지성적' 본성"이라고 말한다. 충막무짐(沖漠無朕)이나 무조작(無造作), 무정의(無情意), 무계탁(無計度) 등은 인간의 유한한 지식이나 결단이나 숙고의 인위성이 배제되었다는 뜻일 뿐, 거기 "자연적 성향과 예정 조화의 정신이 결여되었다"는 것이 아니라는 것이다.

"리가 그 자체로는, 그리고 기가 없이는 아무것도 하지 않는다면, 어떻게 기를 산출할 수 있겠습니까. 어떠한 행위도 하지 않고, 어떤 것을 산출해낼 수 있을까요. 그리고 기가 단지 리의 도구에 불과하다면, 리에는 힘 또는 최초의 동력인(la vertu ou la cause efficiente)이 있다고 말할 수밖에 없지 않습니까. 제일질료가 제일원리 또는 제일의 형식, 순수한 활동성, 신의 작용에 의해서 산출되었다는 것을 고려한다면, 중국의 철학은 고대 그리이스인의 철학보다 훨씬 더 기독교 신학에 가깝다고 할 수 있습니다."

라이프니쯔는 중국의 리(理)가 제일 원리이며, 이를 통해 중국의 철학이 "그리스 철학보다 기독교 신학에 더 가깝다"고 쓰고 있다.

방인 교수의 논문을 읽고 깜짝 놀랐다. 마테오 리치가… 이 태극(太極), 리 속의 '최초의 동력'을 인정했다고?

"『천주실의』가 출간되고 1년이 지난 뒤인 1604년에 마테오 리치는 예수회 총장 아쿠아비바(Claudio Acquaviva)에게 보낸 편지에서 『천주실의』에서와 달리 매우 유연한 태도를 보였다. 만약 태극을 지성과 무한성이 부여된 제1 원리로 간주한다면, 그는 태극을 하느님으로 간주하는 데 더 이상 반대하지 않을 것이라는 것.

"만약 그들이 마침내 태극을 실체적(substantial)이고 지성적(intelligent)이며 무한한(infinite) 제1 원리(first principle)로 이해한다면, 우리는 이것이 다름 아닌 하느님(God)이라고 말하는 데 동의할 것입니다."

하나 유의. 여기에 나오는 리의 '지성'은 인간적 방식의 지성과는 구분된다. 가령 주자가 천지지심(天地之心)이라고 할 때, 이 '마음' 또한 인간적인 것은 아니다. 그것이 '없다면' 오얏나무에 딸기가 열릴지 모르고, 그것이 '있다면' 저 너머의 수염난 인격을 떠올릴 것이다. 그것은 마음이 아니면서 마음이다.

리치는 『천주실의』에서 주자학의 리를 내치고, 오래된 유교의 상제(上帝)와 협력을, 즉 적응(adaptation)을 모색했는데, 지금… 그 리와도 손잡을 수 있다는 것이 아닌가.

모쪼록, 유교를 단순한 의례와 에치켓으로, 상식적 교훈을 주고받는 가르침으로 단순화시키는 우를 범해서는 안 된다.

유교 형이상학에서,

최고의 존재인 '리(理)'는 세 가지 의미를 갖는다. (1) 의지: 세계를 창조 운행하는 동력, (2) 질서: 미세에서 거대까지, 온 우주의 질서를 관장, (3) 도덕: 존재의 의미를 지시하고, 도덕의 길을 제시한다.

2.2 주리: 퇴계와 성호, 그리고 다산

조선 유학은 이 '덕성'을 어떻게 성취해야 할까를 두고, 기나긴 공방을 벌였다. 이기론의 정식은 조선에서 두 갈래로 갈라졌다. 대표자는 퇴계와 율곡이다.

> 오래된 유교: 육신[氣], 덕성[理]… 퇴계– 유신론적(theistic 主理), 이원론
>
> 새로운 유교: 물질[氣], 구조[理]… 율곡– 자연론적(naturalistic 主氣), 일원론

퇴계는 이 동거 혹은 모호를 깨고, 둘을 대치시켰다. 그 바탕에 모종의 유신론적 확신이 있다.

> 사단은 리가 발동하고 기가 따르는 것이고, 칠정은 기가 발동하고 리가 거기에 올라탄 것이다.[四端理發而氣隨, 七情氣發而理乘.]

기발(氣發)은 육신에서 오고, 리발(理發)은 초월적 지평에서 온다. 사단(四端)은 맹자의 용례대로 덕성, 즉 타인과 전체를 위한 인간적 충동인데, 짐승의 이기적 세계에서는 기대할 수 없는 초월적 감성이다. 둘은 가치와 중요성은 물론이고, 기원이 서로 다르다 할 수밖에 없다.

퇴계를 종장으로 하는 남인의 철학이 이 이분법 위에 서 있다.

놀랍게도 우계, 율곡 모두 뒤에 붙은 '기가 따른다(氣隨)', '리가 탄다(理乘)'의 의미를 몰랐던 듯하다. 뒷부분이 아주 중요하다.

"덕성의 발현[理發]이 완성되기 위해서는 '육신의 동의[氣隨]'가 있어야 한다. 육신의 욕구[氣發]는 날뛰는 말처럼, 천방지축하기 쉬운데, 당연히 '이성의 제어[理乘]'가 있어야 하고…"

성호 이익은 퇴계가 고집한 '유신론적 입장'을 더 강화해 나간다. 식산 이만부와의 대화에서 "퇴계는 호발론을 제창한 적이 없다!"고 했다. 「사칠신편」에 그 곡절이 표명되어 있다.
성호 이익의 생각을 정리하면 이렇다.

"기발(氣發)은 없다. 존재하는 것은 모두 리발(理發)이다. 도덕성만 초월적인 것이 아니라, 짐승 육신의 욕구도 마침내 저 초월자의 의지의 결과라고 할 것이다. 그러므로 우주에 두 기원은 없다!"

율곡은 온통 기발이라 버텼는데, 성호는 지금 온통 이발이라고 맞섰다. 퇴계조차 놀랐을 것이다.
성호는 이런 비유를 들고 있다.

"목수가 온갖 목재로 연장을 동원하여 집을 짓고 있다. 그럼 그 집은 '누가' 짓는 것이냐?"

또 이런 비유도 들고 있다.

"병졸들이 전장에서 적과 전투를 벌인다. 또 들판에 솥을 걸고 밥을 짓고 있다. 이 일은 '누가' 하는가. 목수[氣]는 주인[理]의 주문에 따라 집을 짓고… 병졸들은 장수[理]의 명령에 따라 전쟁을 하고[理發], 또 밥을 짓는다[氣發]."

"고로 우주간 모든 일은 기가 아니라 리가 주재(主宰)한다."

성호는 지금 이기론 위에서 신학을 논하고 있다. 여기서 다산까지는 딱 한 발짝 걸음이다.

2.3 주기: 자연주의적 혁신

도덕학은 늘 신학의 지원을 받고 있다. "누가 이 세계를 낳고 움직이는가. 생명의 기원은 어디이고, 인간은 누구인가. 동물의 세계에서 낯선 인간의 자의식과 도덕감을 어떻게 설명할 것인가."

퇴계의 주리론적 전통은 말한다. "최초의 의지[理]가 물질 세계[氣]를 낳았고, 생명의 길을 예비했다. 그러므로 "기에 앞서 리가 있다!"

이 해석에 반기를 든 사람이 고봉, 그리고 율곡이다. "기에 앞선 리는 없다. 리는 기 속에 있을 뿐."

존재하는 것은 음양의 활동뿐이고, 우리는 변화(易)의 세계를 살 뿐이다. 그럼 리는? 그것은 자신을 오직 변화의 활동을 통해서만 드러난다. 그 규칙과 질서, 의미를 떠난 초월적 존재는 없다!

율곡은 자연론적 지평을 고수했다.

태초에 기가 있었고, 그 분화로 물질이 생겼으며, 마침내 인간이 탄생했다. 모든 것이 자연적 질서 속에 있다면? 그럼 도덕의 과제는? 율곡은 자연 안에서, 덕성의 존재를, 이를테면 진화론적으로 설명해 나갔다.

율곡은 허를 찌른다.

'원초적' 인간은 완벽하게, 인의예지라는 도덕성을 구현한다. 이 발상은 기독교의 아담과 이브의 설화를 상기시키고, 그리고 불교가 히말라야 산정의 호수를 끌어오고 불성을 티끌 하나 없는 백조 등에 비유하는 것과 닮았다. 자성청정(自性淸淨), 만족공덕(滿足功德).

갓 태어난 어린 아이는 부모의 얼굴을 보고, 같이 방긋 웃어줄 것이다. 이 교감이 인(仁)이라면, 친구를 괴롭히는 실험 장난감을 조그만 손으로 때리는 시늉을 하는 것은 의(義)의 본성을 알려준다. 인의는 권고 혹은 강제가 아니다. 그것은 인간 속에 원초적으로 장착된 사회성이다.

이 원초적 도덕성은 맹자의 우산지목(牛山之木)의 비유처럼, 여러 요인으로 하여 훼손된다. 유전적 요인에 환경적·사회적 요인이 가세한다. 기억하자. 이들 악은 이를테면 '고유(固有)'하지 않다. 즉 인간의 밖에서, 우연적으로 온다.

이 병을 어떻게 치료할 것이냐.

시작은 탈─도덕적[體]으로 한다. 명상을 통해 진정한 자신과 대면하고, 불건전한 습관을 고치고, 마음의 상처부터 치유하자.

그런 다음, 책과 현자, 그리고 경험을 통해 일상적 삶에서 최선을 구현하는 법을 배워야 한다. 그 '지식'을 나날의 현장에서 실천해 나가는 노력을 빠트릴 수 없다.

손을 대야 하는 것은 나의 내부만이 아니다. 기는 서로 연동되어 있으므로 타인과 사회가 건강하지 않으면 공동체 전체가 불행에 휩싸일 수밖에 없다. 선비의 책임은 일과 정치, 그것이 엮는 역사와 문명을 아울러 포괄한다.

정리해 보자.

덕성의 기획은 사유의 네 기둥 가운데 하나이고, 나머지 셋으로부터 지속적 도전을 받았다. 싸우면서 닮는다고 했던가, 상대방의 기획을 자신의 체계 속에 반영, 수정하기도 했다.

전체적으로 볼 때, 조선의 사상사는 (3) 덕성이 (2) 초월과 대화하고, (4) 자유를 흠모하는 자리에서 형성되었다. 즉 한편 덕성의 초월적 '기원'을 경건으로 찾아 나서고, 또 한편 덕성이 강제가 아니라 '자발성'임을 변증해야 했다.

그럼에도 이 둘은 닮은 데가 더 많다. 이 점을 잘 새기고 있어야 한다. 수많은 논란과 이견에도 불구하고, 결국 촛점은 '덕성' 바로 그곳에 모이지 않던가.

에리히 프롬이 갈파하듯, "다른 것은 다만 언어뿐, 그들은 경험을 공유하고 있다." 사상사의 갑론을박이 그럼 괜한 소란이었나? 피터지게 싸우기보다 관용하고, 상호학습에 마음을 열고 협력해 나갔으면 더 좋지 않았을까?

홍대용은 중국 친구인 손용주에게 이렇게 편지를 보냈다.

"지금 이단을 공격하는 사람들은 하나같이 그 '폐단'을 말합니다. 세상일에 폐단이 없는 것이 어디 있습니까? 이단(異學)이라 불리는 것도 실상 마음을 맑히고 세상을 구제하려 노력한[澄心救世] 점에서, 결국 유교의 이상인 수기치인(修己治人)으로 귀착합니다.

그러니 나는 내가 좋아하는 것을 따르고, 저는 저대로 마음 가는 뜰에서 노닐 것이니, 무슨 문제가 되겠습니까. 사물을 가지런히 하기 어렵기로는 마음만한 것이 없습니다. 사람마다 각각 좋아하고 숭상하는 것이 따로 있는 법이니, 누가 이것을 획일화하겠습니까. 각자 자신의 선을 닦고, 능력을 발휘하여 이기적 욕심을 떨치고 풍속이 선량해지면, 이 모두가 '선한 공동체(大同)'를 만드는데 기여하는 셈이 아니겠습니까."

숭고한 '덕성'에 올인하느라, 정작 소홀히 한 것은 따로 있다.

(3) 덕성의 과제는 당연히 (1) 지상, 즉 육신의 욕구를 '제어'하고자 한다. 여기 함정이 있다. 제어와 함께 충족을 말해야 했다. 공자가 위나라로 들어서면서, 인구, 생산의 토대 위에서 교육을 맨 나중에 말했다.

먹고 사는 문제를 누가 소홀히 하는가. "의식이 족해야 예절을 아는 법." 향약을 당장 시행하자는 류성룡의 제안에 율곡은 시기상조라며 반대했다.

조선 후기, 이 흐름은 실학(實學)이 '이용후생'이라는 이름 하에 선진 문물을 배우고(박제가), 기술의 발전을 꾀하자(정약용)는 권고로 이어졌고, 마침내 자연적 욕망[氣]을 억압하지 않고도 공동체적 질서를 마련할 수 있다(최한기)는 파천황(?)이 등장했다. 여기서 근대적 자유주의와는 한 걸음이다.

유교는 하나가 아니다. 거기 아직 오지 않은 유교까지 있다.

| 추천도서 |

프레데릭 모트 저, 김용헌 역, 『중국의 철학적 기초』, 서광사, 1994.

비탈리 루빈 저, 임철규 역, 『중국에서의 개인과 국가』, 현상과인식, 1985.

조셉 니담 저, 김영식, 김제란 역, 『중국의 과학과 문명: 사상적 배경』, 까치, 1998.

에릭 프롬 저, 최승자 역, 『존재의 기술』, 까치, 1994.

미켈레 루기에리 저, 곽문석 등 역, 『신편 천주실록』, 동문연, 2021.

한국불교의 철학적 담론과 특성을 통해 살펴본 특수성과 보편성

조은수(서울대학교)

1. 들어가는 말

한국 철학을 구성하는 사상적 요소로서 불교 철학이란 무엇인가. 불교의 가르침은 고통의 삶을 인지하고 그에 대한 처방으로 어떻게 살아야 할 것인가를 모색하는 것을 대부분의 내용으로 삼지만, 극도의 추상적인 이론철학도 풍부히 담겨 있다. 철학의 목표는 이성적인 사유와 자기 성찰적인 삶을 통하여 좋은 삶을 사는 것이라 할 때, 한국의 불교에서는 이 두 가지, 즉 이론철학으로서의 모습과 자기 성찰적 지혜와 수행의 전통을 모두 찾을 수 있다.

인도에서 발원한 불교는 중앙아시아의 여러 언어 문화권을 거쳐 중국에 기원전 1세기경 전해졌다. 인도의 초기불교와 대승불교의 사상적 요소와 함께 중앙 아시아의 각종 사상적·문화적 자극이 합쳐서 만들어진 중국불교는 거대한 중국 문화의 자극 속에서 유·불·도 삼교의 하나로 자리잡게 되었다. 동아시아 불교는 그 오랜 역사 속에서 다른 문화와 종교들 간의 차이를 극복하고 평형을 유지하는 데 기여하였다고 할 수 있다. 동아시아에서 불교는 종교일 뿐만 아니라 철학이고 문화 예술이며 사회적 제도였다.

　동아시아 불교 사상의 내용은 한문으로 작성된 불교 문헌 속에서 찾을 수 있다. 인도에서 새로이 등장한 인도 대승불교 문헌들이 동아시아로 전래되고 번역되면서 거대한 양의 한문 불전이 조성되었고, 그 번역 불전의 내용에 대한 주석 작업이 이루어져서 무수한 주석서와 독립 저술들이 속속 나타나면서, 중국불교라는 이름으로 대표되는 거대한 전통이 형성된다. 한편 많은 양의 한문 불전이 산출되면서 이 문헌들을 정리하여 목록을 만드는 작업들이 이어나가게 되고, 그 목록이 완성됨에 따라 목록에 따라 불교 문헌들을 정리하여 한데 출간하는 국가적 사업이 일어나게 된다. 이것이 동아시아 역사에 나타난 특유한 문화 현상인 대장경(大藏經)이 편찬된 경위이다. 한문 대장경은 10세기 북송에서 처음 만들어져 이후 한국을 비롯한 동아시아의 여러 나라에서 수차례 조성되었다.

　중국에서 형성된 한문 불전은 또한 거의 동시적으로 한국에 전해져 연구되어 한국의 불교인들에게 자극을 주었으며, 한편 역으로 한국에서 찬술된 불교 문헌들이 중국 또는 나아가 중앙아시아 또는 티벳에까지 전해졌다. 이같이 활발한 학술 활동이 양방향으로 나타났기에 한 지역에서 발원한 문화적 · 사상적 창안이 다른 지역으로 확산되고 나아가 더욱 발전할 수 있게 되었다. 이같은 다양한 자극의 과정과 영향 속에서 형성된 것이 한국의 오랜 불교철학 전통이다.

이 글에서는 삼국시대에서 현대까지의 역사적 흐름 속에서 나타난 한국불교 철학의 특징적 사유들을 몇 가지 제시해 보고자 한다. 그러나 오랜 세월 긴 흐름 속에서 무척 다양한 사상적·문화적 궤적을 그리며 형성된 한국불교의 사상적 요체를 한 편의 글 속에 담으면서 균형 잡힌 주제 선정이나 효과적인 서술 방식을 운위하기는 어려울 것 같다. 특히 주제 선택의 임의성에 대한 우려를 피하기 어렵다. 다만 이 글에서는 한국불교 역사에 나타난 여러 불교 사상가들 중에서 두드러진 몇 사람의 사상적 면모를 소개하여 그 사상적 의의를 간략히 제시함으로써 눈 밝은 독자들에게 한국불교의 특징을 대략이나마 가늠토록 하고자 한다.

한 가지 이 글에서 강조하고 싶은 점은 한국불교를 알고자 할 때는 한국불교의 맥락을 넘어 더 넓게 보아야 한다는 점이다. 앞에서 잠깐 언급했듯이 한국불교는 동아시아, 나아가 인도불교까지를 포함하는 불교 철학의 넓은 사상적 지형 속에서 이해하여야 한다. 예를 들어 원효 스님은 한국 밖을 나간 적이 없건만 (시도는 했지만 다시 돌아왔다), 그의 저술 곳곳에는 인도의 아비달마 불교나 대승불교 사상의 인용이 무척 많이 나온다. 물론 그 당시의 서적의 유통을 통한 지식 전파의 속도를 알려 주는 일이기도 하지만, 그것뿐만 아니라 한국불교의 탐구를 한국불교 맥락 속에서만 찾아서 되는 것은 아님을 알 수 있다. 한국불교의 철학적 관심이 형성된 사상적 지평을 함께 통찰함으로써만 한국불교 사상의 의의와 중요성이 완전히 드러날 것이다. 이 글에서 인도불교와 중국불교 등에 대하여 많은 언급을 하고 있는 것은 그러한 이유에서이다.

2. 한국불교의 특징적 담론

불교는 4세기경 한국 고대사회에 전해진 이래 한국인의 삶의 방식에 중요한 지침을 제공하였다. 불교 사상은 고대 사회에 이미 존재하던 샤머니즘적 세계관을 대신하는 새로운 개인 윤리와 사회 윤리관을 제공하였다. 현재의 도덕적 행위와 그 결과에 대한 가르침인 업(業)의 교설과 윤회(輪廻)에 대한 가르침, 승려들과 재가자들이 지켜야 하는 계율, 그리고 현실적 삶을 넘어서서 더 높은 경지의 삶을 추구하는 깨달음 내지 성불(成佛)의 추구 등의 고도의 사상을 접하게 됨으로써다. 또한 이러한 교리적 자극뿐만 아니라 광대한 불교 문헌과 종교 예술품에 들어있는 언어적 문화적 예술적 자산은 한국 사회의 문명의 수준을 높였다.

2.1 승랑의 이제설

한국불교 철학 서술은 흔히 고구려의 승려로서 중국에서 활동한 승랑(僧朗, 5세기)에서 시작한다. 승랑은 인도에서 시작하여 중국으로 이어지는 대승불교의 양대 주요 사상 중의 하나인 중관(中觀) 사상의 맥을 이은 사람이다. 중관학파는 유식학파와 함께 인도 대승불교의 양대 산맥을 이룬다. '중관'이라는 명칭은 인도의 불교 철학을 대표하는 인물인 용수(龍樹, Nāgārjuna, 150-250)의 저작『중론(中論)』에서 연원한다.『중론』에서 용수는 이 세상의 존재들은 여러 인(因)과 연(緣)이 만나서 생겨나는 것이기 때문에 자체의 성질, 즉 자성(自性)이 없다고 하고, 모든 법(法)은 무자성이기 때문에 공(空)하다고 하였다. 공하지만 그 존재들에 대해 임시로 이름을 붙여 부른다[假名], '유(有)'와 '무(無)' 등의 양 극단을 넘어서기에 이것을 중도(中道)라 이름한다고 설명하고 있다.

공의 개념은 이미 이전에 『반야경』 계통의 경전들에 나타나는 사상이다. 이 경전군은 인도 대승불교의 시작을 알리는 것으로, 그 이전 부파불교 시대에 나타났던 각종 아비달마 논사들의, 이 세상의 존재 요소를 가리키는 법(法, 'dharma'; 이것은 붓다의 가르침, 또는 진리를 뜻하는 'Dharma'라고 표기하는 것과는 구분되는 것이다)의 실체성에 대한 주장에 대한 반대 이론으로 나타난 것이다. 아비달마 논사들은 이 세상의 모든 존재 요소는, '찰나생 찰나멸'하는 방식으로 존재한다고 했다. 이에 반해 『반야경』에서는 '일체가 공하다'는 것을 주장하였다. 용수의 『중론』은 고도의 정치한 논리를 담은 짧은 단문으로 이루어진 철학적 문헌이며, 그 중심 키워드는 '공'이다. 예를 들어, 우리가 일상 속에서 언어 표현으로 쓰는, 가고 옴, 시간의 흐름, 또는 열반 등의 불교의 근본 개념 각각에 대해 각 챕터에서 분석하고 나서, 이것들 모두 자성(自性, svabhāva), 즉 자체의 고정된 성질이 없다는 것을 보이고, 따라서 공하다고 말한다.

이 용수의 『중론』이 중앙아시아에서 온 학승 구마라집(鳩摩羅什, Kumārajīva: 343–413)에 의해 번역되어 소개됨으로써 동아시아 사상계에 커다란 지각 변형이 일어나게 된다. 그런데 불교가 들어오기 전에 중국 사회에는 이미 노장(老莊) 사상이 널리 퍼져 있어서 중국인들에게는 『도덕경』이나 『장자』에 나오는 '무(無)'와 같은 개념은 이미 익숙한 것이었다. 이런 사상적 분위기 속에서 불교의 '공'은 노장 사상의 '무'와 유사한 것으로 중국인들에게 거부감 없이 잘 받아들여질 수 있었다. 또한 우리가 삶에서 경험하는 존재[有]의 세계는 진정한 세계가 아니며, 말이나 이름으로 설명되는 진리는 진정한 진리가 아니라는 생각(도가도 비상도道可道非常道, 명가명 비상명名可名非常名)이 널리 퍼져 있었으므로,『중론』에 나오는 이론인 진제(眞諦)와 속제(俗諦)를 나누는 방식, 즉 초월적 종교적 진리와 현상적 진리를 구분하는 관점이 쉽게 수용될 수 있었다.

『중론』이 번역되어 소개된 후 동아시아에서는 이에 기반하여 '삼론학'(三論學) 또는 삼론종(三論宗)이라는 새로운 사상 전통이 형성되었다. '삼론'이란『중론』을 비롯한 중관학파의 세 가지 저술을 묶어서 가리키는 말이다. 우리가 관심을 갖는 승랑은 이 삼론학의 발전에 큰 기여를 한 학승이다. 그런데 그의 저술이 남아 있지 않아 그의 사상의 전체적 모습을 알 수가 없다는 어려움이 있지만, 다행히 그의 사상의 일단을 알 수 있는 인용이 후대의 길장(吉藏, 549-623)의 저술 속에 실려져 있어서 그 인용문을 통해 승랑 사상의 윤곽과 사상적 계통을 알 수 있다.

승랑은『중론』에 나오는 여러 개념 중에서, 특히 진제와 속제라는 이제의 이론에 큰 관심을 두었다.『중론』에서 진제와 속제는 총 27장 중 24장에 한번 언급되는데 그치고 용수의 주요 관심 주제는 공인데 반해, 동아시아불교의 삼론학파는 이제(二諦, 두 가지 진리라는 뜻)에 대한 관심이 높았다. 특히 승랑은 이제라는 주제에 그의 사상적 초점을 두었다. 그는 속제와 진제를 유와 무에 대입하여 병렬로 소개하고, 더 나아가 진리 인식의 더 높은 단계로 끌어올리는 다층적인 모델을 제시하였다. 각 하위 단계에서 제시한 요소들을 그 윗 단계에서 긍정하고 또한 부정하면서, 삼 단계까지 그 변증법적 상승의 과정을 계속하면서 진리를 이해해 나가는 데 단계가 있음을 보인 것이다. 이것을 승랑의 '삼중이제'(三重二諦)설이라고 한다.

삼중이제설은 승랑의 중심 사상으로 길장이 쓴 주 저술의 하나인 『이제의(二諦義)』의 중심주제가 되고 있다. 길장의 소개에 따르면 '삼중이제'(三重二諦)란 다음과 같다. 첫 번째 단계에서는 유가 속제고 공이 진제라고 밝힌다. 두 번째 단계에서는 앞에서 언급한 유와 공이 모두 속제고, 비유비공(非有非空)이 진제라고 밝힌다. 마지막 세 번째 단계에서는 앞 단계에서 말한 이제[二](즉, 유와 공)와 불이(不二)(즉, 비유비공)가 모두 속제고 비이비불이(非二非不二)가 진제라고 밝힌다.

승랑의 삼중이제설은 첫 번째 단계에서는 있다(유)고 보는 관점을 속제라고 하고, 이를 부정한 무(공)가 진제라고 한다. 다음으로 두 번째 단계에서는 앞의 유와 무(공) 두 가지 관점이 모두 속제라고 하고, 유도 무도 모두 부정한 비유비무를 진제라고 한다. 마지막으로, 두 번째에서 주장된 명제를 모두 포함하는 속제와 모두 부정하는 진제를 세 번째 단계로 설정하여 삼중의 이제를 나타내 보였다.

길장 또는 후세의 인물에 의해 지어졌을 것이라고 하는 『대승현론(大乘玄論)』에서는 다음과 같은 설명도 나온다.

"무엇 때문에 이제(二諦)를 합명하는 것인가. 궁극적인 중도를 밝히기 위해서이다. 속제(俗諦)만을 밝히고 진제를 밝히지 못하면 유(有)의 한가지 극단(一邊)으로 떨어지고, 반대로 진제만을 밝히고 속제를 밝히지 못하면 공(空)의 극단으로 떨어지게 된다. 이제를 모아서 이 유(有)와 공(空)의 양변을 떠나 어느 쪽에도 치우치지 않는 중도를 밝히는 것이다."

이것을 승랑의 '이제합명중도'(二諦合明中道)설이라고 부른다. 즉 세제와 진제의 이제를 합하여서 중도를 밝히는 이론이라는 뜻이다. 나아가 이러한 구절도 발견된다.

"섭령대사(즉 승랑)가 인연에 대해 병을 제거한 것은 (이러한) 두 가지 견해의 뿌리를 빼어 유무라는 두 가지 집착(兩執)을 버리게 하려고 하였다. 그러므로 유와 무를 말하지만 불이(不二)의 이치에 잘 통하였다. 유무가 궁극인 것이 아니며 따라서 유 또는 무라는 것에 머무르지 않아야 하니, 유무는 가르침[교(敎)]이다."

이 삼중이제설은 승랑의 '약교이제설(約敎二諦說)'을 대표하는 이론이다. 승랑은 '이제'를 가르침이라고 보았으며, 그 자체는 진리가 아니라 진리를 지칭하기 위한 도구라는 입장이다. 그의 삼중이제는 후대 삼론사인 법랑과 길장에 의해서 한 단계 더 나아가 사중이제설로 설명되기도 한다.(사실 삼중이제에서 긍정과 부정을 반복한다면 무한소급도 가능하겠지만, 그것은 논리로서만 가능한 것이지 인간의 사유로서 포착될 수 없는 영역이다.)

이러한 예에서 보듯이 승랑의 이제설은 유·무의 현상세계나 속제·진제의 가르침 가운데 어느 한 가지 진리 의식에 머무르지 않을 것을 주장한다. 인도의 중관학파에서는 용수의 『중론』이후, 연기하여 존재하는 모든 것은 공하다는 언명을 놓고 그 공마저도 공하다고 주장하면서, 공이라는 관념 그 자체에 머무르지 말 것을 강조하는 이론을 펼쳤다. 나아가 승랑 등의 동아시아 중관학자들은 속제와 진제를 계속 더 높은 단계로 부정해 나감으로써 진리를 실체로 간주하는 위험에서 벗어나고자 했다. "세상의 여러 존재는 공이고 따라서 공이 궁극적 진리이다"라고 한다면 공이라는 것, 또는 그것이 궁극적 진리라는 그 말에 사로잡히게 되고 그것을 절대화하게 된다. 승랑은 인도의 중관사상을 이어서, 언어가 가지는 부정적 기능을 지적하고 그것에서 벗어날 것을 주장하였다. 즉 유나 무 등의 개념을 실체화하거나, 즉 유를 실제로 존재하는 '것'으로 생각하거나, 무를 절대적 부재로 보는 것 두 가지를 모두 부정하고, 그것을 다시 또 긍정하고 부정하여 더 높은 차원에 이르는 사고 실험을 보여주고 있다. 언어와 진리와의 관계에 대한 깊은 통찰이 들어 있다고 하겠다.

2.2 원측의 유식설

인도 대승 불교의 양대 주류의 하나인 유식(唯識) 철학은 동아시아의 인식론의 발달에 큰 부분을 차지한다. 우리가 보는 것은 객관 세계가 아니라 주관적인 마음을 보는 것이며 외부 세계는 식(識)에 의존하여 표상된 것이라고 한다. 외부 세계는 객관적으로 존재하는 실재가 아니라는 생각은 이후의 동아시아 불교의 발달에서 무척 중요한 관념으로, 이후 중국불교에 고유한 선종(禪宗)의 성립에 지대한 영향을 주게 된다. 신라 승려 원측(圓測, 613-696)은 15세에 한국을 떠나 중국으로 간 이후 다시 고국으로 돌아오지 않았기에 한국불교 철학의 맥락에 포함시킬 것인가에 논란이 있지만, 그의 사상적 입장에 대해 당시 신라의 유식 학승들이 공명하였으며 그것이 후대 유식학파의 담론 속에 이어지는 것을 보아 한국불교에 편입시킬 수 있다고 본다.

원측은 당대의 중국불교뿐만 아니라 이후 티벳 및 일본불교의 발전에 지대한 영향을 주었음에도 불구하고 학계에서 충분히 주목 받지 못해왔다고 할 수 있다. 이러한 원인으로 그의 사상의 복잡성을 들수 있고, 또한 그의 가장 대표적인 저술이라 볼 수 있는『성유식론소』가 소실되어 그 내용을 파악하기 어려운 점을 들 수 있다. 하지만 이러한 자료의 부족에도 불구하고, 현존하는 자료들을 통해 원측이 인도 유식학을 중국적으로 해석하는 데 많은 기여를 했음을 알 수 있다.

원측의 중국에서의 활약은 괄목할 만하다. 원측은 당시 인도에 가서 17년 만에 돌아온 삼장법사 현장(玄奘, 602-664)의 양대 제자 중의 한 명으로, 당시 중국 유식종 사상을『해심밀경소』등의 광대한 주석서 속에서 피력하고 있다. 현장은 인도에서 아비달마와 대승불교, 특히 유식불교의 문헌들을 대거 가져와서 국가적 후원 속에서 번역하고 유포하였다. 현장의 이러한 문헌의 도입과 번역 작업은 2세기 전의 구마라집의 번역을 통해 생성된 한문 불전이 동아시아 불교의 지평에 대 변혁을 가져온 것에 비견되는 것으로, 중국의 불교 철학이 크게 성숙하게 되는 계기를 가져왔다. 그러한 사상적 풍요의 환경 속에서 원측은 활동하였으며, 그의 교의적 입장은 한국에 공식적인 계보를 전승하지 않았지만 후대의 유식사상에 큰 영향을 주었다. 그는 당시 현장의 또 다른 제자 규기(窺基, 632-682)와 규기의 제자로 이어지는 법상종(法相宗)의 이론과 교학적으로 몇 가지 다른 입장을 제시하였는데 이 때문인지『송고승전』등의 고승전이나 역사서 속에서 부정적인 이미지로 그려지게 되었다.

원측은 이전의 중국에 유식 문헌을 번역하고 전한 인도 승려 진제(眞諦, Paramārtha, 499-569)의 유식학설과 자신의 스승뻘이 되는 현장의 유식설의 두 가지 사이에서 서로 다른 입장을 보였다. 어떤 경우는 진제와 현장의 입장 모두 동의하지 않고 대신 자신만의 해석을 내리기도 했다. 예를 들어 식에 관한 정의와 그 종류에 대한 진제와 현장의 교의적 차이에 있어 원측은 자신의 고유한 입장을 고수했다. 진제가 제8 알라야식에 더해서 제9 아말라식이라는 깨끗한 무구식이 존재한다고 주장한 반면, 현장은 자신과 제자들의 저술에서 제9식을 부정하였다. 이때 원측은 두 논쟁 사이에서 중간적 입장을 취하고 있는 것을 알 수 있다. 원측은 9식이 8식 알라야의 청정분에 해당하므로 따로 세울 필요가 없다고 주장하며 진제와는 다른 견해를 피력한다. 또한 현장과 원측 모두 아라야식에 깨끗한 부분[정분(淨分)]과 더러운 부분[염분(染分)] 모두가 있다고 있다는 점에서는 서로 동의하지만 전체적인 관점에서 더러운 것으로 간주하는 현장에 반해 원측은 깨끗한 것으로서 규정한다.

그의 또 하나 서로 다른 점은 당시 중국인들에게 중요한 문제였던 모든 중생은 전부 다 성불할 수 있는가 아니면 어떤 중생은 불가능한가 하는 논쟁이었다. 정통 법상종에서는 '오성각별설'을 내세워 무성종성(無性種姓), 즉 불성이 없는 어떤 부류의 중생이 있다 하여 이들은 절대로 성불할 수 없다는 의견을 낸 데 대해, 원측은 무성종성도 성불할 수 있다고 주장하여 이견을 보였다. 5종설이란 인간 중에 1) 보살이 될 자, 2) 연각이 될 자, 3) 성문이 될 자, 4) 위의 모든 종자를 모두 갖추고 있으나 그 일정한 방향이 없는 자, 5) 그 어떤 종자도 없어서 영원히 육도에서 빠져나올 수 없는 자 등의 다섯 가지 종류가 있다는 것인데, 원측은 이 5종설을 새로이 해석하여 무성종성도 성불할 수 있음을 주장한다. 그는 어떤 경전 중에서 혹시 어떤 중생은 절대로 성불할 수 없다고 말한 것은 중생을 자극하여 수행을 분발케 하려는 방편으로 설한 것이지, 실제로 모든 중생은 누구나 다 여래장 또는 불성을 가지고 있음을 알아야 한다고 말한다. 그런데도 성불하지 못한 자가 있는 것은 그들이 성불할 수 있는 조건을 아직 다 갖추지 못했기 때문이며, 불·보살의 도움에 의해서도 모든 중생은 성불할 수 있다고 말하였다. 이러한 논전이 일어났던 애초의 이유는 당시 7세기 당나라의 불교학계에는 인도에서 들여와서 번역된 책들, 그것도 같은 책이 여러 번 다른 번역자들에 의해 번역되기도 하고 또한 동아시아 내에서 찬술한 저술들 각종 불교 이론서들이 유통되고 있었으며, 그 문헌들 속에는 이 종성에 대해 서로 다른 의견들이 표명되고 있었기 때문이었다.

원측은 이 논변 속에서 대승불교의 특유의 '방편(方便)' 개념을 사용하여, 경전에 이런 구절이 나온 것은 어떤 중생을 분발시키기 위한 방편이었다는 식으로 설명하고 있다. 현장의 법맥을 이은 규기가 부처의 가르침을 계층적으로 규정한 반면, 원측은 시간과 내용 그리고 중생들에 따라서 가르침이 다르다고 주장하였다. 이것을 해석학과 비유하는 것이 가능할지 모르겠지만, 대승불교의 논사들은 이미 당시까지 축적된 무수한 논서들과 이론들의 무게 속에서 그것들을 다 포용하여 해석할 방법론적 도구가 필요했다고 보인다. 또한 원측은 자신의 학문적 계통인 유식학의 입장에서 중관학을 아우르려고 시도하고 공에 대해서 해석을 내리는 등의 보다 융합적인 태도를 보이고 있다. 이것도 원측의 불교관의 특징이라 할 수 있으며 그의 경전 해석의 방법론적 특징이라고 할 수 있다. 다음에 볼 원효의 화쟁도 같은 맥락에서 해석할 수 있다.

2.3 원효가 본 마음의 본성과 깨달음의 길

해방 후 쏟아진 현대의 각종 서구 사조의 유입 속에서 전통 사상에 대한 당시의 관심과 이해는 상대적으로 빈약했다 할 수 있다. 그러다 1980년대 한국 사상의 고유성이 무엇인가 하는 질문과 함께 일어난 한국 문화의 정체성을 진단하는 작업은 학계 뿐만 아니라 사회 일반에게도 첨예한 관심의 대상이 되었다. 한국 불교계의 경우도 대표적으로 원효 사상에 대한 새로운 관심이 일어 한국의 뛰어난 전통 사상으로 각광을 받으면서 당시 사회 전반적으로 일고 있던 한국 사상과 한국문화의 정체성에 대한 관심에 부응하였다. 한편 원효의 화쟁사상은 또한 당시의 정치상황에서 필요로 하던 사회적 통합이론을 제공하는 것으로 해석되어 널리 관심을 받았다. 그러나 이러한 시도는 후에 비판되듯이 종종 민족주의 담론의 틀 속에서 일어났으며 일반에게서 뿐만 아니라 국제적으로도 객관적 이론으로 인정받지 못하는 경우가 많았다.

원효(元曉, 617-686)는 7세기 중반 신라시대에 살았던 불교 승려로서 방대한 양의 불교 저술과 그 속에 드러나는 해박한 불교 지식과 이론의 독창성, 그리고 화려한 문장력으로 한국의 가장 대표적인 불교 사상가로 꼽는다. 원효는 방대한 저술 활동(80여종의 책을 저술하였다고 알려져 있으며 그 중 20종이 현존함)을 했고, 그가 다루는 불교 사상과 이론의 종류는 너무나 다양하고 광범하다. 그는 저술에서 대승불교 주요 경전뿐 아니라, 이전에 중국불교를 풍미하였던 삼론종의 사상가인 승조나 길장의 저서, 더구나 불교 외의 사상인 노자, 장자 등을 빈번히 인용하고 있다. 여기서 우리는 원효 사상의 폭과 원효의 학문하는 태도를 짐작할 수 있다. 그는 불교학 뿐만 아니라 당시 당나라를 중심으로 한 범아시아 문화권의 사상적 스펙트럼을 섭렵하고 있던 당대의 뛰어난 지식인이었다.

원효의 불교 사상의 입장, 또는 학파적 소속이 무엇인가에 대해서는 학자들 간에 많은 논란이 있다. 당시 7세기 동아시아의 불교 학술계에는 여러 갈래의 사상 경향이 존재하였고, 원효는 중관, 유식, 여래장, 화엄 등의 이론적 틀 속에서 찬술된 당시 신라 사회에 전해진 거의 모든 주요 불교 문헌에 대해 주석을 썼기 때문에 이중 어느 한 가지 사상이나 학파로 원효를 규정하는 데에 어려움이 있다.

그러한 종파적 틀에 관계없이 원효 사상에서 가장 중심이 되는 단어는 마음이다. 불교에서는 모든 것은 변한다, 즉 무상(無常)하다고 말한다. 불교는 존재 요소를 법(法)이라 부르며 '일체법'(一切法)이란 인간과 사회와 그것을 구성하는 모든 것의 표상을 가리킨다. 우리는 보통 나라는 존재는 계속 연속적으로 이어지고 있다고 생각한다. 그러나 불교에서는 이러한 나의 존재의 연속성의 느낌은 나의 마음, 또는 나의 생각이 표상하여 만들어 낸 것이며 그런 생각들이 이어지는 것을 나라고 생각한다는 것이다. 나라는 것은 결국 마음 또는 의식이 만들어낸 임시적이고 변하는 것이며, 영원한 것이 아니다.

원효에 따르면 존재하는 것은 찰나멸하고 찰나생하는 순간, 그리고 그 순간을 채우는 생각과 느낌 뿐이다. 우리는 한 순간에는 한 가지 경험만을 느끼고 생각할 수 있다. 그런데 이 '찰나' 이론은 저 멀리 인도의 아비달마 불교를 대표하는 세친(世親, Vasubandhu, 4-5세기)이 지은 『아비달마구사론(阿毘達磨俱舍論, Abhidharmakośa)』에서 정립된 사상이다. 한편, 『구사론』은 찰나생 찰나멸 속에서 과거, 현재, 미래의 법이 존재함을 말할 뿐만 아니라 그 법의 기저에는 체가 있어서 그 실체는 항유한다고 말한다. 즉 삼세에 걸쳐 존재하는 찰나로서의 마음의 체는 항상 존재한다는 것이다. (중관사상에서도 현상의 배후에 있는 어떤 실체도 부정하는 것 같지만, 각각의 존재의 존재성 자체를 부정하지는 않는다).

『대승기신론』은 "이 세상의 존재 요소, 즉 법(法)이 곧 마음이고 [대상세계는 마음에 의해 만들어 진 것이므로], 이 마음은 일심(一心), 즉 한 마음이며, 나아가 대승의 가르침의 기본이 바로 이 마음이다."라고 하여 마음에 절대적인 지위를 부여한다.

그런데 이 일심(一心)은 심진여와 심생멸의 두 측면으로 나눌 수 있다고 한다. 중국불교의 교학적 발달의 황금기라고 할 수 있는 6-7세기 불교계의 중요한 담론 중의 하나는 망심(妄心) 또는 염심(染心)과 정심(淨心) 또는 진심(眞心)과의 관계에 관한 것이었다. 마음은 하나인데 어찌 더러운 마음과 깨끗한 마음이 있을 수 있단 말인가. 그 두 가지 마음은 어떻게 나뉘는가, 그중 한 가지가 다른 한 가지보다 더 근본적인가 등의 질문이었다. 이 주제를 전면에 내세워 분명히 정리해서 밝힘으로써 이후 동아시아 불교의 마음 이론의 전형을 제공한 문헌이 바로 『대승기신론』이다. 『대승기신론』에서는 이것을 '일심(一心) 이문(二門)'이라는, 하나의 마음에 대한 두 가지 측면인 심진여문(心眞如門)과 심생멸문(心生滅門)의 도식으로 설명하면서, 진여로서의 마음과 생멸하는 현상적인 마음 두 가지를 대비하기도 하고 등치하고 통합하기도 하는 마음 이론을 제시하였다. 일심의 두 가지 상반된 성격이란, 무한한 가능성을 가지고 만 가지 공덕이 가득한 마음, 즉 진여의 측면으로서의 마음과, 또한 우리가 삶에서 경험하는 생멸하는 측면의 마음을 가리킨다. 마음은 생멸하는 측면, 끊임없이 일어나고 변화하는 측면이 있으나 마음의 진정한 모습은 고요 적정한 것이니 그것이 바로 마음의 진실한 모습, 즉 진여(眞如)의 모습이다. 생멸하는 마음이 사실은 진여로서의 마음과 다르지 않다는 것이다.

그러면 왜 진여로서의 마음은 현상적이고 불완전한 형태로 나타나는가. 진여로서의 마음이라면서 왜 생멸의 마음이 나타나는가. 이에 대해 『대승기신론』은 마음의 생멸하고 있는 모습은 실체성을 가지는 것이 아니라고 하면서, 비유로써 그 질문에 대해 대답한다. 마치 넓은 바다에 파도가 일어나는 것과 같다는 것이다. 그럼 파도는 왜 이는가. 그것은 바람이 불기 때문이다. 바람이 불어서 출렁이는 파도가 생기는 것이고, 바람만 그친다면 파도는 저절로 스러질 것이고 고요한 바다의 상태로 돌아간다. 파도나 고요한 바다나 바닷물인 점에서는 같은 것이다. 이것이 저 유명한 바다와 파도의 비유이다. 나아가 이 '넓은 바다'는 '본각(本覺, 본래부터 존재하는 깨달음)의 마음'이고 '바람'은 '무명(無明)'을 뜻하며 '파도'는 불각(不覺)의 모습이라고 한다. 무명의 바람이 그친다면, 즉 무지에서 벗어난다면 본각은 그대로 드러나게 된다는 것이다. 번뇌는 외재적인 것, 우연적인 것, 비본질적인 것이고, 본각이 중생의 원래적인 상태이며, 불각은 존재론적 지위를 갖지 않는다는 『대승기신론』의 깨달음의 이론은 이후 선(禪)불교에 그대로 수용된다. 동아시아 대승불교에서 마음과 번뇌, 그리고 깨달음을 설명하는 데 기본 패러다임이 되는 것이다.

원효(617-686)는 『대승기신론』에 대한 그의 두 가지 주석서 중 하나인 『기신론소』에서, "마음이 움직여 육도가 나타난다는데 그러면 일심(一心)과 육도(六道)를 일으키는 마음은 다른 것인가"하는 문제를 제기하고, 스스로 답하고 있다. 원효의 대답은 결국 같은 마음이라는 것이다. 단지 미망에 혹하여 일심을 알지 못할 뿐이다.

"대승에서 말하는 법이란 오직 마음, 즉 일심일 뿐이며, 일심 외에 다른
법이 따로 있는 것이 아니라고 한다. 다만 무명이라는 것이 있어 스스로
의 일심에 미혹되어, 파도와 물결을 일으켜서 육도에 유전한다는 것을 설
명하기 위한 것이다. 비록 육도의 파도를 일으키지만 일심의 바다에서 벗
어나지는 않는다. 진실로 일심 때문에, [즉 마음이] 움직여 육도가 나타나
는 것이므로 널리 구제의 서원을 펼 수 있게 되는 것이다. 육도윤회의 길
은 일심을 벗어나지 않기 때문에 동체대비도 일으킬 수 있다."(「기신론소
(起信論疏)」, 『한국불교전서』, 01.0736c18-24)

그러면 일심이란 순간 순간의 마음 작용과 구별되는 하나의 독립된
실체인가? 원효는 마음의 나타남, 그것이 곧 마음이라고 한다. 심체
(心體, 마음의 본체)와 심상(心相, 마음의 현상적 모습)의 관련에 대해 원효는
다음과 같이 설명한다. 좀 긴 인용이지만 원효의 목소리를 직접 듣는
것이 더 효과적이라 생각하여 전문을 소개한다.

"묻기를, 심체가 상주하고 심상은 생멸한다고 하는데, 그렇다면 체와
상이 서로 분리되지 않으니까 합해서 하나의 식이라고 해야 하는가. [아
니면] 심체는 상주하기도 하고 또 생멸하기도 한다고 해야 하는가.

"답하기를, 만일 이 뜻을 알아들은 사람이면, 이 두 가지 뜻 모두를 인
정할 것이다. 왜인가? 만약 심체가 상주한다고 하면, 체라는 것은 다른 것
을 따라서 이루어지지 않는 것을 체라 하고, 한편 무상이라고 한다면 다

른 것을 따라 생멸하는 것을 상이라고 하니, 체는 상이고, 상은 무상이라고 할 수 있을 것이다. 그러나 생멸이라는 것은 생(生)아닌 생이요, 멸 아닌 멸로, 심이 생과 멸을 이야기하는 것이므로 심의 생멸이라고 이름하고, 따라서 심체가 생멸한다고 말한다. 마치 바닷물이 움직이는 것을 물결이라 부르지만, 결국 이 물결의 움직임이 바닷물의 움직임이 아니라고 말할 수 없음과 같은 것이다."(원효, 「대승기신론별기(大乘起信論別記)」, 『한국불교전서』 01.0682a12-17).

마음이라는 것은 그 체가 고정불변한 것은 아니며, 마음의 활동하는 모습과 마음 그 자체가 다른 것이 아니다. 마음은 그 실체가 없다. 대상세계와 만나서 얻는 경험 등에 의해 형성해가는 것이 인격이고, 주체적 나이며, 주체적 나의 마음 씀씀이다. 일심은 연에 따라 변하며, 다양한 마음의 작용, 즉 중생심을 일으키지만, 이러한 다양한 모습의 마음과 일심의 근원으로 돌아갔을 때 순수하고 깨끗한 그 마음이 서로 다른 것이 아니라고 하는 것이다. 이것이 앞에서 말한, "일심은 항상 스스로 둘이 없는 것이다"라는 뜻이다. 마음은 성선, 성악 등으로 규정할 수 없다. 경험을 통해 만들어지는 것이 인간이다. 고정된 성질을 가진 인간은 없다. 마찬가지로 내가 또는 내 마음이 고정 불변인 것이 아니다. 오히려 내가 마음을 어떻게 쓰느냐에 따라 현재의 나, 미래의 내가 만들어진다는 것이다.

원효는 앞에서 본 마음 이론에서 등장하는 유식, 여래장 불성 사상과 함께 화엄사상의 맥락 속에서 이해할 수 있다. 실제로 원효를 어떤 하나의 종파나 한 가지 이론적 입장 속에 가두는 것이 불가능할 정도로 원효의 사상 속에는 대승불교의 여러 축의 개념들과 이론 틀이 자유자재로 투입되고 있다. 원효는 이후에 볼 의상과 마찬가지로 "일즉다 다즉일(一卽多 多卽一)", "일중다 다중일(一中多 多中一)"로 대표되는 화엄의 세계관을 그 이론적 체계 속에 수용하고 있다. 원효가 설명하는 마음의 두 가지 측면, 즉 진여문과 생멸문의 관계는 화엄에서 말하는 이사무애의 원칙으로 설명할 수 있다. 나아가 이러한 이사무애의 입장에서, 원효의 사상을 원융무애의 사상으로 규정하기도 한다.

원효는 그의 저술 중에서 가장 방대한 분량이며 아마 가장 마지막에 지어졌을 것으로 추정되는 『금강삼매경론(金剛三昧經論)』 속에서 수행 실천의 문제를 천착하고 있다. 그런데 그 중심 개념은 각(覺), 깨달음의 개념이다. 각은 본각(本覺), 시각(始覺), 불각(不覺)의 세 가지 입장으로 분석되고 있다. "이 마음의 본체는 본각인데 무명(無明)에 따라서 움직여 생멸(生滅)을 일으킨다"고 표현하였다. 그런데 이 무명이란 어떤 실체가 있는 것이 아니라 계속 이어지는 근원적인 무지, 또는 깨달음의 결여를 의미하는 것이다. 이렇게 깨달음에서 벗어난 상태를 불각이라고 규정한다. 원효는 불각과 본각(本覺)을 설명한 후에 나아가 불각과 본각이 실은 서로 다른 것이 아니라고 한다. 그는 이것을 저 유명한 바다와 바람, 파도의 비유를 들어 설명하고 있다. 인간의 인식과 일상 경험들은 불각의 모습을 띠고 있지만, 이러한 모습이 인간이 본래 가지고 있는 깨달음의 모습과 떨어져 있는 것은 아니라는 것이다. 마치 넓은 바다에 바람이 불어 파도가 일어나는 것과 같이 바닷물과 파도는 서로 분리된 별개의 것이 아님과 같다고 한다. 여기서 '넓은 바다'는 '본각의 마음'이고, '바람'은 '무명'을 뜻하며, '파도'는 불각의 모습을 지칭한다. 그러나 불각의 모습은 본각의 마음에서 연유하는 것이므로, 무명의 바람이 그친다면, 즉 무지에서 벗어난다면 본각은 그대로 드러날 것이다. 여기에서 원효의 사상적 창안으로서 시각의 중요성이 드러난다. 그는 마냥 그대로 인간의 현실이 열반이고, 우리 인간의 모습이 부처의 모습이라 하지는 않는다. 그는 인간의 마음에는 본시 부처와 동등한 깨달음이 갖추어져 있으나, 무지에 의해 깨달음의 지혜에서 벗어나 현상적인 마음의 모습으로 나타나 있기 때문에 그 무지에서 벗어나는 데는 실천의 과정이 요구된다고 하면서, 이것을 시각, 즉 번뇌가 제거되면서 점점 나타나는 깨달음의 지혜라고 하였다. 수행에 의해서 깨달음의 지혜가 최초로 열린다는 것이다. 즉, 이 시각을 통해 인간의 현실인 존재의 미혹한 모습을 떨쳐 버릴 수 있는 역동적인 계기가 마련되는 것이다.

이상에서 원효의 마음이론을 일심을 중심으로 설명하고 그 마음을 심체와 심상의 두 측면에서 고찰해 보았다. 그러나 원효는 마음을 이론적으로 분석하는 것에 그치지 않고 깨달음에 이르는 길의 구조로서 본각, 시각, 불각의 개념으로 설명하였다. 특히 그는 시각을 통해서 본각과 불각 사이의 다리를 놓아서 깨달음을 변화와 역동의 과정으로 설명해 내고 있다. 원효의 다양한 불교 이론 속에서 특히 그 독창성을 찾아볼 수 있는 대목이라 하겠다.

2.4 의상—일과 다의 동일성

의상(義湘, 625-702)은 신라 화엄사상을 대표하는 인물로 한국의 화엄종의 초조라 불린다. 화엄종은 『화엄경』에 기반하여 성립한 종파이며 화엄사상은 한국불교의 기본적 세계관을 이룬다. 하나의 티끌 속에 온 우주가 들어 있다는 이 관점은 나와 남, 또는 나와 세계 등의 나와 타자와의 동일성을 주장하는 근거가 된다. 여기에서 이타심도 발현될 수 있다고 하는 것이다. 또한 화엄사상은 한국의 선사상 형성에 이론적 기반을 제공한다. 한국의 선사들은 불립문자를 기치로 내세웠지만, 『화엄경』 등의 주요 대승 경전의 학습을 통해 자신의 사상적 이론적 지평을 다듬어 갔다. 화엄사상이 현대 사회에서 갖는 의의는 무척 크다. 의상은 여덟 살 연상의 도반인 원효와 함께 도당 유학을 시도하다가 결국 원효는 돌아가고, 혼자 바닷길을 통해 중국 당나라에 도착하였다. 의상은 당나라에서 그 후 8년간 머물면서 중국 화엄종의 제2조로 불리는 지엄(智儼, 603-668)에게 공부하였다. 또한 지엄의 제자로 화엄종 제3조로 불리는 법장과 귀국 후에도 교류를 계속하였다.

원효가 무수한 저작을 남긴 반면 의상은 짧은 글만을 남겼다. 흔히 "법성게"라고도 불리는 『화엄일승법계도(華嚴一乘法界圖)』가 그 중 가장 유명한 것으로, 7언 30구 210자의 시의 형식으로 사각으로 도는 도장 모양으로 되어 있다. 『해인도(海印圖)』, 또는 짧게 『법계도』라고 불린다.

법계도는 의상의 화엄사상을 잘 보여주는 탁월한 저술이며, 이후 한국의 화엄종의 발전 뿐만 아니라 한국불교의 흐름에 화엄 사상의 이론적 토대를 제공하고 있다. 『법계도』에 스스로 도기(圖記)를 덧붙인 것이 『화엄일승법계도기』이다. 그는 많은 제자들을 배출했다고 하는데 일설에는 삼천 명의 제자가 있었다고 한다. 한국 화엄종의 개창조로 존숭된다.

『화엄경』에서는 중중무진한 세계를 인다라망(因陀羅網, Indra's Net)으로 비유한다. 의상의 『법계도』에서는 이것을 "일즉다(一卽多) 다즉일(多卽一), 일중다(一中多) 다중일(多中一)"의 도식으로 설명하고 있다. 초기 불교에서는 원인과 조건이 이루어져 결과가 나타난다는 두 가지 사태 간의 관련성을 지적하는데 이 연기설을 확장하여 동아시아의 불교계에서는 법계연기를 말하고 있다. 사물과 현상들은 실체성이나 고정성이 없으면서 서로 연관되어 있다. 현상세계의 관련성을 동시적 동일성의 관점에서 본 것이 법계연기 이론이다. 이 이론에 대해 같은 스승 지엄 밑에서 공부한 법장(法藏, 643-712)이 극도의 형이상학적이고 사변적 언어로 설명한 데 반해, 의상은 현상과 실체의 세계가 다르지 않다는 점을 신비한 시적 언어로 압축적이고도 심오하게 표현하고 있다. 이 화엄종의 법계연기설은 더욱 발전하여 '사사무애법계(事事無碍法界)'라는 대표적인 표현이 된다. 개체와 개체가 서로 자유자재하게 화합하고 포용하여 현상계 그 자체가 절대적인 진리의 세계가 된다는 뜻이다. 이러한 화엄의 현실 긍정적 사고는 이후 선종의 발달에 있어 이론적 기초를 제공한다. 한국의 지눌을 그 예로 들 수 있다.

2.5 지눌의 돈오점수론과 이후 조선시대의 선불교 전통

고려시대 13세기에 살았던 보조국사 지눌(知訥, 1158-1210)은 한국 선 전통의 사상적 기초를 수립한 것으로 평가된다. 선(禪)이란 무엇인가. 붓다는 깊은 명상에 잠겨 "모든 것은 연기한다"는 진리를 깨닫고 깨달음을 얻었다고 한다. 불교는 그 깨달음의 사건에 기반을 둔다. 이후 불교 교단이 생기고 제자들이 모여들었을 때 붓다가 그들에게 가르침을 준 방식이 특이하다. 예를 들어 자아의 문제에 대하여, 사람을 이루는 다섯 가지 요소인 색(色)·수(受)·상(想)·행(行)·식(識)의 오온(五蘊)의 하나하나를 들어서, "그 각각이 내가 아니고 내게 속한 것도 아니라는 것을 알아야 한다"는 내용의 무아(無我)설을 설명한 후 제자들에게 이렇게 마무리한다. "이제 홀로 고요한 곳에서 깊이 생각하라(獨一靜處 專精思惟)." 이 '전정사유'하는 전통, 고요히 앉아 마음을 가라앉히고 마음을 모아 진리를 체험하고자 하는 것이 불교의 명상 전통의 시작이다. 여기서 고요히 마음을 가라앉히고 모으는 그 상태를 '선정(禪定)'이라고 하는데, 이것은 디야나(dhyāna)라는 인도 산스크리트어 단어를 한문으로 음을 따서 번역한 단어로서, 선정이라는 글자를 축약하여 '선'(禪)이라 부르는 것이다.

그런데 앞의 예에서 보듯이 붓다는 두 가지를 가르치고 있다. 즉 지적 이해와 그 지적 이해의 내용을 깊은 사유를 통해 체화하는 과정의 두 가지이다. 초기불교의 교리인 연기설, 삼법인, 사성제, 팔정도 등 초기불교의 교리는 전자에 속하는 것이고, 이것을 전정사유하고 일상 속에서 항상 그 진리에 깨어 있도록 수행하는 것이 후자이다. 이같이 불교의 가르침은 교(敎)와 선(禪), 또는 이론과 실천의 두 가지 측면으로 이루어진다. 불교의 진리를 가리키는 법(法) 또는 달마(Dharma)에 대한 지적 이해와 그것에 대한 스스로의 통찰을 말하는 것이다. 따라서 초기불교에서는 교와 선이 별개의 것으로 구분되지 않았다. 초기불교의 교리인 팔정도(八正道) 등에서 보듯이, 정견, 즉 바른 견해에서 정정, 바른 선정까지 모두 닦아야 하는 것이다.

그러나 동아시아 불교에서 역사적으로 나타난 '선불교' 또는 '선종'은 이와는 좀 다른 개념이다. 선종은 인도불교가 동아시아로 전해져서 중국 내에서 그 뿌리를 내리면서 당시 동아시아에 있던 노장 사상 등의 영향과 중국 문화의 습합 속에서 형성된 역사적 산물이다. 우리가 흔히 알고 있는 선의 역사에 나타나는, 남인도의 왕자로 바다를 통해 중국에 도착했다는 보리달마나 이후 제5조 홍인과 제6조 혜능 등의 이야기는 이후 선종이 중국불교의 대표적 종파로서 꽃피우게 되면서 자신의 정통성을 역사적 사실로 굳히기 위해 만들어진 신화적 이야기이다.

선종은 중국에서 약 7세기 경 형성되었다. 이후 선종의 발전에 따라 여러 종파가 발생하고 다양한 이론적 체계와 방법이 등장하게 되었다. 한국에 선불교가 전해진 것은 신라 하대 8세기 경이다. 고려초에 이르기까지 남쪽 지방을 중심으로 도의의 가지산문을 비롯하여 총 아홉 개의 구산선문이 열리게 되었다고 한다. 고려 시대에 들어 묵조선을 위주로 한 조동종이 풍미하다가 조동종이 쇠퇴하고 중국의 영명연수(永明延壽)에 의해 창도된 법안종(法眼宗)이 전해졌다. 이후 의천(義天, 1055-1101)이 천태종을 세워 법안종 계통의 승려들을 포섭하여 선종을 교종 속에 통합하고자 하였으나, 그 시도는 성공하지 못했다. 지눌은 이러한 교종과 선종 간의 반목과 당시 승가의 도덕적 해이라는 문제를 해결하여야 하는 시대적 상황 속에서 활동하였다.

지눌의 사상적 궤적은 그의 세 번에 걸친 깨달음의 사건을 검토해 봄으로써 잘 알 수 있다. 지눌은 선종 승려로서 특이하게도 경전을 읽으면서 세 가지의 심기일전(心機一轉)을 경험하였으며, 이 경험을 통해 자신의 선 수행 이론을 세워 나갔다. 동아시아 선에서 흔히 나타나는 문자를 거부하는 전통인 불립문자(不立文字)의 전통과 달리 지눌은 저술과 교학을 중요하게 생각했다. 지눌은 스물네 살에 승과에 급제한 후 보제사(普濟寺)에 모인 승려들과 함께 정혜결사(定慧結社)를 맺어 수행할 것을 기약하였다. 그리고 남쪽으로 내려가 청원사(淸源寺)에 머물던 중 『육조단경(六祖壇經)』을 읽다가, "진여자성이 생각을 일으키므로 육근이 비록 보고 듣고 깨닫고 앎이 있더라도 모든 경계에 물들지 아니하며 항상 자재하느니라"는 구절에서 큰 감명을 받았다. 이것은 지눌이 불성(佛性)의 존재에 대해 눈뜬 최초의 경험이 된다. 그 후 1185년 하가산 보문사로 옮겨 수행하던 중 중국의 이통현(李通玄) 장자(長子)가 지은 『신화엄경론(新華嚴經論)』의 구절을 읽고 선과 화엄 이론의 접목에 확신을 얻게 된다. 이 책을 머리에 이고 자신도 모르는 사이에 눈물을 흘렸다고 한다.

1188년에는 지리산 거조사로 가서 이전에 결사를 약속했던 동지들을 모아서 정혜결사라 하고, 『권수정혜결사문(勸修定慧結社文)』이라는 글을 써서 배포하였다. 거조사에 그의 문하에서 공부하려는 사람들이 구름같이 모여들었다고 한다. 1197년에는 지리산 꼭대기에 있는 상무주암에 올라가 선정을 닦던 중, 『대혜어록(大慧語錄)』을 읽고 놀라운 체험을 하게 되었다. 그는 이렇게 술회하고 있다.

"내가 보문사 이래로 십여 년 동안, 일찍이 방심한 일 없이 마음에 만족할 만한 수행을 해 왔건만 오히려 정견(情見)을 놓아 버리지 못한 채 한 물건이 가슴에 걸려 원수처럼 따라다니는 것 같았다. [그러던 중] 지리산에서 대혜 종고(大慧宗杲)의 책 『대혜어록』을 보다가 다음 구절이 눈에 띄었다. "선은 고요한 곳에 있지도 않고 시끄러운 곳에 있지도 않으며, 날마다 객관과 상응하는 곳에도 있지 않고, 생각하고 분별하는 곳에 있지도 않다. 그러나 고요한 곳, 일상인연이 따르는 곳, 생각하고 분별하는 곳을 여의지 않고 참구(參究)하여야만 한다. 눈이 열리기만 하면 선은 그대와 함께 있는 것이다." 여기에 이르러 눈이 열리고 당장에 마음이 편안[안락(安樂)]해졌다."

(김군수(金君綏), 「수선사불일보조국사비명(修禪社佛日普照國師碑銘)」)

그리고는 1205년 순천 조계산에 새로 지어진 결사도량 수선사(현재 송광사)로 와서 선의 바람을 일으켰다. 그는 죽기 일 년 전 1209년에 규봉 종밀(圭峯宗密, 780-841)이 지은『법집별행록』을 요약하고 거기에 자신의 주석을 붙인『법집별행록절요병입사기(法集別行錄並入私記)』을 완성하였는데, 이 책은 그의 사상 전체를 담고 있는 거대한 저작이다.

이 세 번의 깨달음에서 여러 가지 선불교 사상의 기본 전제를 알아챌 수 있다. 우선, 선불교 전통의 가장 중요한 메시지는 내 마음이 부처라는 것이다. 불교가 초기불교, 인도의 아비달마 불교와 대승불교의 단계를 거쳐서 중국에 전해지고 난 후 중국 대승불교에는 모든 중생은 불성을 가지고 있다는『열반경』에 나오는 "일체중생 개유불성"이 기본 모토가 된다. 불성(佛性)이라는 말은 이미 인도 대승불교의 각종 논서에서 등장하고 있는 것이나, 동아시아에 와서 보편적인 불교의 기본 전제가 되는 것이다. 특히 선불교는 이 불성이라는 말에 기초를 두고 시작한다고 해도 과언이 아니다. 우리가 초기불교의 가르침으로 다시 되돌아본다면, 붓다는 이 세상의 모든 존재와 만들어진 것들은 무상, 무아, 고라고 하는 세 가지 특징[삼법인]을 갖는다고 설파했다. 그러나 대승불교에 와서는, 초기불교에서 말하는 무아의 부정적 담론에 반대하여 현상적 불완전한 존재이지만 중생들을 모두 불성을 가지고 있으며 그러기에 깨달음이라는 것도 가능태가 될 수 있다고 주장하게 된다. 이것을 주장하는 무수한 비유가 대승불교 경전 속에 나타나고 있다. 불성이 없다면 어떻게 이 중생이 부처가 될 수 있다는 것인가. 깨달음이 가능하기 위해서는 잠재태로서 불성이라는 것이 가정되지 않을 수가 없다는 것이다.

그러나 이러한 긍정적 관점 또한 문제가 없지 않다. 가능태로서 있지만 불성이 있다는 것을 어찌 알 수 있다는 말인가. 특히 중생으로서 현재의 내 모습을 볼 때 말이다. 그래서 이 불성이 있다는 것은 믿음이 필요하다. 이것이 선불교의 수행으로 나아가는 첫 관문이 되는 것이다.

또한 선불교가 성립하는 데에는 사상적 기초로 대승불교의 양대 철학적 산맥인 중관학파의 공사상과 유식학파의 만법유식(萬法唯識)의 사상이 그 속에 녹아 있다. 특히 중관학파의 사상적 영향은 지대하다. 예를 들어 우리는 자아가 독립적으로 존재한다고 생각한다. 그러나 이것은 자아는 결국 나의 여러 가지 것이 인연에 의해 모여 그때그때 만들어지는 것일 뿐, 본래 있는 것이 아니라 나의 관념에 의해 만들어진 것이다. 가상, 즉 허구라는 뜻이다. 붓다는 이 자아라는 개념 때문에 사람들은 세상을 있는 그대로 보지 못하고 자기가 만들어낸 세계, 사고의 틀 속에 갇혀서 고통[고(苦)]을 받는다고 하였다. 선불교는 여기에서 더 나아가서 자기 스스로 만들어내서 자기가 갇혀 있는 틀에서 벗어나는 것을 말하고 있다. 이런 과정은 관점의 변화와 인식의 전단에서 오는 것이다. 선에서 말하는 깨달음의 관점이 이것이다. 생사와 열반이 다르지 않고 깨달음과 무지가 서로 다르지 않다고 하는 대승불교의 믿음이 여기에 기반하는 것이다.

그는 선을 수련하는 과정에 대하여 '돈오점수(頓悟漸修)'를 견성성불(見性成佛)하는 요체라고 주장했다. 지눌은 규봉 종밀의 저술 속에 나타나는 깨달음에 이르는 두 가지 방법인 돈오법과 점수법의 두 가지 서로 다른 모습에 대해 주목하고, 그 두 가지를 결합하는 돈오점수법을 최상의 방법으로 선택하였다. 그가 생각하는 돈오점수 내지는 깨달음에 이르는 불교적 접근 방법은 다음 세 가지 단계로 나누어 볼 수 있다. 첫째는 최초의 지적 이해, 즉 해오(解悟)이다. 이 단계에서는 자기가 곧 부처라는 것을 깨닫는다. 이러한 지적 깨달음을 통해 수행자는 불도에 귀의하게 된다. 둘째는 점수(漸修)의 단계이다. 왜냐하면 첫번째 단계를 거치더라도 과거의 습기를 끊임없이 씻어내야 하고 건전한 마음 상태를 유지해야 하기 때문이다. 마지막으로 셋째 단계에서는 점수가 무르익어 마침내 완전한 깨달음에 이르게 된다. 이것이 깨달음의 본질을 이론적으로 파악한 후 실천적 수행에 들어가 정진하여야 한다는 돈오점수의 방법론이다. 지눌은 이같이 화엄 철학과 선종의 체험을 연결시키고자 했다. 즉 정(定)과 혜(慧), 또는 선과 교를 겸하는 정혜쌍수(定慧雙修)와 돈오점수의 방법론은 이후 한국불교의 특색으로 남게 된다.[1]

또한 그가 채택한 간화선의 방법은 앞에서 본 것처럼 대혜 종고(大慧宗杲, 1089-1163)에게서 유래하는 것으로, 대혜는 일반인도 일상 속에서 수행할 수 있는 선의 방법으로서, 화두 공안에 집중하는 방법인 간화선을 제시한 것이다. 즉 지눌은 혜능의 『육조단경』에서 불성과 정혜쌍수의 이념을 수용하고 중국 이통현의 『화엄경론』으로부터 신행의 중요성과 화엄적 세계관을 받아들임으로써 선과 교 두 전통을 통합시키려 했으며, 또한 중국의 대혜의 간화선법을 수행의 근간으로 받아들여 정혜쌍수, 돈오점수로 요약되는 이론적 체계를 정립하였다.

지눌이 확립한 이 수행체계는 조선시대를 통해 현재에 이르기까지 연속성을 가지고 전해져 내려오고 있다. 그의 간화선은 이후 그의 제자 진각국사(眞覺國師) 혜심(慧諶, 1178-1234)에 의해 더욱 발전된다. 또

---

1) 심재룡 외 편역, 『고려시대의 불교사상』, 서울대학교출판부, 2018 참조.

한 그가 제시한 교와 선을 같이 닦도록 하는, 즉 경전 공부와 참선 공부 두 가지를 아울러 하는 정혜쌍수의 교육관은 조선시대에서도 그대로 이어지게 된다. 조선시대의 선맥을 대표하는 벽송 지엄(碧松智儼, 1464-1534)은 학인들의 학습 과정에서 종밀과 지눌의 책을 사용하도록 하였으며. 서산 휴정(西山休靜, 1520-1604)은 그의『선가귀감』에서 돈오점수를 가르치고 있다. 현재 한국불교의 강원에서 가르치는 교과목은 지눌이 제시한 학습서가 대종을 차지한다. 또한 근대기 한국 선수행 전통을 부활시킨 것으로 평가받는 경허(鏡虛, 1849-1912)는『선문촬요(禪門撮要)』를 엮으면서 그 속에 지눌의 저서를 포함시켰다.

조선시대의 선사상을 대표하는 승려로 휴정, 유정, 부휴 등이 있다. 이들은 고려 지눌의 사상을 따르는 한편 중국 송나라의 종밀의 저술과 이론을 채택하였다. 이들은 오래 내려오는 불교의 전통을 잇는다는 의식을 가지고 있었으며, 이것을 자신의 선문에 대한 정통성 주장과 연결시키고 있다. 이 시기에 나타난 특이한 흐름으로서 휴정의 『선가귀감』에서 대표적으로 나타나고 있는 삼교일치 사상은 조선시대 불교의 절충주의적 성격을 말해주는 것이다. 이후 절충주의는 한국불교의 뚜렷한 특징으로 거론되게 된다.

그런데 현대에 와서 그의 선 사상, 특히 돈오점수론은 한국 조계종의 종정이었던 성철(性徹, 1912-1993)이 돈오돈수설을 주창하면서 비판되어 이후 한국불교의 정통 이단 논쟁으로 번지게 되었다. 깨달음은 한꺼번에 오는 것인가, 아니면 한 발자국씩 열리는 것인가. 이 문제는 진리의 인식 방식과도 연관되어 커다란 논쟁거리를 제공하였다. 뿐만 아니라 성철은 지눌이 조계종단의 종조라는 점에 대해서도 이의를 제기하였다. 그러나 역사적으로 한국에 선불교를 들여온 종조는 가지산문의 도의선사이고 제도적 통합을 이룬 것은 고려말의 태고(太古) 보우(普愚)라는 것은 인정되지만, 한국 조계종의 사상적 기초를 수립한 중흥조가 지눌이라는 점은 부정하기 어려울 것 같다. 오히려 현대에 나타난 이같은 돈오점수와 돈오돈수 간의 논쟁을 통해 한국불교가 되살아나 활기를 얻는 계기가 되었다고 평가되기도 한다.

2.6 회통불교 이론으로 나타난 근현대 한국불교의 정체성

어떤 한 문화나 사상 전통을 말할 때 특성, 독창성, 또는 우수성 이 세 가지 개념은 서로 같이 가는 것 같다. 즉 특성을 말하면서 독창적이라는 것을 주장하여 결국 그것이 우수하다는 것을 말하려는 것이다. 1970년대 한국 불교계에는 한국불교 우수성론이 나오고 1980년대에는 독창성론이 나타나 학계뿐만 아니라 일반 사회에서 널리 받아들여지는 이론이 되었다. 그 내용은 한국불교가 '호국불교'이며 '회통불교'라서 우수하고 독창적이라는 것이었다.

그런데 이 회통불교라는 말의 연원을 살펴보면 근대의 대표적 지식인인 최남선(崔南善, 1890-1957)으로 돌아가게 된다. 최남선은 1930년 당시 한용운 스님 등이 주도해서 만든 불교계의 혁신적 잡지인『불교』74호에 실은, "조선불교 - 동방 문화사 상에 있는 그 지위"라는 논문에서 한국불교의 역사를 서술하면서 특히 원효의 불교 교학을 '통불교(通佛敎)'라고 지칭하였다. 61쪽에 달하는 이 길고 웅대한 어조의 논문에서 그는 불교의 전개과정에서 볼 때 인도불교는 서론에 해당하고, 중국불교는 각론에 해당하며, 한국불교는 특히 원효의 불교에 이르러 그 결론에 이르렀다고 하면서, 원효를 진정한 의미에서의 "불교의 완성자"라고 찬양하였다.

그런데 이 글을 작성하게 된 데에는 다른 배경이 있다. 최남선의 '통불교(通佛敎)' 개념은 당시 한국의 불교계가 일제의 식민지 지배 속에서 자신의 정체성을 상실해가고, 한국의 불교뿐만 아니라 한국의 문화와 역사에 대한 자부심마저도 함몰해가는 역사적 상황에서 제시된 것이라는 점이다. 사실 이때 쓰인 '통'이라는 말은 당시 일본의 신불교 운동에서도 쓰인 단어로서 '전체를 꿰뚫어 통합한다'는 뜻으로 불교를 수식하는 형용사로 쓰인 것이다. 이것이 화엄사상에서 많이 쓰는 개념인 회통(會通)이라는 용어와 서로 호환되어 쓰임으로써 한국불교의 특징을 표현하는 대표 개념으로 자리잡게 되었다. 불교 교학적으로 볼 때, 회통이라는 말은 한문 불교 경전, 특히 화엄종 문헌에서 무수히 사용되는 용어로 서로 상이한 개념이나 의미의 차이점을 지양하고 통합하는 일종의 경전 해석학적 방법론을 말하는 것이다.

사실 일반적으로 한국불교는 회통불교라고 할 때 그것이 가리키는 바를 들여다보면 다양한 의미로 쓰고 있음을 알 수 있다. 한국불교의 수행 전통은 교학 공부도 하면서 수행도 하고, 선도 하면서 정토 염불 수행도 하는 수행법 상의 포괄성을 의미하기도 하고, 어떤 경우는 한국불교는 교리적으로 포용적인 태도를 갖는다거나 한국의 불교 문화가 다른 문화나 종교에 대해 포용적이고 융화적이라는 뜻으로 쓰기도 한다.

흔히 일본불교를 종파불교라 한다. 이에 반해 한국불교는 회통불교라서 종파주의적인 일본불교보다 더 우수하다는 주장을 펴는 분도 있다. 그러나 불교 2,600년 역사 속에서 갖가지 사상 전통이 나타났고 이러한 다양성과 복합성이 불교 역사를 더욱 풍부하게 만들었음을 생각해 보면 자신의 교리적 중심을 고수하는 것을 굳이 비판할 필요는 없을 것 같다. 더구나 한국의 불교사를 본다면 조선시대 이전까지는 다양한 수행법과 교리적 해석이 나와 각자의 교학적 또는 수행적 전통에 대한 입장들이 뚜렷하였다. 그리고 선과 교를 같이 수행하는 것은 한국에만 있는 것이 아니라 아시아 여러 나라 불교에서 중세 이후 흔히 보이는 경향이다. 중국의 경우 명나라 이후 선종과 정토가 결합되고, 선사가 경전이나 논서에 대해 주석을 달거나 강의를 하기도 하는 것은 흔한 일이었다.

앞으로 다시 돌아가 한국불교 회통론을 말하는 사람들은 모두 최남선을 인용하지만 그 이상의 연결점을 찾지 않았다. 그가 한국의 역사학과 문학의 발전에 끼친 영향은 높이 평가되어야 한다. 그는 신문관이라는 출판사를 설립하여 『소년』과 『청춘』 등의 잡지를 발간하였고, 사라져가는 조선의 고전을 수집하고 출판하여 이를 통해 조선의 문화적, 지성적 전통을 부활시키고자 하였다. 특히 그가 제창한 전통 사상과 종교의 발견, 즉 유교와 선도, 그리고 불교의 재인식은 무엇보다 중요한 업적이라 할 수 있다. 최남선은 "대각심으로 돌아갑시다"라는 글에서 고려대장경의 가치를 역설하고 있는데, 지금부터 80년 전에 이미 고려대장경의 학술적 그리고 문화적 가치를 상세히 밝히고 있다.

그는 어려서 십대 때 할아버지에게서 불교에 대해서 많이 들었으며 특히 갑신정변을 이끈 김옥균 등의 개화당 주역들의 정신적·이념적 스승이었던 유대치 선생에 대해 이야기를 듣고 그를 흠모하였다고 한다. 열두세 살에 『금강경』을 읽었다. 이후 일본에서 공부하면서 더욱 불교를 알게 되었는데, 특히 불교의 종지가 허무적멸이 아니라는 것을 알았다. 일본 학자들의 불교철학에 대한 지식을 보고 깊이 느낀 바가 있었다. 유학 중에 당시 조선의 식민지 상황에 분개하여 책상을 팽개치고 고국으로 돌아왔다. '정신운동'에 힘을 바치겠다고 서원을 세웠는데 불교적 교양 없이는 조선 문화를 이해치 못할 것을 느끼게 되었다. 그러나 이때까지는 사변적, 즉 이론적인 호기심이었을 뿐 신앙의 경지에 이른 것은 아니었다고 고백한다. 그러다가 삼일운동 이후 감옥에 있는 동안 『관음경』을 읽으면서 불교에 깊이 귀의하게 되었다고 한다. 1930년 당시 한국 사회, 일제 식민지가 된 지 30여 년이 지난 상태에서 당시 조선 백성들의 역사와 전통에 대한 자존감 회복의 노력으로서 나타난 최남선의 통불교론은 근대기와 현대기에 나타난 한국불교 정체성에 대한 대표적 이론적 작업이라고 볼 수 있겠다.

2.7 현대의 참여불교

마지막으로 현대 한국의 불교계에 간단히 눈을 돌려보겠다. 1970년대에 나타난 민중 불교 운동은 사회 문제에 적극 참여하고 민중의 입장에서 불교를 해석하려는 새로운 인식틀을 제시하였다. 이러한 인식 속에서 2000년대 들어 한국 불교계는 현대의 사회적 이슈에 공명하는 환경생태주의, 불살생운동, 평화주의 등의 아젠더를 제시하게 된다. 그중에서도 특기할 것은 불교계의 환경 생태 운동이다. 이것을 통해 불교는 타종교보다 환경 문제에 있어서 우위적 입장을 갖는 것으로 사회적으로 인식되는 계기를 갖게 되었다. 한국의 비구니 지율 스님(1957-)은 생명뿐만 아니라 세상의 모든 사물들은 서로 연결되어 있으며 하나가 깨지면 다른 것도 깨진다는 명제를 제시하며 사회 저항 운동을 시도하였다. 그는 도롱뇽을 대신하여 천성산을 통과하는 고속철도 건설에 반대하는 소송을 제기하면서 환경 운동을 이어갔다. 그의 저술 등을 분석해볼 때 그의 환경 운동의 사상적 근간이 되는 것은 화엄적 세계관이다. 우리들의 삶이 다른 생명뿐만 아니라 자연계와도 연계되어 있다. 그의 생태관에서 가장 특기할 점은 환경이나 생태도 하나의 개체 또는 생명으로 본다는 점이다. 그는 이러한 관점에서 인간과 생태계와의 소통을 강조한다. 그는 현재의 생태 파괴의 원인은 현대에 들어서 나타난 생명 간의 소외와 소통의 부재 때문이라고 주장한다. 이제 인간은 자연과의 교감과 소통을 통해 생태적 감수성을 회복해야 할 때라는 것이다.

3. 나가는 말

이상에서 한국의 불교사에서 나타난 철학적 사유의 자취 중에서 대표적인 담론들을 몇 가지 소개하고 그 특징들을 탐구해 보았다. 하나의 문화나 사상의 특수성을 주장하는 것이 다른 문화에 대한 우월성을 의미할 필요는 없지만 한국의 불교 사상의 대표적 담론을 찾아내고 그 담론이 가지는 사상적 의의를 뚜렷하게 서술하는 작업은 필요하다고 본다.

특수성에 대한 욕구와 함께 거대한 불교의 흐름 속에 동참하는 보편적 요소도 함께 밝혀야 할 것이다. 예전의 불교 사상가들은 '보편적' 불교 전통의 역사 속에 자신들이 참여하고 있다는 의식을 가지고 있었다. 조선시대 승려 기성 쾌선(箕城快善, 1693-1764)은 붓다와 과거의 조사들의 가르침에서 시작하는 유구한 불교 전통과 현재 자신이 하고 있는 교학 공부과 수행법이 서로 맞닿아 있다면서, 한국불교 전통에 대한 뚜렷한 역사의식을 표명하였다. 그는 자신의 사상적 활동과 지향점을 일컬어 "해동(海東) 불교"의 전통이라고 불렀다. 앞으로 한국불교 사상에 대한 더 섬세하고 치열한 분석을 가함으로써 한국불교의 철학적 특성이 가지는 특수성과 보편성이 무엇인지를 밝히는 노력은 계속 진행되어야 할 것이다.

| 추천도서 |

정병삼, 『한국불교사』, 푸른역사, 2020.

서울대학교 철학사상연구소, 『마음과 철학 불교편 – 붓다에서 성철까지』, 서울
　　대학교 출판문화원, 2013.

허남진 외 편역, 『한국철학자료집: 불교편 1 삼국과 통일신라의 불교사상』, 서
　　울대학교 출판부, 2005.

심재룡 외 편역, 『한국철학자료집: 불교편 2 고려시대의 불교사상』, 서울대학
　　교출판부, 2018.

심재룡 외 편역, 『한국철학자료집: 불교편 3 조선시대의 불교사상』, 서울대학
　　교출판부, 2020.

새로운 도학으로서 한국의 도가*

정세근(충북대학교)

1. 도가, 그 너른 들

한국철학에서 도가철학이란 무엇일까? 도가철학은 과거의 한국철학에 어떤 영향을 미쳤으며, 미래의 한국철학에 어떤 의의가 있을까? 한국철학을 처음 접하는 이방인에게 도가철학은 어떻게 보일까? 도가철학을 통한 한국철학의 이해는 얼마나 먼 길이며, 얼마나 가까운 길인가?

한국철학은 심원하고 도가철학은 다양하다. 그런 점에서 도가철학은 그 자체로 정의불가능할 정도로 포용적이며 변화무쌍하다. 무엇이라도 신이 될 수 있고, 누구라도 신격이 될 수 있는 도가의 개방성이 도가의 정체성을 방해하는 반면, 그것이야말로 가장 현대적이고 미래적인 철학의 모습을 제시한다.

---

* 이 글은 필자가 2024년에 발표한 「새로운 도학으로서 한국의 도가」(『한국철학논집』 80

우리는 한국 사상을 '유불도(儒佛道)'[1] 또는 '유도불(儒道佛)'3가라는 익숙한 표현으로 정의하는 데 익숙하다. 그런데 도가는 유가와 불가와 매우 다르다. 유가와 불가는 줄곧 정체성(identity)에 민감했지만 도가는 오히려 정체성의 부정에 앞장선다. 도가라는 이름을 비워놓고 그 안에 이것저것 버림받은 것을 집어넣었다.

이렇게 한국의 철학, 종교, 문화 가운데 하나의 권위로 통괄되지 않는 것이 도가라는 이름으로 뭉쳐져 왔고, 그 유산은 미래의 소중한 자산이 되고 있다. 유가학파나 불가학파의 정통성(orthodox) 논의에 대항하는 도가철학의 관용성(tolerance)이 그것이다. 미래의 도가는 더 이상 이단(heterodox) 논의의 대상이 아니다. 유가와 불가가 자기에게로 모이는 대신 도가는 타자에게로 흩어짐을 잊어서는 안 된다. 유가와 불가가 성 쌓기에 바쁘다면 도가는 성 부수기에 바쁘다.

이러한 관점을 전제로 한국철학 속 도가철학을 거칠게 훑어보자. 유구한 한국철학의 역사 속에서 복잡다기한 도가철학의 모습을 찾아내는 것은 시간과 공간을 넘나드는 일일 수밖에 없다. 그런데 한국철학을 구성하는 여러 사상적 요소로 유가, 도가, 불가를 꼽으면서 우리가 자주 잊는 것이 바로 "언제 적의 것이냐?"는 물음이다. 고구려 때, 통일신라 때, 고려 때, 조선 때, 나아가 현대한국 가운데 어느 시대를 기준으로 삼느냐에 따라 이야기는 달라진다. 먼저 역사의 이른 시절

집, 한국철학사연구회, 2024)를 약간 수정한 글이다.

1) 본문에서 다루지만 한국적 상황에서는 '유불선(儒佛仙)'으로 도가와 신선가를 함께 일러도 좋다. 나아가 '도학(道學)'을 철학이란 서구 언어의 번역에 해당하는 전통적인 용법으로 볼 때, 도학은 유도(儒道)와 불도(佛道), 나아가 선도(仙道)를 아우르는 도(또는 도가)의 언어로 확산한다. 그런 점에서 현대의 전통철학자/동양철학자/한국철학자는 도를 꿈꾸는 도학자로 유불도의 구별에 매달리지 않아야 한다.

로 가보자.

아래는 고구려 때 〈수나라 장수 우중문(于仲文)에게 보낸다〉는 을지 문덕의 시다. 이 한국에서 가장 오래된 오언절구는 천문지리를 신묘 하게 궁구한 장군에게 말한다.

전승의 공이 이미 높으니 만족함을 알고(知足) 여기서 멈추길 바란 다.(『삼국사기』, 612년)

여기서 '지족'은 엄연한 노자의 표현이라 한국사는 이를 고구려가 『노자』를 받아들인 증거라고 적는다. 노자에게 지족은 상급의 덕목이 자 행복의 길이다. 만족을 아는 것, 이것은 만족해서가 아니라 만족할 줄 아는 것, 곧 이제는 됐음을 아는 것이야말로 인생을 잘 사는 길임 을 적시한다.

여기서 '아는 것'은 '그리 여기는 것'으로 사건이 아니라 사람이 행 위의 중심에 있다. 세상이 어떻든 나는 그렇게 받아들이겠다는 도가 윤리의 표현이다. 모든 것은 운명이라고 말하는 것이 사실에 대한 판 단이라면 "나는 그 운명을 사랑하겠노라"는 것은 하나의 태도로 가치 의 영역으로 넘어가는 것처럼, 만족스러운 상태라는 것도 주체적인 인지 행위이니 만족이라는 사태보다는 만족이라는 경험에 치중할 것 을 노자는 권유한다.

이는 참으로 고차원적인 윤리적 판단이다. 단순히 같은 글자의 출 현이 아니라 사상과 개념의 적절한 배치가 이미 고구려의 장군에 의 해 이루어지는 것이다. 그렇다면 고구려에서는 태학에서 가르치는 5 경 외에도 노자나 장자의 유행도 추측해 볼 수 있는 것이다. 전쟁을 치르면서도 '전쟁은 왜 하나'며 회의하는 마르쿠스 아우렐리우스와 같은 스토아 황제의 모습을 비록 적진의 장군에게 던지는 말이지만 을지문덕에게 엿볼 수 있는 것이다. 됐다, 이제 돌아가라! 됐다, 이제 돌아가자!

신라로 가보자. 그들에게는 화랑이라는 제도가 있었다. 여성 조직인 원화(原花)든, 남성 조직인 화랑(花郎)이든 '꽃'을 상징으로 삼았다는 점에서 낭만적이다. 여기서 낭만은 유가적인 제도나 규율에 매달리지 않은 로맨틱 동맹임을 말한다. 게다가 그들의 위계에서 가장 높은 이들을 '바람과 달의 주인'(風月主)이라고 했다는 것은 그들이 문명보다는 자연에 귀 기울이고자 했음을 간명하게 보여준다. 따라서 이들은 풍월도(風月徒)나 국선(國仙)이라는 이름으로 불리기도 했다. 『삼국사기』는 말한다.

도의(道義)로 서로 닦고 음악으로 서로 기뻐하며 산수를 노니며 즐겼다.(『삼국사기』 권4, 10장, 「신라본기」 4)

산수를 유람하는 것처럼 좋은 교육은 없을 것이다. 독일의 유겐트를 위시한 보이스카웃 또는 걸스카웃을 보자. 청년들은 뛰놀아야 한다. 산천에서, 객지에서, 단련하고 모험하며 그들을 만들어 가야 한다.

뿐만 아니다. 그 가운데에서 사람의 '바르고 삐뚦(正邪)'이 드러나게 되니 좋은 사람을 뽑아 조정에 천거한다. 놀면서도 바르고 삐뚦이 드러난다. 아니, 놀아야 그 사람의 바름과 삐뚦이 제대로 드러난다. 우리는 놀이를 통해 규칙, 협동, 지략을 배울 뿐만 아니라 의지와 지도

력을 배운다. 그러다 보니 그 안에서 걸출한 자가 나오고 그를 나라
의 지도자로 기른다. 이런 인물 천거의 방식은 매우 자연스럽고 현명
하다. 집단적 생활을 통해 학습의 증대와 능력의 발견, 그리고 적절한
인물의 탄생이 이루어진다.

인용문에서 '노니며 즐긴다'(遊娛)는 정신은 장자의 '노님'의 관점과
적실하게 통한다. 장자는 '노닐다'는 표현을 '유(遊)' 또는 '소요(逍遙)'라
고 한다. 그래서 『장자』의 제1편이 「소요유(逍遙遊)」다. 이 세상에서 '놀
자'는 것이다. 노는 것만큼 제대로 삶을 사는 것은 없다는 것이다.

이 세상을 보는 여러 관점이 있다. 만물끼리의 투쟁으로 보는 방법
도 있지만, 만물끼리의 조화로 보는 방법도 있다. 투쟁의 관점에서는
벌침의 살벌함이 떠오르지만, 조화의 관점에서는 우리에게 달콤한 꿀
을 주는 꿀벌이 떠오른다. 꿀벌은 스스로 그렇게 살 뿐이지만, 사람이
꿀을 먼저 볼 것인지 벌침을 먼저 볼 것인지에 따라 그것을 달리 본
다.

장자의 관점은 그러한 사람의 관점을 뒤로 하고 만물끼리의 어울림
을 먼저 보자는 데 그 초점이 맞추어져 있다. 그러니 만물은 각자 놀
고 있는 것으로 보인다. 스스로 자기의 본성에 따라 놀고 있다. 그처
럼 사람도 놀자는 것이다. 본성을 막거나[색성(塞性)][2] 꿰매지 말라[선성
(繕性)][3]는 것이다. 그저 그렇게 노닐게 하라는 것이다.

역사 속에서 화랑도의 걸출한 인재 양성의 방식은 여기에 있다. 그

---

2) 『莊子』, 「駢拇」: 枝於仁者, 擢德塞性以收名聲, 使天下簧鼓以奉不及之法非乎?

3) 『莊子』, 「繕性」: 繕性於俗, 俗學以求復其初, 滑欲於俗, 思以求致其明, 謂之蔽蒙之
民.

런데 그 안에는 도가적 소요와 신선 사상[4]이 들어있다. 스스로 놀 줄 알고 즐길 줄 알고 살 줄 아는 사람이 사람을 이끌어야 한다. 풍월을 읊지 못하는 사람은 세월도 읊지 못하고, 세월을 읊지 못하는 사람은 세상도 읊지 못한다. 세상에서 춤추자.

고려 시대에는 개국 직후부터 도교식 제사인 초제(醮祭)를 구요당(九曜堂)에서 지냈다. 태조 7년(924)부터 시행된 것이니 고려 개국부터 도교의 영향력이 컸음을 알 수 있다. 외제석원(外帝釋院), 신중원(神衆院)과 함께 개경 대궐 밖에 설치되었다. '구요'라는 이름은 오늘날 우리의 요일(曜日) 개념에 남아있는 별자리에 대한 칭호다. 목, 화, 토, 금, 수에 해와 달을 합쳐 7요라고 불렀고, 해가 백도와 만나는 계도(計都, Ketu)와 달이 황도와 만나는 나후(羅睺, Rahu)를 합쳐 9요라 일컬었다. 구요당은 고려말까지 지속된 것으로 보아 이러한 별자리 신앙은 고려 내내 성행한 것으로 보인다.

고려 예종 때는 도가가 진작되었다. 이어 인종 때는 국학생조차 노자와 장자를 공부하는 풍조가 일기도 했다. 복원관(福源觀)은 바로 예종이 세운 것이며 볼 관 자로 건물을 가리키는 것은 도교의 전통을 고스란히 반영한 것이다. 그것은 분명 초제를 지내는 '도관(道觀)'이었다. 신라 때부터 행해진 팔관회(八關會)는 불교만이 아니라 도교적 성격이 강한 국가행사였다. 이를 통해 조정은 명산대천(名山大川)에 제례를 올렸다. 고려 전시기에 매년 벌어진 이 행사의 중요성을 잊어서는 안 된다.

소전색(燒錢色)은 재초(齋醮)를 담당하는 관청이었으나 조선 태조 원

---

4) 선(僊)으로 표기되기도 하는데, 본뜻은 춤추며 노는 것이다.

년(1392)까지 존속하였다고 전해진다. 태조 원년에 초제의 기관이 소격전(昭格殿)으로 통합된 것으로 보인다.

조선시대에 소격전은 도교 의식을 관장하는 예조의 속아문이었고, 도교의 옥청(玉淸, 원시천존), 상청(上淸, 영보천존), 태청(太淸, 도덕천존),을 모시는 삼청(三淸, 해, 달, 별)의 초제를 지냈다. 소격전은 고려 개경의 궁성 북쪽에 있던 것을 경복궁 동북쪽으로 옮겨온 것으로 오늘날 경복궁 옆 삼청공원이 그 자리다.

태청관(太淸觀)은 위의 삼청 가운데 태청 곧 도덕천존인 노자(老子)를 모시는 곳으로 여기서 정기적으로 연 2회 재(齋)를 올렸다. 고려 때는 출정 전 장수가 이곳에서 3, 7일씩 묵으면서 마제(禡祭; 軍神祭)를 지냈으나 세종 4년(1422)에 폐지된다.

세조 12년(1466)에 소격전은 소격서(昭格署)로 격하된다. 유교의 정치이념이 본격적으로 등장하면서 정5품에서 종6품 아문으로 강등된다. 이때 위에서 말한 복원궁, 구요당, 소전색, 대청관, 그리고 청계배성소(淸溪拜星所)와 신격전(神格殿) 등이 폐지된다. 그리하여 마침내 조광조를 비롯한 유신들의 혁파 건의로 중종 13년(1518)에 폐지된다. 신위는 묻히고 기물은 뿔뿔이 흩어진다.

　　은, 놋쇠, 사기그릇을 호조를 시켜 성균관, 사학(四學), 독서당에 나누어주었다.(『중종실록』, 9월 20일)

제례 용품이 땅에 묻혔지만 10여 년이 지나 중종 30년(1525) 복설(復設)되었다가 선조25(1592)에 다시 폐지된다. 고려 예종 이래의 초제 전통이 끊긴 것이다.

본디 삼청동에는 남자상으로는 노자[태상노군(太上老君)] 등이, 여자상으로는 북두칠성과 여러 별자리가 모셔졌다. 여성성을 강조하는 도교의 모습이 끝내 남아 있었던 것이다. 그리고 초제를 담당하는 인원은 관원으로 국가에서 선발했다. 임진왜란 전까지는 도교 제의가 국가에 의해 관장되었지만 이후 멸실된 것이다.

이렇게 우리에게는 도가 또는 도교 전통이 살아있었다. 유가 이념을 바탕으로 한 조선의 개국(1392) 이후에도 200년 동안 그 명맥이 이어져 온 것이다. 그런데 이후 300년 동안의 독존유술(獨尊儒術)의 분위기로 말미암아 도가는 이단(異端)이라는 소리를 20세기 말까지 들어야했다.

이제 와 달리 생각해 보면 한국철학에서 도가처럼 너른 뜰은 없었음이 선명해진다. 모든 것이 신격화될 수 있는 그 넓이를 일찍이 어떤 학파나 종교라도 지닌 적은 없었다. 관우조차 관성대제(關聖大帝)로 신격화될 수 있는 까닭이 여기에 있다. 한 인물이 어떤 위협이나 회유로도 변하지 않는 지조나 뼛속 사무치는 원한을 보여주었다는 것만으로 신격에 오른다. 아니면 바람과 물을 제어하는 그 어떤 것이라도 신이 될 수 있다.

현대에서 우리가 깊이 생각해야 할 것이 바로 그 도가의 넓이다! 솔은 유가보다는 너른 도가의 길을 걸어볼 때다.

2. 도가 또는 도교의 특징

용어상의 혼동이 있다. '도가'와 '도교'라는 말인데, 이는 동양어권에서만 혼란이 있지 서양어권에서는 '타오이즘(Taoism)'으로 별다른 충돌 없이 도(道)라는 말로 그 둘을 통칭한다. 그런데 한자어 권에서는 학파(學派)와 종파(宗派) 곧 학문과 종교가 구분이 되어 서로 배척하기 때문에 그런 현상이 발생한다. 일반적으로 '가(家)'는 학파(school)를, '교(敎)'는 종파(religion)를 가리키는 것이다.

한국에서 불교는 종교의 형태로 자기의 모습을 온전히 지키고 있어 논란의 여지가 없다. 불교를 학문의 형태로 객관화하고자 할 때 유가와 도가와 더불어 불가라는 표현을 쓴다고 해서 무리가 없는 것이다. 그것은 불교가 그만의 정체성을 한국의 역사 속에서 나름대로 유지하였기 때문으로 보인다. 수백, 수천의 불교가 있지만 한국인에게 체험적으로 드러난 불교는 크게 이질적인 것으로 보이지 않기 때문에, 불교라 부르든 불가라 부르든 어의상 크게 혼동은 없다는 것이다. 이른바 '불교철학'이나 '불가철학'이나 비슷한 뜻을 담는다.

이는 불교 자체의 학문적 성격과 무관하지 않다. 불교는 여타의 종교에 비하면 지나치게 학문적인 종교임에 틀림이 없다. 게다가 불교는 무신론적 성격을 강하게 띠기 때문에 다른 종교와는 현격히 다른 모습을 갖는다. 따라서 그것을 '불교'라고 하든, '불가'라고 하든 별반 다르지 않기 때문에 구별 없이 쓸 수 있는 것이다.

유가는 늘 정치 무대의 중앙에 있었다. 정치가를 양성하고 이념을 확산하는 역할에서 유가만큼 좋은 철학은 없었다. 왕조에 대한 충성은 유가가 으뜸이었다. 부모와 자식 사이의 도리를 임금과 신하 사이의 도리로 유비하여 엮는 이른바 효자충신(孝慈忠信)의 대대(待對) 구조는 어떤 학파가 흉내낼 수 있는 것이 아니었다. "부모한테 잘하는 것처럼 임금에게 잘하라", "부모에게 잘하는 사람은 임금에게도 잘한다"는 논리는 생물적인 천륜(天倫)을 사회적인 인륜(人倫)으로 확대하는 과정이었다.

이렇게 유학은 이데올로기적인 성격을 띤다. 유교 사회에서는 자기의 허벅지살을 부모에게 먹인다는 둥, 자식은 또 낳을 수 있으니 생명을 버리고 신주를 모시고 강을 건넌다는 둥 효 이데올로기를 끊임없이 듣고 자라야 했다. 그 효 이데올로기는 충 이데올로기와 바로 맞닿는다. 그래서 충효 사상이 유교 사회에서 자리하는 것이다. 마침내 유학의 결론은 '임금을 배신하는 것은 부모를 배신하는 것과 같다'는 데다다른다.

학문적으로 탐구하는 유가든, 그것이 종교화한 유교든 그 목적과 이념이 동일하다는 점에서 '유교철학'이나 '유가철학'이든 같지만, 한자문화권에서 유교라 할 때 그것은 종교를 가리키기에 어의상 불일치를 보인다. 그럼에도 '나는 유가다'라고 할 때 그것은 유교적 신념 체계를 믿는다는 것이기 때문에 괴리는 크지 않다. 학문적으로 연구할 때 '유교사상' 정도로 보완하기만 하면 된다.

그런데 도가와 도교는 그 사이가 크다. 시원으로 볼 때 도교의 중심인물이 노자와 장자인 것은 맞지만, 많은 도교 사원의 숭배 대상은 이미 노자와 장자와는 거리가 멀다. 모든 것이 신이 될 수 있는 도교이기에 이런 현상이 벌어진다. 단순히 『노자』의 종교화된 형태가 태상노군의 『도덕경』이고, 『장자』의 종교화된 형태가 남화진인(南華眞人)의 『남화진경』으로 그 둘만을 숭배하면 문제가 없지만 이후 너무도 많은 신인(神人)이 등장한다.

과거의 서구학계, 특히 프랑스의 경우, 이른바 타오이즘의 연구는 오히려 후대 도교의 모습에 집중되어 있었다. 이른바 민간신앙으로 불릴 수 있는 도교의 역사와 그것의 전개 과정에 관심이 많았던 것이다. 그런 상황에서 노자와 장자에 대한 연구는 그 큰 도교 가운데 한 부분이 되고 말아 이질적이지는 않지만 동질성을 유지하기 어려워진다.

한국 사회에서 도가는 노자, 장자, 열자(列子), 회남자(淮南子)와 같은 시원적인 사상 연구를 주로 가리키고, 도교는 이후의 종교적 발전을 주로 가리킨다는 점에서 차이를 보인다. 같이 어울리면서도 같은 용어로 묶을 수 없는 까닭이 여기에 있다.

그럼에도 사마담(司馬談)이 일찍이 '육가(六家)'로 분류했고, 서양으로부터 '종교(宗敎)'라는 개념이 들어오기 이전의 상황을 고려할 때 '가'라는 표현이 '교'보다 학문적으로 보인다. 이론적 연구에 초점을 맞춘다는 것, 종교의 배타성을 멀리하겠다는 것, 그것의 현대적 의미와 가능성에 대해 탐구한다는 것 등이 그 이유다.

불교는 '절을 찾아가는 것'으로, 유교는 '제사를 지내는 것'으로 한국 사회에서 현실적으로 기능을 하고 있다. 도교는 사찰의 대웅전 다음에 짓는 산신전(山神閣) 또는 삼성각(三聖閣)으로, 부모의 위패와는 달리 아이를 낳게 하는 산신(産神) 할머니, 부뚜막의 조왕신(竈王神), 소원을 들어주는 칠성(七星)님으로 그 자리를 지키고 있다. 이는 뚜렷하게 보이지는 않지만 참으로 많은 이야기를 하는 도가의 성격과 닮았다.

나아가 『태일생수』와 같은 발굴본 도가 전적이 나오면서 그 시원에서 도가와 도교가 다른 것이 아니라는 점이 드러나고 있다. 애초부터 그렇게 구별되지 않는다는 것이다.

흔히 말하는 '도교'는 '도가'의 발전된 형태라는 통념이 깨지고, 그 둘이 나란히 같은 궤적을 걸어오기 때문이다.(정세근, 「곽점 초간본 노자와 태일생수의 철학과 그 분파」)

이를테면 할머니가 빌었던 칠성님은 바로 북두칠성이며, 북두칠성은 다름 아닌 북극성의 수호신이다. 그리고 북극성의 이념적 형태가 태일(太一)이고[5] 종교적 형태가 태을(太乙)이다. 한마디로 사람의 눈에 보이는 것 가운데 움직이지 않는 오직 하나의 북극성을 섬기는 주문이 우리 동학과 증산도에서 강조하는 태을주(太乙呪)인 것이다.

그 밖에도 도교의 흔적은 적지 않게 남아있다. 서울 동대문의 현재 동묘(東廟)가 대표적인데, 그곳은 동관묘(東關廟)로 공자의 문묘(文廟)와 대비하여 무묘(武廟)라고 불렸다. 남대문 밖의 남관묘, 명륜동의 북관묘, 서대문 밖의 서관묘, 보신각 뒤의 중관묘도 모두 관우 신앙의 흔적이다. 이밖에도 서울 남산의 제갈량묘, 충북 영동의 십이장신당, 전주의 관성묘, 안동의 관왕묘 등이다. 십이장신당은 산신제를 담당하며 당곡리에 관운장 명의의 땅을 갖고 있다. 이곳을 비롯하여 다른 곳도 대체로 임진왜란(1592)과 정유재란(1597) 때 명나라 군사가 들어오면서 세워진 것으로 기록되어 있다. 이러한 관우 숭배의 전통은 일제강점기 태동한 신종교인 금강대도가 초기에 관성교(關聖敎)로 등록되었다는 점에서 도교와의 친밀성을 찾을 수 있다. 관우의 신격화된 이름이 관성대제(關聖大帝)다. 그곳에서는 종파의 개창주뿐만 아니라

---

5) 『회남자』, 『여씨춘추』, 『예기』 등에서 태일이 출현하며, 『장자』, 「천하」의 작자도 노자를 관윤과 더불어 태일 사상의 중심으로 본다.

단군(檀君)도 모신다.

산신 제례는 절에서 관장하기는 했지만 왕실의 지원으로 독립적으로 운영되었다는 점도 잊어서는 안 된다. 현재 우리가 쉽게 볼 수 있는 곳은 갑사 옆 신원사와 함께 있는 독립된 산신 제각인 중악단(中嶽壇)이다. 중악단에서 효종 때 폐지된 산신제를 명성황후가 복원한다. 계룡산은 북악인 묘향산, 남악인 지리산과 더불어 중악으로 외경의 대상이었다.[6] 이렇게 단군과 산신은 한국의 살아있는 신이다.

3. 한국의 선맥: 신선 사상

한국의 도가사상은 신선 사상과 맥을 함께 한다. 이는 도가의 포용성과 결부되어 기존의 것과는 달리 새롭거나 잘 분류되지 않는 것을 도가라는 이름으로 넉넉하게 수용됨을 가리킨다. 아울러 신선사상을 통해 중국 도교의 전래와는 무관하게 한국의 도맥이 건재함을 보여준다.

『삼국유사』에는 영류왕 7년(624)에 당 고조가 도사를 고구려에 파견한 것으로 기록되어있다. 천존상(天尊像)이 전해지고 『도덕경』이 임금 앞에서 강론되었다는 것이다. 당 왕조가 같은 이 씨 성이라 노자라 불리는 이담(李耼)을 숭상한 일은 잘 알려져 있다. 『삼국유사』에는 연개소문이 영류왕을 시해하고 보장왕으로 자기의 동생을 세우면서 도교

---

6) 지리산의 제사 공간인 노고단(老姑壇)을 떠올리면 된다. 묘향산은 보현사가, 지리산은 화엄사가 그 제를 맡았다고 보면 된다.

를 강조한 일이 적혀있다.

무쇠솥이 세 발이 있고, 나라에는 삼교가 있는데, 신하가 우리나라를
보기에 유가와 불가만 있고 도가가 없으니 위태롭습니다.(『삼국유사』, 연개
소문의 상소문(643년))

혁명을 이룬 지도자의 입에서 도가를 강조한 것은 이채롭다. 을지
문덕의 시가 나온 지 30여 년만이다.

그런데 한국의 도가사상은 신선 사상으로 귀결된다. 중국이 시원
이 되기도 하지만, 거꾸로 한국이 중국의 원류가 되기도 한다. 여기서
등장하는 것이 '선맥(仙脈)'이다. 『청학집』, 『해동전도록』, 『해동이적』은
16세기에서 18세기에 기록된 것으로 당시의 사상적 배경을 담고 있어
그 처음을 중국에 기대는 경향이 보인다. 따라서 이능화 같은 걸출한
학자는 이를 '단학(丹學)'으로 정리하면서, 신라의 최치원의 선맥이 이
어지지는 않았지만 그를 한국 단학의 비조로 꼽는다. 이는 김시습의
단학 이론에서 기인한다. 단학은 중국과는 달리 외단인 금단(金丹)의
복용을 추구하지 않고 내단인 배꼽 아래 1분 3촌의 단전(丹田)을 기를
것을 주장한다.

신선 사상을 강조하는 선맥에서 특징적인 것은 단군과 환인이다.
환인이 곧 진인(眞人)이며 그는 도교의 최고신인 원시천존(元始天尊)이
된다. 이와 관련되어 별과 별자리를 향한 성신(星辰) 초제도 중시된다.
행사는 과의(科儀) 곧 국가행사였기 때문에 조선초까지는 대규모의 의
례로 자리잡고 있었다. 정리하면 아래와 같다.

(1) 환인사상-단군신화/ 민족의 시원/ 신시(神市)

(2) 도참사상-풍수지리설/ 지리의 설정/ 한양(漢陽) 천도(遷都)

(3) 제천/점성사상-제천의식/ 천문의 이해/ 강화도 마니산(摩利山)

(4) 과의도교사상-황실의례/ 정치의 시행/ 조선궁궐 내 소격전(昭格殿)

　　(정세근, 「한국신선사상의 전개와 분파」)

이런 관점은 신채호가 내세운 것이며 이능화가 받아들인 것이다. 이능화는 『포박자』에 나오는 자부(紫府) 선생이 삼황내문(三皇內文)을 받은 것은 자부가 동군(東君) 곧 단군임을 가리킨다고 한다. 신채호는 이렇게 말한다.

　　선가(仙家)는 신라의 국선(國仙, 花郎)이나, 그 시원은 삼한의 소도(蘇
　　塗) 제관(祭官)이고, 고구려의 조의선인(皂依仙人)이다.(신채호, 『조선상고
　　사』)

줄여 말하면, 고구려의 조의선인과 신라의 화랑은 단군이 기원이 되는 선맥을 잇고자 했고, 고려의 팔관회조차 선맥을 잇고 있었는데, 예종이 도가의 부흥책으로 이를 공고히 하려 했다는 것이다. 이 선맥은 한국의 산신이즘(Sansinism)으로 불릴 수 있을 만큼 독특한 것이다. 한국은 산의 나라다. 그렇게 한국의 산에는 산신(僊; 仙; 仚)이 살며, 일상적으로 우리는 그들을 '산신령'이라고 부른다.

4. 유학자로서 노장에 빠지다

고려는 물론이고 조선 초 유학자만 하더라도 유도불 3가를 드나드는 사람은 많았다. 조선초 권근이 보여주는 학문적 폭넓음은 비록 유학이 옳다고는 하지만 초제의 축원문이 '청사(靑詞)'를 쓰기도 한다. 그가 보여준 별자리에 대한 해박한 지식도 이와 무관하지 않다.[7] 이는 유학자로서 사회 속에서 통치 이데올로기의 성격을 강조하면서도 도가가 강조하는 천문학과 의학 분야에 관심을 가진 지식인의 모습을 보여주는 것이다.[8]

조선조에는 자신이 유학자이면서도 도가에 몰입한 학자가 적지 않다. 대표적인 인물이 남명 조식(曺植)이다. 남명(南冥)이 곧 『장자』에 나오는 남쪽 바다인 천지(天池)다. 대붕은 왠지 모르게 남명으로 날아가고자 한다. 오동나무 열매가 아니면 먹지 않는 대붕인데도, 참새는 입에 물고 있는 썩은 쥐를 빼앗길까 꿱꿱 소리 지른다. 남명은 그렇게 남극으로 날아가는 새가 되고 싶었다. 그는 유학에만 매달리고 싶지 않았다. 퇴계 이황과 같은 나이인데도 둘의 길은 달랐다.

퇴계 이황과 쌍벽을 이루는 율곡 이이만 하더라도 『순언(醇言)』이라는 『노자』 주석서를 썼다. 썼지만 내지는 못했다. 『율곡전서』에 『순언』은 빠져있다. 이이의 관점은 한마디로 '노자는 아끼는 철학'이라는 것이다. 나를 아끼고, 몸을 아끼고, 삶을 아껴라. 이이는 '색(嗇)'이 노자 철학의 핵심이라고 단언한다(이이, 『순언』). 노자의 세 가지 보물로 말

---

7) 조선 태조가 인본(印本)을 받아 예전처럼 돌에 새기길 명하고, 권근이 석본 하단에 발문을 쓴 〈천상열차분야지도(天象列次分野之圖)〉의 예.

8) 결과론적이지만 비교하자면 불가는 건축과 예술에 공헌을 남긴다.

하면 첫 번째인 '자'(慈)를 바탕으로 두 번째인 '검(儉)'에 초점을 맞춘 것이다. 만물을 모성애로 사랑하면서도 아울러 아껴라. 자애와 검약의 정신이 아낌으로 모인다. 이때 아낌은 현대어로 사랑[愛]과 통한다.(『맹자』, 「양혜왕」 상) 나를 사랑하라.

이기(理氣)론이 정신적 뼈대였던 조선의 경우에 장자의 기론은 나름의 역할을 한다. 중국에서 장자를 주해한 오징(吳澄), 방이지(方以智), 왕부지(王夫之) 같은 사람이 기론자가 되는 것과 달리, 주자학의 이념 때문에 내놓고 기를 앞장세우지는 못하지만 기의 작동에 나름의 의의를 부여한다.

기를 통해 '나눠짐의 나눠짐(分殊之分殊)'을 말하는 권상하가 좋은 예다. 현실의 경우 기의 유행으로 우리는 나눠질 수밖에 없음을 강조하는 것이다. 이는 기호학파의 만물의 개체성에 대한 관심과 일맥상통한다. 권상하를 이은 한원진의 경우가 그렇다. 그는 장자를 비판하면서도 우주의 본래 모습이 '허정(虛靜)'함을 강조한다. 기는 태초에 허정했으며 그것을 도로 삼은 것이 노장이라고 한다(한원진, 『남당집』, 권6, 「연설」). 본디 우주는 혼돈(混沌)이며, 만물은 허정했다. 그때는 시비선악(是非善惡)이 나오기 전이었다.

서명응은 『도덕지귀(道德指歸)』에서 '하늘과 사람 사이'의 문제에서 하늘의 중요성을 강조한다. 자연성이야말로 인위성에 앞선다. 천인 관계에서 기준은 하늘이어야지 사람이 되어서는 안 된다. 하늘은 버릴 수 없는 우리의 스승이다(서명응, 『도덕지귀』, 제65장 주).

홍석주는 『정로(訂老)』라는 도발적인 제목처럼 노자를 교정(校訂)하기보다는 노자가 말하는 자연성이 인륜의 준거가 되지 않으면 안 된다고 강하게 주장한다. 순자처럼 예는 성인이 만든 것이 아니다. 그것은 만고불변의 자연성에서 나온 것으로 인위적인 것이 아니다. 홍석주는 말한다.

> 부자, 군신, 부부의 윤리는 예부터 바꿀 수 없는 것으로 오직 자연성일 따름이다.(洪奭周, 『訂老』, 第1章)

박세당은 유형원보다 앞선 실학자이며 정제두보다 앞선 반주자학자다. 마침내 그는 탈주자학자로서 원시 유가로의 회귀를 주장하면서 그와는 별도로 본격적인 노장 주석서를 내놓는다. 박세당이 노장을 통해 돌아가고자 했던 그 애초는 무엇일까? 임희일의 주석을 비판하는 까닭은 무엇일까? 한마디로 노자가 말하는 '박(樸)'의 발견이었다. 박이야말로 본디 돌아가야 할 곳이다. 그 덩어리를 보아야 오늘날 문장제도(文章制度)의 헛됨을 안다. 쪼개지기 전, 이름 붙이기 전, 다투기 전의 덩어리부터 시작해야 한다. 수제비, 칼국수, 부침개에 앞서는 반죽 덩어리부터 잘 만들어야 한다. 박은 이렇게 주자의 체용(體用)을 이어 준다. 따라서 '체'는 무극의 세계이며 큰(大) 세계이며, '용'은 태극의 세계이며 하나(一)의 세계다. 나뉘어 벌어지고 있는 체용의 세계를 박세당은 박을 통해 잇고 있는 것이다.

우리는 서명응, 홍석주, 박세당 모두 도가를 통해 음양조화(陰陽造化) 곧 음과 양이 어우러져 창조되는 세계를 만난다. 유가는 양의 세계에 열중하다가 음의 세계의 의미를 놓친 것이다. 비어야 차고, 없어야 생기고, 멈춰야 떠날 수 있다. 이는 『주역』의 전제와 일치한다. 서명응이 지적한 것처럼, 노자는 대역(大易)의 뜻을 얻은 것이다. 한원진도 장자가 "음만 보고 양을 보지 못했다"고 비판하지만 거꾸로 이는

"장자가 음을 보았다"는 것이다.

기론자 오징으로부터 주자학을 받아놓고도 기론을 말하지 못하는 조선 유학의 질곡에서 벗어나고자 한 그들을 보자. 조선 건국 시기에 정도전이 말한 것처럼 노불은 리(理)를 몰랐지만, 시간이 지날수록 리만 강조하는 주자학에 대해 조선의 유학자들은 이처럼 발분했다.

5. 제국의 도가들

대한제국 시대에 도가를 홍양한 인물은 전병훈(1857-1927)이다. 그는 한말의 관료로 시대의 한계에 처절히 봉착하여 중국으로 건너가 철학을 공부한다. 근대적 의미에서의 철학을 목도한 그는 『정신철학통편』(1920)을 펴낸다. 혼란한 시대 속에서 그에게 다가온 것이 바로 정신철학이었다.

거기에는 장자가 말하는 기화(氣化)론이 중앙에 있다. 알다시피 '정신(精神)'의 발견은 장자로부터다. 그는 '우주의 정오⁹⁾를 기다린다. 서양의 창조신을 넘어 동양의 원신(元神)과 함께 하고자 했다. 사람이 천지의 마음이 되어야 했다. 이 망명객은 중국을 떠돌며 대한민국만이 아니라 동양문명의 정신적 진화를 꿈꿨다.

그뿐만이 아니다. 유영모(1890-1981)와 그를 이은 함석헌(1901-1989)도 있다. 그들은 무교회주의적 관점에서 전통사상을 흡수하는 데 조

---

9) 김성환, 『우주의 정오-서우 전병훈과 만나는 철학 그리고 문명의 시간』, 소나무, 2016.
   윤창대, 『정신철학통편: 전병훈 선생의 생애와 정신을 중심으로』, 우리, 2004.

금도 주저하지 않는다. 그들은 기본적으로 노장의 어휘야말로 그들의 시각을 제대로 드러내 줄 수 있다고 생각한다. 유영모에게 『노자』는 그가 꿈꾸는 세계이며,[10] 함석헌에게 『장자』는 군부독재 시절을 타파할 수 있는 정신적 지주였다.[11] '제발 우리를 내버려 두라'는 노자의 무위(無爲)와 장자의 재유(在宥)는 민주주의 사회의 근간을 이루는 개념이었다. 유영모와 함석헌의 '씨울'은 이런 과정을 겪으면서 탄생한다. 존 레넌의 반전과 평화를 노래하는 〈렛잇비〉(재유)만큼 영향력 있는 한국식 버전이 당시의 씨알사상이었다.

그밖에 도가 또는 도교의 인물에 신성을 부여하여 숭배하는 신종교에서는 '원시천존'과 '태상노군' 그리고 '관성대제'를 높인다. 나아가 한국의 인물 가운데 걸출하면서도 원한이 남는 사람도 한국무속협회에서는 신으로 모신다. 최영 장군, 임경업 장군 등이 대표적이다. 관우가 관성대제가 된 까닭도 인물의 기개, 한 많은 죽음, 그리고 '공관(空棺)'이라고 불리는 부활설과 무관하지 않다.

아울러 우리의 신종교를 말할 필요가 있다. 신종교는 대체로 삼교합일의 정신을 원리로 삼는 경우가 많다. 그것을 뛰어넘는 새로운 종교가 되어야 했기 때문이다. 원불교는 이름 자체부터 불가의 가르침을 새롭게 풀겠다는 의지를 보여주며, 대종교는 단군을 모시고자 결성된 단체로 그 주축이 유학자들이었다. 그런데 그것만으로 되지 않

---

10) 윤정현, 『다석 유영모의 늙은이 풀이』, 기역, 2023. 유영모는 한글 『도덕경』(1959)을 낸다.

11) 정부의 감시를 받던 함석헌은 1980년대 서울 YWCA에서 『장자』, 「재유」를 강의했다. 나는 그 강의를 통해 『장자』에 입문했다. 자장면 한 그릇 값이었던 수강료 때문에 첫 강의가 처음이자 마지막이었다.

는 부분을 도가의 영역으로 볼 수 있는 가능성을 고려해 보아야 한다. 이를테면 동학과 원불교를 위시한 신종교의 특징은 개벽 사상에 있는데, 천지개벽이라 불리는 개벽파(증산도)나 도덕개화라 불리는 비개벽파(금강대도)나 할 것 없이 새로운 문명의 전환을 꿈꾸는 것이 그것이다. 대종교 지도자는 목숨과 바꿀만한 의지의 현시를 보여주는데, 그것은 한국 선맥의 계승과도 무관하지 않을 것으로 보인다.[12]

6. 자연성의 발견, 그 놀라움

도가가 말하는 자연은 오늘날 한국어의 자연이 아니다. 자연은 외재 대상으로서 세계가 아니다. 자연은 천지라는 자연물도 아니며, 야생이라는 비문명도 아니다. 자연은 자연성이다.

나는 도가의 자연을 말하면서 안타까운 것이 바로 자연 개념의 오해다. 노자가 말하는 자연은 결코 야생이 아니며, 자연은 만물이 자립하고 자족하고 자생할 수 있다는 철학적 신념이다. 그래서 나는 '자연'보다는 '자연성'으로 부르길 바란다.

자연 곧 자연성의 발견은 얼마나 위대한가! 서양철학으로 돌아가 보면 그 까닭이 쉽게 드러난다. 아리스토텔레스가 13기 중엽까지 이단이었던 까닭이 무엇인가? 신의 개입이 없이도 씨앗이 꽃을 피울 수 있는 내재성 때문이 아니었던가. 가능태가 현실태를 이룰 때 그것이

---

12) 자결인 대종교의 1대 교주인 나철 등 당시의 많은 사상가가 의기(義氣)를 보이기 위해 선택한 수단이었다. 이규성, 『한국현대철학사론: 세계상실과 자유의 이념』, 이화여대, 2012.

그 안에 있는 자연성 때문이라니 신이 할 일이 없지 않은가. 우리가 우리를 완성할 설계도를 지니고 있다니 독신과 이단의 혐의를 지울 수 없지 않았던가. 우리는 중세 내내 벌어진 잠재성의 선언에 대한 탄압을 기억해야 한다.

이후 조심스럽게 자발성의 개념을 내세운 철학자는 바로 칸트였다. 그런데 그는 소극적으로 '그 안에서 그저 튀어나오는 것'(spontaneity) 정도로 표현한다. 게다가 지성의 자발성은 감성의 수용성에 상대한다. 느끼는 것은 내가 느끼는 것이 아니라 그렇게 느껴지는 것이지만(수용성), 적어도 생각만큼은 스스로 생각할 수 있는(자발성) 여지를 부여한 것이다. 이렇게 자유로운 의지로 사고와 도덕적 판단의 근거로 자발성을 꼽았기에 칸트는 계몽철학자가 된다. 그러나 '자유 의지(free will)'라는 개념의 탄생은 순선한 신의 완전한 조화 속에서 어떻게 악이 나올 수 있는지를 설명하기 위한 것이다. 결국 우리가 '복종'해야 할 것은 자기가 세운 법칙이며 그것이 칸트가 말하는 자율(autonomy)이다. 우리는 여전히 복종해야 한다.

과연 우리는 스스로 꽃을 피울 수 없는 것일까? 선악의 개념 없이 봉우리를 맺으면 안 되는 것일까? 생물학적인 '자생(自生)'을 도가는 '자화(自化)'라고 불렀다. 그것은 '진리는 자연스럽다[道法自然]'는 원칙의 운동 버전이다. 내가 자는 것도, 내가 물을 먹는 것도, 내가 몸을 아끼는 것도 자화다.

이런 자화 개념을 서구 사회에 제시한 철학자가 루소다. 이른바 '자연으로 돌아가라'는 표어로 잘 알려진 루소는 라틴어판 『노자』를 본 것으로 보인다. 당시 앙숙 간으로 볼테르는 공자를 모범으로, 루소는 노자를 이상으로 삼은 것이다. 계몽이 늘 양 방면으로 읽히듯 중국도 다르게 읽힌 것이다. 바로 그 루소가 『인간불평등기원론』에서 내놓아 프랑스 철학 사전에 등재된 개념이 바로 '자기 완성성(perfectibilité; perfect ability)'이다. 그것이 바로 자화다. 모든 것은 스스로 이루어진다. 루소의 『에밀』이 현대 교육철학의 교본이 된 까닭이 여기에 있다. 그것은 '무위의 교육학'이다.

루소가 많은 철학사에 오르지 못하는 까닭은 그만큼 그가 서구 주류사상과는 이질적이기 때문이다. 그것은 동양철학이 선택해온 성선(性善)의 가치였다. 신의 개입 없이도 착하게 살 수 있다는 믿음의 철학적 보편화가 다름 아닌 성선론이다. 성선의 구조 속에는 신이 그다지 할 일이 없다. 그런데 이를 나름대로 잇고 있는 현대인이 슬로터다이크다. 그는 니체적이기보다 더 근원적으로는 디오게네스적이다. 그는 『냉소적 이성비판』에서 디오게네스에 대해 이렇게 말한다.

(디오게네스는) '데메테르(농업의 신)뿐만 아니라 아프로디테와 연관된' (Diogenes Laertius, Ⅵ, 69) 일들을 태연히 처리했다.(슬로터다이크 저, 이진우 · 박미애 역, 『냉소적 이성 비판』)

데메테르는 똥이고 아프로디테는 성(性)이다. 아테네의 가장 도덕과 허위의 정치에 디오게네스는 반발한다. 그래서 낮에도 등불을 들고 사람이 부끄러워할 일을 천연덕스럽게 처리한다. '천연(天然)'이 무엇인가 자연(自然)의 다른 말 아닌가. 천연은 있어도 '인연(人然)'은 없다. 사람스러운 것은 정의가 불가능하기 때문이다. 사람은 어디로 튈지 모른다. 사람은 상구(常久)한 해와 달이 아니다.

도가철학의 현대적 의의는 여기에 있다. 거짓을 떨치고 참으로 가

자. 먼 데가 아닌 가까운 데 있자. 저것을 버리고 이것을 챙기자.(『老子』, 제12/38/72장) 생각보다는 몸, 마음보다는 배─마음은 비우고 배는 채우기다.(『老子』, 제3장) 나아가, 머리보다는 가슴이다. 이를 통해 이성보다는 감성, 감정보다는 정감을 앞세우는 공감의 윤리학으로서 도가 윤리학의 탄생을 우리는 고대한다. '무위'가 정치적 기준이 되고, '자연'이 행복의 원리가 되는 도가윤리학이다. 그것은 '진리와 그 기능', '이론과 그 실천'이라는 본래적인 도와 덕의 의미가 복원되는 '도가 도덕'이기도 하다.

무위는 부쟁(不爭)(『노자』, 제66장)의 평화를, 자연은 염담(恬淡)(『노자』, 제31장)의 경지를 선사한다. 제발 남은 가만히 내버려 두고, 나의 소리를 귀 기울여 듣자. 무위자연은 이렇듯 남과 나 사이에서 벌어지는 쌍방향의 윤리적 요구다. 나의 『노자 도덕경─길을 얻은 삶』의 서문의 끝을 장식했던 이 말을 다시금 새겨보자. '너에게는 무위, 나에게는 자연!'

한 걸음 더 나아가 도가의 정신은 윤리학에만 국한되지 않고 창조적인 동양학, 앞날을 제시하는 한국철학의 미래로 떠오른다. 변경 없는, 제한 없는, 이단 없는 새로운 진리의 학문인 도학(道學)이 우리 전통철학자의 목표이자 과제라 할 수 있다면 도가철학이야말로 개방성과 관용성을 철저하게 자기의 기반으로 삼는 신학문일 수 있기 때문이다. 닫힌 학문을 활짝 열어주는 미래의 도가철학이야말로 우리의 사명인 도학의 길을 드넓게 보여줄 것이다.

| 추천도서 |

김윤경, 『한국도교사』, 문사철, 2022.

이능화 지음, 이종은 옮김, 『조선도교사』, 보성문화사, 1977.

정세근, 『노자 도덕경-길을 얻은 삶』, 문예출판사, 2017.

정세근, 『노장철학과 현대사상』, 예문서원, 2018.

정세근, 『도가철학과 위진현학』, 예문서원, 2018.

정세근, 『노자와 루소, 그 잔상들』, 충북대, 2020.

정세근, 『노자와 루소, 여든하나의 방』, 지식산업사, 2022.

정세근, 『마음의 탄생-동양의 정신과 심론』, 글항아리, 2023.

정재서, 『한국 도교의 기원과 역사』, 이화여대출판부, 2006.

III

한국 전통철학의
역사적 흐름

최치원과 한국 고대 철학

장일규(국민대학교)

1. 사회 혼란과 죽음

신라 사회는 8세기 무렵 혼란해졌다. 김경신(金敬信)이 김주원(金周元)과의 왕위 계승을 다투다가 즉위한 뒤, 왕위 계승을 둘러싼 왕족이나 유력자의 다툼이 70여 년동안 이어졌기 때문이다.

① 가을에 나라 서쪽 지방에 가뭄이 들고 누리가 발생하였다. 도적이 많이 일어났으므로, 왕이 사신을 보내 위로하고 안정시켰다(『삼국사기』 권10, 원성왕 4년조).

② 승려 영재(永才)는…늙은 나이에 장차 남악에 은거하려고 대현령에 이르렀는데, 도적 60여 명을 만났다.…모두 가졌던 칼과 창을 버린 뒤 머리를 깎고서 영재의 제자가 되고는 함께 지리산에 숨어 다시 세상에 나오지 않았다. 당시 영재의 나이는 거의 90세였는데, 원성대왕 때를 살았다(『삼국유사』 권5, 피은8, 영재우적조).

788년(원성왕 4)에 신라의 서쪽 지방에서는 가뭄이 들어 많은 도적이 일어났다. 왕은 사신을 보내 위로하면서 안정시키려고 하였다. 원성왕 때 영재는 지리산에 은거하려고 길을 가다가 도적 60여 명을 만났다. 그는 향가를 부르며 불법(佛法)을 전해 모두 제자로 삼았다.

원성왕 이전에도 기근으로 인해 많은 사람들이 고향을 떠나 이곳저곳으로 떠돌아다니곤 하였다. 왕실은 그때마다 창고를 열어 진휼하면서 하루에 벼 3되씩을 나누어주기도 하였고, 관리를 보내 백성을 위로하면서 민심의 동요를 막기도 하였다(『삼국사기』 권8, 성덕왕 4년 10월, 5년 정월, 6년 정월, 경덕왕 6년, 14년조 등). 그러나 원성왕 때 서쪽 지역의 민심은 매우 동요하였고, 사신의 위로에도 불구하고 도적은 계속 발생하였다. 뒤이어 헌덕왕 때에 들어서도 민심은 좋아지지 않았다.

① 여름 5월에 나라 서쪽 지방에 홍수가 났다. 사신을 보내 수해를 당한 주와 군의 백성들을 위문하고 1년 동안 조세를 면제하였다(『삼국사기』 권10, 헌덕왕 6년조).

② 여름 5월에 눈이 내렸다. 가을 8월 기해에 일식이 있었다. 서쪽 변방의 주와 군에 큰 기근이 들어 도적이 벌떼처럼 일어났다. 군사를 내어 벌하였다(『삼국사기』 권10, 헌덕왕 7년조).

③ 봄 정월에…흉년이 들어 백성들이 굶주렸다. 절동(浙東)으로 먹을 것을 구하려는 자가 170명이었다(『삼국사기』 권10, 헌덕왕 8년조).

④ 3월에 초적들이 여러 곳에서 일어났다. 여러 주와 군의 도독과 태수에게 명령하여 붙잡게 하였다. 가을 7월에 당(唐) 절도사 이사도(李師道)가 반란을 일으키자, 헌종이 장차 토벌하려고 조서를 내려 양주절도사 조공(趙恭)을 보내어 우리 군사를 징발하였다. 왕이 황제의 뜻을 받들어 순

천군장군 김웅원(金雄元)에게 명령하여 무장한 군사 3만명을 이끌고 가서 돕게 하였다(『삼국사기』 권10, 헌덕왕 11년조).

⑤ 봄에 백성들이 굶주려 자손을 팔아 생활하였다(『삼국사기』 권10, 헌덕왕 13년조).

814년(헌덕왕 6)과 815년에 신라의 서쪽 지역에서는 홍수와 기근으로 도적이 벌떼처럼 일어났다. 그런데 왕실은 사신을 파견하여 농민을 위로하였던 방법에서 벗어나 군사를 내어 도적들을 토벌하였다. 계속된 기근과 홍수로 곳곳을 돌아다녔던 도적이 이전에 비해 점차 규모를 늘리고 세력을 일구었던 탓이다.

819년(헌덕왕 11)에는 더욱 많은 곳에서 초적이 일어났다. 초적이 신라 전역을 돌며 사회 혼란을 일으켰지만, 왕실은 오히려 이사도의 반란을 진압하려는 당 헌종의 조서를 받고는 진압군 3만 명을 징집하여 파견하였다. 기근과 홍수에 시달리던 신라 사람들은 국내외의 혼란 속에서 고단한 삶을 살아야 하였다.

신라 사람들은 바다를 건너 당에 들어가 끼니를 얻고자 하였다. 816년에는 170명이 당의 절동 지방에 건너가 먹을 것을 구하였다. 그 무렵에 수백명의 신라인이 기근을 면하기 위해서 일본으로 건너가기도 하였다.[1] 821년에는 백성들이 자손을 팔아 삶을 이어가기까지 하였다.

왕실이 유망하는 농민과 초적을 적절히 위로하지 못하고 오히려 토

---

1) 佐伯有淸, 「9世紀の日本と朝鮮―來日新羅人の動向をめぐつて」『歷史學硏究』 287, 歷史學硏究會, 1964, 8쪽.

벌하면서, 민심은 점차 신라 정부에 대항하는 모습으로 변하였다. 웅천주도독이었던 김헌창(金憲昌)은 이러한 민심에 의지하여 자신의 뜻을 펼치고자 하였다. 곧 김주원의 아들인 김헌창은 지금의 광주, 진주 등지인 무진주, 청주의 도독을 지냈는데, 헌덕왕 때에 도독을 맡았던 지금의 공주인 웅천주는 특히 기근이 심하였다. 왕실이 자연재해에 효과적으로 대처를 하지 못하고, 백성들은 점차 먹거리를 찾아 외국으로까지 나가는 등 신라 전역의 민심이 신라 왕실에 대한 비판과 저항을 내보이자, 주로 신라 서쪽 지역의 지방관을 맡았던 김헌창은 민심을 회유하면서 왕실에 대한 반란을 꾀하였다(『삼국사기』 권10, 헌덕왕 14년조).

김헌창의 반란은 웅천주, 무진주, 청주, 완산주(전주), 사벌주(상주) 등 지금의 전라도 · 충청도 전역은 물론 경상도 일대까지 위협할 정도로 큰 규모였다. 반란이 끝난 뒤에 종족과 당여 239명이 처형되었는데, 그들은 처단된 반란 참여자의 수로는 신라 역사상 가장 많았다. 김헌창의 반란은 신라 서쪽 지역의 민심이 매우 흉흉하다는 상황을 신라 왕실에 명확하게 전하는 계기가 되었다.

832년(흥덕왕 7)에도 날이 가물어 농토가 메마른 땅으로 변하면서 기근이 심하게 일어났다. 도적은 역시 곳곳에서 발생하였다. 그러나 흥덕왕은 헌덕왕처럼 군사를 내어 토벌하지 않고, 국왕 스스로 음식을 줄이고, 사신을 파견하여 백성을 위로하면서, 중앙과 지방의 죄수를 사면하는 대민책을 시행하였다. 하지만 이러한 조처도 잠시 행해졌을 뿐, 흥덕왕 사후 희강왕, 민애왕, 신무왕이 불과 재위 1~3년만에 국왕을 시해하고서 즉위하고, 문성왕 때에는 김양과 장보고가 자신의 자식을 왕비로 들이고자 치열하게 대립하면서, 왕위를 둘러싼 다툼은 그치지 않았다. 신라 사회의 혼란이 수습되지 않으면서, 신라 왕실에 반감을 가진 백성의 수는 더욱 늘어났다. 이들은 의지할 곳 없이 떠돌며 결국 죽음과 쉽게 마주하였다.

당 19대 황제가 중흥을 펼칠 때 병란과 흉년의 두 가지 재난이 서쪽에서는 다하고 동쪽으로 왔다. 악한 것 중에 가장 악한 것이 있지 않은 곳이 없어서 굶거나 싸우다 죽은 시체가 벌판에 별처럼 널렸다. 해인사 별대덕인 승훈(僧訓)이 이를 애통해하고 아파하였다. 이내 교화하는 승려의 힘을 베풀어 미혹한 무리의 마음을 움직여서 각각 상수리 열매 1과를 희사하여 함께 옥돌로 삼층을 쌓았다. 법륜을 발원함에 계도(戒道)는 호국으로써 우선을 삼았다. 그 가운데 특별히 원통하게도 뜻밖의 죽음을 당해 깊이 고해에 빠진 영혼을 건지고 빼내는 일을 행하였다. 제사를 지내서 복을 받도록 함과 영원히 썩지 않고서 여기에 있으리라는 바람을 적어 둔다. 건녕 2년 7월 16일에 기록한다. 대장(大匠)은 승 난교(蘭交)가 맡았다(최치원, 「해인사묘길상탑기(海印寺妙吉祥塔記)」).

해인사 별대덕 승훈은 묘길상탑을 건립하였는데, 탑 건립의 실무는 난교가 맡았다. 이들은 묘길상탑을 건립한 뒤에는 훼손된 사역을 중창하는 불사를 설행하였고, 불사는 진성왕의 해인사 입산과 함께 진행되었다.[2] 곧 진성왕은 888년(진성왕 2)에 사망한 남편이자 숙부인 위홍(魏弘)을 '혜성대왕'으로 모시고는 해인사를 원당으로 삼았고, 897년 6월 효공왕에게 왕위를 물려준 뒤 해인사에 입산하였으며, 그해 겨울

---

2) 장일규, 「崔致遠 撰〈浮石尊者傳〉의 復元 試論」『北岳史論』 6, 1999, 72~73쪽.

12월에 '북궁(北宮)'에서 세상을 떠났다. 그는 즉위 전인 정강왕 때에 이미 해인사 승려가 주관한 헌강왕 추복 화엄결사에 재물을 기꺼이 내놓기도 하였다. 당시 결사는 별대덕 현준(賢俊)이 주관하였는데, 현준은 바로 최치원의 모형(母兄)이었다. 자연히 진성왕과 밀접한 관계를 가진 최치원과 그의 집안도 해인사 중창 불사에 관여하였다. 최치원은 진성왕 재위 당시의 민심을 다독이고자 하였다.

최치원은 당시를 병란과 흉년의 재난이 당에서 신라로 옮겨 왔다고 하면서, '악한 것 중에 가장 악한 것 때문에 굶거나 싸우다 죽은 시체가 별처럼 널려 있다'고 탄식하였다. 나아가 '원통하게도 뜻밖의 죽음을 당해 깊이 고해에 빠진 영혼을 건지고 빼내는 일'에 힘써야 한다고 강조하였다. 그는 사회 혼란 때문에 백성이 원통하게 죽고 심지어 그 시신마저 벌판에 별처럼 너부러져 있는 현실을 안타까워하였다.

2. 죽음에 대한 최치원의 사유

재당시절 최치원은 당 사회의 혼란을 목격하였다. 황소가 당 전역을 횡행하면서 황실과 조정을 압박하며 사회 혼란을 일으켰기 때문이다. 최치원은 회남절도사 고변(高騈)의 휘하에서 문한을 맡아 「격황소서(檄黃巢書)」를 지었다.

무릇 바름을 지키고 늘 행함을 도(道)라고 하고, 위기를 만나 재앙을 제압함을 권(權)이라고 한다. 지혜로운 자는 시류에 순응하여 그것을 이루고, 우매한 자는 이치를 거슬러서 실패한다.…너는 평소에 변방의 백성이었는데 갑자기 잔혹한 도적이 되었고, 우연히 정세를 타고는 손쉽게 강상을 어지럽히고 있다.…불지르고 위협하는 것을 좋은 계책으로 삼았고 죽이고 상처입히는 것을 시급한 임무로 하였다. 터럭을 뽑을 만한 큰 죄만 있고 죄를 면제받을 작은 선도 없다. 오직 천하의 사람들이 모두 죽일 것을 생각할 뿐만 아니라, 또한 땅 속의 귀신마저 이미 몰래 주륙할 것을 의논하였다.…다만 살리기를 좋아하고 죽이기를 싫어하는 것은 상제(上帝)의 두터운 어지심이고, 법을 완화해서라도 은혜를 펼치려는 것은 조정의 법도이다(최치원, 「격황소서」『계원필경집(桂苑筆耕集)』).

최치원은 불지르고 위협하며 죽이고 상처입히는 황소의 만행은 땅 속의 귀신마저 응징하려는 것이라고 강조하였다. 한편으로 상제는 살리기를 좋아하고 죽이기를 싫어한다고 하면서, 하루빨리 만행을 거두고 투항할 것을 황소에게 종용하였다. 재당시절 황소의 난을 목격하였던 그는 귀국 후에도 당과 신라의 사회 혼란 속에서 비명횡사한 이들을 거듭 주목하면서 탄식을 내뱉었다. 자연히 자신의 경험을 바탕으로 당시의 혼란을 수습할 수 있는 방안을 모색하였다.

최치원이 지은 「난랑비」의 서문에 "나라에 현묘의 도가 있는데 풍류라고 일컫는다. 가르침을 세운 근원은 『선사』에 갖추어 자세하다. 진실로 삼교를 포함하며 군생을 접화한다. 또한 들어오면 집안에 효성을 다하고 나가면 국가에 충성을 다하는 것은 공자의 가르침과 같고, 무위의 일에 마음을 두고 불언의 가르침을 행하는 것은 노자의 근본과 같으며, 모든 악을 짓지 않고 모든 선을 받들어 행하는 것은 부처의 교화와 같다"고 하였다(『삼국사기』권4, 진흥왕 37년 춘조).

최치원은 「난랑비」의 서문에서 신라에 이미 유교·도교·불교를 포함한 '현묘의 도'가 있었고, 그것은 '풍류'라고 불린다고 하면서, '현묘의 도'라는 가르침을 세운 근원은 『선사』에 자세히 갖추어 있다고 하였다.

「난랑비서」는 화랑 '난랑'을 추모하는 비명으로, '난랑'은 국선인 임금을 말한다. 신라에서 국선으로 임금이 된 이는 최치원을 도당유학생으로 뽑았던 경문왕이었다.[3] 『선사』에 자세히 갖추어져 있는 '나라의 현묘의 도'는 신라 화랑과 연결된 셈이다.

신라의 '현묘한 도'인 '풍류'는 유교·도교·불교 등 삼교를 포함하였다. 자연히 신라의 화랑은 효충(孝忠), 무위(無爲), 작선(作善) 등 유교·도교·불교의 기본 교리와 그 실천 덕목을 착실히 익히고 수행하여야 하였다. 곧 삼교를 익히 알고서 '접화군생'에 힘써야 하였다. 최치원은 「봉암사 지증대사탑비명」에서 '금선이 꽃으로 풍류를 전하였다'(최치원, 「지증화상비명 병서」 『최문창후전집(崔文昌侯全集)』)고 하여, 석가모니가 제자 가섭에게 불법을 부촉한 것을 '풍류'로 일컫기도 하였다. '접화군생'은 부처의 교법과 관련될 소지를 가졌다.

① 우리 태평승지는 성은 유순(柔順)함에 무성하고 기는 발생(發生)함에 적합하다. 산림에는 말 없이 조용한 무리가 많아 인으로 벗을 모으고, 강해에는 신하가 임금을 따르는 형세가 협력하여 선을 쫓음이 물 흐르는 것과 같다(최치원, 「대숭복사비명 병서」 『최문창후전집』).

---

3) 장일규, 「최치원의 삼교융합사상과 그 의미」 『新羅史學報』 4, 2005 : 『최치원의 사회사상 연구』, 신서원, 2008, 165쪽.

②『왕제』에는 "동방은 이다"라고 하는데, 범엽은 "이는 뿌리이니, 인하여 호생하였기에 만물이 땅을 뿌리로 삼고 나오는 것을 말한다. 그 때문에 천성이 유순하여 도로써 다스리기가 쉽다"고 하였다. 나는 이를 새기면 평이와 같으니, 제화(濟化)의 방편을 가르쳐주는 것이라고 말하고자 한다. 살펴보면, 『이아』에서는 "동쪽으로 해가 뜨는 곳에 이르면 태평이다"라고 하였고, "태평의 사람들은 어질다"고 하였다. 또한 『상서』에서는 "희중에게 동쪽 바닷가에 살도록 명하였는데, 그곳은 양곡이라 부르는 곳으로 봄 농사를 고르고 가지런하게 하였다"고 하였다. 때문에 우리 대왕의 나라는 나날이 지위가 오르고 달마다 융성하며 물은 잘 흐르고 바람은 온화하다. 어찌 오직 깊이 숨었던 것들만이 떨쳐 살 뿐이겠는가. 또한 땅에서는 싹이 돋아 생화를 무성하게 하고 있다. 생화가 나와 크게 떨치는 것은 터로 삼았기 때문이다(최치원, 「신라가야산해인사선안주원벽기(新羅迦耶山海印寺善安住院壁記)」 『최문창후전집』).

최치원은 신라를 태평승지로 묘사하면서, 신라 사람들은 본성이 '순'을 유하는데 무성하였고, 기질은 '생'을 발하는데 적합하여 '인'을 가까이 하고 '선'을 쫓았기에, 유교와 불교가 쉽게 받아들여지고 성행할 수 있었다고 지적하였다. 애초에 신라는 유불이 성행할 충분한 조건을 갖추었던 셈이다. 또한 그는 우리 대왕의 나라인 신라는 동방에 있기에 해가 떠 태평하고 생화를 비롯한 만물이 무성히 나오며, 그곳에 사는 이들은 인하고 유순하여 '도로써 다스리기가 쉽다'고 표현하였다. 동쪽 바닷가의 양곡인 신라는 물이 잘 흐르고 바람은 온화하여 봄 농사가 고르고 가지런하기에 만물이 생장하기에 알맞은 곳이었던 셈이다. 자연히 신라 사람은 유교와 불교를 아우른 도로써 다스리는 것이 합당할 수밖에 없었다.

① 하물며 옥호의 빛만 밝게 비치는 것과 금구의 게송만 흘러 전하는
것이 서토의 생령에게만 쏠리지 않고 동방의 세계까지 미쳤음에랴(최치
원, 「대숭복사비명 병서」, 『최문창후전집』)!

② 하늘이 귀하게 여기는 것은 사람이고, 사람이 으뜸으로 여기는 것
은 도다. 사람이 능히 도를 넓힐 수 있으므로 도는 사람과 멀리 있지 않
다. 도가 혹 중히 여겨진다면 사람도 스스로 중히 여겨지기 마련이다. 능
히 도를 도울 수 있는 것은 오직 덕을 받드는 것이다. 그렇다면 도는 존귀
한 것이고, 덕은 귀중한 것이다. 돌아보면 오직 법수만이 바야흐로 물정
(物情)을 흡족하게 하였다(최치원, 「신라가야산해인사선안주원벽기」, 『최문창후
전집』).

신라가 만물의 근원이기에, 불교는 서토가 아닌 동방에서도 성행하
였고, 특별히 '생령(生靈)'에게 영향을 주었다. 생령은 사령(死靈)의 반
대인 살아 있는 존재를 일컫거나(『광홍명집(廣弘明集)』 권28, "살아 있는
것이 시들면 다시 얻는 것은 기약할 수 없으니") 백성이나 인민을 가
리키므로(『불조역대통재(佛祖歷代通載)』 권20, "정교가 혼란하여 생령이
도탄에 빠져"), 당시 사회 혼란을 겪으면서 살고 있는 모든 사람을 가
리킨 셈이다. 최치원은 하늘은 사람을 귀하게 여기고, 사람은 도를 으
뜸으로 여긴다고 강조하였다.

도는 사람에 의해서 세워지고 넓혀질 수 있기에 사람과 떼려야 뗄
수 없고, 도를 중히 여기면 자연히 사람도 중히 여길 수밖에 없다. 나
아가 도를 세우고 중히 여기게 하려면 덕을 받들어야 하고, 그래야만

도는 존귀한 것이 되고 덕은 귀중한 것이 된다. 도와 덕은 모두 귀한 것이지만, 결국 사람에 의지하기에 사람 역시 귀한 셈이다. 최치원은 귀국 후 왕명을 받아 처음 지은 「진감화상비명」에서 이미 '도와 사람은 뗄 수 없고 심지어 나라에 따라 구별할 수도 없음'을 부각하였다(최치원, 「진감화상비명 병서」『최문창후전집』).

최치원은 '도'라는 것은 다름 아닌 '제화지방(濟化之方)'이라고 하였다. '풍류'는 '접화군생'이므로, '제화지방' 역시 '접화군생'이다. 최치원은 '인(仁)', '생(生)', '지(地)'를 통해서 '도(道)'와 '제화', 그리고 '생화(生化)'를 부각하였다. 때문에 「신라수창군호국성팔각등루기(新羅壽昌郡護國城八角燈樓記)」에서는 '하늘이 재앙을 내린 것을 여전히 후회하지 않고, 땅은 오히려 간교한 자들을 받아들이고 있다. 때가 위태로우면 생명은 모두 위태롭고, 세상이 어지러우면 물정도 또한 어지럽다'(최치원, 『동문선(東文選)』권64, 「신라수창군호국성팔각등루기」)고 하여, 당시 간교한 자들에 의해서 자행되는 하늘의 재앙이 여전함을 안타까워하면서, 생명이 위태롭고 물정도 어지럽다고 아쉬워하였다.

혼란 속에서 생명의 위태로움을 벗어나지 못하고 어지러운 세상에서 경황없이 사는 물정은 당시를 살고 있는 사람들인 셈이다. 물정은 사물의 성질을 말하긴 하지만 물정을 표현한 글이 주로 불교와 관련하였으므로, 교화의 대상인 중생들이 지닌 정서를 의미한다고 할 수 있다(『당고승전(唐高僧傳)』권8, 담연전, "식견은 여러 술법에서 뛰어났고 행동은 중생을 움직였다"). 최치원은 당시를 힘겹게 살고 있는 '사람'들의 삶을 걱정하였다.

최치원이 살던 당시 신라와 당은 모두 혼란을 겪었다. 사람인 물정은 어느 곳, 어느 때, 누구에 의해서 생명에 대한 위협을 지속적으로 받았고, 심지어 아무도 주목하지 않고 애도하지 않는 시신으로 나뒹굴었다. 아침 해와 봄바람, 만물이 생성·성장하는 대지는 옛 모습 그대로였지만, 도를 이룰 근본인 사람은 그 대지에서 '생(生)'이 발하더라도 온전히 유지할 수 없었고, 더욱이 '화(化)'는 조금도 이룰 수 없는 처지에 있었다.

최치원이 '사산비명'을 짓고 불교 관련 저술에 힘썼을 때, 전국 곳곳에서 일어난 초적은 점차 무리를 이루며 세력을 일구었다. 궁예의 후고구려, 견훤의 후백제가 영역을 차지하여 후삼국의 구도를 형성하면서 점점 치열하게 세력을 다투었다. 자연히 이전과 다름없이 백성의 삶은 여전히 온전할 수 없었고, 시간이 지날수록 위태로운 생명마저 더더욱 지킬 수 없었다. 최치원은 '무릇 세상의 주체인 생령들이 온전히 자신의 삶을 이어갈 수 있도록 세상을 바꾸자'는 의미를 담아 '접화군생'을 강조하였고, '바람 불듯이 이런저런 당시의 상황'을 실상 그대로 묘사하여 '풍류'로 강조하였다. 자연히 모두를 해치는 혼란과 허망한 죽음을 없애기 위해서는 유교나 불교나 도교 등 모든 사상과 신앙을 구별과 차별없이 신라의 대지, 곧 선교(仙敎) 속에 담아 어울리게 하여야 하였다. 그렇기에 '접화군생'에 유교, 불교, 도교, 선교 등 사상과 신앙의 구체적이고 논리적인 측면을 넣거나 강조하지는 않고, 오히려 공자, 노자, 부처가 물정을 생각하고 아낀 것을 기조로, 신라 국왕과 신라 국가는 누구든지 백성을 온전히 보전해야 함을 강조하였다.[4]

---

4) 장일규, 「최치원의 '생태환경' 이해」 『생태환경과 역사』 8, 2022, 103~111쪽.

3. 최치원의 사유에 담긴 한국 고대 철학

최치원은 유교·불교·도교 삼교를 내세웠다. 다만 유·불·도 삼교에 대한 이해는 교리적으로나 신앙적으로 이전보다 뛰어난 것은 아니었다. 신라 사회에서 유·불·도 삼교에 대한 이해가 삼국통일 전후 시기에 이미 활발히 전개되었기 때문이다. 특히 그것은 교리적으로나 신앙적으로 중국의 최신 경향을 익히면서 신라 고유의 정서를 강조하였으므로, 최치원의 삼교에 대한 이해는 삼국통일 이전부터 신라 사회에서, 또 신라 사회에 영향을 미친 고구려나 백제 사회에서 성행하였던 교리나 신앙체계도 강조하면서 온전한 집대성을 추구하는 경향을 띠었다. 그의 화랑에 대한 강조나 화랑과 관련한『선사』역시 이러한 경향에서 벗어나지 않았다. 자연히 최치원의 '접화군생'에는 고조선 이래 우리 사회에 영향을 미친 여러 사상과 신앙의 흔적이 반영되었다.

① 옛날 동쪽에서 (세 나라가) 솥의 발처럼 각각 우뚝 솟아 있었을 때 백제에는 소도의 의례가 있었다.…우리 법흥왕이 율을 제정한 뒤 8년째 되던 해였다. 또한 해안에는 즐거움을 주는 뿌리가 심겨졌음은 물론 해 뜨는 마을에는 힘을 보태 더 잘하게 하는 보배가 환히 빛나고 있었다. 하늘에서는 착한 원을 받고 땅에서는 뛰어난 인연이 솟았다. 이에 중귀가 몸을 바치고 상선이 머리를 깎았으며, 비구가 서쪽으로 배우러 가고 나한이 동쪽에서 노닐면서, 혼돈은 사라지고 사바는 두루 교화되었다(최치원,「지증화상비명 병서」『최문창후전집』).

② 마한은 서쪽에 있다.…(조선)후 준(準)이 몰래 왕을 칭하였다가 연

(燕)에서 유망한 위만(衛滿)의 공격을 받아 (나라를) 빼앗겼다. 좌우 궁인을 이끌고 도망하여 바다로 들어가고자 하였는데 한의 땅에 머물면서 스스로 한왕이라고 불렀다.…귀신을 믿어 국읍마다 각각 한 사람을 두어 천신에게 지내는 제사를 주관하도록 하였는데, 천군이라고 부른다. 또한 여러 나라에는 각각 별읍이 있어서 소도라고 부르는데, 큰 나무를 세워 방울과 북을 매달고는 귀신을 섬긴다. 정처없이 떠돌다가 그 안으로 도망한 이들은 모두 돌려보내지 않으니 도적질을 좋아하였다. 소도를 세운 뜻은 부도와 비슷하지만, 행한 바 선악은 다름이 있다.(『삼국지(三國志)』「위서(魏書)」 한전(韓傳))

최치원은 신라의 불교 전래와 수용을 설명하면서, 삼국시대 백제에 소도의 의례가 있었음을 부각하였다. 마한은 삼한 중에 서쪽에 있었는데, 단군조선의 준왕이 연 사람 위만의 공격을 받고서 바다를 건너 한의 땅에 들어와 한왕이라고 부르며 세운 나라였다. 마한 사람들은 귀신을 믿었기에 대읍락(大邑落)인 국읍마다 천군을 두어 천신 제사를 주관하게 하였는데, 특별히 읍락 중 하나인 별읍에는 소도를 따로 두었다. 소도는 귀신을 섬기는 곳이었지만, 유망민이 죄를 짓고 도망하더라도 머물게 한 '신성불가침'의 영역이었고, 지계(持戒)와 참회(懺悔)의 불교와 통하면서도 선업(善業)이 아닌 악행(惡行)마저 용인하는 곳이었다.

소도에서는 큰 나무를 세우고 방울과 북을 매달고서 귀신을 섬겼다. 천군이 국읍에서 천신을 섬겼으므로, 별읍의 소도는 지신이나 여러 잡신을 섬겼다. 다만 큰 나무를 세우고 제의를 베푸는 모습은 마치 단군이 천부인(天符印) 세 개를 지니고 삼천의 무리와 함께 태백산 정상에 내려와 신단수 아래에서 신시(神市)를 열어 '홍익인간(弘益人間)'을 내세웠던 것을 연상하게 한다. 곧 '천왕(天王)'인 단군은 풍백 · 우사 · 운사를 거느리고 곡(穀) · 명(命) · 병(病) · 형(刑) · 선악(善惡) 등 무릇 인간의 삼백육십여 가지 일을 주관하며 세상을 다스리고 교화하였는데(『삼국유사』권1, 기이1, 고조선 왕검조선조), 소도는 죄인의 피난처였지만 죄에 대한 형벌을 강조하기보다는 오히려 속죄의 여지를 줄 수 있는 공간으로도 작용하였기 때문이다. 최치원은 단군 이래 '널리 사람을 이롭게 하는' 우리 고유의 정서에 주목하였으므로, 그의 '접화군생'은 단군의 제세(濟世)와도 깊이 연고되었다.[5]

신라 법흥왕은 하늘의 허락으로 율령의 제정과 함께 불교를 공인하였다. 특히 이차돈과 같이 국왕 측근이 목숨을 내던지고 법흥왕과 같이 가장 으뜸인 상선(上仙)도 출가하였기에, 마침내 세상의 혼란은 감쪽같이 사라진 채 세간마저 교화의 터전이 되었다. 곧 신라에서는 단군의 제세가 순교에 따른 법흥왕의 불교 공인과 법흥왕 자의에 따른 출가로 이어져, 세간마저도 '널리 사람을 이롭게 하는' 방향에서 두루 교화되었던 셈이다.

최치원은 단군 이래 '사람'을 강조한 고유 정서를 고조선을 계승한 마한, 마한을 이은 백제로 연결지어 부각하면서, 신라 법흥왕의 불교 공인까지도 면면히 계승되었다고 하였다. 다만 소도 의례에 대한 전승은『삼국지』「위서」한전과 같은 중국 정사류에 수록되었고, 최치원

---

5) 『삼국유사』에서 특히 단군에 대한 전승은 '고기에 이르기를[古記云]'이라고 전하는데, 「고기」는 예부터 전한 기록을 말하므로, 그 전승의 연원은 제법 오래되었을 것이다. 『삼국유사』에 언급되었으므로, 동일한 기록은 아니더라도 비슷한 서사가 최치원 당시까지도 전하였을 것이다.

은 마한을 백제와 연결시킨 중국 정사류와 달리 '마한은 고구려이고, 진한은 신라이다'(『삼국유사』 권1, 기이1, 마한조)라고 하였다. 그가 우리 기록과 중국 문헌 중에 어떤 기록을 통해서 소도를 익혔는지 알 수 없 지만, 다른 이들과 달리 두 기록을 모두 주목하면서 백제와 관련된 소 도를 확인하였을 듯하다.[6] 곧 최치원은 단군 이래 '널리 사람을 이롭 게 하는' 우리 고유의 정서에 주목하면서도 우리나라에 대한 중국인 의 사유도 유념하였던 셈이다. 자연히 그의 사유는 삼국간의 전쟁이 본격적으로 일어났던 시기에 나타난 여러 모습에까지도 확대되었다.

① 제24대 진흥왕은…천성이 풍미하고 널리 신선을 숭상하여, 인가의 낭자 가운데 아름다운 용모를 가진 자를 가려 받들어서 원화로 삼았다. 그것은 요컨대 무리를 모아 재능있는 인물을 가려 효제충신(孝悌忠信)을 가르치려는 것이었으며, 또한 나라를 다스리는 대요였다.…여러 해 뒤에 왕은 또한 나라를 일으키려면 반드시 풍월도를 우선해야 한다고 생각하 고, 다시 명령을 내려 좋은 집안의 남자 가운데 덕행있는 자를 가려 화랑 으로 삼게 했다. 비로소 설원랑을 받들어 국선으로 삼았는데, 이것이 화 랑 국선의 시초였다.…이것으로부터 사람들이 악을 고치고 선을 새롭게 하며, 위를 공경하고 아래를 순종하도록 했으니, 오상과 육예, 삼사와 육 정이 왕의 시대에 널리 행해졌다(『삼국유사』 권3, 탑상4, 미륵선화 미시랑 진 자사조).

---

6) 최치원은 당시 활동하였던 여느 지식인들과는 달리 신라와 발해를 둘러싼 당시의 국 제 정세를 감안하여, 신문왕 때 이후에 신라 사회에 유지되었던 '일통삼한(一統三韓)'· '통삼(統三)'에서 '삼한'을 '삼국'으로 바꾸어 이해하면서, '일통삼한'과 '일통삼국(一統三 國)'을 함께 강조하는 '일통(一統)' 인식을 강조하였다(장일규, 「신라의 '一統'인식과 그 영향」 『新羅史學報』 32, 2014, 95~101쪽).

② 법사는 "불계에는 보살계가 있는데, 모두 열 가지이다. 너희들은 사람의 신하된 자로 감당하기 어려울 것이다. 지금 세속에는 다섯 계율이 있으니, 첫째는 임금 섬기기를 충으로써 하고, 둘째는 어버이 섬기기를 효로써 하며, 셋째는 친구 사귀기를 신의로써 하고, 넷째는 전장에서는 물러서지 말며, 다섯째는 살아 있는 것을 죽이되 가려서 해야 한다. 너희들은 실행함에 소홀하지 말라"고 하였다(『삼국사기』 권45, 열전5, 귀산전).

신라 진흥왕은 널리 신선을 숭상하여 재능있는 인물에게 효제충신을 가르쳐 나라의 근간으로 삼고자 하였다. 이러한 의도는 뜻대로 되지 않아 이루지 못하였지만, 진흥왕은 여러 해 뒤에 다시 '풍월도를 우선으로 해야 한다'고 하고는 양가의 남자를 가려 뽑아서 화랑으로 삼았다. 화랑은 선악을 가려 다스리고 상하의 질서를 지키며 인(仁)·의(義)·예(禮)·지(智)·신(信)과 예(禮)·악(樂)·사(射)·어(御)·서(書)·수(數), 어진 덕[賢德]·재물 보시[財施]·사리 분별[識事]에 능하여 마침내 훌륭한 신하가 될 소지를 지녔다. 특히 신라 진평왕 때 화랑은 신하된 자로 세속의 다섯 가지 계율을 지키도록 원광(圓光)의 지도를 받기도 하였다.

신라 화랑은 산천을 돌아다니면서 오상의 덕목과 오계의 계율을 지키고 예악과 만사에 능하여 덕을 갖춘 자가 되어야만 하였다. 그리고는 국왕의 치국을 보좌하면서 나라의 안녕과 왕실의 안정을 도모하여야 하였다(『삼국유사』 권2, 기이2, 경문대왕조).[7] 특히 사람과의 관계에

---

7) 신라 말까지도 화랑은 임금을 도와 나라를 다스릴 뜻을 가졌고, 유교적 이상을 담은 악곡을 짓기도 하였다.

서 충·효·신 등의 덕목을 반드시 지켜야 하였고, 심지어 전장에 나아가 사람을 죽일 때도 필요한 경우에만 행하여야 하였다. 단군 이래 전승된 '사람'에 대한 사유는 화랑으로 이어져, 화랑은 어디까지나 사람과 사람의 관계를 중시하는 방향을 유념하면서 활동하여야 하였고, 특별히 헛된 죽음마저도 헤아려야 하였다.

최치원은 국선으로 국왕에 오른 경문왕을 기렸다. 다만 국왕 경문왕을 예찬하는 글이 아닌 국선 난랑을 추모하는 글로 표현하였다. 경문왕에 의해서 도당유학생으로 파견된 그가 경문왕을 기리면서 특별히 국선 난랑을 강조한 것은 난랑을 통해서 신라 고유의 정서를 강조하고 계승하려는 의도를 담은 것이었다. 아울러 당시 활동하였던 화랑들에게 신라 고유 정서의 계승은 물론 '사람'과 '도'에 대한 사유를 권하며 이끌려는 뜻도 담았다. 곧 '신라 국가'를 중심으로 총화(總和)를 이루되, 예부터 변하지 않은 신라 대지의 다양성도 함께 강조하고자 하였다.

① 최후에는 가족을 데리고 가야산 해인사로 들어가서 모형인 부도 현준과 정현사와 함께 맺어 도우를 삼고 한가로이 지내다가 늙어 삶을 마쳤다(『삼국사기』 권46, 열전6, 최치원전).

② 결언(決言)대덕은 "비록 앞의 문에서 삼교의 순서를 밝혔으나 수상(修相)의 세 문 세 교는 여덟번째의 근(根)에서 중요하게 여기는 것이고, 실제(實際)와 궁실(窮實)의 두 문 세 교는 다음과 같은 아홉번째, 열번째의 두 근에서 중요하게 여기는 것이다. 그러므로 문에 따라서 중요하지 않은 것이 없는 것이다"고 말하였다. 이제 해석하면, 세 문의 점교(漸敎)는 모두 하교(下敎)이고, 돈교(頓敎)와 원교(圓敎)는 모두 이 경전에서 하는 근

이니, 물은 것과 같다(균여, 「석화엄교분기원통초(釋華嚴敎分記圓通鈔)」권 2).

③ 결언대덕은 이러한 뜻을 물리쳐 "소승교에서 동체(同體)의 식(識)을 세웠고, 한 유정(有情) 중에 두 가지 식이 함께 일어나지 않는 까닭에, 육식(六識)을 통틀어서 심의식(心意識)으로 나눈 것이니, 이 뜻은 옳지 않다"고 하였다(균여, 「석화엄교분기원통초」권3).

최치원은 가족을 이끌고 해인사에 입산하였다. 이후 모형인 현준, 그리고 정현사 등과 도우로 지내다가 삶을 마쳤다. 현준은 불문에 들어가 해인사에 머물렀다. 자연히 최치원은 유학을 익혔지만, 집안에서는 이미 불법도 함께 이해하였다.

현준과 비슷한 시기에 해인사에 머물렀던 결언은 고금의 교판(敎判)을 논할 때 점교, 돈교, 원교의 순서를 정한다고 하더라도 종국에는 모두 중요하고, 돈교와 별교를 통해 종성(種性)의 유무가 결국 차이나지 않음을 지적하였다. 이것은 차별을 인정하지 않고 그것을 회통하려는 성기론적 화엄사상과 연관된다.[8]

다만 그는 육식을 거론하여 심의식을 논하였다. 심의식은 사물의 본성을 우리의 마음과 의식이라고 보는 유식의 논리로, 이것이 외부로 드러나면 변화하고 차별로 나타나는 법상이 된다. 결언은 차별상을 회통하면서도 유식의 논리에 유념하였다. 또한 진속(眞俗)을 구별하지 않으면서 실천적인 선종불교에 관심을 가지기도 하였다. 그것은

---

8) 김두진, 「의상계 화엄종의 분열과 數錢論의 전승」『義湘―그의 생애와 화엄사상』, 1995, 314쪽 주 120.

지방호족을 인정하면서 그들을 신라 국가의 지배질서 안으로 편제하려는 의도를 담았다.[9]

최치원은 공과 유를 함께 아울러서 이해하려는 해인사의 화엄사상에 익숙하였다. 이러한 경향은 해인사를 중심으로 계승된 의상(義湘) 화엄사상에 영향을 받았기 때문이다. 특히 진속불이(眞俗不二)의 사상 경향은 초적과 호적이 일어나고 후삼국의 형세가 대립과 갈등으로 치달았던 당시에 무엇보다도 필요하였다. 최치원이 '제화지방'의 방편으로 '풍류'를 강조한 것은 신라 국가라는 원칙과 함께 다양한 삶을 살고 있는 개별 백성을 온전히 아우르려는 뜻을 담았다. 그것은 삼국통일 전쟁 당시 상황에 대한 이해를 바탕으로 삼았다.

> 우연히 광대들이 희롱하던 큰 박을 얻었는데 그 모양이 이상하였다.…
> 일찍이 이것을 가지고 천촌만락에서 노래하고 춤추면서 읊조리며 교화하고는 돌아왔는데, 가난하고 몽매한 무리들도 모두 부처의 이름을 알게 되었고, 모두 나무[南舞]를 부르게 되었으니, 원효(元曉)의 법화가 컸다(『삼국유사』 권4, 의해5, 원효불기조).

원효는 의상과 함께 치열한 전투가 벌어졌던 삼국통일 시기를 살았다. 전쟁이 계속될수록 백성의 삶은 피폐해졌고 허망한 죽음도 끊임없이 이어졌다. 의상은 주로 왕실과 긴밀한 관계를 맺으며 활동하였던 반면 원효는 광대와 어울려 그저 박이나 희롱하면서 사방을 떠돌

---

9) 장일규, 「崔致遠의 華嚴僧傳 찬술과 海印寺의 화엄사상」 『新羅史學報』 창간호, 2004 : 『최치원의 사회사상 연구』, 신서원, 2008, 309~313쪽.

며 일정한 격식마저 갖추지 않은 채 운수행각을 펼쳤다. 틀에 매여 있지 않은 그의 활동은 가난하고 몽매하여 자신의 운명마저 알 수 없었던 이들에게 부처의 이름을 알게 하고, 부처에 대한 예경을 통해서 미래의 삶을 사유하도록 도왔다.

최치원은 당과 신라를 오가며 유교의 이상을 구현하고자 하였다. 특히 경문왕계 왕실의 측근 문사이자 주요 관인으로 활동하면서 신라 사회를 개혁하고자 하였다. 신라 사회의 개혁을 이루려면 당시 만연한 사회 혼란을 신속히 수습하여야 하였다. 무엇보다도 유망한 백성을 온전히 고향으로 돌려보내거나 현재 머물렀던 곳에 정착하도록 이끌어야 하였다. 사회 혼란 속에서 아무런 이유없이 죽음을 맞고, 수습하는 이 없이 벌판에 너부려져 있는 무수한 주검을 '사람'으로 대우하며 수습하여야 하였다. 자연히 그는 단군 이래로 전승된 '사람'을 무엇보다 강조하는 사유의 흔적을 자신의 저술 곳곳에서 쉼없이 강조하였다. 최치원은 '사람'을 중심으로 한국 고대 철학의 도도한 흐름을 갈무리한 마지막 한국 고대인이었다.

다만 우리나라에 대한 중국 사람들의 기록을 유념하고, 신라와 당이 모두 병란과 흉년에 시달렸지만 마침내 중흥의 기세를 일으켜 '널리 사람을 이롭게'하는 온전한 나라가 되기를 꿈꾸었다. 자연히 '사람'을 무엇보다 강조하는 사유는 당시 신라와 당을 모두 아우르는 보편적 인류애 발현의 흔적이기도 하였다.

| 추천도서 |

『삼국사기』

『삼국유사』

『최문창후전집』, 성균관대 대동문화연구원, 1972.

『계원필경집』1 · 2, 한국고전번역원, 2009.

『고운집』, 한국고전번역원, 2009.

김두진, 『한국 고대 건국신화와 제의』, 일조각, 1999.

김두진, 『신라 화엄사상사 연구』, 서울대출판부, 2002.

장일규, 『최치원의 사회사상 연구』, 신서원, 2008.

장일규(공저), 『신라인의 기록과 신라사 복원』, 한국학중앙연구원출판부, 2022.

여말선초 유불 사상 전환의 성격

도현철(연세대학교)

1. 성리학의 수용과 인륜 의식 제고

고려는 원과의 긴밀한 정치적 관계를 배경으로 국가에서 주도적으로 성리학, 즉 정주학(程朱學)을 수용하였다. 몽골족 이민족 원은 중국을 무력으로 정복한 후 한화(漢化) 정책을 추진하고 유학을 국가 운영이념으로 삼았다. 원나라는 정자(程子), 주자(朱子)로 이어지는 성리학을 정통으로 삼았고, 주희가 주석한 『사서집주』와 오경을 중심으로 한 사서오경을 과거제의 시험 과목으로 정하였다(『원사』 選擧志 科目). 원 관학 주자학의 대표자인 허형은 이민족인 몽골적 원나라를 감안하여 형세와 문화를 중시하는 화이론을 견지하고, 특히 『소학』과 『사서』에 주안점을 두고 실천궁행(實踐躬行)을 중시하면서 원의 지배체제를 옹호하였다(『노재유서』 권9, 與子師可). 원대 성리학은 이기와 태극을 기반으로 우주와 자연, 인간에 대한 근원적인 탐구보다는 경(敬)을 중심으로 한 수양론, 실천윤리를 내세웠다.[1]

고려는 원과의 긴밀한 관계를 매개로 중국 문화가 담긴 원의 선진 문화와 사상을 수용하였다. 곧 왕실 혼인으로 인한 숙위(宿衛), 뚤르게(禿魯花) 등의 인적 관계를 매개하거나 원의 국자감이나 과거제의 참여가 그것이다. 특히 충선왕은 응거시(應擧試)를 만들어 원 제과에 고려인의 참여를 독려하고 만권당을 설립하여 고려 학자의 성리학 수용을 장려하였다.

안향은 뚤르게가 되어 원에서 궁정 생활을 하며 원 문화를 접하였다. 백이정은 1198년부터 충선왕을 수종하여 숙위로서 북경에서 10년 동안 머물러 성리학 관련 책을 구하여 돌아왔고, 최성지는 이제현과 함께 충선왕을 호종하였는데 성리학을 좋아하여 선배들이 그와 교유하였다. 최문도(崔文度, 1292-1345)는 왕고를 따라 숙위하였는데 집 밖에서는 궁과 칼을 손에 잡고 집에서는 주렴계 · 이정 · 주자의 성리학서를 읽었다. 백이정은 권부 · 우탁과 함께 안향의 문하에서 성리학을 배웠고, 원나라에서 성리학을 익혀 이제현과 박충좌에게 전했다. 우탁은 경전과 역사에 능통하였고 역학(易學)에 밝았으며, 특히 정자(程子)『역전』을 연구하여 생도를 가르쳐 의리의 학이 행해졌다. 권부는『사서집주』를 간행하여 학자들에게 도학이 있음을 알게 하였다. 이곡은 백문보 · 박충좌와 함께 백이정에게 성리학을 배웠다.

원으로부터 수용된 성리학은 고려의 학제, 과거제의 주요 경전으로 채택되면서 본격화된다. 충목왕 즉위년(1344)에 육경사서(六經四書)를

---

1) 李佑成,「朝鮮時代 社會思想史」,『韓國文化史新論』, 중앙학술연구원, 1975 ; 文喆永,「麗末 新興士大夫의 新儒學 수용과 그 특징」,『韓國文化』3, 1982 ; 周采赫,「元 萬卷堂의 設置와 高麗儒者」,『孫寶基博士停年紀念韓國史學論叢』, 1988 : 金勳埴,「麗末 鮮初 儒佛交替와 性理學의 定着」,『韓國 古代 · 中世의 支配體制와 農民』(金容燮敎授停年紀念韓國史學論叢 2), 1997.

과거시험 과목으로 정하고, 공민왕 16년(1367)에 성균관에 오경사서재(五經四書齋)가 만들어지면서 성리학 수용은 더욱 확산되었다. 이때 성균관에서는 이색을 비롯하여 김구용·정몽주·박상충·박의중·이숭인·정도전·윤소종·권근 등이 참여하였다. 여기에서는 학식을 고치고 매일 명륜당에 앉아 경전을 나누어 수업하며 강의를 마치면 서로 토론하여 성리학이 크게 일어났다. 널리 알려져 있듯이 성리학은 이기·인성설을 근간으로 하여 우주와 인간을 통일적, 완결적으로 설명하는 철학사상으로 체계화했다는 점에서 단순히 사회·정치론, 수양론의 수준에 머물렀던 종래의 유교와 차원을 달리한 것이었다. 그런 의미에서 이 시기 성리학의 수용은 그 이전과 다른 정치 사회 사상을 제시할 가능성이 높았다.

고려의 유학자들은 성리학의 다른 표현인 도학(道學)·성학(聖學)을 자유롭게 구사하면서 유교를 정통(正統), 정학(正學)으로 보고, 유교가 아닌 불교와 도교 등은 이단(異端)으로 파악하여 정치사상으로서의 유교의 정체성을 제시하였다.

이들은 우선 유학의 인륜을 중시하는 실천윤리를 중시하였다. 이곡은 오륜을 성인의 말로 명시하여 삼별초 난 때 삼종지의(三從之義)를 지킨 절부(節婦) 조씨의 행실을 칭송하고, 형제 20여명이 의재(義財)라는 기금을 마련하여 서로 돕는 것을 칭찬하면서, 형제와 붕우는 본말 관계임에도 불구하고 세상 사람들이 형제보다 붕우를 좋아하는 것은 세리(勢利) 때문이라고 비판하였다.(『가정집』 권3 「義財記」) 또한 원나라가 충혜왕의 황음무도함을 문제삼아 충혜왕을 압송하고 게양현(광동성)으로 유배시켰는데, 권한공은 "왕이 무도하여 황제에게 죄를 얻은 것인데 어찌 구원할 수 있겠는가"(『고려사』 열전 권한공)라고 하였지만, 김영돈은 "왕이 욕을 당하였을 때 그 신하가 죽음으로써 그를 구원하는 것이 마땅하다"(『고려사』 열전 김영돈)고 하였고, 이제현은 충혜왕을 구하는 글을 작성하였다(『고려사』 열전 이제현). 이는 충혜왕에 대한 신하로서의 충성을 강조한 것으로, 원 천자의 배신(陪臣)의 의미보다 고려 국왕의 신하라는 의리를 우선하는 것이다.

유학은 중국 춘추전국시대 사유와 세습을 기반하고 양육강식의 논리가 횡행하며 법술(法術)을 위주로 정치를 행하였을 때 발생하는 쟁탈성을 해소해가는 방법으로서 인륜에 대한 성찰과 제도화를 꾀하는 과정에서 탄생하였다. 고려후기 학자들은 성리학을 수용하여 유교 발생 당초에 사유와 세습 등에서 야기된 쟁탈을 해결하기 위한 유교 본래의 문제의식에 충실하여 실천윤리를 강조하고, 유교의 확산을 도모하였다. 이들은 오륜을 천리(天理)로 규정하고 인간이 당연히 지켜야할 도리로 내세워, 군에 대해서는 신, 부에 대해서는 자, 천자에 대해서는 제후로서 주어진 직분과 분수에 충실하는 것을 자연의 이치로 말하였다. 윤리적 실천을 강조하고 효와 충으로 대표되는 유교적 규범의 우위를 확보케 함은 물론 국가와 역사 공동체에 대한 책임 의식을 강조하였던 것이다.

2. 인성 중시의 성리학과 제도 중시의 성리학

고려후기에는 유교의 이상적인 인간형인 군자(『논어』 「옹야」)를 지향하고 치인의 전제로서 수기가 강조된다. 이색은 공자·맹자의 성인의 도를 배워 유가적 이상적 인간형, 이른바 소인유(小人儒)의 위인지학(爲人之學)을 대신하는 위기지학(爲己之學)을 힘쓰는 군자유(君子儒)를 지향하였다. 그는 『대학』의 8조목에 입각해서 마음을 공평하게 하고 기운을 평이하게 다스리는데, 이는 치인(治人) 곧 수신·제가·평천하를 이루려는 것이라고 하였다.

군자의 지향은 경학에 밝고 윤리를 실천하며[經明行修], 나라를 다스려 백성을 구제하는[經世濟民] 것으로 진전된다. 이는 시부장구에만 얽매여 벌레를 새기듯이 문장을 다듬기만 하는 무리와 대비되어 국가 운영에 필요한 인재로 제시되었다. 이색은 경방제세(經(邦)濟(世))를 위한 계책을 강구하였고, 조준은 나라를 다스리고 백성을 구제하는 것[經濟]을 자신의 임무로 삼았다.

고려후기에 군자상이 제시되고 경학을 공부하고 행실을 닦으며 나라를 다스려야 한다는 의식의 형성은 성리학(聖學)의 영향이라고 할 수 있다. 성학은 성인이 되기 위한 학문, 요·순……주공의 요법을 체득해서 왕도와 인정을 실현하기 위한 학문인데, 이때 성인은 학문적 능력을 통하여 도달 가능하다고 보고, 자신과 같은 유학 지식인이 성의(誠意) 정심(正心)의 도, 곧 수양에 힘써 관리가 되어 현실정치를 책임져야 한다고 하는 것이다.

공민왕 16년 성균관에서는 이색을 중심으로 이숭인·정몽주·김구용·정도전 등이 성리학의 세계관과 인간관을 탐구하였다. 이들은 성리학의 정치·사회 이론을 고려 사회에 활용할 수 있는지를 궁구하면서 개혁 사상의 지적인 토대를 마련하고자 하였다. 이들은 우왕 원년의 북원 사신 영접을 반대하다가 유배를 당하거나 관직에서 물러나는데, 이후 현실 인식과 대응 방법에 따라 분기하였다. 이색·이숭인은 심성 수양 중시의 성리학을 견지하고 왕조 내의 제도개선론을 주장하였고, 정도전과 조준은 제도 중시의 성리학을 주장하여 체제변혁을 추구하였다. 정도전은 성균관에서 이색과 함께 성리학을 연구하였고, 윤소종은 이색의 문생이지만 사상을 전환하여 체제변혁론의 입장에 섰으며, 조준은 윤소종에게 배웠다.[2] 말하자면 성균관에서 이색을 중심으로 성리학을 연구한 학맥이 고려말의 정치사상·개혁 사상을 주도하였는데, 현실 인식과 타개 방안에 따라 조선 건국에 찬반을 달리하였다.

전자의 이색·이숭인 등은 심성 수양 중시의 성리학을 견지하고 유불동도론을 전개했다. 이색은 성리학의 핵심 개념인 태극·성·리·천리와 인욕 등을 자유롭게 구사하며 우주와 자연, 인간과 사회를 설명하여 심성, 수양론에 치우쳤다. 그는 본연의 성은 원래 선한 것이었으나 기질과 물욕에 의해 이것이 가려진다고 보고, 본연의 성품을 회복할 방법론으로 천리를 보존하고 기질과 물욕의 사사로움을 제거하는 것, 이른바 '존천리(存天理) 알인욕(遏人欲)'이 성학에 이르는 길이라고 하였다.(『목은집』 문고 권10 「伯中說贈李狀元別」) 또한 학문 방법으로 '학문하는 자는 물론 정치하는 자, 부부간이나 들판·조정과 마을과 집안에서도 경(敬)이 가장 기초적인 덕목'이라고 강조하였다(『목은집』 문고 권10, 「韓氏四子名字說」). 이는 인륜적 본성의 회복과 함양을 교화의 우선적인 목표로 설정한 것으로, 사회 질서를 안정시키는 핵심은 인간 본성의 수양 여하에 달려 있다고 본 것이다.

심성 수양 중시 성리학은 유교와 불교가 추구하는 목표가 같다는

---

2) 도현철, 『고려말 사대부의 정치사상연구』, 일조각, 1999 ; 「조선건국기 성리학 지식인의 네트워크와 개혁사상」, 『역사학보』 240, 역사학회 2018.

유불동도론으로 이어진다. 이색은 『대학』을 통하여 수신에서 천하를 다스리는 것과 불교의 수양을 통하여 깨달음을 얻는 것을 같다(『목은집』 문고 권3 「澄泉軒記」)고 보았고, 주일(主一) 공부인 경(敬)은 좌선과 흡사하다(『목은집』 시고 권21, 「有感」)고 하였다. 정좌(靜坐)로 본래의 마음을 유지하는 성리학의 수양법인 경(敬)과, 무념무상의 상태를 추구하는 좌선은 비슷하다고 보는 것이다. 이색은 간화선, 화두 참구의 방법을 행하는 승려를 지켜보았지만, 도통 곧 유가의 도가 전해진 16자 심법[3]을 견지하면서 보법사 노승의 소신(燒身)을 비판하고, 면벽을 한다고 좌선을 배울 수 있겠는가(『목은집』 시고 권28, 「聞報法老僧燒身」) 하여 불교의 수행법을 비판적으로 보았다.

주자학과 불교는 세계와 인간에 대한 이해가 다르고 공부 방법론도 다른데,[4] 이색은 유교의 정체성을 유지하는 가운데 불교가 유교 교화에 기여한다고 보았다. 당시 윤리도덕이 무너지고 풍속이 나빠지는 상황에, 불교가 비록 인간의 천상(天常)을 어기기는 하지만, 은혜의 소

---

3) 도통론은 儒家의 학문의 요지인 "人心惟危 道心惟微 惟精惟一 允執厥中"의 16자가 전수해 간 내력으로서, 요·순·우·탕·문·무의 帝王과 周公으로 이어진 후 공자가 이것을 계승하였고, 이것이 다시 顔子·曾子를 거쳐 子思·孟子에게 전해졌다(金駿錫, 「17세기 畿湖朱子學의 動向宋時烈의 道統繼承運動」, 『孫寶基博士停年紀念韓國史學論叢』, 지식산업사, 1988, 352~354쪽)는 것이다.

4) 주자학은 心에 있는 理가 性(性卽理)이라고 하고, 마음 속에 갖추어져 있는 이치를 외계 사물을 통하여 밝히고 이를 기초로 사물의 완성을 이루도록 한다[修己治人, 成己成物]. 이에 비하여 불교는 心이 이치이고 본체로 心의 작용인 性은 空으로 일체의 작용이 허망하다고 파악한다. 이에 따라 存心과 盡心의 수양 공부가 없고 이치를 궁구하지 않는다. 오직 마음을 갈고 닦아 본체만을 터득하면 된다. 즉 마음 작용에만 기초한 일체 행위는 그 객관적 정당성[理]을 확보하지 못한다. 따라서 불교는 도덕적 원리로서의 天理를 心 속에서 밝혀내지 못하게 되어 도덕적 원리[天理]를 어기는 일도 정당화된다(韓正吉, 「朱子의 佛敎批判-'作用是性'과 '識心'說에 대한 비판을 중심으로-」, 『東方學志』116, 2002 ; 이상돈, 『주자의 수양론』, 도서출판사철, 2013).

중함을 알고, 부모를 사랑하고 군자를 아끼며 강상(綱常)을 바로 잡는다(『목은집』 문고 권5, 「送月堂記」)고 하였다. 고려의 지배이념인 불교와 성리학과의 유사성에 주목하고 두 사상의 조화가능성을 타진하였던 것이다.

심성 수양 중시의 성리학은 경세론에서 『맹자』의 항심을 중시하는 것으로 나타난다. 『맹자』는 항상적인 생산 곧 항산(恒産)이 있어야 항심(恒心) 곧 변치 않은 도덕심이 생긴다(『맹자』 「양혜왕 상」)고 하였다. 그런데 이색 등은 『맹자』와는 정반대로 항산과 항심을 이해하였다. 항심이 없기 때문에 항산이 없다는 것이다. "너희가 항산이 없는 것은 항심이 없기 때문이니, 그 때문에 무리로 떠돌아다닌다. 사람이 항심이 없으면 어딘 간들 용납되겠는가."(『가정집』 권3, 「刱置金剛都山寺記」)라는 것이다. 농민들의 잦은 유망은 항심의 부재, 항심이라는 인간의 도덕적 본성의 상실에서 그 원인이 있다고 보는 것이다. 즉 백성이 정착하지 못하고 돌아다니는 유망(流亡)과 유이(流移)로 표현되는 민의 동요, 사회불안을 도덕적 본성과 그러한 본성을 자각하는 인간 개개인의 인성과 윤리 문제로 파악하여 그 대책은 인성 교육이나 교화에 충실하는 방향으로 나아가게 된다.

심성 수양의 성리학을 중시하고 사회 문제를 인성 문제로 파악하는 것은 주어진 고려의 정치체제를 인정하는 것이다. 즉 고려의 법제와 관행을 존중하며 운영에 필요한 매뉴얼을 정돈하고 담당 관리의 청렴함과 공정함에 의한 합리적인 운영을 도모하는 것이다. 이러한 목표로 만든 것이 『주관육익』이다. 『주관육익』은 『주례』에 기반한 6전 체계를 기초로 고려의 문물제도, 예컨대 고려 왕실의 정통과 왕실의 세계 그리고 각 지방의 산물·성씨와 천문·지리까지 재정리한 것이다. 곧 고려 왕조의 내력과 성립의 의의를 새롭게 밝히고 문물제도를 재확인하여 고려의 정치체제를 확고히 하려는 것이었다.

이러한 심성 중시의 성리학은 새로운 왕조의 개창이 기정사실화된 후 권근에 의하여 계승된다. 조선 건국 후 논죄된 56명과 건국에 반대한 인물들이 왕자의 난 이후 태종과 결합하여 관직에 나아가 조선왕조의 정치체제와 유교적 체제이념을 확고히 하는 데 참여하고, 길재와 원천석 등은 관직의 뜻을 접고 낙향하여 후진을 양성하고 유교 교화의 확대에 주력하였다.

권근은 왕조 개창에 반대하다가 조선 건국 후 정도전과 함께 성리학적 이념의 확산에 주력하고, 태종대에 관학을 이끌며 성리학의 학문적 정리 과정에서 고려말의 심성 수양을 중시하는 입장을 계승하였다. 그는 사회 질서를 유지하는 예의 요체를 '경(敬)'으로 설명하였다. "예의 삼백 가지 큰 절목과 위의 삼천가지의 많은 항목의 요체를 쉽게 말할 수는 없지만 무불경(毋不敬) 한 마디에 있을 뿐이다"(『예기천견록』 권2, 「곡례 하」), "군자가 예를 행함에 있어 안으로 주경(主敬)하여 자세가 반듯하게 되고[儼若] 배움의 공이 이루어지고 예의 근본이 서게 된다."(『예기천견록』 권2 「곡례하」)고 한 것이 그것이다. 권근이 경 중시의 예론을 전개한 것은 도덕 실천에 있어서 인간의 주체적이고 자발적인 행위를 중시하였음을 의미한다. 경은 도심과 천리를 체득하는 실천 원리이고, 도덕적 본성을 자각·함양하는 방법론으로 경을 중시하는 것은 사회 안정, 질서 유지를 위해서 인간의 도덕적 본성을 중시하는 것으로 이해된다.

반면에 정도전·조준 등은 성리학의 제도론을 활용하여 폐정을 일신하는 제도개혁을 주장하였다. 이들은 『맹자』의 정통과 이단 이해를 기초로(『맹자』「등문공 하」), 유학을 정학·정통으로 보고 유학 이외의 사상을 정통에 대한 이단·사설로 파악했다. 박초는 맹자가 양주·묵적의 설을 배격하고 공자를 높인 이래 동중서·한유·정자·주자가 이 도를 옹호하고 이단을 배격하였다고 하고, 이와 달리 불교는 인간의 도리인 삼강오상을 지키지 않으며 출가를 위해 군신이나 부자 관계를 끊고 생산활동을 하지 않는다(『고려사』 열전 김자수)고 비판하였다.

또한 이들은 『주례』를 바탕으로 중앙집권체제와 재상정치, 6전 중심의 일원적인 행정체계를 목표로 고려의 국가 체제를 개혁하려고 하였다. 『주례』의 천관 총재를 바탕으로 총재, 즉 재상, 6전 그리고 속관으로 이어지는 관료 체제 개혁안을 제출하였고, 도의 장관인 감사(관찰사)와 지방 수령, 그리고 민으로 이어지는 중앙의 지방에 대한 공적 지배를 강화하고자 하였다. 그리고 재상정치론을 주장하여, 군주의 권한은 재상을 선택하는 것에 불과하고, 재상이 천리(天理)의 이법을 파악하고, 군자유를 등용하여 이들과 함께 공론 정치를 펼 것을 제안하였다.

또한 이들은 교화의 실현과 민생 문제와 관련하여 『맹자』의 방식대로 항산이라는 백성의 경제적 안정이 보장되어야 항심이라는 윤리도덕이 확립된다고 보았다. 조준은 화척(禾尺)과 재인(才人)이 왜적으로 가장하고 있는 것은 항산이 없어 항심이 없기 때문이라고 하였고, 정도전은 백성은 경제생활이 불안정하면 윤리도덕이 실현되지 못한다고 보았다. 민의 생계보장, 농민 경제를 우선하여 항산을 중시하고 소농의 생산 기반을 안정시키려 하였고 이는 전제(田制) 개혁으로 이어졌다. 당시 사유와 세습을 통한 쟁탈과 소송의 확대, 농민 유망이 빈번한 사회현실에서 인륜을 회복하는 것이 필요하다는 데에는 이견이 없지만, 도덕성의 확립의 요건이 되는 경제적 안정을 위한 전제 개혁과 같은 제도개혁을 주장하는 것이다.

정도전과 조준 등의 개혁론은 고려의 정치체제를 부정하는 논리를 내포한다. 고려는 중앙집권을 지향하고 『주례』에 기초한 삼성 육부제가 있었지만 삼성의 고관이 6부의 판서를 겸직하는 귀족적 정치기구로 존재하였고, 중서문하성의 재부(宰府)와 낭사(郎舍), 중추원의 추부(樞府)와 승선방(承宣房) 등 정치기구가 상하 2중으로 구성되었으며, 지방제도는 남도 지역과 양계지역, 그리고 경기지역으로 다원화되어 있었고, 통치내용도 지역에 따라 달랐다. 또한 고려에는 지방관(수령)이 파견되지 않는 속현이 많고, 지방 토착 세력에 의한 사적 지배가 행해졌다. 정도전 등의 개혁론은 『주례』에 기초한 육전의 원리에 입각한 행정 조직의 일원적 체계와 전문성 강화를 꾀하여 정치 운영의 관료적 성격을 강화하고, 지방관을 전국에 파견하여 공권력에 의한 공적인 지배를 확대하는 것이었다. 또한 과거를 통하여 관료를 등용하여 이들에 의한 공론 정치를 추진함으로써 종래 음서로 성장한 문벌 귀족이 중심이 되어 정치를 운영하는 것과 어울리기 어려웠다. 여기에 공양왕 3년부터 제기된 배불론은 불교 국가 고려의 사상적 기초마저 위협하고 있었다.

고려후기에는 성리학을 통한 개혁 방법으로 경과 같은 심성 수양을 통하여 인륜적 본성을 회복하려는 흐름과 유교의 이상사회론을 기초로 제도를 개혁하려는 입장이 있었다. 결과적으로 후자가 정치적으로 승리하면서 조선은 건국되었고, 이로써 성리학의 제도론에 입각한 새로운 체제가 형성되는 계기가 마련되었다.

3. 불교에서 유교로의 전환과 성리학으로의 일원화

고려말 조선초 왕조 교체 과정에서 성리학을 기초로 한 개혁론이 제시되고, 배불론이 주장되었다. 조선 건국의 이론가인 정도전은 공민왕 16년 성균관에서 이색의 문하에서 이숭인·정몽주·김구용 등과 함께 사서오경 중심의 성리학을 익혔다.

성리학을 익힌 유학자들은 우왕 원년에 북원 사신의 영접을 반대하다가 죽거나 관직에서 물러나고 유배당하였다. 나주 회진현에 유배된 정도전은 대명 외교의 정당성을 말하고 자신의 주장이 천리(天理)로서 옳았다고 생각하고 심문천답(心問天答)을 지었다. 그는 심문에서 인간과 자연의 운행원리인 천리가 있지만 혹 물욕에 의하여 가리워져 선(善)에게 복(福)을 주고 악(惡)에게 화(禍)을 내리는 것이 지켜지지 않으므로 세상 사람들이 의리를 돌아보지 않고 공리(功利)에만 매진한다는 것이다. 이에 대한 천(天)의 대답은 천인합일설(天人合一說)을 전제로 하늘의 상도가 손상되어 위의 원칙이 무너질 때도 있지만, 천리는 늘 일정하며 선에게 복을 주고 악에게 화는 내리는 원칙은 지켜진다고 하였다(『삼봉집』권10, 心問天答). 여기에서 정도전은 천리의 불변성을 전제하는 가운데 의리의 공(公)과 공리의 사(私)를 엄밀히 준별하고 있다. 정도전은 유학이란 불교와 도가의 사특한 해를 분별하여 백대의 무지한 의혹을 열어 주었고, 공리(功利)설로 파악된 불교를 꺾어 도의를 올바른 데로 돌아가게 하는 것이라고 하였다(『삼봉집』권4. 錦南野人).

정도전은 위화도 회군 이후 이성계의 추천으로 성균관 대사성이 되어 성리학을 연구하고 교육하였다. 그의 가르침을 받은 성균관 생원인 박초는 맹자가 양주·묵적의 설을 배격하고 동중서·한유·정자 · 주자가 도를 계승하였고, 정도전은 하늘과 사람의 성명(性命)의 근원을 발휘하여 도학을 외치고, 불교가 미혹함을 깨뜨려 천리를 밝히고 인심을 바르게 한 우리 동방의 진정한 유학자(眞儒)라고 하였다.

정도전은 『불씨잡변』을 통하여 주희의 불교 비판을 참고하여 불교 이론을 유교의 입장에서 비판하였다.[5] 그는 마음(心)은 기(氣)이고 허령불매하여 지각 활동을 하며 한 몸을 주재하는 것으로 본다. 성(性)은 하늘에서 부여받은 리(理)로서 마음에 갖추어진 것인데 반하여, 불교에서는 심이 지각 활동을 하는 것으로 보았고, 행동거지에서 따라야 하는 기준[威儀之則]이 사라지고 집착이나 걸림이 없어서 하지 못하는 일이 없게 된다고 하였다. 또한 심의 활동이 리를 잘 발현하도록 유도하기 위하여, 거경(居敬)을 통한 존양(存養)과 궁리(窮理)를 통한 진심(盡心) 공부를 병행해야 한다고 주장하였다. 마음이 격물치지의 궁리 공부를 통해서 마음에 갖추어진 온전한 도리를 다 발휘해야 하고, 그러기 위해서는 존양 공부가 필요하다고 여겼다. 만약 존양 공부가 결여되면 천리가 마음에 갖추어져 있는지 모르고, 리(理)를 궁구하지 못하여 마음의 도리를 다 발휘할 수 없다고 지적하며, 불교에서 마음을 공(空)이라 하여 따로 리(理)가 없다고 주장하는 점을 비판하였다 (『삼봉집』권9, 佛氏雜辨 · 儒釋同異之辨). 천리로서의 오륜을 천명함으로써 인간이 인간으로서 지켜야 할 도덕규범을 제시한 것이다.

---

5) 韓永愚, 『鄭道傳思想의 硏究』, 서울대출판부, 1983 ; 尹絲淳, 「三峯 性理學의 特性과 그 評價問題」, 『震檀學報』50, 1980 ; 柳仁熙, 「退 · 栗 이전의 朝鮮 性理學의 問題發展」, 『東方學志』42, 1984 ; 琴章泰, 「三峯 鄭道傳의 佛敎批判論과 社會思想」, 『朝鮮前期의 儒學思想』, 서울대학교 출판부, 1997 ; 李廷柱, 『性理學 受容期 佛敎 批判과 政治 · 思想的 變容 −鄭道傳과 權近을 중심으로』, 고려대학교 민족문화연구원, 2007, 135−141쪽.

고려말 사회는 윤리도덕이 무너지고, 재판 송사가 증가하였다. 이색은 당시를 "지금은 풍속이 모두 무너져서 아비와 자식의 관계가 서로 어긋나고 형과 아우가 서로 도모하는가 하면 역신(逆臣)이 잇따라 일어나고 완악한 백성들이 자꾸만 난리를 일으키고 있는 실정이다" (『목은집』 문고 권8, 「贈休上人序」)라고 할 정도였다. 특히 사전(私田)을 둘러싸고 조상의 문서를 가지고 서로 토지를 쟁탈하여 소송이 날마다 많아지게 되고 신분이 높고 낮은 자, 나이가 많고 적은 자들이 서로 원수처럼 대하여 형제·친척들이 도리어 남이 되고 풍속이 무너지고 있었다.(『고려사』 「식화지」) 이는 사전이 인륜을 짐승 수준으로 떨어뜨리게 하는 것이었다.[6]

고려말 성리학을 통한 개혁정치를 추구한 유학자들은 이러한 윤리도덕의 붕괴를 해결할 사상적 대응과 개혁정치를 주장하였는데, 정도전 등은 그 원인을 제공하는 원천 사상으로 고려의 지배이념인 불교로 지목하였다. 불교는 천리(天理)를 인정하지 않고 출가를 용인하여 인간이 인간으로서 당연히 지켜야 할 도리를 저버린다는 것이다. 그리고 윤리도덕의 확립을 위한 도덕성 및 인륜의 확인과 그 이론적 근거 마련이 필요하다고 보았다. 이것이 성리학의 이론적 정리와 불교 비판으로 나타나게 되었다.

한편 경제 변화에 부응해서 성리학을 통한 농업 진흥책도 제기되었다. 당시에는 집약 농업이 발달하고 중국 강남의 선진 농업 기술이 도입되어, 생산력이 발전하고 생산증대를 위한 노동력 확보가 필요하였

---

6) 채웅석, 「고려시대 사송(詞訟) 인식과 운영」, 『한국중세사연구』 63, 한국중세사학회, 2020 ; 「고려후기 사송(詞訟)의 범람과 국가의 대책」, 『한국사연구』 187, 한국사연구회, 2019 ; 윤훈표, 「고려말기 형정의 상황과 개편 방향」, 『학림』 50, 연세사학연구회, 2020.

다. 유망을 방지하면서 토지에 안착하여 역농(力農)할 수 있는 이념이 필요하였던 것이다. 항심의 보존과 도덕성의 함양을 통하여 인륜 도덕을 견지하고 오륜을 지켜나가는 가운데 부(父)를 중심으로 하는 혈연공동체의 마련과 그를 통한 안정된 정착 생활을 위한 근거도 필요했다. 유학의 입장에서 불교는 출가를 용인하고 깨달음을 얻기 위하여 세상을 떠돌아다니는 것을 용인한다는 점에서 비생산적인 것이었고, 인간이 지켜야 할 오륜의 실천과 이를 통한 도덕성 함양과는 거리가 멀었다. 더욱이 고려말에 승려의 증가와 사원 경제의 폐단의 심화로 불교는 왕조 국가의 경제적 기반을 무너뜨리고 있었다. 따라서 성리학을 통한 유교 원론에 충실해서 도덕성을 강조하고, 주희의 권농문이나 향약과 사창을 통하여 지주와 경작자와의 관계를 상보적인 논리로 설명하여 경작자 농민의 토지 안착을 도모하려고 하였다.[7]

조선왕조의 유교 사회로의 지향은 정도전의 불교 비판으로 이론적 정리 작업이 정돈되었다. 그리고 이를 기반으로 불교의 사회경제적 기반을 무너뜨리는 정책을 취했다. 태종은 불교 종파를 11종에서 7종으로, 다시 선교(禪敎) 양종으로 통폐합하면서 전국에 242사만 남겨놓고 그 이외의 사원을 폐지하였고, 사찰 소유의 토지와 노비를 국가의 소유로 환속시켰다.

그러면서 조선왕조는 재편된 지배 질서를 유지하는 데 필요한 불교적 요소는 이해하고 활용하였다. 우선 종교와 신앙의 영역에서 윤회와 업보설을 기초로 정토(淨土)와 천당(天堂)을 제시하며 불보살의 자

---

7) 이태진, 「15 · 6세기 新儒學 정착의 社會經濟的 배경」, 『규장각』 5, 서울대학교 규장각 한국학 연구원, 1981.

비와 민생의 구제를 말하는 불교를 용인했다. 태조는 무학 자초(自招)를 왕사로 삼고, 천태종 승려인 조구(祖丘)를 국사로 삼았으며, 궁궐 안에 내불당을 두었다. 국가의 의례나 사후의 명복의 기원이나 천변, 질병 등 인간적 재난을 소재하려는 불교식 기복적 의례를 행했다. 이는 인간으로서 감당하기 어려운 천재지변, 자연재해 혹은 비명횡사와 같은 불가항력적인 상황에서 종교 신앙적인 면이 약한 유교보다는 불교와 도교처럼 초월적 존재에 의지하였던 것이다. 또한 세종은 『월인천강지곡』과 『석보상절』의 언해본을 간행하였고, 세조는 간경도감을 설치하여 『능엄경』·『법화경』·『금강경』 등을 언문 불교 경전을 간행하여 효와 충을 권면하도록 유도하였다.

더욱이 조선왕조는 국가의 인적, 물적 자원을 사원 경제에서 취하였다. 태조대 한양도성 축조나 기타 국가의 토목공사에 승려를 동원하고 그 노역의 대가로 양식을 주거나 도첩(度牒) 및 직첩을 발급하였다. 세조대에 시행된 승인호패(僧人號牌)는 승군의 동원과 역승(役僧)에 대한 부역 대가로서 도첩을 급여하는 것이었다. 불교를 비판하지만 국가의 공민증이라고 할 수 있는 호패를 승려에게 줌으로써 신분을 보장해주고 국가의 필요에 의해 승려들을 동원하였다. 불교 역시 종교 신앙의 역할과 불교의 수신·수행 기능을 바탕으로 득도의 수행을 추구하였고, 독자적으로 종교 사상의 기능을 행하며 조선왕조의 요구에 부응하였다.

정도전의 불교 비판은 당시 윤리 부재와 민생의 불안정 그리고 소송의 증가로 표현되는 사회 문제를 사상적 원인 제공자인 불교를 비판함으로써 타개하려는 것이었다. 불교를 비판하는 논의는 이단 비판에 철저한 송학 가운데 성리학만을 중시하는 결과를 가져왔다. 송학 가운데 육산상학(陸山象學) 등은 불교와 친연성 깊은 마음에 관한 논의[心論]를 전개하였으므로, 이단 배척에 철저한 성리학만이 모순의 근원으로 파악되는 불교 비판에 철저할 수 있다고 보았기 때문이다. 불교 비판은 결국 불교 국가인 고려를 부정하는 논거로 활용되게 되었다.

4. 유교의 사회적 확산과 예론

조선왕조는 유학을 국시로 삼아 불교가 지배하던 사회를 유교가 지배하는 사회로 전환시키고자 하였고, 이를 위하여 중국 사상인 유학의 학문적 정리 작업을 했다. 그것은 두 측면으로 나타났다. 하나는 이론적 측면에서 유교의 예론에 대한 검토와 유학의 공부론에 대한 탐구였고, 다른 하나는 그렇게 정리된 학문적 근거로 정치 사회적으로 유학을 확산시키는 것이었다.

건국초 유학의 학문적 검토 작업에 힘쓴 이는 권근(權近, 1352-1409)이다. 권근은 성리학적 이상국가를 건설하고자 하였다. 그는 정도전의 성리학 국가 건설의 취지에 공감하여 보조하고자 하였고,[8] 정도전의 구상이 담긴 저서 서문을 써주고 교열도 보며 그것이 갖는 의의를 설명하였다. 권근은 「심기리삼편」·「심문천답」·『불씨잡변』·『경제문감별집』의 서를 써 성리학적 도통론의 입장에서 정도전의 학문적 특성을 밝히고 새로운 국가 체제를 확립하려는 인물로 묘사하였다. 특

---

8) 도현철, 『조선전기정치사상사』, 태학사, 2013.

히 『불씨잡변』의 서문에서는 정도전이 불교의 해악을 절실하고도 명백하게 제시하여 맹자를 계승하였다고 높이 평가하였다.

처음 권근은 공민왕대 성균관에서 이색의 문하에서 유교 사회를 실현하기 위한 학문적, 이론적 기초를 세우고자 하였고, 이색의 뜻에 따라 오경(五經)에 대한 정리 작업에 착수하였으며, 『오경천견록』과 『입학도설』을 저술하였다. 이 중 『예기천견록』은 『예기』의 내용을 성리학의 기본 정신에 따라 재해석하고 유학적 문치 사회의 핵심인 예와 관련하여 이론적인 측면은 물론 실생활에 필요한 구체적인 규범 및 행동 양식에 관해 풍부한 지식과 정보를 제시하였다. 곧 『예기천견록』은 성리학이 추구하는 예적 질서에 관한 탐구를 통해 『가례』를 현실에 실천할 때 그 이론적 기반을 마련해 주는 것으로, 유교의 사회화를 실현하려는 목적에서 저술되었다. 그리하여 『예기천견록』은 사욕을 교정하는 기준으로, 법의 강제성을 극복하는 자발성의 텃밭으로, 나아가 다른 개체들과 구별되는 인간의 정체성을 담아내는 근거로 제시된 예에 대한 탐구를 통하여 궁극적으로는 유교의 예가 지배하는 사회를 추구한 저술이라고 할 수 있다.

또한 권근은 『입학도설』을 통하여 초학자가 유학적 세계관과 인간론을 쉽게 이해할 수 있는 설명과 그림을 제시하였다. 『입학도설』은 주희의 『대학장구』를 통해 〈경1장 전10장〉의 체제로 재편하고 격치(格致)에 대한 보전(補傳)을 추가하였으며, 「대학」에서 주자의 보전 체제를 비판하는 왕백(王柏), 동괴(董槐) 등의 설을 소개하며 그에 대한 자신의 반론을 제시하였다. 권근의 주된 논점은 공부의 내용[功]-효과[效]가 상응하는 구조로 『대학』의 논의를 이해하고, 격물의 의미가 문맥상 궁리를 의미한다는 점에서 주희의 체제를 옹호하고 있다. 권근의 이러한 해석 틀은 당시 유행한 주자학과 육왕학의 조화를 추구하는 주륙화회(朱陸和會)적 기풍을 주희적『대학』이해로 전일할 수 있는 학문적 분위기를 조성하고, 성리학적 연구 방향으로 이끄는 데 영향을 주었다고 할 수 있다.

그리고 권근은 이러한 모든 것의 기초로『소학』을 내세웠다.『소학』은 인륜과 세도에 긴요하므로 사학과 향교의 생도들은 먼저 소학을 배우고 난 다음 사서와 같은 다른 책을 공부하도록 제안하였다. 권근은 "소학에서 물 뿌리고 청소하며 응대하는 일상적인 일부터 시작하여 격물, 곧 사물의 이치를 탐구하고 사람의 도리를 알아 집을 가지런히 하고 나라를 다스리며 천하를 화평하게 하는 일로 나아가야 한다."(『양촌집』권31「論文科書」)고 함으로써『소학』의 단계에서 인간에게 구비되어 있는 본원으로서의 덕성인 인륜을 함양하고,『대학』의 단계에서 치지를 통해 정미한 수행 능력을 확보하는, 객관화된 교육과정의 체계를 제시하였다. 즉 미성년의 단계에서는 물 뿌리고 청소하며 응대하는 행동의 세세한 예절과 부모를 친애하고, 윗사람을 공경하는 것과 같은 대인관계의 도리를 교육하고 이를 몸에 젖어들도록 함양시킴으로써,『대학』의 단계에 진입하여 격물치지의 학문을 하도록 하였던 것이다. 권근이『소학』의 실천을 강조한 것은 수제치평(修齊治平)을 수행하기 위한 근본을 함양시키는 실용의 학문으로『소학』을 정립하려는 뜻이 담겨 있다.[9]

조선왕조는 이러한 유학의 학문적 정리 작업을 기초로 유교의 사회

---

9) 이봉규,「涵養論과 교육과정으로 본 조선성리학의 개성」,『퇴계학보』128, 퇴계학연구원, 2010.

적 확산을 도모하였다. 그것은 군주 성학에 기초한 격군심(格君心=正君心)과 교민(教民), 교화(教化)로 제시되었다. 우선 군주가 성인이 되는 학문인 군주성학론(君主聖學論)를 제시하여 군주의 수양 방법을 제시하였다. 이곡은 마음은 일신의 주재이고 온갖 변화의 근본이므로, 군주의 마음은 정치를 하는 근원이자 천하를 다스리는 기틀이 된다(『가정집』 권13 「廷試策」)고 하였고, 이색은 천리를 보존하고 기질과 물욕의 사사로움을 제거하는 것이 성학(聖學)에 이르는 길이라고 하였다. 태조 년간에는 군주의 마음을 바르게 하기 위한 방법으로 경(敬)을 제시하였다.

임금의 마음을 바로잡는 주체는 군자, 대인이다. 이곡은 오직 대인(大人)이라야 임금의 마음속의 잘못을 바로잡을 수 있고, 한 번 임금의 마음을 바로잡으면 국가가 안정된다고 하였다.(『가정집』 권7 「師說贈田正夫別」) 윤소종은 임금의 마음을 바로잡는 것(格君心)을 자신의 임무로 생각하고, 창왕에게 경연을 열어 요·순과 같은 성군이 되기 위해 성학(聖學)에 힘쓰라고 하였다.

이때 군주가 성학을 달성하는 데 가장 중요한 것은 군주 스스로가 인륜의 마음을 함양하고 인욕을 극복하는 수행 방법에 충실하겠다는 의지이다. 유학자 관료가 경연이나 기타의 방법으로 군주를 이끌어가려 해도 군주가 스스로 자기 결단을 하지 않으면, 지식만 섭취하고 수행은 하지 않는 결과를 초래하기 때문이다. 그러므로 군주가 성인이 되겠다는 뜻을 세우고 경(敬)의 수양법을 통하여 천리를 보존하고 인욕을 제거하도록 해야 한다.

한편 유학의 사회적 확산을 위해서는 교민의 교화[化民成俗·善俗·風化·厚倫成俗]가 필수적이다. 유학의 이상은 요임금이 특별히 어떤 행동을 하지 않고 남쪽을 향하여 앉아있는 것만으로 모범이 되어 윤리 도덕이 행해지는 사회이다(『논어』「위령공」). 곧 세상의 도가 평화롭고 안락할 때에는 집집마다 표창을 할 만하여 성인이 옷자락을 늘어뜨리고서 인위적인 정치를 하지 않은 사회가 된다.

이를 위해서 예와 덕에 의한 정치를 행하고(『삼봉집』 권8, 「朝鮮經國典 下 憲典後序」), 군자가 관료가 되어 풍화의 근원인 학교를 설치하여 백성을 가르쳐 변화하도록 하였다. 그리하여 모든 군현에 향교를 설치하고, 교수를 임명하여 지방의 교육을 담당하도록 하였는데, 학교 설립이 미흡한 곳에서는 지방에 거주하는 한량(閑良)·유신(儒臣)이 학당(學堂)·서재(書齋) 등을 설립하여 교화하고 후진을 양성하도록 하였다.[10] 또한 『삼강행실도』와 같은 윤리교화서를 간행하여 충·효·열을 핵심 덕목으로 제시하였다. 고금의 충신·효자·열녀 중에서 본받을 만한 자를 뽑되, 그림을 덧붙였다. 거리에서 노는 아이들과 골목 안 여염집 부녀들까지도 쉽게 이해하고 느끼고 깨달은 바가 있게 되면, 인도하여 도와주고 지도하는 방법에 도움이 될 것이라고 하였다.

아울러 군자로 표현된 선각자의 솔선수범이 그에 따른 후각자의 순응을 유도하도록 하였다 (『맹자』「만장 상」). 군자와 소인을 바람과 풀로 비유하듯이(『시경』「국풍 주남·관저」 ; 『맹자』「등문공 상」), 군자와 같은 윗사람의 모범적인 행위가 소인과 같은 아랫사람에게 영향을 준다고 본 것이다. 곧 "위에서 행하면 아래에서 본받는다(上行下效)"는 사상에 의

---

10) 정순우, 「麗末鮮初 '私置書齋'의 역할과 성격」, 『한국학』 33-4, 한국학중앙연구원, 2011; 이상민, 「15세기 지방 지식인종의 활용과 평민교화」, 『역사와 현실』 118, 한국역사연구회, 2020; 신동훈, 2021, 「여말선초 향교 건립의 추이」, 『한국사학사학보』 43, 한국사학사학회, 2021.

한다고 할 수 있다. 길재는 새로운 왕조에서 벼슬을 내렸으나 불사이군(不事二君)의 충절을 내세워 사양하였고, 향리에서 『소학』과 『주자가례』를 몸소 실천하고 학도를 가르치며 본성 함양과 유교의 명분을 확산하는 데 기여하였다. 그리하여 길재를 유교 교화의 상징이 되고 길재의 유풍(冶翁之遺風)으로 전해져 향리의 백성들에게 삼강오륜, 곧 인간의 도리를 가르치고 윤리도덕 사회를 만들어가도록 하였다. 길재는 『삼강행실도』(1426)를 비롯하여 『용재총화』(1525)·『신증동국여지승람』(1530)·『대동운부군옥』(1589)·『휘찬여사』 등에 수록되어, 충절과 유교 윤리를 실천한 인물로 평가받았다.

조선왕조는 유학을 체제이념으로 삼아 유교 이념이 지배하는 사회를 지향하였다. 정도전의 배불론과 권근의 학문적 정리 작업을 행하고 이를 기초로 유교의 확산을 도모하였다.

고려말 국가 주도로 수용된 성리학은 토지제도의 문란과 윤리 부재 그리고 소송의 증가, 게다가 중앙 관제 문란과 기강의 해이 등으로 나타나는 정치적·사회적 변동을 타개하는 개혁 사상으로 기능하였다. 여기에서 성리학의 불교 배척의 논리를 활용하여 정치·사회 문제의 원인 제공자로서 불교를 비판하게 되었다. 이때 불교 비판은 불교의 세계와 인간 이해의 잘못을 지적하고, 그 비판 근거로서 유교의 세계와 인간에 대한 설명을 제시함으로써 유교 사회의 합리성과 필요성을 제시하였다. 그리고 그것을 기초로 유교에 기반한 사회 건설과 정치 운영을 제시하여 유교 사회의 확립을 도모할 수 있었다. 결론적으로 고려말 사회모순을 해결하기 위한 개혁 사상과 불교 비판을 통하여 새로운 왕조가 성립되었고, 이는 유불 교체라는 사상교체로 이어지는 결과를 가져왔다.

| 추천도서 |

『국역삼봉집』 1-2, 신호열 외 역, 민족문화추진회, 1977.

『국역양촌집』 1-4, 신호열 역, 민족문화추진회, 1989.

『국역목은집』 1-11, 임정기 · 이상현 역, 민족문화추진회, 2003.

『국역가정집』 1-2, 이상현 역, 민족문화추진회, 2007.

강문식, 『권근의 경학 사상 연구』, 일지사, 2008.

金駿錫, 「儒敎思想論」, 『韓國史認識과 歷史理論』(金容燮敎授停年紀念韓國史學論叢1), 지식산업사, 1997.

琴章泰, 『朝鮮前期의 儒學思想』, 서울대학교 출판부, 1997.

도현철, 『고려말 사대부의 정치사상연구』, 일조각, 1999.

_____, 『목은 이색의 정치사상 연구』, 혜안, 2011.

_____, 『조선전기 정치사상사-『삼봉집』과 『경제문감』의 실증적 분석을 중심으로』, 태학사, 2013.

_____, 「조선 건국 과정에서 역사 기록의 상이한 평가와 해석」, 『역사학보』 248, 역사학회, 2020.

文喆永, 「麗末 新興士大夫의 新儒學 수용과 그 특징」, 『韓國文化』 3, 서울대학교 규장각한국학연구원, 1982.

_____, 「朝鮮初期 新儒學 수용과 그 性格」, 『韓國學報』 36, 일지사, 1984.

韓永愚, 『鄭道傳思想의 硏究』, 서울대출판부, 1983.

퇴계와 율곡, 그 동행과 갈림길
−1558년의 대면과 오고 간 편지들을 읽는다

한형조(한국학중앙연구원)

지난해 전 강릉의 한 토크쇼에서 한 참석자가 말했다. "율곡이 금강산 유력 이후, 퇴계를 만나 삶의 물길이 바뀌었다."

과연 그럴까? 내 생각은 다르다. "천재들은 홀로 크고, 모든 것을 이미 갖추고 있기 때문에 누구의 영향을 받는 법이 없다. 그랬다면 사제지간이 되었을 것이다. 퇴계와 만나기 이전에 율곡의 사유는 골격이 잡혀 있었고, 삶의 지향 또한 확고했다."

그 대면을 직접 탐사해보고 싶은 생각이 들었다. 그해의 만남, 그리고 오고간 편지들이 저간의 소식을 들려줄 것이다.

1. 사라진 편지

1558년 봄, 율곡은 성주의 장인을 만나고 강릉으로 가는 길에, 계상의 퇴계를 방문, 이틀을 머물고 갔다.

그 무렵, 퇴계가 율곡에게 보낸 편지가 『자성록』에 실려 있다.

　[이숙헌에게] 무오 1558년
　"지난 달에 김자후(김전, 퇴계의 문인)네 사람이 편지를 가지고 왔더군
요. 강릉에 잘 도착했고, 학문이 건승함을 알고 가슴이 시원했습니다. 인
편이 없어 답장을 못하고 있었는데, 자후가 돌아오는 길에 또 귀하의 편
지와 시를 들고 왔고, 또 질문지까지 주셨으니 감격스럽고 또 부끄럽군
요…"(이황, 「자성록(自省錄)」)

기이하게도 『율곡전서』에는 이 두 통의 편지가 실려 있지 않다. 첨
부된 질문지와 그에 대한 퇴계의 '답변'만 덩그러니 실려 있는 것이다.
왜 그랬을까?
　그의 불교 이력 때문이 아닐까 싶다. 율곡은 실학(失學), 그 헛디딤
을 고백하고, 올바른 학문의 길을 자문했다.

　"그대가 불교에 빠져 '중독'되었다는 소문을 듣고 아깝게 생각했다. 그
런데 저번 만났을 때 그 사실을 숨기지 않았고 불교의 문제점을 잘 알고
있으며, 지금 '이 두 편지'의 취지도 그러하니, 그대가 도를 향해 나아가고
있음을 알겠다. 그러나 조심해라. 한번 익숙한 맛은 잊기 어렵다."

퇴계는 이전의 선배들도 그랬다면서 다독인다.

　"이단들이 날뛰는 세상이라 똑똑한 치들도 여기 많이들 빠져들었다. 정
명도, 장횡거, 주자도 여기(불교)를 출입했다."

퇴계는 격려를 잊지 않는다.

"샛길에 들었던 것을 너무 자책하지 마라. 그대는 아직 젊고 또 그토록
뛰어난 머리를 갖고 있지 않으냐."

2. 두 개의 해협: 유속(流俗) & 이단

현대인들은 두 거장의 대화가 실감이 안날 듯 하다. 이들은 무엇을
이리 심각하게 논하고 있을까. 왜 그토록 불교를 거부하며 "도(道)로
나아간다"니, 이게 대체 무슨 소리일까?

퇴계는 자신의 묘지명에서 "내가 걸어간 길을 누가 따라 걸어줄까
를 걱정했다.[我懷伊阻 我佩誰玩]"그는 이 길의 보편성을 확신했기에
"내 앞에 천년, 내 뒤로 만년[前有百千世, 後有億萬年]"이라 읊기도 했다.

삶의 의미는 무엇일까? 무엇이 바른 길일까? 칸트적 물음, 우리는
무엇을 알 수 있는지, 어떻게 행동하고 살아야 하는지를 고민할 때,
그때 도(道)라는 화두가 지평 위로 떠오른다. 이 키워드는 삶이 생물
학적 욕구와 그 충족의 차원에 머물지 않는다는 것을 의식한 사람에
게 호소력을 가진다.

퇴계도 율곡도 이 화두를 공유하고 있다. 그들은 유교가 제시하고,
주자학이 체계화한 길에 의뢰하고 있다. 그러자면 두 개의 해협을 건
너야 한다. 하나는 유속(流俗), 즉 세속적 관행이고, 또 하나는 지금 퇴
계가 강조하는 대로 이단(異端)의 유혹이다.

2.1 유속

퇴계는 편지에서 이렇게 탄식한다.

"세상에 영재와 뛰어난 지식이 얼마나 많습니까. 그러나 다들 과거에 목을 매고, 급제한 이후에는 관직과 녹봉에만 골몰할 뿐입니다. 혹 예외적으로 도학(道學), 즉 삶의 길에 관심이 있다 해도 용기 있게 이 길로 차고 나서지 못합니다. 이게 세상의 도도한 물결입니다."

그는 이렇게도 탄식한다.

"세상에 인재가 어디 한정이 있겠습니까만, 도무지 '옛 학문[古學]'을 하려 하지 않습니다. 도도히 다 그래요. 이 세상의 흐름에서 발을 뺀 사람이 간혹 있기는 하는데, 실력이 안 되거나 아니면 너무 늦게 찾아옵니다."

데자뷔, 익숙한 그림 같지 않은가? 현대의 정황이 이와 꼭 닮았다. 마케팅이 신의 자리를 대신한 시대, 기술과 산업이 주도하고 삶의 목표가 재산과 권력을 향한 무한 투쟁으로 고착되었다. 그 도도한 흐름에 떠밀려 가다가 문득 온 반성, "나는 누구인가"가 작금 잔잔한 인문학의 시대를 열어 가고 있다.

조선을 유교의 나라라고 부르는 것은 재고해야 할 듯하다. 유교는 퇴계의 탄식처럼 매우 예외적 사건임을 기억하자.

"그대는 뛰어난 두뇌로, 어린 나이에 일찌감치 바른 길로 수레를 출발시켰으니, 나중의 성취를 어찌 가늠하겠는가. 원대한 꿈을 가슴에 품고, 작은 성취에 취하지 마시라."

2.2 이단

만일 세속적 관행이 길이 아니라면 대안은 무엇인가. 유교의 강력한 경쟁자로 불교의 초탈이 있었다. 주자학은 이를 '이단'으로 못박았는데, 율곡은 금지된 표지판을 뽑고 금강산을 유력함으로써 당대의 의혹과 비난을 받았다.

퇴계는 짤막하게 불교의 '문제'를 짚었다.

"돈오 한번으로 훌쩍 세상을 넘어선다고? 어림 없는 소리. 불성의 그림자를 보고, 성불을 상상하면서 대장부 일대사를 마쳤다고 자부할 것이냐?"

퇴계가 불교를 본격 공부한 것 같지는 않다. 아마도 '비판을 위해서라도 기웃거리지 말라'는 선배 주자의 교훈을 따랐을 것이다. 율곡은 주자처럼 직접 불교의 길을 밟아보았기에, 그 기획의 대강과 문제를 누구보다 생생히 알 수 있었다.

그 지점을 직접 대면에서 토로했을 것이고, 그리고 두 번의 편지에서 더 자세히 부연했을 것이다.

그런데 거기 뭐라고 적었을까? 편지가 없으니 구체적 내용을 알 수 없지만, 유추해 볼 수는 있다. 금강산에서 노승과 나눈 문답, 그리고 승려들에게 준 시들이 남아 있다. 그리고 골자는 『성학집요』의 궁리편, 이단 대목에서 자세히 읽을 수 있다.

율곡의 『격몽요결』을 보자.

일이 닥치면 적절히 대처해야 한다. 독서는 그 원칙(理)을 미리 파악하는 공정이다. 이 두 가지 외에는 고요히 앉아 명상으로 이 마음을 통일시킨다. 든든한 성채처럼(寂寂) 어지러운 상념들이 침범치 않도록 하고, 또 한편 자각의 빛(惺惺)이 암흑 속으로 가라앉지 않도록 늘 유의해야 한다.

불교처럼 주자학 또한 '명상'에 기초하고 있다. 외물을 차단하고 내적 각성을 유지하는 것이 공부의 토대이다. 성성적적(惺惺寂寂)은 불교 명상의 중심에 있다. 원효와 지눌 등 예외가 없다. 율곡이 이 용어를 그대로 차용하고 있는 것이 두 사유의 접점을 극명하게 보여준다. 경(敬)의 요목 중에 상성성(常惺惺), "늘 깨어있는 각성을 유지하라"가 있던 것을 기억할 것이다.

불교의 '성성적적(惺惺寂寂)'은 이를테면 유학의 정좌시 '경이직내(敬以直內)'와 등치될 수 있다. 주자학은 이 점을 굳이 숨기려 하지 않는다.

문제는 내면의 각성을 유지하는 것만으로는 충분치 않다는 것. 즉 '경이직내(敬以直內)'는 올바름으로 외부의 질서를 바로잡는다는 '의이방외(義以方外)'와 짝해야 온전해진다. 둘은 수레의 두 바퀴, 새의 두 날개처럼 협력해야 한다. 인간은 사회적 동물이고, 일상은 수많은 일들이 기다리고 있다. 인간은 사회적 동물이므로, 불교식 명상으로는 충분하지 않다는 것이겠다.

주자학의 기획은 명상의 자각적 힘을 기반으로, 활동적 인간의 삶을 최고도로 완성하는 데 있다.

이 통합 과제의 중심 축이 리(理)이다. 일은 온전히 최선의 합리성으로 처리해야 하고[以理應事], 당연히 그 원리를 독서와 사색을 통해 성실하게 탐구[以誠窮理]해 나가야 하지 않겠는가.

『격몽요결』의 서문은 이렇게 시작한다.

"사람이 세상에 태어나 사람 노릇을 하자면 공부(學問)를 해야 한다. 공부란 무슨 남다른, 특별한 어떤 것이 아니다. 일상적 삶에서, 관계와 거래에서, 일을 적절히 처리하는 법을 배우는 것일 뿐이다. 산에서 한 소식을 하거나, 세상을 지배하는 힘을 얻자고 하는 일이 아니다. 공부를 안 하면, 마음은 잡초로 뒤덮이고 세상은 캄캄해진다. 그래서 책을 읽고, 지식을 찾는다. 지식이 길을 밝혀줄 것이니, 오직 그때라야 정신의 뿌리가 튼튼해지고 활동이 균형(中)을 얻는다."

역시나, 혼자 살 것이라면 모르되 공동체의 삶을 살자면, 그는 많은 것을 배워야 한다. 전승된 관습과 의례, 그리고 역사적 사실과 정치적 격변, 그리고 현재 삶의 조건과 그 개선에 대해서, 그는 많은 것을 알고 있어야 하고 탐구는 계속되어야 한다. 룰을 모르면 적응할 수 없고, 비전이 없으면 현재를 넘어설 수 없다.

율곡은 그리하여 유교 문명이 축적해온 지식의 집적에 대해서 말하기 시작한다. 가령 인간의 감성(詩)과 역사(書)에 대해서, 그리고 우주와 사건, 운명의 변화(易)에 대해서 옛 책들은 전한다. 정치의 득실(春秋)과 의례(禮)와 제도 또한 빠뜨릴 수 없다. 전승은 이어 인간이 감당할 책무의 스케일(大學)에 대해서, 그리고 그 실현의 단서(『孟子』)와 구체적 행동 지침(『論語』)에 대해서, 그리고 이 모든 행위의 초자연적 토대(『中庸』)에 대해서 말한다.

이 기초 지식의 토대 위에 시대적 변화를 읽고, 시무(時務)를 해결하기 위한 구체적 응용지식을 개발하고 보완해야 한다.

그러므로 경(敬)을 유지하는 일[居敬]과 진리를 궁구하는 일[窮理]은 새의 두 날개, 수레의 두 바퀴와 같다. 거경은 불교가 노리는 의식의 허명(虛明)을 가져다주지만, 만일 그렇게 확보된 마음이 세상살이에 필요한 지식과 행동으로 이어지지 않는다면 무슨 의미가 있을 것인가.

3. 『대학』의 길

너무 일찍 결론을 보여준 듯하다. 이 체계적 정립은 나중의 일이다. 다시 두 사람의 처음 만남으로 돌아가 보자.

퇴계는 젊은 율곡에게 불교를 떠나, 유교의 길을 환기시킨다.

"유교의 길은 궁리 & 거경을 두 날개로 한다. 그 구체적 방책은 『대학』에 실려 있다. 세부적 설계는 주자가 구체화시켰다. 『장구』에서 못다한 애기는 『혹문』을 통해 밝혀 주었다. 그러니 후학들은 주자가 열어준 길을 충실히 따라가면 될 것이다."

율곡이 『대학』을 몰랐을 리 없다. 그러나 편지에서는 아마도 "읽기는 했지요. 그런데 진정한 '이해(得)'가 쉽지 않습니다"라고 겸양했다.

퇴계는 이 젊은 천재에게 책을 읽는 방법과 습득의 도정을 원숙한 학자답게 가이드해 준다.

독서는 3단계를 거친다.

(1) 문의(文義), (2) 신심성정(身心性情), (3) 진절체험(眞切體驗)이 그것이다. (1)은 단어를 읽고 문장을 해석하는 기초를 말한다. (2) 그 개념들이 나의 구체적 실존과 어떻게 연관되는가? (3) 그 '지식'은 실천과 훈련으로 이어질 때 비로소 온전히 실감되고 체화된다. 즉 자득된다.

쇼펜하우어는 철학의 과제를 '개념과 직관의 일치'로 정리한 바 있다. 즉, 책을 통해 구체적 지침[見於身心性情之間]을 지식으로 확인하고, 그것을 일상의 실천[眞切體驗 實味膏腴]으로 구현해 내는 것. 동서양을 막론하고 고전의 독서법은 일치한다. 이 프로젝트에 조급은 금물이다. 그것은 평생의 도정인 바, 하루 아침에 성과를 기대해서는 안 된다.

니체는 말한다.

"고전은 곧바로 이해되는 것이 아니다. 그것은 연구가 필요하고, 그러자면 현대인이 아니라 소처럼 읽어야 한다. 반복과 음미가 필요하다."

이 혈전불이(血戰不已)의 피와 땀을 잊으면, 독서는 "읽기 전이나 읽은 후나 별 다름이 없는" 그야말로 "책은 책이고 나는 나[書自書, 我自我]"로 책과 내가 소닭보는 정황으로 낙착되고 말 것이다.

율곡은 『성학집요』에서 학문의 과제를 셋으로 정리한 바 있다. 거경(居敬), 궁리(窮理), 역행(力行)이 그것이다. 이 셋은 지금 퇴계가 권한 바와 같은 취지를 표명하고 있다.

주자학의 길은 간명하다. 1) 거경이라 마음의 혼란과 무지를 극복하고 자각을 유지한다. 2) 이 바탕 위에서 사물들의 지식을 추구한다. 지식이 길을 밝혀줄 것이다. 이는 소크라테스나 스피노자가 역설하는 바와 닮았다. "유일한 악덕은 무지이다." 3) 이 '지식'에 따라 주어진 일을 처리하고, 사람과 관계를 유지한다. 일생의 책무는 오직 그것뿐이다.

4. 질문지를 받아 들고

여기까지 퇴계와 율곡, 둘 사이에 아무런 이견이 없다. 세속의 명리에서 벗어나 불교의 샛길에 빠지지 않고 유학의 길(道)을 가는 데 의기가 투합한 것이다. 그 길은 구체적으로 주자가 개척한『대학』의 길, 즉 거경과 궁리의 양 날개를 축으로 한 것이었다. 여기 실천까지 보태 셋으로 정리해도 되겠다. 선배 퇴계는 이 길에 들어선 젊은 율곡에게 필요한 조언과 경험에 기반한 가이드를 해 주고 있다.

그럼에도 주자의『대학』은 의문 투성이이다. 강릉에서 보낸 율곡의 편지는 대면에서 못다한 이야기, 이 책을 둘러싼 자신의 이해와 의문을 담고 있다. 율곡의 질문 리스트와 퇴계의 응답은 두 거장의 개성과 학문의 태도를 엿보게 해 주는 점에서 시사적이다.

몇 가지 지엽적 문제를 제하면, 주제는 거경, 격물의 두 과제를 주축으로 하고 있다. 이를 통해『대학』의 길이 더욱 분명히 드러나게 되었다.

4.1 거경의 딜레마

만났을 때, 대화의 화두는 이랬던 듯하다.

"거경은 내적 혼란이 없이, 외적 자극에 촉발되지 않은 정밀의 고요를
흔들림 없이 유지하는 것이다. 그런데 '주일무적(主一無適)'을 강조하다 보
면, 정적 '명상'에 빠져버리게 되지 않을까. (*이는 양명학이 제기한 주자학
비판의 한 편치이기도 하다.) 일상은 하루에도 수없이 '사물들'이 찾아오고
그에 적절한 판단과 행동을 요구하는데, 이 곤혹을 어떻게 할 것이냐?"[敬
者, 主一無適. 如或事物齊頭來, 則如何應接.]

율곡은 이 화두를 진지하게 품고 있다가, 편지에서 자신의 대처 혹
은 해결을 노대가에게 제출했다.
율곡은 거경의 동적 지평을 보완하고자 한다.

"명상의 자각적 집중은 공부의 기초입니다. 그렇지만 그것이 사물들과
의 응대에도 확장되어야 건전하지 않겠습니까. 이를 '동적 경건[敬之活法]'
으로 부를 수 있겠지요."

명상(vita conte.plativa)에서 행동(vita activa)으로 나서자면 평소의 궁리(窮
理)가 무르익어 있어야 한다. 그 준비 없이 어떻게 하루에도 수없이

닥쳐오는 상황[事物]에 적절하게, 혼란과 차질 없이 응대해 나갈 것인가.

율곡은 이를 거울에 비유하고 있다. 거울에 먼지가 없고 때가 없으면(敬의 體) 사물들이 제 각각 얼굴을 비칠 것(敬의 用)이다. 여럿이 한꺼번에 오더라도 거울은 놀라거나 찌그러지지 않고, 본래의 밝음을 다치지 않는다.

율곡은 이 점에서 객관적 지식과 사회적 책임을 전면에 내세운다.

"고요는 마른 고목이 아니고 움직임은 괜한 소란이 아니어서, 동정에 여일하고 체용이 분리되지 않는 것이 경의 최고치입니다. 순임금의 트인 눈, 열린 귀, 그리고 칠정을 가지런하게 하고 오례를 닦는 등 수많은 일들이 있지만 모두 경으로 일관하고 있지 않습니까. 선생님은 어떻게 생각하시나요?"

이 당돌한(?) 의견에 퇴계는 "그대의 말이 옳다"고 인정한다[的確].

"이 둘은 서로 구분된다. 모쪼록 정적 '명상'일 때는 캄캄한 차단에 빠지지 않도록 하고, 거기서 깨어나 '사고'를 발동시킬 때는 사물들에 이끌리거나 혼란에 빠지지 않도록 유의해라."

그러면서 또한 충고를 잊지 않는다. "이 사업은 '강설'로 해결되는 것이 아니라, '실천'으로 축적되고(眞積力久) 완성된다는 것을 잊지 마라."

이 문답으로 나중 퇴계와 율곡의 갈림길을 예측할 수 있다. 퇴계는 아무래도 정적 명상을 주축으로 하면서 정신의 내적 각성을 명상으로 심화시키는데 주력했다. 그가 『심경(心經)』을 하늘처럼 공경한 이유도 여기 있다. 그의 궁리는 주로 인문적 고전을 '학문'으로 밀고 들어갔고, 그 수준은 조선에 짝이 없을 경지에 이르렀다. 율곡은 정적 명상을 단순화시키고 동적 대응에 힘을 쏟았다. 고전을 비판적으로 접근했고, 지식의 현실적 적응을 늘 고민했다. 지식이 길을 보여준다는 믿음에서 그의 궁리는 우주간의 과학에서부터 정치와 역사 등을 포괄하는 광범위한 영역을 포괄하고 있다.

4.2 궁리의 문제

또 다른 질문 하나. 질문은 두 단락으로 되어 있다.

첫번째, 궁리에 관한 원론이다.

지식을 위한 탐구(궁리)는 어떻게 하는가. 짐작하듯 대략 세 가지 길이 있다. (1) 독서를 통해 선현들의 지식, 즉 고전을 습득하는 것, (2) 역사적 경험을 통해 교훈을 얻는 것, (3) 그리고 실제 생활과 부딪치면서 얻는 경험과 식견.

'지식'은 쉬운 도정이 아니다. 무엇보다 관심이 다르거나, 수준이 낮으면 감당할 수 없다. 이들은 잠시 밀쳐 두고 감당할 수 있는 것부터 차근차근 밟고 가야 한다. 기존의 지식을 확장하고 경험들을 꾸준히 쌓아가는 수밖에 없다.

퇴계는 이 '원론'에 대해 원숙한 지침을 부연해 주고 있다.

"궁리는 여러 갈래이다. (즉 세상에는 알아야 할 것이 너무도 많다.) 하나의 방법만 고집할 것이 아니다. 하나가 풀리지 않는다고 질려 포기하지 마라. 너무 무리하지 말고 후일을 기다리라. 다른 문제들을 씨름하다보면 식견이 자라고 의리는 목전에 와 있게 된다. 그렇게 '지식'이 확산되고 축적되면 그 전날 풀리지 않던 문제들이 같이 풀리는 신기한 경험을 하게 될 수도 있다. 이를 '궁리의 활법(活法)'이라고 한다."

이 '원론' 또한 율곡이 익숙하게 읽은 대목일 듯하다.

그런데 율곡의 진짜 질문은 두 번째에 있다. 사마광의 한 구절에 의혹을 제기한 것이다. 사마광은 "시원의 아득한 시절에서 광대한 천하에 이르기까지 사물들의 이치가 눈 앞에 펼쳐 있으니, 그 가한 것을 배워나간다[可者學之]"고 말했다. 율곡은 이 말이 정자와 주자의 논법과 다르다면서 주의를 환기시켰다.

퇴계도 율곡이 왜 이렇게 비판의 목소리를 높이는지 납득이 되지 않은 듯하다.

"물론 사물들의 리는 본래 제 자리에 있다. 그러나 우리가 리를 궁구하는 것은 결국 사물들에서 선악을 구분하고 시비를 가려, 가장 적절한 '가함'을 찾아 행동하는 것이 아닐까 보냐. 뭐가 문제란 말이냐."

이를테면 뱀이 독을 품고 있고 물리면 죽을 수도 있다는 '사실[理]'을 알고, 물리지 않도록 예방하고, 물리면 치료하는 법을 배워야 하지 않느냐.

퇴계의 대답은 뚜렷한데, 율곡의 의문은 잘 납득되지 않는다. 우리가 어디를 놓치고 있는 것일까. 퇴계는 이 의문이 그다지 그다지 유효

하지 않다고 생각해서인지 「자성록」에서 빼 버렸다.

율곡의 취지는 무엇이었을까.

'可者學之'를 "察天行以自強, 察地勢以厚德"에 비유한 것을 보면, 율곡은 이 말을 '사물들에서 유비, 의미를 찾는 상상력, 혹은 도덕적 교훈을 이끌어내는 인문적 억지(?)'를 연상한 것이 아닐까 싶다. 율곡은 사마광의 '可者學之'라는 권고가, 격물을 '객관적 탐구'가 아니라 '사물의 침범을 막는다'로 해석한 것과 서로 연관되어 있다는 추측을 했다.

율곡은 궁리가 오로지 객관적 탐구, 사실의 과학이어야 한다고 강조하고 있는 듯하다.

"사물들은 '그 자체'의 자리에 있고 완전하다. 옳고 그름 이전에 우리들은 사물들의 실상에 더 투철해야 할 것이다. 그러한 바 궁리란 사물의 '소당위(所當爲)'와 그 '소이연(所以然)'의 신비[妙]에 더 깊이 닻을 내리는 것에 다름 아니다."

지금 보듯 퇴계는 리(理)를 시비 선악의 도덕적 관점에서 읽고 있고, 율곡은 이에 비해 사물들의 구성과 원리에 더 주목하고 있다. 퇴계의 주리론은 도덕적 접근을 주조로 하고 있고, 율곡의 주기론은 자연론적 관점에 기초를 두고 있다.

지금까지 퇴계와 율곡 사이에 오간 편지를 음미해 보았다. 이를 통해 주자학의 길을 간명히 읽을 수 있게 되었다.

다시 정리하자면 주자학의 길은 무엇보다 세속과 불교의 두 파도치는 해협을 지나야 한다. 그 위험을 용케 빠져나오면 도(道)가 건너다 보일 것이다. 거기 이르자면 세 가지 도정을 밟아야 한다.

(1) 거경—건전한 정신, 자각의 지속적 파지를 기초로, (2) 궁리: 사물의 지식과 도덕적 지향의 소재를 적극적으로 확인하여, (3) 역행: 그것을 일상의 삶의 현장에서 끊김 없이 실현해 나가는 것이 그것이다.

이 기획은 지금은 잊혀졌다. 비평과 연구 이전에 퇴계의 권고대로 '이 오래된 학문'에 도전해볼 전사는 없는가.

이 공유된 길에도 불구하고 둘의 노선은 갈라진다. "티벳에는 승려 수만큼의 불교가 있다." 주자학은 이 점에서 하나의 이름이 아니다.

퇴계와 율곡, 두 거장의 차이는 어디 있을까. 퇴계는 이를테면 정적 거경에 더 깊이 침잠한다. 그는 역시 명상의 수도사답다. 그의 궁리는 선현들의 고전을 더 깊이 읽고, 세부를 음미하며 이 통찰을 삶의 일상에 구현해나가고자 한다. 우리가 생각하는 '선비의 삶'이 그와 가깝다.

이에 비해 율곡은 거경을 단순화시키고 에너지를 사회적 책임에 쏟는다. 객관적 지식을 강조하고, 정치사회적 유능이 이 기획의 종착지라고 믿는다.

이 차이가 퇴계와 율곡 사이를 갈랐고, 각자 독립적 학파로 정착되게 했다.

5. 「심학도」를 둘러싼 논란

고봉은 퇴계를 존경하며 오랜 교분을 유지했다. 사단칠정론에서 의견이 갈렸지만, 그 고민과 해법을 존중함으로써 논의를 접는다.

이에 비해 율곡은 자부심이 강했고, 주장 또한 독자적이고 거침이 없었다. 퇴계와 율곡은 서로 다른 개성으로, 이를테면 경이원지, 존중을 하지만 어울리기는 어려운 사이로 남게된 듯하다.

그래서일까.

둘 사이에 오간 편지들은 많지 않다. 『율곡전서』에는 1558년에 만남과 편지가 집중되어 있다. 한 두 편의 소식이 『퇴계집』에 실려 있지만 『율곡전서』에는 찾아볼 수 없다.

본격 편지는 10년을 건너뛰어 재개된다.

편지는 세 통이다.

(1) 첫 편지는 퇴계의 사퇴를 말리고 있다.

"나라가 병들었고 민력은 쇠진해졌는데, 임금은 어리고 난제는 쌓여있습니다. 미미한 나도 잠이 오지 않는데, 어르신은 세 왕조의 은혜를 입고 육경에 올랐으니 어찌 걱정이 없으시겠습니까. 너무 겸양만 하시지 말고 오래 머물러 주시면 좋겠습니다."

그래도 떠날 것을 몰랐을 리 없다. 율곡은 하나를 부탁한다.

『한국철학의 소통과 확산』 정오표

페이지	구분	수정 전	수정 후
70쪽	각주5	승계자료	통계자료
125쪽	11번째 줄	四端理發而氣隨, 七情氣發而理乘	四端理發而氣隨之, 七情氣發而理乘之
171쪽	20, 21번째 줄	삐뚦	삐뚬
172쪽	5번째 줄	노님	노닒
175쪽	18번째 줄	솔은	좁은
203쪽	16번째 줄	쫓았기에	좇았기에
253쪽	마지막 줄	그다지 그다지	그다지
260쪽	2번째 줄	읽어버린	잃어버린
304쪽	10번째 줄	내상	대상
308쪽	18번째 줄	교조주위	교조주의
320쪽	6번째 줄	무절제과	무절제와
340쪽	21번째 줄	승나라	송나라
341쪽	12번째 줄	심정론	심성론
414쪽		그림5	그림4
414쪽		그림6	그림5
415쪽		그림7	그림6
416쪽		그림8	그림7

"어쨌든 지금은 '예조'를 맡고 계시지 않습니까. 예법에 따라 명종의 장례를 5개월만에 지내야하는데, 길일 어쩌고 하면서 다른 날을 택하자는 논의가 있습니다. 이게 부당한 것을 잘 아시지 않습니까."

율곡은 부탁 끝에 이렇게 다짐했다. "하루 그 직책에 있더라도 하루 그 책임을 다해야 하지 않겠습니까."
퇴계는 그러나 발상을 보지도 않고, 고향 도산으로 퇴거해 버렸다.

(2) 다음 편지는 이듬해 1568년의 것이다. 율곡은 이번에도 간곡히
    출사를 권유했다.

"주상의 뜻과 사림의 중망이 어르신에게 있습니다. 아직 학문이 무르익지 않았다고 고사하시는 것은 지나친 겸양 아닙니까… 경세제민은 부족하게 여긴다 해도 성현의 학문에 대한 열정과 깊이, 그리고 도시락밥 하나에 만족하는 그 삶의 자세는 홀로 우뚝하십니다."

율곡은 어떡해서든 퇴계를 조정에 붙들고 싶어했다. "경세제민(經世濟民), 즉 실무를 맡기지 않을 터이니, 임금 곁에서 학문을 강의하고 경의를 밝혀나가는 보도의 역할을 해 주시면 좋겠다."

아마도『성학십도』는 이 요청에 대한 응답일 것이다. 퇴계는 독자적 '학문'의 성취를 모쪼록 군주의 계몽에 써 달라는 것까지 물리칠 명분은 없었을 것이다. 그래도 서울에서 조정 근처에는 있고 싶지 않았다. 그는 자신의 학문, 그 정수를 그림 열 장으로 담아 선조에게 올렸다.

그것으로 그는 사회적 정치적 책무를 다했다고 생각했다.

그 전 7월 퇴계는 선조에게 군왕의 일을 충고하는 「무진육조소」를 올린다. 혈통보다 종통이, 사적 인연보다 국사의 공공이 더 중요하다고 말하면서, 속학과 이단에 빠지지 말고 성학(聖學)을 닦으라고 권했다. 그렇게 자기 중심이 확고해질 때, "물이 습한 곳으로 흐르고, 불이 마른 장작에 붙으며, 구름이 용을 따르고, 바람이 범을 좇듯(易不云乎. 同聲相應. 同氣相求. 水流濕. 火就燥. 雲從龍. 風從虎.)" 어진 신하들이 모이고 간사한 무리들이 숨어들어, 볼 만한 정치를 기대할 수 있을 것이라고 했다.

그리고 경연에서의 몇 번의 강의가 있었고, 시사에 관한 몇 건의 진계(陳啓)가 있었다.

그해 겨울, 『성학십도』가 완성되었다. 선조는 이 책을 병풍과 책자로 제작하게 하고, 신료들로 하여금 강의를 하게 했다.

(3) 율곡의 마지막 편지는 1570년의 것이다.

"전일에 우러러 물은 문목에 대해서는 아직 그 가르침의 글을 받지 못해 기다림을 견딜 수 없습니다. 강릉에 있을 때, 인편으로 보내드린 저의 편지는 받아보셨는지요?"

질문지는 당연히 『성학십도』를 둘러싼 의문과 이견이었다. 율곡은 특히 제8도 「심학도」에 대해 질문을 쏟아내고 있다.

〈심학도〉

율곡은 유독 이 그림을 싫어했다. 체계도 없고, 배치도 허술하다는 것. 그만 폐기하는 것이 좋겠다는 극언까지 했다.

『심경』은 퇴계가 평생을 "엄부처럼 높이고 신명처럼 두려워한 책"이다. 퇴계가 답장을 미룬 이유를 짐작할 수 있다.

율곡의 핵심 논점은 크게 둘이다.

(1) "천리를 보존하고[存天理], 인간의 욕심을 막는다[遏人慾]"라고 하여, 공부를 두 갈래로 한 것도 적절치 않고, (2) 항목들의 배치가 순서를 잃었다. 즉 제멋대로이다. 가령 공부의 최종이라 할 '극기복례(克己復禮)'가 있은 다음, 시작이라 할 '구방심(求放心)'이 따라오는 것을 보라.

이 물음에 대해 퇴계의 대응은 원숙하고 세밀하다.

(1) 항목의 배치는 [대학]의 8조목처럼 공부의 순서와 단계를 염두에 둔

것이 아니다. (2) 그리고서 적극 변호에 나선다. '잃어버린 마음을 찾는다[求放心]'는 것이 물론 거칠게 말하면 시작이지만, 최종적 단계 또한 '읽어버린 마음[放心]' 여부에 달려 있다는 점에서 최종처라고 볼 수도 있다.

퇴계는 기어코 율곡에게 한 소리를 하고 만다.

"저기 세상의, 투철한 견해도 없이, 사람을 공격해 대는 치들이야 그러려니 하겠지만, 그대같은 고명(高明)하고 쇄탈(脫洒)한 견해를 가진 사람이, 이 그림을 보는데, 이리 구구히 막히고 걸리적거릴 줄 몰랐다."(『退溪先生文集』, 권14, 「答李叔獻」)

퇴계의 꾸지람은 한발 더 나간다. 율곡의 학문 태도를 걸고 따끔한 충고를 날렸다. 흡사 칸트를 둘러싼 무성한 비판을 두고 쇼펜하우어가 날린 일침을 연상케 한다. "비평은 쉽다. 그러나 이해는 어렵다."

"주자가 유계장(劉季章)에게 답한 편지에 '책을 볼 때, 바로 시비(是非)부터 걸고 나선다' 했는데, 이것이 독서의 가장 큰 병이다. 이치는 모든 것을 갖추기에, 하나의 일에도 두 개의 길이 있다.(蓋理無不具, 一事必有兩途)… 그대가 꼭 이 병에 걸렸다는 게 아니라, 전후의 논변을 보매 매번 선유의 설을 붙들고는 틀린 곳부터 찾아내 비판하는 데 힘쓰고, 상대가 입도 뻥끗 못하도록 몰아치면서, 정작 옳은 곳을 찾아 명백 평실하고 정당한 도리를 착실하게 추구·실천해나가는 것을 보지 못했다. 이게 오래 지속되면 식견을 바로 하고, 실천을 독실히 하는 데 심각한 방해가 될 것이다. 그래서 던지는 망언이니, 이런, 내가 지금 내 밭은 버려 두고, 남의 밭

참견을 했는지 모르겠다."

학문적 논쟁이 꼭 인간적 소원을 부르는 것은 아니다. 율곡은 늘 나아가고자 했지만, 현실의 벽은 두터웠다. 그는 늘 나아가고자 했으나 조정의 시기와 질투가 심했고, 선조의 신뢰 또한 일정하지 않았다. 율곡은 진퇴양난, 퇴계에게 조언을 구했다.

"늘 깊숙한 바위와 긴 냇가를 그리며 때로는 산수 좋은 그런 곳으로 달려가고도 싶지만, 그렇게 하지를 못합니다. 벼슬에 나아가면 배운 것을 실시할 수가 없고, 벼슬에서 물러나면 돌아갈 땅이 없고, 녹사를 하려고 하면 붙들려서 꼼짝을 못하게 되니, 옛 사람도 이런 일을 만나서 잘 처리한 이가 있는지 모르겠습니다."

6. 이별, 퇴계를 위한 제문

이것이 마지막이었다. 율곡은 곧 퇴계의 부음을 들었고, 그는 2년 후 탈상에 맞추어 제문을 지었다. 그가 떠난 것이 얼마나 큰 손실인지를 탄식하고, 고결한 인품과 치밀한 학문을 회고했다.

"부귀를 뜬 구름처럼 여기고 자연과 더불어 지내셨지만, 그만큼 조정의 기대가 컸다."

율곡은 "진불택민(進不澤民), 퇴계후인(退啓後人)"이란 한 마디로 그

를 평했다. "조정에 나아가 백성들에 혜택을 주지는 못했으되, 물러
나 학문을 통해 후인들을 계몽시켰다." 역시 퇴계는 정치가가 아니라
학자였다.

율곡은 퇴계와의 만남을 이렇게 회고했다.

"제가 길을 잘못 들어 헤맬 때, 야생마처럼 가시밭길, 거친 들판을 날뛸
때, 수레를 돌려 올바른 길로 인도해 주신 분. 그 은혜를 입고도 아직 설익
은 그릇으로 남아 있습니다. 뒤따라 나도 책을 지고 학문을 졸업하기를 기
약했는데, 하늘이 무심하여 철인이 땅에 지고 말았습니다."

7. 대비, 가재 & 풍운

위의 각 장에 정리해 둔 것을 다시 음미하면 두 거장의 공통 기반과
서로 엇갈리는 대목이 보일 것이다.

성격이 운명을 결정하듯 '학문' 또한 각자의 기질에 연유된 것이 아
닐까. 그 점을 일러주기 위해 어렸을 때 지은 시들을 소개해 드린다.

(1) 퇴계

「석잠(石蟹)」, 15歲 作

돌을 지고, 모래를 파니, 절로 집이 생겼네　　　負石穿沙自有家
앞으로 갔다, 다시 뒤로 쪼르르, 다리도 정말 많구나　前行却走足偏多

내 삶은 여기 산천(山泉), 한 줌 샘물 속이거니　　　生涯一掬山泉裏

강과 호수에 물이 얼마나 많은지는 물어보지 않으련다　　不問江湖

水幾何.

「연못(野池)」, 18세 작.

이슬 젖은 풀이 물가를 파랗게 둘렀고,　　　　　　露草夭夭繞碧坡

작은 연못, 맑고도 싱싱해, 모래 한 점 없구나　　小塘淸活淨無沙

그 위로 구름은 날고 새는 지나가지만　　　　　雲飛鳥過元相管

다만 두려워라, 제비가 때때로 물을 차고 갈까봐　只恐時時燕蹴波

(2) 율곡

율곡은 계절 따라 경포대를 노래한 다음, 이렇게 읊었다.

「경포대부(鏡浦臺賦)」, 10歲 作

......

산을 찾고 물을 찾는 것이　　　　　　樂水樂山

덕을 기른다 하여 다들 사모하나　　　竊多慕於仁智

선비가 이 세상에 남에　　　　　　　雖然士生於世

제 몸 하나만 챙길 수 있나　　　　　不私其身

풍운의 시절을 만나　　　　　　　　倘遇風雲之會

사직을 지키는 신하가 되어야 하리　當成社稷之臣

......

그러니 흉중에 사심을 비우고,   是故虛心應物

사물들이 가리키는 길을 따를 것   觸事得宜

희비에 흔들리지 말고,   神不虧而內守

자기 밖의 가치에 끄달리지 마라…   志豈動而外馳

사람의 감정은 제어하기 어렵고,   且夫難制者情

욕심은 끓는 솥이라   易盪者氣

제대로 컨트롤하지 않으면,   苟操養之失機

반드시 타락에 빠지고 말아,   必流佚而喪志

이름과 이익을 좇다가는   求名求利

가슴의 평정을 다치게 될 것.   定有害於性情

| 추천도서 |

A.C. 그레이엄 저, 이현선 역, 『정명도와 정이천의 철학』, 심산문화(심산), 2011.

랑수아 줄리앙 저, 허경 역, 『맹자와 계몽철학자의 대화』, 한울, 2004.

이상은, 『퇴계의 생애와 학문』, 예문서원, 1999.

이황 저, 최중석 역, 『자성록』, 국학자료원, 1998.

야마다 케이지 저, 김석근 역, 『주자의 자연학』, 통나무, 1991.

근현대 한국철학-유학의 심화와 경계의 확장

김선희(이화여자대학교)

1. 근현대 한국 철학과 '실학'이라는 문제

철학이 세계를 이해하고 해명하고 이를 바탕으로 모종의 논리와 가치를 제안하려는 시도라면 시대와 공간을 뛰어넘는 보편성 뿐 아니라 특정한 시간적, 공간적 조건에 연결된 특수성 역시 철학사 나아가 한국철학을 이해하는 중요한 관점 역할을 할 것이다. 한국이라는 공간적 조건 위에 근현대라는 시간성을 더했을 때 우리가 실제 대면하는 사상적 공간은 '조선 후기'가 된다. 한국 근현대 철학의 시야에서 조선 후기의 지적 풍토와 경향을 어떻게 이해할 것인가는 하나의 과제이다. 이 시기는 성리학이라는 체제 교학이 경학과 예학을 통해 조선의 사상과 문화를 주도하던 조선 중기의 풍토와는 다른 새로운 학풍이 시작된 것으로 평가받는다. 이 새로운 학풍을 통상 '실학'이라 부른다.

일반적으로 실학은 조선 후기의 새로운 사상 체계, 또는 새로운 패러다임으로서, 성리학과 비교해 "근대지향적, 민족주의적, 탈주자학적"인 학술 풍토였다고 간주된다. 예를 들어 국가 개혁론을 제안한 반계 유형원이나 성호 이익을 비롯해 국가 전장제도, 예학, 경학 등 다방면에서 변별적 사유와 제안을 보여준 다산 정약용 등을 '실학'의 실질적이고 상징적인 예시로 간주한다. 이들이 보여주는 사상적 전환이 곧 '실학'의 특징으로 간주되는 것이다. 과연 실학이란 무엇인지, 조선 후기의 학풍을 '실학'으로 규정할 수 있는지를 밝히는 것은 이 지면의 역할이 아닐 것이다. 그러나 '실학'이라는 개념이 왜 우리에게 도전적인 과제인지, 나아가 실학의 개념 정의를 넘어 조선 후기의 사상적 전환을 어떻게 이해할 것인지를 검토하는 일은 근현대 한국 철학을 이해하는 중요한 과정이다.

청이 안정되어 가던 17세기 후반 조선에 중국에서 유입된 새로운 지식에 따라 성리학의 주변부에 명물도수학 즉 일종의 박학을 추구하던 풍토가 확장되고 있었다는 점은 분명하다. 나아가 주희의 경전 이해와 이론화에 강고하게 권위를 부여하고 이를 유일한 정통으로 여기는 지적 경직에 따른 파생적 효과로, 성리학에 대한 이탈의 경향이 나타났다는 점도 일정 정도 확인 가능하다. 물론 박학의 추구와 성리학으로부터의 이탈은 서로 분리되거나 인과 관계나 선후 관계로 간주하기 어렵다. 중국에서 유입된 새로운 지적 경향이 성리학의 교조화를 피하고자 했던 이들에게 중요한 지적 자원으로 활용된 측면이 있기 때문이다.

이러한 학문적 풍토를 실학으로 규정하는 것은 크게 문제가 되지 않을 것이다. 그러나 실학의 변별성을 확보하기 위해 성리학과의 거리를 최대한 벌려서 양자를 대립적인 학문으로 규정하는 것은 신중한 접근이 필요한 논점이다. 실학과 성리학을 분리하려는 태도는 사실상 20세기 연구자들의 관점일 뿐 실제 조선 후기 학자들에게 성리학과 실학 사이에 강력한 긴장이 존재했다고 볼 근거는 없다. 현재 우리가 실학자로 규정하는 조선 유학자 가운데 다산을 제외하고 성리학적 이론 체계를 적극적으로 이탈하고자 했던 경우를 찾는 것은 매우 어렵다. 다산 역시 이기론이라는 성리학의 형이상학이나 주희 방식의 해석을 극복하고자 했던 것으로, 성리학의 모든 이론과 논제를 부정하거나 극복하고자 했던 것은 아니라는 점에서 다산의 철학과 성리학을 적극적으로 분리하기는 어렵다.

더 큰 문제는 '실학'에서 실제 조선 후기 지식인들이 명시적으로 추구하지 않았던 근대적 특징을 발견하려는 시도이다. 주지하듯 '실학'은 자주 '근대성'과 연결된다. 실학이 교조적이고 중세적인 성리학을 넘어 조선에 근대적인 학풍을 견인해왔다고 믿는 것이다. 한국학계는 개인의 발견과 공론장의 형성, 사변적인 공리 공담을 넘어 과학적 사유의 확산, 토지 제도를 비롯한 경제적 재편, 민중(시민) 중심의 정치 개혁론의 제안 등 서구 근대를 구성한 요목들을 거시적 차원에서 호명한 뒤 이를 조선 후기의 정치적, 사상적 실천 안에서 발견하고자 했다.

그러나 이러한 평가는 복합적이고 절충되기 어려운 논쟁적인 문제를 이끌어온다. 무엇을 '근대성'으로 볼 것인가도 문제지만 과연 조선 후기의 학풍이 근대적 특질을 지향해 발전하고 있었는지 답하는 일은 어려운 문제다. 적어도 실학으로 분류된 조선 후기 이론들이 모두 사회개혁적인 것만은 아니며 더 나아가 모두 반주자학적이지도 않다는 것은 분명하다.

조선 후기 학풍을 우리가 '실학'이라 부른다면 이는 적어도 17세기 이후 조선에 물적 토대의 변화와 그와 연결된 정치·사회·문화의 변화를 자양분으로 발전한 새로운 학풍이 존재했었다는 것을 의미한다. 이 글에서는 조선 후기에 나타나는 유학의 변용과 확장을 우선 사상의 배경이자 축으로서 정치적 조건과 그에 따른 작용, 반작용의 관점에서 살펴보고자 한다.

2. 중화주의와 문명의식

조선은 건국 과정에서 송의 제도를 차용했고 전통적 화이론(華夷論)을 토대로 스스로를 소중화(小中華)로 인식해 왔다. 그러나 일본, 후금(後金)과의 전란을 거치는 과정에서 조선 상층부는 전란의 후유증을 극복하는 방법 중 하나로 소중화를 넘어 아예 조선만이 진정한 중화 문명의 계승자라는 강력한 문명의 이념을 구축해나갔다. 멸망한 명나라를 대신해 조선이 진정한 문명 국가로서 춘추대의(春秋大義)를 세워야 한다는 명분이었다. 통상적으로 '조선 중화주의'로 불리는 정치의식은 조선 내에서 내분을 정리하고 국가 의식을 통해 문화적 자긍심을 낳는 효과를 가져왔다.

숙종(肅宗)이 창덕궁 후원에 멸망한 명의 태조(太祖), 임진왜란에 파병을 결정한 신종(神宗)을 모시는 대보단(大報壇)을 설치하고 운영한 일은 당시 조선 상층부가 대면해야 했던 정치적·사상적 상황을 상징적으로 드러낸다. 송시열(宋時烈, 1607-1689)이 명의 마지막 연호인 숭정(崇禎)을 연호로 사용해야 한다고 주장한 일이나 영조 대 대보단의

제사 의식을 강화해서 명의 마지막 황제 의종까지 제사지내게 된 일
은 현재 우리의 시야에는 소중화주의, 혹은 시대착오적인 대명의리론
의 연장이자 확장으로 보이기 쉽다. 그러나 이들에게 명에 대한 의리
는 실질적인 국가로서 명나라를 향한 충성과 복종을 의미한다기보다
는 야만으로서 청을 대상화하기 위한 문명의 이념과 연결되어 있다.
청이 점차 중원의 진정한 주인으로 자리잡으며 북벌론이 사실상 무력
한 구호가 되는 상황에서 조선 상층부에게 중화라는 이념은 내부를
결속하고 왕실의 권위를 강화하는 명분 역할을 했다.

조선이 유일한 문명의 계승자라는 이념과 논리는 조정뿐 아니라 정
치적 계파에 관계없이 조선 지식인들이 광범위하게 승인한 보편적인
인식이었다. 이 시기 조정과 상층부는 중화를 정치와 사상에 내면화
함으로써 전쟁의 패배라는 치욕을 씻고 무너진 자긍을 회복하고자 시
도했던 것이다. 조정과 산림 모두에게 실질적 강자로 부상한 청과의
관계, 이미 중원에서 사라져버린 명과의 관계보다 더 중요했던 것은
조선이 진정한 문명의 중심축이라는 자기정체성을 세우고 내부의 역
량을 모으는 일이었다.

이러한 이념적 선언은 당연히 학술적으로도 영향을 미쳤다. 이 시
기 학문적인 문명의 선언은 곧 '도통(道統)'이라는 학문적 정통성에 대
한 추존을 통해 드러났다. 남인(南人)이었던 윤휴(尹鑴, 1617-1680)는 물론
소론(少論) 박세당(朴世堂, 1629-1703) 같은 학자가 사문난적(斯文亂賊)으
로 비난받았던 배경에는 '도통'의 이념이 논리이자 명분으로 작용했
다.

그러나 이러한 정치적, 사상적 정통성의 추구가 학문적 다양성과
분화를 모두 막은 것은 아니었다. 조선은 대체로 중국으로부터의 학

술적 수용 자체에 대해서는 적극적이라고 평가할 수 있다. 조선인들은 새로운 문물에 시야를 열어 두었으며 어떤 목적에서건 큰 관심을 보였던 것이 사실이다. 양난 이후 조선이 느낀 고립감과 좌절감을 생각할 때 이런 식의 개방적 태도는 위기 상황에 능동적으로 대처하려는 주체적인 위기 관리 의식으로 이해할 수 있다. 17-8세기 조선에서 사회를 안정시키고 학문을 발전시키기 위해 새로운 지식이 필요하다는 인식이 광범위하게 확대되어 있었다.

조선 후기 지식인들의 심층 심리가 가장 잘 드러나는 예가 바로 서적의 수입이라고 할 수 있다. 청이 중원을 차지했던 초기에는 국가적인 차원의 지적 교류나 소통, 개인적 차원의 인적 교류와 수입 등이 제한적이었지만 청이 중원을 완전히 장악한 후에는 비교적 자유롭게 중국의 지적 산물에 접근할 수 있는 분위기가 마련되었다. 당시로서 가장 안전하고 유용한 소통과 학술 수용의 방법이 바로 서적 수입이었을 것이다. 호학의 군주로 평가받는 정조가 중국으로부터의 서적 수입을 중시했다는 점은 익히 알려져 있다. 『사고전서(四庫全書)』를 입수하기 위한 정조의 노력과 그 과정에서 확보한 『고금도서집성(古今圖書集成)』은 조선이 중국 사상과 서적 수입을 얼마나 중시했는지를 보여주는 한 예이다.

이런 지적 개방성은 자연스럽게 당대 조선 학풍에 영향을 끼쳤다. 주로 경학서와 실용서 위주로 수입하고자 했던 조정의 분위기와 달리 조선의 지식인들은 연행을 통해 청의 학술적 동향에 대응하고자 했다. 조선 후기의 서적 수입은 유리창(琉璃廠)이라는 북경의 서점가를 중심으로 이루어졌다. 유리창은 명대 후기 강남 지방에서 비약적으로 발달한 민간 인쇄업을 바탕으로 대규모 상업 출판과 유통이 이루어지

던 북경 서적 유통의 중심지였다.[1]

상업적 출판과 판매가 일상화된 중국과 달리 조선에서는 연행 과정에서 서적을 구입해오거나 혹은 서쾌(書儈)로 불리는 유통업자를 통해 서적을 구해야 했다. 서쾌는 조선 후기 지적 풍토에서 일종의 정보 네트워크 역할을 했다. 연행을 통한 서적의 수입과 서쾌를 통한 유통 등은 서울 지역을 중심으로 장서가의 출현에 일정한 영향을 미쳤다.[2]

개인 장서가들의 등장은 서울 경기 지역을 중심으로 한 지적 네트워크의 형성과 확장에도 일정 정도 기여했다. 개인 장서가들은 주로 장서와 독서를 통해 문예적 욕구를 발산하고자 했지만, 문예적 취미로서의 독서뿐 아니라 특정 분과에 대한 지적 욕구 역시 확산되어 갔다. 대표적인 것이 중국에서 들어온 수학서와 천문역법서를 연구하는 일종의 수학 네트워크의 존재다. 이들의 지적 경향을 이해하려면 우선 17-18세기 조선에 유입된 서학에 대해서 살펴보아야 한다.

3. 서학의 수용과 서학 네트워크의 형성

기독교를 전하기 위해 16세기 말에 중국에 들어온 예수회의 활동은 본령인 종교적 영역 외에도 철학과 천문학, 수학과 기계 등 다양한

---

1) 강명관, 「조선후기 서적의 수입 유통과 장서가의 출현」, 『민족문학사연구』9집, 민족문학사학회, 1996, 175쪽.
2) 조선 후기 장서가의 장서 규모에 대해서는 강명관, 『조선시대 문학예술의 생성공간』, 소명출판, 1999, 262-268쪽. 김영진, 「조선후기 중국 사행과 서책문화」, 『19세기 조선 지식인의 문화지형도』, 한양대학교 출판부, 2006, 613-614쪽 참조.

영역에서 동양과 서양을 소통시켰다. 마테오 리치(Matteo Ricc, 利瑪竇, 1552-1610)로 대표되는 예수회 선교사들은 직접 중국어를 익혀 르네상스 시대의 서구 지식과 문물을 중국어로 번역했다. 마테오 리치뿐 아니라 줄리오 알레니(Giulio Aleni, 艾儒略, 1582-1649), 요한 아담 샬 폰 벨(Joannes Adam Schall von Bell, 湯若望, 1591-1666) 등 수많은 선교사들이 중국에서 활동하며 동서양의 지적 가교 역할을 했다. 이러한 과정에서 성립한 새로운 지식들 즉 예수회 선교사들이 전한 서양 학술과 그에 따른 지적 확산 과정을 일반적으로 '서학(西學)'이라고 부른다. 서학은 단순히 전근대 동아시아에 전래된 서양 지식이나 기독교를 가리키는 말이 아니다. 낯선 세계관과 지식이 유입되면서 중국과 조선의 지식 장에도 다층적인 영향을 미쳤기 때문이다.

서양 선교사들에 의한 서양 지식의 동아시아 전래는 자연히 중국, 조선, 일본 등 동아시아 학자들에게 다양한 지적 태도를 불러 일으켰다. 예를 들어 초월적 신이 인간을 비롯해 만물을 창조했다거나 인간에게는 세 층위의 혼이 있으나 그 가운데 영혼은 영원히 소멸하지 않는다는 주장, 나아가 인간이 죽으면 심판을 통해 천당이나 지옥에 가게 된다는 이야기는 동아시아 지식인들의 비판과 반발을 낳았다. 이러한 교리와 이론들은 이기론을 바탕으로 만물의 생성과 소멸을 설명하던 성리학적 세계관이나 도덕성을 보상과 관계없이 내적인 본성에 따르는 과정으로 설명하는 유학의 윤리 이론과 충돌했기 때문이다. 그러나 기독교 전교를 위해 상층부를 설득하고자 했던 예수회원들이 초기부터 공들여 번역한 서양 수학과 천문학, 세계지도 등은 동아시아 지식인들의 호기심을 불러 일으켰다. 조선 후기 실학을 대표하는 학자로 알려진 성호 이익(星湖 李瀷, 1681-1763)의 다음 문장은 서학에 대한 지식인들의 태도를 잘 보여준다.

내가 실용적이라고 한 것은 저『천문략(天問畧)』,『기하원본(幾何原本)』
등 여러 서적에서 논한 천문(天文)·수리[籌數]의 법을 취한 것으로, 이는
이전 사람들이 발명하지 못한 바를 밝힌 것이니 세상에 크게 유익함이 있
다.[3]

성호가 언급한『천문략(天問畧)』은 예수회 선교사 디아즈(Emmanuel
Diaz, Junior., 陽瑪諾, 1754-1659)가 저술한 천문학서이고『기하원본(幾何
原本)』은 마테오 리치가 중국 지식인 서광계(徐光啓, 1562-1633)의 도움
을 받아 유클리드의『기하학원본』의 주해서「Euclidis Elementorum」의
일부를 번역한 수학서이다. 성호는 이 두 책을 모두 직접 읽었고 이를
바탕으로 서학의 유용성을 인정한 것이다. 성호는 영혼불멸론이나 천
당지옥설 등 종교적 교리에 대해서는 분명히 선을 긋고 인정하지 않
았지만 유학자의 눈에 황탄한 주장에 가깝던 초월적 신에 대한 주장
을 배제한다면 충분히 학술적 가치가 있다며 "그의 학문을 가볍게 보
아서는 안 된다"고 평가한다. 그들의 도가 유학에 반드시 합치하는 것
은 아니지만 그럼에도 학문의 수준으로는 성인에 가깝다는 것이다.
　서학의 유용성과 실용성에 대한 성호의 긍정적인 평가는 성호 개인
의 독특한 지적 기호에서 나온 평가로 한정하기 어렵다. 성호뿐 아니
라 여러 영·정조대 지식인들이 서학의 여러 분야를 능동적으로 연구

---

3)『둔와서학변(遯窩西學辨)』,「기문편(紀聞編)」, 而若吾之所謂實用者, 取其天問畧幾何
原本等諸書中所論, 天文籌數之法, 發前人之所未發, 大有益於世也.

하고 자신들의 학문에 활용하기 때문이다. 예를 들어 선행 연구는 18세기 조선에 수학과 천문학을 중심으로 한 서학 연구 그룹이 활동하고 있었다고 추정한다. 조선 후기에 ①이익-이용휴-이가환-이벽-정약전-정약용으로 이어지는 근기남인계 성호학파 ②서명응-서호수-서유구로 이어지는 달성 서씨가 ③황윤석, 홍대용, 홍계희, 정철조 등의 노론 낙론계 ④홍양해의 노론 호론계 ⑤이태창, 문광도, 김영 등의 관상감 실무 관원들 등 여러 그룹이 서양 수학서와 천문학서를 연구하고 있었다는 것이다.[4] 다시 말해 영 정조대 조선에 가계나 학맥에 따른 종적 네트워크 외부에 학맥이나 당파, 심지어 신분을 가로지르는 횡적인 서학 네트워크가 형성되어 있었음을 알 수 있다.

이들이 비교적 자유롭게 서학 지식에 접근하고 각자의 관심에 따라 연구하며 교류할 수 있었던 것은 당시 서양 수학과 천문학이 관학의 위상으로 조선에 유입되고 있었기 때문이다. 앞에서 보았듯 당시 서양 선교사들은 중국 상층부의 환심을 사기 위해 당시 서양 천문학과 수학 정보를 적극적으로 번역했다. 이들에게 자연학과 자연철학, 수학 지식은 세계를 창조한 신의 위대함을 보여주는 자연의 증거로 간주되었기 때문이다. 실용적 학문의 번역은 수학에 기반해 역법을 운용하며 해마다 새로운 역서를 반포해야 하는 명과 청의 황제들의 요구에 부응하기에 적합했다. 명말부터 아담 샬 같은 서양 선교사들은 역법을 제정하고 역서를 반포하는 흠천감의 책임을 맡았고, 중원이 청으로 넘어간 뒤에도 그 역할과 지위를 보장받았다. 이들은 '시헌력

---

4) 구만옥, 「마테오 리치 이후 서양 수학에 대한 조선 지식인의 반응」, 『한국실학연구』 20, 한국실학학회, 2010.

(時憲曆)'이라 불리는 새로운 역법의 체계를 총서 형태로 간행했고 수 많은 관련 지식을 번역했다. 이 지식들이 연행 과정 등을 통해 조선에 유입되었던 것이다. 바로 이 점에 조선에서 서학 수용과 변용의 중요 한 특징이 드러난다.

선교사들과 직접적으로 접촉하며 다양한 서학 지식을 수용했던 중 국 지식인들과 달리 조선 학자들은 서학서와 연행을 통해 얻은 서학 서와 정보를 통해서만 서학에 접근할 수 있었다. 다시 말해 이 지식들 은 당대 조선 지식인들에게 필수적인 학문의 대상이 아니었다. 이 지 식을 선택하거나 연구하는 것은 온전히 자발적인 선택과 의지에 의한 것으로, 조선에서 서학 지식은 이 지식의 가치와 유용성을 먼저 인정 하고 이를 적극적으로 활용하려는 개방적인 동아시아 학자들에 의해 선별적으로 유입된 것이다. 이 능동적인 선별과 연구를 명물도수학, 즉 박학을 추구하던 17-8세기 조선 후기 유학의 한 경향과 결부시킬 수 있다. 다음의 문장이 이 시대의 지적 경향을 잘 보여준다.

신이 이 책을 본 것은 대개 약관(弱冠) 초기였는데, 이때에 원래 일종의 풍조가 있어, 능히 천문역상가(天文曆象家)와 농정 수리의 기계[農政水利 之器]와 측량 추험의 방법[測量推驗之法]을 말하는 자가 있으면, 세속에서 서로 전하면서 이를 가리켜 해박(該博)하다 하였는데, 신은 그때 어리고 어리석어 혼자서 이를 사모하였습니다.(『여유당전서』, 「辨謗辭同副承旨疏」)

이 문장의 주인은 조선 후기 유학을 대표하는 뛰어난 학자 다산 정 약용(茶山 丁若鏞, 1762-1836)이다. 다산은 천주학에 접촉했다는 빌미로 비방을 당하자 제수받은 동부승지직을 사양하며 정조에게 위와 같은 상소를 올린다. 다산은 자신이 서학서를 본 것은 천주학에 대한 관심 때문이 아니라 천문 역법과 농법, 수학에 대한 관심 때문이었다고 주장한다. 물론 다산의 서학 연구는 단순히 천문 역법이나 농법에 한정되지 않기 때문에 다산의 이러한 주장이 그의 학문적 지향을 모두 설명한다고 보기는 어렵다. 그러나 다산의 말을 통해 적어도 어떤 시기까지 조선 지식인들은 서학을 비롯해 다양한 지적 자원에 접근할 수 있었다는 사실을 확인할 수 있다. 학문적 자원과 활용에서 누구보다 개방적이고 적극적이었던 성호 이익의 학문이 이를 잘 보여준다.

4. 성호와 다산의 이론적 심화와 변용

영조(英祖)대 유학자 성호 이익(星湖 李瀷, 1681-1763)은 조선 후기 유학의 성격과 분기를 이해하는 데 빼 놓을수 없는 학자다. 숙종 대 경신환국(庚申換局)으로 퇴출된 남인(南人) 이하진(李夏鎭, 1628-1682)의 막내 아들로 태어난 성호는 서인(西人)들이 정국의 주도권을 잡고 있던 조정에 진출하는 것을 포기하고 고향인 지금의 안산 지역에 머물며 자신만의 학문적 지향을 세워 제자들을 길렀다.

반대파들에 막혀 조정에 출사하지 못했고 새로운 문물을 경험할 수 있는 연행에 나서지도 못했던 성호의 세계는 일면 좁고 막힌 것으로 느껴진다. 그러나 그는 누구보다 큰 포부로 도덕적 질서가 구현되는 유가적 세계를 구상하며 각종 제도 개혁안을 제안했던 실천적인 유학자였을 뿐 아니라 같은 남인이었던 퇴계를 계승해 학문의 정통을 세우고자 한 사명감의 소유자이기도 했다. 남인의 영수이자 대학자였던 퇴계를 존숭해 청년 시절 영남 지역을 여행하기도 했던 성호는 퇴계의 언행 가운데 중요한 내용을 가려 뽑아 『이자수어(李子粹語)』라는 책을 편찬하기도 했고, 퇴계의 예학을 정리한 『이선생예설유편(李先生禮說類編)』을 저술하는 등 영남의 학문적 풍토를 기호 지역에 옮겨와 계승하고자 노력했다.

성호의 역할이 단지 퇴계의 학문을 기호 지역에 옮겨 놓는데 그쳤다면 성호를 18세기 조선 유학을 대표하는 학자로 부르기 어려웠을 것이다. 성호는 퇴계의 학문적 자장을 넘어서 독자적인 학문을 발전시켜 나갔다. 그의 학문을 새로운 방향으로 이끈 자원 중 하나가 '서학'이다. 성호는 독자적인 관심과 합리적인 태도로 서학서를 연구했고 이를 자신의 학문에 결합하고자 했다.

물론 성호 역시 근본적으로 서학에 담겨 있는 계시신앙적 요소들, 다시 말해 세계를 창조했다는 인격신 천주의 존재, 영원히 소멸하지 않는 영혼이 육체가 소멸한 뒤 현생에서의 행위로 천당이나 지옥에 떨어진다는 이론 등에 대해서는 "나는 천주에 관한 이론을 믿지 않는다."(『순암선생문집』, 「천학문답(天學問答)」)며 분명한 선을 긋는다. 그렇지만 천주나 천당-지옥설 등 현실 세계를 초과하는 측면들을 제외한다면 서학을 학술적 자원으로 사용하는 데 문제가 없다고 생각한다. 서학서들에 실용적인 지식과 합리적인 이론이 포함되어 있기 때문이다.[5]

---

[5] 성호는 기독교 세계관과 영혼론을 다룬 『천주실의』와 『주제군징(主制郡徵)』, 스토아 철학의 윤리학을 다룬 『칠극』과 『교우론』 등의 사변적이거나 윤리적인 서적들뿐 아니라 『직방외기』 같은 인문지리서, 『건곤체의(乾坤體義)』, 『천문략(天文略)』, 『치력연기(治曆緣起)』, 『시헌력(時憲曆)』, 『간평의설(簡平儀說)』, 『혼개통헌도설(渾蓋通憲圖說)』 등의 천문학 관련 서적들과 수학서, 『기하원본』 같은 자연학과 수학 관련 저술들을 스스로

성호는 수양론의 차원에서 스토아 철학의 윤리학을 담고 있는 서학서『칠극』의 가치를 인정했고 서양 수학의 우수성을 인정했으며 천리경(千里鏡) 즉 망원경 같은 서양 관측기구의 정밀함과 실용성을 부러워하기도 했다. 성호는 "서양 사람들 중에는 대체로 남달리 기이한 사람들이 많아서 천문(天文)의 관측, 기계(器機)의 제작, 수학[算數] 등의 기술은 중국이 따라갈 수 없다."(『순암선생문집』, 「천학문답」)고 평가한다. 이들의 학문적 공효는 "이전 사람들이 발명하지 못한 바를 밝힌 것이니 세상에 크게 유익함이 있다."(『돈와서학변』, 「기문편」)는 것이다.

성호는 개방적인 태도로 기술의 진보와 그 활용을 중시했기 때문에 그 기술의 출처와 기원을 문제삼지 않았다. 성호는 "모든 기계와 수리(數理)의 법은 후에 나온 자가 더 정교한 것이며, 비록 성인이라도 미진한 바가 있다. 후인들이 그것을 토대로 하여 더욱 증보하여 연구하면 오래되면 될수록 더욱 정교해지기 마련"(『성호사설』, 「역상」)이라고 생각하며 "이론이 타당하면 옛 것과 다르다고 해서 쓰지 않을 이유가 없다"(『돈와서학변』, 「기문편」)고 주장한다. 성호에게 정학(正學)의 기준은 성리학의 수호 혹은 퇴계의 계승이 아니라 백성들의 삶에 보탬이 되는가 아닌가의 유용성과 실용성이었던 것이다.

퇴계학을 계승하고자 했던 성호의 학문은 근본적으로 주희와 퇴계의 학문을 넘어서지 않았고, 리기 개념 역시 부정하지 않았다. 그러나 성호는 성리학적 개념들에 대한 사변적 논쟁이 아니라 도덕성의 회복과 민생을 유학의 학문적 목표로 삼았고 이를 위해 동시대 학자들과는 달리 서학을 비롯해 다양한 자원을 활용했다. 유학의 학문적 이념

읽고 연구했다.

을 수호하면서도 개방적인 태도로 다양한 자원을 활용해 당대의 학문적 경계를 월경한 또 다른 인물이 있다. 다산 정약용이다.

18세기 후반에서 19세기 초를 살았던 다산 정약용은 근현대 한국철학을 논할 때 결코 제외할 수 없는 중요한 학자다. 조선 중기의 대표적 철학자가 퇴계 이황과 율곡 이이라면, 조선 후기 유학에서 가장 중요한 자리에 배치될 학문적 업적을 남긴 것은 다산일 것이다.

다산은 1726년 경기도 광주의 마현에서 진주목사를 지낸 정재원(丁載遠, 1730-1792)의 넷째 아들로 태어났다. 다산은 스물두 살에 초시에 합격해서 성균관에 들어간 후 28세 때 대과에 합격하여 관직에 입문한 뒤 규장각의 초계문신(抄啟文臣)으로 발탁되어 조선의 22대 국왕 정조(正祖, 1752-1800)와 직접 대면했다. 그로부터 10년 뒤 39세에 정조가 승하할 때까지 정약용은 정조의 신임을 받으며 다양한 요직을 맡았다. 다산이 정조의 신임 속에서 한강의 배다리를 만들거나 수원 화성 건축에서 중요한 역할을 했다는 점은 잘 알려져 있다. 다산은 특히 화성 건설에서 자신의 능력을 최대한 발휘하며 정조의 기대에 부응한다. 정약용은 해배 후에 자신의 삶을 정리한 「자찬묘지명(自撰墓誌銘)」에도 화성 건설의 일화를 기록하는 등 이 일을 자랑스럽게 여겼다. '서교(西敎)'에 접근했다는 명목으로 유배되기 직전까지 정조는 다산의 최대 후원자였다.

다산의 삶을 바꾼 것은 정조만이 아니었다. 다산은 형인 정약전과 함께 형수의 기제사에 참석했다 돌아오는 배편에서 큰 형 정약현의 처남인 이벽(李檗, 1754-1785)을 만나 '서학'이라는 새로운 학문에 대해 듣는다. 이날을 기록하며 다산은 "'천지조화(天地造化)'의 시작과 '형신생사(形神生死)'의 이치를 듣고 황홀하여 망연자실할 정도로 놀라왔다"

고 회고한다.(『여유당전서』, 「先仲氏墓誌銘」) 다산을 서학으로 이끈 것은 단지 천문 역법과 같은 실용적인 지식만은 아니었음을 알 수 있다.

서학 특히 천주교와의 접촉 다산뿐 아니라 그의 형제들의 운명을 바꾼 결정적인 사건이었다. 천주교도였던 셋째 형 정약종(丁若鍾, 1760-1801)은 1801년 신유옥사 때 처형당했고, 둘째 형 정약전(丁若銓, 1758-1816)도 흑산도에 유배되었다 16년 만인 1816년에 사망한다. 신유옥사가 발발한 뒤 제천으로 피신해 북경의 천주교회에 조선 천주교 공동체에 대한 조정의 탄압을 고발하는 백서를 썼으나 발각되어 사형당했던 황사영(黃嗣永, 1775-1801)은 큰 형 정약현의 사위였고, 다산 형제에게 『천주실의』등 서학서를 권했던 조선 천주교회의 창설자 이벽은 정약현의 처남이었다. 서학은 결과적으로 다산의 앞 길을 막았지만, 그에게 일종의 학문적 돌파구를 만들어 준 것도 서학이었다.

다산의 학문적 관심과 업적은 이기심성론이라는 경학의 기본적인 이론적 주제는 물론 행정, 형법, 악론, 음운, 지리, 기계, 의학 등 유학에서 다룰 수 있는 거의 대부분의 영역에 뻗어 있고 그만큼 저술 또한 범위와 양이 호한하다. 다산은 자신의 학문 체계를 다음과 같이 정의한다.

> 육경(六經)과 사서(四書)로써 자기 몸을 닦고 1표(表)와 2서(書)로써 천하·국가를 다스리니, 본말(本末)을 갖춘 것이다.(『여유당전서』「自撰墓誌銘」集中本)

학문 체계에 대한 다산 자신의 선언은 다산의 학문적 목표가 어디에 있었는지를 확인시켜 준다. 다산은 육경 사서로 대표되는 경학을 학문의 중심에 두고 국가 제도의 개혁과 운영 방안을 제시한『경세유표(經世遺表)』, 형법에 대해 다룬『흠흠신서(欽欽新書)』, 목민관을 위한 행정 지침서『목민심서(牧民心書)』등 국가 경영에 요구되는 제반 영역들에 관해 체계적인 저술을 남겼다. 이러한 학문적 체계에 대해 연구자들은 다산이 경학 연구를 통해 고례(古禮)를 복원함으로써 탁고개제(託古改制)하고자 했다고 평가한다.

그러나 사실상 다산에게 고례의 '복원'하는 것 자체는 중요한 목표가 아니었을 것이다. 다산은 고례뿐 아니라 서학서에서 온 이론들을 참조하고 활용하는데 만약 오직 고례의 순수성으로 회귀하는 것이 목표였다면 성리학은 물론 서학과 같은 다른 지적 자원을 활용할 필요가 없었을 것이기 때문이다. 다산은 아마도 경학 체계를 새롭게 구축하고 그 위에 자신이 생각한 진정한 예치 국가의 구상을 실현하고자 했던 것으로 보인다.

물론 다산의 철학이 일반적인 유학–성리학의 자장에 머물렀던 것은 아니다. 다산의 철학 가운데 가장 도전적인 측면은 이기론을 부정하고자 시도했다는 점이다. 다산은 세계의 형이상학적 근원으로서의 리와 물질로 구현되지만 근본적으로는 우주적 원리로 간주되던 기의 의미와 역할을 부정한다.

무릇 천하의 영(靈)이 없는 물은 주재가 될 수 없다. 그러므로 한 집안의 가장이 어둡고 우매하고 지혜롭지 못하면 집안의 만사가 다스려지지 않고, 한 고을의 어른이 어둡고 우매하여 지혜롭지 못하면 마을 가운데 만사가 다스려지지 않으니, 하물며 저 텅 비고 막막한 태허일리(太虛一理)를 천지만물을 주재하는 근본으로 삼는다면 천지간의 일이 이루어질 수 있겠는가.(『맹자요의(孟子要義)』)

다산은 인격성이 없다는 점을 근거로 태극 또는 리가 천지만물을 주재할 수 없다고 주장한다. 성리학에서 리는 조작과 안배가 불가능한 비인격적 원리이기 때문에 만물의 형이상학적 원리로 간주되어 왔다. 그러나 다산은 비인격적 존재가 세계를 주재하고 나아가 도덕적 가치를 제시할 수 있다고 생각하지 않았다. 다산은 성리학의 이론적 근간인 이기론을 적극적으로 논파하고 있는 셈이다.

이기론이 해체된다면 이에 따라 인성론도 새롭게 쓰여야 한다. 성리학에서는 인간의 본성이란 성즉리 즉 리가 인간 안에 부여된 것이라고 규정하기 때문이다. 만약 리가 더 이상 만물의 존재론적 근거가 아니라면 인간이 모든 원리의 총합으로서 리를 본성으로 부여받는다는 관념도 수정되어야 하며 무엇보다 완전한 리를 본성으로 부여받았기 때문에 인간이 도덕적 행위를 할 수 있다는 도덕철학적 설명 역시 수정되어야 한다.

리란 어떠한 것인가. 리는 애증도 없고 희로도 없으니 텅 비고 막막하여 이름도 없고 형체도 없는데 우리가 이로부터 성을 품부 받았다고 한다면 (올바른) 도가 되기 어려울 것이다.(『맹자요의(孟子要義)』)

다산은 본성과 리의 관계를 단절시킨다. 이러한 주장은 다산에게 중요한 과제를 남긴다. 성과 리가 분리된다면 다시 말해 인간의 본성이 가치적인 완전성인 리가 아니라면 인간이 어떻게 도덕적 행위를 할 수 있는가? 다산은 이기론을 부정함으로써 단순히 우주론을 해체한 것이 아니라 인성론과 도덕성의 문제까지 새롭게 대안을 제시해야 했던 것이다. 이에 대한 다산의 대답은 인간의 본성이 형이상학적 원리가 아니라 선(善)을 향하는 자연스러운 기호라는 것이다. 다산은 "성은 기호다. 육체의 기호도 있고 영지의 기호도 있는데 모두 성이라 한다."고 간주하고 사단 즉 "사심의 발동은 영명(靈明)한 본체(本體)에서 발동되고 영명한 본체는 선을 즐기고 악을 부끄러워하는 성품일 뿐"(「답이여홍(答李汝弘)」)이라고 주장한다. 인간이 도덕적 행위를 할 수 있는 것은 리를 본성으로 부여받았기 때문이 아니라 성이 선을 좋아하는 기호 자체이기 때문이라는 것이다. 다산은 성리학적 세계관과 인간 이해의 축인 이기론과 심성론을 대담하고 혁신적인 방법으로 새롭게 제안한 것이다.

다산이 이기와 성에 대한 성리학적 이론을 비판하는데 영향을 준 지적 자원 중 하나는 마테오 리치의 『천주실의』라고 할 수 있다. 세계의 창조주로서 신을 전하기 위해 신과 같이 세계의 토대를 이루는 리 개념을 부정하고자 했던 마테오 리치는 아리스토텔레스의 실체와 속성 개념을 각각 자립자(自立者: 실체, substantia)와 의뢰자(依賴者: 속성, accidens)로 번역하고 리는 속성일 뿐 실체가 아니라고 주장한다. 마테오 리치는 "리는 의뢰자로 인성이 될 수 없다"(『천주실의』)고 주장함으로써 전통적인 성리학의 인성 이해도 부정한다.

다산은 이벽의 권유로 『천주실의』를 읽었고 이로부터 자신의 새로운 이론의 자원을 확보했던 것으로 보인다. 그러나 다산은 서학의 이론을 조선 유학에 들여오거나 유학-성리학을 서학으로 대체하고자 했던 것은 아니다. 다산은 자신이 세우고자 한 이론적 체계에 서학이라는 새로운 지식을 하나의 자원으로 활용한 것에 가깝다.

성호와 다산의 학문적 경향은 성리학적 이념과 원리를 해체하는 방향으로 향했다기 보다는 전통적인 원리와 이념을 외래의 자원을 통해 새롭게 해석하고 독자적으로 심화시켜 나간 사례에 가깝다. 다산의 경우 이기론을 부정하는 등 성리학적 세계관의 토대를 부정했지만 그렇다고 모든 성리학의 이념과 이론들을 부정하거나 해체하고자 한 것이 아니라 자기만의 방식으로 새롭게 해석하고자 했다는 점에서 유학−성리학의 확장과 심화의 성과로 이해하는 편이 합당할 것이다.

만약 다산이 성리학 전체를 부정하고자 했다면 그 기반인 경학 자체를 부정하거나 해체했어야 한다. 그러나 다산은 도리어 어떤 조선 학자보다 적극적이고 능동적인 태도로 경학서를 저술해 체계화하고자 했다. 다산은 육경 중 하나지만 일실된 악서(樂書)에 대한 주해서인 『악서고존』까지 저술하는 등 자신만의 독자적인 경학 체계를 구성하고자 평생에 걸쳐 노력했다. 다산은 이기론을 토대로 삼지 않아도 육경사서를 해명하고 새로운 사회와 인간을 위한 학문적 자원으로 활용할 수 있다고 믿었던 것으로 보인다.

그렇게 본다면 다산의 시도는 주희의 해석에 얽매이지 않고도 혹은 성리학의 형이상학적 이념에 묶이지 않고도 유학의 이론과 실천을 새롭게 구축할 수 있다는 일종의 자신감의 표현으로 볼 수 있다. 그렇다면 다산이 넘어선 경계는 한 천재 학자의 성과가 아니라 가깝게는 성호를 비롯해 조선 유학이 이론을 심화하면서 동시에 확장한 효과로 평가할 수 있을 것이다. 성호나 다산이 성리학의 내부를 변용하며 서학을 유학−성리학의 이론적 자장 안으로 끌어들이려 시도했다면 아예 지식의 경계 자체를 확장하고 개방하려는 시도도 나타났다. 다음 세대 학자인 이규경의 학문적 태도와 방법이 그러한 사례에 해당할 것이다.

5. 박학의 풍토와 명물도수학의 확산

자연과 생활 세계에 관한 다양한 지식을 다루는 지적 실천을 '명물도수(名物度數)'의 학이라 부른다. 명물도수란 사물의 이름, 각종 법식, 도량형과 같은 수적 제도를 의미하는 것으로 생활상의 다양한 제도와 지식을 아우르는 학문적 방법론을 의미한다. 주지하듯 공자가 『논어』에서 '박학어문(博學於文)', 즉 광범위한 지식의 획득을 학문의 중심적인 태도와 방법으로 제안한 뒤 넓은 범위에서 객관적인 앎을 추구하고 축적하는 행위는 유학(儒學)의 학문적 토대로 간주되었다. 그러나 주지하듯 조선에서 학문적 중심은 성리학적 이해에 기반하는 경학(經學)과 예학(禮學)에 놓여 있었다. 이기론 등 형이상학적 이념과 본성과 마음에 대한 사변적인 이론을 중심으로 하는 성리학을 정학이자 도통으로 여기는 학풍에서 박학의 추구는 사실상 근본이 아니라 말단으로 치부되었다.

그러나 17세기 이후 청이 중원을 안정적으로 운영하게 되자 그에 따라 경제적, 지적 활력이 동아시아로 확산되어 갔고 조선 역시 그 개방성과 활력에 영향을 받았다. 지적 풍토의 변화를 확인할 수 있는 영역이 바로 백과전서 즉 유서(類書)다. 유서는 새로운 지식을 집적하고 범주에 따라 재배치하는 능동적 지식 구성의 한 방법으로서 이수광(李睟光, 1563-1628)의 『지봉유설(芝峯類說)』, 성호 이익의 『성호사설(星湖僿說)』, 서유구(徐有榘, 1764-1845)의 『임원경제지(林園經濟志)』, 이규경(李

圭景, 1788-1856)의 『오주연문장전산고(五洲衍文長箋散稿)』등이 조선 후기를 대표하는 유서들이다.

그러나 본래 명물도수를 추구하는 박학의 풍토는 성리학이 주도하는 학술장에서 항상 근본이 아니라 말단으로 간주되었다. 『오주연문장전산고』의 저자 이규경은 고대부터 존재했지만 그간 말단으로 치부되던 명물도수의 학이 명나라 말부터 다시 중요한 학술적 주제로 부상하게 된 배경을 다음과 같이 전한다.

세상의 논자들은 명물도수의 학문이 한대 이후 끊어진 지 이미 오래라고 여긴다. 그러나 나의 견해로는 거의 그렇지 않다. 주나라의 문물이 이미 다하여 그 학문 역시 마침내 없어지고 말았다. 재주있고 지혜로운 자들이 번갈아 대대로 나타났지만 그 재주의 높고 낮음이 한결같지 않았으나 또한 옛사람들의 밝은 자취를 얻었으니 의장(意匠)이 저절로 경지에 이를 수 있었다. 그러므로 이른바 명물도수라는 것은 일찍이 끊어진 적이 없었다. 그 정수의 깊은 뜻을 드러내고 밝힌 이가 없어서 동류의 지식들이 인몰되어 전해지지 않은 것이다. 시대가 명나라 말기에 이르러 중국의 인사들이 점점 그 가운데로 들어가 습상을 이루어 그 도를 알지 못하는 것을 부끄럽게 여겼다. 서광계(徐光啓)와 왕징(王徵) 같은 이들이 끊어진 학문을 뒤를 일으켜 계발한 바가 많았고 상수의 학문을 창시하니 명물도수는 찬연히 다시 세상에 밝아졌다. 이로부터 수준 높은 문하, 이름난 사람들이 점점 나타나게 되었다. (『오주연문장전산고』, 「五洲衍文長箋散稿序」)

규장각 검서관이었던 이덕무(李德懋)의 손자로 태어난 이규경은 서얼이었던 증조부 가계의 신분적 틀을 벗어나지 못했다. 그 역시 검서관 취재에 응시했지만 낙방했고 이후 미관말직도 얻지 못한 채 평생을 재야의 지식인으로 살았다. 『오주연문장전산고』는 그의 말년에 이루어진 작업으로, 조부 이덕무의 『청장관전서(靑莊館全書)』를 비롯해 수많은 중국과 조선의 자료들을 활용해 다양한 지식을 범주화하여 기록하고 '변증'이라는 방식으로 자신의 사유와 평가를 덧붙인 것이다.

이규경에 따르면 끊어졌던 명물도수학의 풍토가 명 말에 되살아났으며 그 주역이 서광계와 왕징이라고 주장한다. 이들은 실제로 명대에 활동한 중국인들이지만 그들의 역할은 전형적인 중국 지식인과 다르다. 이들이 대표적인 서학의 번역자들이기 때문이다. 서광계는 『기하원본』 등 다양한 서학서 번역에서 마테오 리치를 도운 인물이고 왕징은 등옥함(鄧玉函)으로 알려진 예수회 선교사 테렌츠라는 선교사를 도와 다산도 참조한 기계관련 서학서 『원서기기도설록최(遠西奇器圖說錄最)』약칭 『기기도설』를 저술한 인물이다. 이규경은 마테오 리치와 테렌츠를 지우고 서광계와 왕징을 명물도수학의 중심으로 제시한 뒤 그들로 인해 끊어졌던 학풍이 되살아났다고 인정한다. 지식의 성격이나 영역뿐 아니라 지식의 기원과 출처 자체가 확대되었음을 알 수 있다.

19세기에 활동한 이규경이 궁벽한 벽지에서 조선 문헌뿐 아니라 중국 문헌과 중국에서 유입된 다양한 서학서까지 망라하여 방대한 유서를 썼다는 것은 당시 19세기 조선에서 성리학에만 집중하던 지적 경직성이 풀어지고 있었음을 반증한다. 결과적으로 유서는 사단칠정론, 호락 논쟁 등 조선 성리학의 핵심 논제들의 외곽에 형성되어 있던 주변부적 지식이 어떤 조건과 요인에 의해 새롭게 지형화되는지, 이 주변부가 중심적 논제에 어떻게 영향을 끼치는지 보여주는 창의 역할을 한다. 결과적으로 이러한 새로운 지적 경향은 '실사구시(實事求是)', '이용후생(利用厚生)', '경세치용(經世致用)' 등 현재 일반적인 상식이 된 '실학'의 변별적 특징과도 연결된다.

그러나 이러한 '실학풍'이 성리학의 이론과 개념을 집중하는 주류 학자들의 학문적 경향을 위축시켰거나 그 학풍을 해체했다고 보기 어렵다. 이른바 '도학(道學)'의 흐름은 조선 학맥에서 여전히 중심적인 주제로 기능하고 있었다. 그러나 새로운 지식의 유입과 확산이라는 지적 현상은 당시 경향(京鄕) 간의 학문적 분화와 연결하여 살펴볼 필요가 있다. 서학서를 비롯해 새로운 지적의 유통이 주로 서울 경기 지역을 중심으로 시작되어 확산되어 나갔다면 퇴계와 율곡으로 대표되는 조선 성리학의 심화는 지역으로 분화된 측면이 있기 때문이다.

6. 조선 유학의 종장, 실학의 소환

경화, 즉 서울 경기 지역의 학자들이 대체로 성리학만을 고수하지 않고 고증학(考證學), 서학 등 새로운 지적 자원을 활용해 개방적인 학풍을 형성해 나갔다면 지방학계는 각각 율곡을 계승하려 했던 기호학파, 퇴계를 계승하려 했던 영남학파 등 향촌 사회에서 정통 성리학을 심화하려는 경향이 나타났다. 지방의 문인들은 경화지역의 학풍과 별도로 성리학적 사유를 도통으로 추종하며 문인 간의 결속을 통해 학문의 위상을 지켜나가고자 했고 이러한 경향은 20세기 초까지도 지속되었다.

이들은 심설 논쟁 등 성리학적 논제들을 심화하는 학문적인 논쟁을 통해 연대하고 결속하는 등 성리학의 위상을 지키며 자신들의 목소리를 내고자 했다. 그러나 세도 정치, 민란, 이양선의 출몰 등 대내외적 모순이 조선 사회를 흔들고 개항 이후 서양 문물이 본격적으로 조선에 유입되었던 19세기 중반 이후 도학의 사회적, 학문적 영향력은 급속도로 약화되어갔다. 물론 제국주의 일본의 야욕에 조선이 무너질 위기에 처하자 영남에서 분화된 여러 학파의 문인들이 위정척사운동을 주도하거나 의병 활동을 통해 연대하기도 했고 일제 강점기 동안 항일운동에 참여하는 등 실천적인 지향을 보이기도 했다. 그러나 주지하듯 20세기 초반 일제가 조선을 강점한 뒤 유학−성리학의 위상은 국가를 이끌며 이념과 당위를 제공하는 체제교학이 아니라 문인들의 교양의 차원으로 급속히 약화되어 갔다.

전근대 유학이 '실학'이라는 이름으로 다시 소환된 것은 1930년대 이후의 일이었다. 3.1운동 이후 일제가 문화 정치를 표방하던 1930년대는 유학(儒學)을 기반으로 하는 전통적 지식 체계가 서구 근대 학제와 분과 학문으로 교체된 상태였다. 제국주의 일본에 맞서 절실히 민족 정체성과 근대성을 확보하고자 했던 식민지 조선의 지식인들은 당시 새로운 조선을 건설하기 위한 사상적 자원을 전근대 유학에서 발견하고자 한다. 그 표제어 역할을 한 것이 다산이었다. 당시 지식인들은 다산에 관한 관심을 촉구하며 이를 '조선학'이라는 용어에 담아 지식인들의 동의와 대중의 관심을 확보하고자 했다.

민족주의 사상가 정인보는 '성호학파의 역학(易學), 경제, 문학, 예학, 정학(政學, 정치학), 청나라를 거쳐 전래된 과학 사상 등을 실학'이라고 규정하고 다산은 이를 계승하여 민중적인 경학(經學), 정치원리를 확립했다고 평가한다. 안재홍은 다산을 '조선 건설의 총 계획자'라거나 '지금도 후배가 의거할 조선의 태양'으로 높인다. 그는 다산이 '법을 개혁하고 스스로 힘써서 낡은 나라를 새롭게 하고(變法自强, 新我舊邦), 세상을 다스려 백성을 윤택하게 하고 나라를 보호하고 백성을 구제하며(經世澤民, 護國救民), 나라를 바로잡고 일으키며 혼란을 바로잡고 올바름으로 되돌이킨(國家之事의 匡扶振作, 撥難返正)' 인물이라고 평가한다. 이들에게 다산은 국가 사상의 가장 완결된 형태를 보여준 사상가로 인식되었다. 결과적으로 이 시대에 '실학'과 '실학자 성호', '실학자 다산'이 민족과 근대성의 이름으로 20세기 지식장에 소환된 것이다.

현재 한국 사회에서 실학은 조선 후기의 학풍을 가리키는 일반 명사로 사용되고 있지만 사실상 이 개념이 일제 강점기에 제안되고 개념화되었다는 사실은 잘 알려져 있지 않다. 당시 조선 지식인들에게 실학은 식민사관의 핵심 쟁점인 정체성론 즉 근대사회로의 이행에 필요한 봉건사회를 거치지 못하고 전근대적인 단계에 머물러 있다는 봉건사회 결여론을 극복할 수 있는 중요한 증거로 인식되었다. 실학이 '사회 개혁 사상'이자 '근세 자본주의 국가 사상'으로 인식된 것이다. 특히 다산의 사상은 사회 개혁론의 가장 완결된 형태로 여겨졌다. 이들은 '실학'에서 자주적이고 능동적인 근대성을 선취할 수 있는 학문적 지향을 발견하고자 했던 것이다. 이 시대 지식인들은 성리학을 사변적인 공리공담으로 치부하며 실학과의 거리를 최대한 벌리고자 했다. 국가를 상실한 시대의 학자들에게 실학은 '민족주의적'이며 '근대적'인 개혁론으로 간주되었던 것이다.

서두에서 언급했듯 실학은 동아시아의 물적 토대와 조선의 사회적 변화를 토대로 발생한 유학의 변용이자 유학의 확장이라고 볼 수 있다. 실학은 자주 성리학의 대척점에 놓이고 성리학과의 거리만큼 근대성과 가까워지는 것으로 인식되는 경우가 많지만 이런 식의 구별과 변별은 전근대 학풍이 아니라 20세기 이후 한국 철학에 요구되던 과제에서 도출된 관념에 가깝다. 조선학 운동의 중심 인물들 뿐 아니라 해방 후의 학자들도 다산과 성호에게서 '근대성'을 발견하고자 했지만 이는 사실상 성호나 다산 자신이 추구했던 목표가 아니었다. 학자 자신이 지향하지 않던 목표를 그들의 학문적 실천에서 규명하고자 할 경우 연구자들은 자주 모순과 부정교합에 부딪치게 된다. 이들은 자신의 시대에서 활용 가능한 다양한 자원을 통해 스스로 구축한 학문적 목표를 향해 나아갔고 그 자체로 의미와 가치를 발견할 수 있지만 그 지향을 '근대적'이라고 규정하는 것은 다른 문제이기 때문이다.

결과적으로 우리 학계에 '실학'과 '근대성'은 여전히 논쟁적인 주제로 남아 있다. 실학이 모종의 긴장을 일으킨다는 것은 실학이 존재하지 않았다거나 조선 후기의 풍토를 실학으로 규정할 수 없다는 의미가 아니다. '실학'이 하나의 이념처럼 작동할 때 조선 후기부터 20세기까지 조선 유학의 분화와 변화가 단선적이고 일방적인 기준에 묶일 수도 있다는 것이다. 개별 연구와 관점에 따라서 '실학'으로 규정된 학자와 사상에서 그 반대의 평가가 도출되는 경우도 많기 때문이다.

이러한 상황에서 우리의 과제는 다양한 관점을 개발하고 지적 영향과 소통의 과정을 면밀히 살피면서 이 시대 학자들이 무엇을 어떻게 구축하고 구현하고 구성하고자 했는지를 설명하는 일이다. 학문의 보편적 지향과 동아시아의 변화 등 거시적인 시야를 잃지 않으면서도 세부적으로 새로운 논제를 개발하고 질문을 가설해서 조선 후기의 지적 경향을 읽는 미시적인 초점을 확보하는 것이 우리 시대 한국철학을 이해하고 해명하기 위한 첫 단계가 될 것이다.

| 추천도서 |

금장태, 『조선후기 유교와 서학』, 서울대학교출판부 2003.

김문용, 『홍대용의 실학과 18세기 북학사상』, 예문서원, 2005.

주영하 외, 『19세기 조선, 생활과 사유의 변화를 엿보다』, 돌배게, 2005.

김문식, 『조선후기 지식인의 대외인식』, 새문사, 2009.

임형택, 『21세기에 실학을 읽는다』, 한길사 2014.

김선희『서학, 조선 유학이 만난 낯선 거울』, 모시는사람들, 2018.

근대불교의 네 가지 반응 유형—4대 사상가[*]

심재룡(서울대학교)

본론은 동서양 사상의 만남을 배경으로 현재 한국에서 추진되는 새로운 한국철학의 정체를 확인하는 작업 가운데 하나이다. 본고는 특히 구한말부터 해방에 이르는 암울한 시대상황 속에서 간접적으로는 밀려오는 외래 서양 사조와 직접적으로는 일제 일본식 불교의 도전에 부딪히며 일본 제국주의의 억압 속에서 치열한 삶을 살며 한국불교의 정체를 규명하고, 이를 이론과 실천으로 한국인들의 삶에 접목시키려 했던 네 명의 불교사상가들의 삶과 사상을 다룬다.

유형적으로 네 가지 부류를 대표하는 네 명의 삶과 시대인식, 그리고 그 시대의 도전에 대한 상이한 응답들을 살펴보고자 한다. 이 시도가 너무 도식적이라고 할 수 있을지 모른다. 이는 혼란의 시대에 기라성처럼 출현한 여러 사상가들을 분류하는 발견의 방법 내지 지표로

---

[*] 이 글은 고 심재룡 교수가 2003년에 발표하신 「근대 한국불교의 4가지 반응 유형에 대하여— 한국 근대불교의 四大 思想家」(『철학사상』 16권, 서울대학교 철학사상연구소, 2003)를 약간 수정한 글이다.

사용하려는 것일 뿐, 다양한 사상의 면모를 정해진 도식에 짜맞추려는 의도는 없다. 굳이 분류의 방식을 사용하는 까닭은 서양의 도전에 대한 다양한 반응 양태 속에서 일종의 규격화된 모양을 발견해 보려는 안간힘이다.

1. 서론–암울했던 시대배경

1.1 불교 사상가의 네 유형

해방 전 50년 동안 한국불교를 주도했던 불교 사상의 유형을 탐구해 보고자 한다. 물론 필자가 다루고자 하는 시기의 불교 역시 다른 시기의 한국불교만큼이나 다양성을 띠고 있다. 그리고 이 시기에 상당히 광범위한 불교적 사고방식이나 생활 양식들이 그 뒤의 현재 한국불교를 형성하는 데 어떤 역할을 했는지 아직 충분히 이해하지 못하고 있으며 더욱 심도있는 정리를 필요로 한다. 이러한 이해와 정리를 위해 필자는 이 시기의 불교 사상들을 네 가지 유형별로 제시할 것이다. 그리고 각 유형을 대표하는 네 불교 사상가, 곧 극보수적 전통주의자인 송경허(宋鏡虛, 1849-1912), 두 온건 개혁파인 백용성(白龍城, 1864-1940)과 박한영(石顚 朴漢永,1870-1948), 그리고 극진보적 개혁주의자인 한용운(卍海 韓龍雲,1879-1944)의 삶과 사상을 연구함으로써 당시의 불교사를 정리하고 이해하려는 소기의 목적을 달성하고자 한다.

이 불교 사상의 유형들을 비교 분석함으로써 필자는 다음의 주제들이 자연스레 밝혀질 것이라 기대하고 있다.

(1) 선(禪)과 교(敎)라는 두 수행 방법 사이에 어느 편에 더 높은 종교적 권위를 부여하는가에 대한 논의를 둘러싸고 벌여졌던 알력. 이 문제는 현재 한국 불교계 내부에서 아직도 크나큰 논란을 일으키고 있다.

(2) 법맥(法脈)의 전승 문제

(3) 깨달음으로 정당화되는 무애행(無礙行)과 역사적·정치적으로 요구되는 윤리적 행위 사이에 있던 알력 혹은 긴장 관계

(4) 호국불교(護國佛敎)의 문제

(5) 불교와 한국 토착신앙 사이의 영향관계

(6) 다른 종교들, 근대화, 자본주의에 대한 불교의 태도는 어떠했는가?

1.2 암흑기의 한국불교─조선왕조의 억불정책이 남긴 그늘에 대한 불교인의 진단

유교적인 사회 윤리 체계의 구현을 표방했던 조선왕조 500년간의 억불정책으로 말미암아 한국불교는 극도로 위축되었었다. 이로 인해 지난 100년간의 한국불교, 특히 해방 전 50년간의 한국불교가 할 수 있었던 일이라곤 거의 생존을 위한 몸부림이었다 해도 과언이 아니다. 조선왕조의 억불정책으로 도심에 위치했던 사찰들은 모두 깊은 산중으로 옮겨갈 수밖에 없었으며, 유교를 이데올로기로 갖고 있던 지식관료들은 불교에 대한 무자비한 착취를 일삼았다. 그에 따라 승려들은 사회 계층상 가장 천한 계급으로 강등되었다. 승려들은 수도

인 서울에 출입조차 할 수 없었으며, 조선 사회 속에서 어떠한 조직적인 단체도 구성하고 유지할 수가 없었다. 불교가 살아남을 수 있었던 것은 오직 도교적 신앙이나 토착적인 샤머니즘을 흡수함으로써 개인적 신앙의 영역에서 억압받던 하층민중들에게나 약간의 영향력을 미치고 있었기 때문이다. 조선조 사회는 사농공상의 직업적 신분적 위계질서가 뚜렷한 가부장적 계층사회였다.

해방 전후 각 50년 동안, 즉 지난 일백여년 동안 불교 지식인들 사이에서 당시 불교가 처한 위축된 상황은 전적으로 조선왕조의 유교 이데올로기와 지속적인 억불정책 때문이라는 설은 널리 공감대를 형성하고 있다. 예를 들어, 철저한 전통 보수주의자인 송경허의 법맥을 이은 송만공(宋滿空, 1871-1946)은 불교의 참된 가르침을 전하는 최악의 장애는 조선 왕조의 억불정책이었다고 진단한다. 그리고 우리의 연구 대상 가운데 중도적 온건개혁가인 박한영 역시 불교 쇠퇴의 원인을 진단하면서, 불교 내적인 이유 외에 조선 왕조의 중앙 집권력의 약화, 새로이 등장한 외세의 압력, 그리고 유교(儒敎)의 배타적 패권주의를 불교 쇠퇴의 외적인 이유로 들고 있다. 또 극렬한 개혁성향의 혁명가적 한용운은 유교를 이데올로기로 표방한 조선 왕조의 정치적 탄압 때문에 불교 조직들은 생존 이상의 어떤 것도 기도할 수 없었고, 특히 조선 중엽에는 불교가 산중의 암자나 토굴 속으로 숨어들 수밖에 없었다고 진단하고 있다.

이러한 반성과 진단 속에서 현재 한국 최대 종단인 대한불교조계종의 종규는 조선왕조 500년이라는 기간을 법란(法亂)의 시기로까지 규정하고 있다. 이는 유교적 이데올로기의 실현을 목적으로 한 왕조가 불교를 공식적으로 배척하면서 저지른 불교 말살정책이란 것이 조계종의 역사적인 이해이다.

1.3 일제의 한국불교 병탄 음모

조선을 식민지화하기 위해 호시탐탐 기회를 노리고 있던 일본은 그 수단의 하나로, 19세기 말엽까지 이미 쇠약해질 대로 쇠약해진 채 깊은 산중에 처박혀 있던 당시 한국불교를 일본 불교에 병탄하려는 야욕을 보였으며, 이에 따라 한국불교는 더욱 어려운 상황에 처하게 되었다.

일제의 한국불교 병탄 음모는 크게 두 시기로 나뉘어진다. 첫째는 아직 한국을 식민지화하지 못하고 호시탐탐 기회를 노리고 있던 1870년부터 1911년까지이고, 둘째는 1911년 이후 이미 한국을 일본의 식민지로 만들고 해방 전까지 사찰령(寺刹令)이라는 법령을 통해 한국불교를 통제하던 시기이다.

제1기: 일제가 실제로 한국에 대한 정치적 · 군사적 침략을 하기 전인 1870년대에, 일본 정부의 지원을 등에 업은 일본불교는 단순한 도입의 수준을 넘어서 한국불교에 대한 음흉한 병탄 야욕을 보이고 있었다. 다양한 종파를 갖고 있던 일본불교는 극단적인 민족주의의 양상을 띠어서, 일본 제국의 이익을 심화하는 것을 종교 행위의 목적으로 추구하고 있었다. 이러한 일본 종파들 가운데 한국에의 침투를 기도했던 것은 오타니-파 혼간지(大谷派 本願寺)와 니시혼간지(西本願寺),

니치렌-종(日蓮宗), 조도-종(淨土宗)[1] 등이었다. 결국 1911년 사찰령의 반포 이후 조선 총독부는 한국불교에 대한 전면적이고 가혹한 통제를 시작하였고, 한국의 모든 사찰들은 총독부의 통제 하에 들어갔다.

500년간 지속된 조선의 억불정책 때문에 한국불교도들이 입었던 상처를 위로하고 그들을 회유하고자 했던 일본불교의 음흉한 시도를 상징하는 한 가지 미묘한 사건이 있다. 앞에서 언급한 적 있듯이, 조선 왕조의 지배 하에 한국의 승려들은 서울에 출입하는 것이 금지되어 있었다. 하지만 일본 승려들의 주도로 이 오래된 금지령이 철폐되었으며, 정치권력으로부터 소외당해 왔던 한국의 승려들은 열광적인 환영을 표시했다. 이 사건을 주도한 것은 조선 말기 사노 젠레이(佐野前勵)라는 일본 니치렌-종의 승려이다. 그는 한국불교가 조선왕조의 치하에서 이미 생명력을 잃어버렸으며, 당시 조선의 승려들 사이에 그들의 믿음을 이어줄 어떠한 통일적인 교의가 남아 있지 않다고 결론을 내렸다. 이에 사노는 한국불교를 일본의 니치렌-종에 병합시키기 위해 이러한 상황을 이용하고자 지금까지 없었던 호의를 한국불교도들에게 보여주었다. 1895년 사노가 당시 총리 대신 김홍집(金弘集 1842-1896)을 통해 승려의 도성출입 금지령 철폐를 위한 진정서를 조선 왕에게 보내자 김홍집은 고종(高宗)에게 인가를 요청하는 이 진정서를 직접 전달하였다.

승려의 도성출입금지라는 족쇄가 일본 승려의 도움에 의해 철폐됐

---

1) 소토슈 [조동종(曹洞宗)]의 한국침략과 종교를 통한 정치경제적 음모에 대해서는 허남린 교수의 글 "The Soto sect and Japanese Military Imperialsm in Korea," Nam-lin Hur Japanese Journal of Religious Studies 1999 26/1-2.

다는 사실로 많은 한국불교도들이 일본불교에 대해 호감을 갖게 되었다. 일부 한국 승려들의 경우 자발적으로 일본불교에 복속될 것을 꾀할 정도로 이 사건은 불교도들에게 큰 역사적인 의미를 지지고 있다. 수원 용주사 상순(尙順)이라는 한국 승려는 사노를 각하(閣下)라고 칭하면서 절을 하였다. 상순의 절은 사노의 청에 의해 한국 승려들이 지난 500년 동안의 굴욕에서 벗어나 도성에 들어가 왕궁을 쳐다볼 수 있는 영광을 얻게 된 것에 대한 기쁜 감사의 표시였다. 근대화된 한국인들 가운데 소위 민족의식은 물론이고 불교적 자주의식마저 결여하고 있던 상순의 예로부터 우리는 당시 불교도들이 유교 교조주의적 통치 하에서 겪었던 억압에 대한 피해의식과 반감이 얼마나 심하였는지를 엿볼 수 있다.

제2기: 1910년 일제는 한국을 완전히 병합하였다. 한국불교도로부터 복종을 얻어내기를 희망했던 조선총독부는 1911년 사찰령(寺刹令)으로 한국불교의 모든 사찰들을 통제할 뿐만 아니라 본말사 사법(本末寺 寺法)까지 제정하면서 한국불교에 대한 지배를 기도하였다. 1911년 사찰령의 전문은 일곱 항목으로 구성되어 있다. 사찰의 폐지(廢刹), 사찰의 병합, 사찰의 이전, 재산권의 관리, 여러 사중 관습에 대한 제한 등을 다루는 지침이 명시되어 있다. 사찰령은 한국불교 조직을 전면적으로 통제하는 것이었다. 사찰령의 규제를 통해 일제는 한국 사찰의 주지를 비롯한 불교권내 중요한 지위에 대한 임명권을 지방의 식민 정부에 넘겼다. 총독부는 본사(寺)의 주지를 직접 임명하고, 그들로 하여금 본사에 종속되어 있는 말사(末寺)들을 감시·감독하게 함으로써 한국불교를 일제의 의도 하에 종속시킬 효율적인 조직체계를 만들어 놓는데 성공하였다. 백용성이나 한용운이 후에 사찰령에 반대하고 정교[政敎]의 분리를 주장한 것은 곧 조선 불교 조직에 대한 일제의 지배 방법에 대한 저항을 의미하는 것이다.

1.4 대처승: 승려의 결혼은 일본 불교의 잔재

일본불교의 한국 유입은 한국불교의 발전과정에 있어서 과도하고 비정상적인 영향을 미쳤다. 그 영향은 해방 후 지금까지 사라지지 않고 있다. 그 가운데 일본불교에 의해 일제 통치 기간 동안 도입된 대처제(帶妻制)가 미친 영향은 실로 지대하다. 한국불교는 전통적으로 모든 세속적 연을 끊은 비구들에 의해 주도되었다. 대처(帶妻)의 허용은 백용성을 비롯한 많은 비구의 반발을 샀고, 결국 해방 후 1950년대와 1960년대의 비구-대처간의 갈등을 야기하였다. 흔히 우리들은 이를 두고 일제의 잔재를 척결하는 정화 운동(淨化運動)이라는 용어를 쓴다. 그러나 다른 분야와 마찬가지로 정화는커녕 일제의 영향 내지 대처라는 제도적 잔존은 여전하다. 차라리 대처를 허용하는 태고종이 떳떳할 정도로 대처의 풍습이 만연하고 있다. 사찰령이나 본말사 사법이 대처제를 법제화한 것이 아님은 사실이다. 하지만 몇몇 법 조목과 일본불교의 영향으로 대처화의 경향은 점점 보편화되었다. 1926년에는 본말사 사법에서 사찰의 주지는 반드시 비구계를 수지해야 한다는 기존의 조항이 삭제되었으며, 결국 대처제가 합법적인 인가를 받게 되었다. 1929년까지 80%의 사찰들이 사규(寺規)에서 대처를 금지하는 조항을 삭제하였다. 결국 일본식의 대처승은 계속 늘어났으며, 이로써 전통적인 한국불교는 그 정체성을 읽어버리게 되었고, 전통적인 사찰 조직체계였던 사제(師弟)제도는 붕괴되었다.

물론 뒤에 논할 한용운이 대처를 허가하라는 탄원서를 총독부에 냈던 것을 보고, 승려의 대처가 반드시 일제 시 일본 불교의 영향만은 아니라고 강변하는 수가 있다. 그러나 대처는 분명 비구계에 반하는 것이며 일제의 영향이 거의 절대적이라고 할 수 있다. 주로 일본에서 공부한 학승들의 경우가 대처의 풍습을 조장한 것으로 보인다.

2. 송경허(1849-1912), 근대 한국불교의 수퍼스타
– 새로운 불조(佛祖) 혜명(慧命) 잇기를 위한 선동주의자의 노력

2.1 경허의 시대관

경허는 자신이 살고 있는 시대를 외도의 가르침이 판을 치는 말법 시대로 이해하고 있었다. 어떤 주지에게 보낸 편지에서 경허는 그에게 선(神) 수행을 받들 것을 권하면서, 선불교의 가르침은 숭고하며, 선불교를 통해 자기 마음을 깨친 사람은 누구나 부처와 동등해지며, 한국에 불교가 전래된 이래 많은 사람들이 실제로 불지(佛地)에 이르는 최고의 깨달음을 성취했다고 말하고 있다. 그러나 경허는 당시 "최근 불교가 쇠퇴하여, 불법의 전승이 끊기고 있으며, 깨달음을 얻은 소수마저도 진정한 선 수행을 통해 진리를 체득하는 올바른 길에 전념하지 않고 있다"고 한탄하고 있다. 불도(佛徒)라 자처하는 자들이 부처의 가르침을 실행하는 데 노력을 기울이지 않고 있으며, 주지들은 선 수행을 멀리한 채 자기 이익만 쫓고 있으니, 이들이야말로 깨달음으로 향하는 부처종자[佛種]를 말살하고 무등등(無等等)의 반야를 욕보이는 주범이라고 경허는 질책하고 있다. 그리고 그는 그들이 천지의 수호신들에 의해 죄값을 치르게 될 것이니 두려워해야 마땅하다고 경고한다. 경허에 따르면 당시의 시대 상황은 엄격한 교정을 받아야만 할 것으로 여기고 나름대로 몇 가지 대책을 제시하고 있다. 우리는 이를 자세히 다루어 보고자 한다.

2.2 경허의 선사상(禪思想)

(1) 경허는 인생이라는 일대사(一大事)를 해결하기 위해서는 교학을 버리고 선을 수행해야 한다는 '사교입선(捨敎入禪)'을 가르친다. 그는 선불교를 집 주위에서 등불을 들고 집 주인을 찾는 일에 비긴다. 그리고 만약 진정한 주인공을 알아차린다면, 외부 내상에 미혹되거나 삶과 죽음의 흐름 속에 끄달리지 않는다고 말한다. 경허에 의하면, 불법의 핵심은 언어로 표현하지 않고(不立文字), 바로 마음을 가리켜서(直指人心) 자신의 성품을 보아 성불하도록 한다(見性成佛)는 것이다. 이 모든 것은 전통적인 선 수행법에 의지해서야 드러나는 것이다. 따라서 무수한 보석으로 장식한 탑(寶塔)을 부처에게 공양하는 것보다 항상심(恒常心)으로 자기 마음을 밝히는 것이 더 복되다고 한다. 선 수행자가 졸음과 망상으로 자신의 목표를 이루지 못할지라도 대단한 업적을 쌓은 교학자보다 더 많은 공덕을 이룰 것이라는 것이 경허의 견해였다. 경허는 게송을 통해 "학문은 동과 서를 혼동시킬 뿐이다"고 노래했다고 전해진다.

(2) 경허는 가섭(迦葉)같은 특출난 사람만 깨달음을 이룰 수 있는 것

이 아니라, 모든 사람이 성취할 수 있는 것이라고 말한다. 하근기(下根機)의 중생들은 깨달음의 성취를 위해서 더 많은 시간을 요할 뿐 성취하는 깨달음에 있어서는 다를 바 없다는 것이다. 그럼에도 불구하고 무지몽매한 중생들이 이런 사실을 알지 못하고 조사들의 가르침을 듣고는 그것이 자신들로서는 도저히 도달할 수 없는 성인들의 업적이라고 치부해버리고 만다. 결국 그들은 독경(讀經)이나, 염불(念佛), 사찰 창건, 불상 건립 등의 선행(善行)으로 공덕을 쌓고자 노력한다. 하지만 공덕을 쌓으려는 이런 행위들은 완전한 지혜인 보리(菩提)와는 전혀 상관없는 것이라고 경허는 지적하고 있다.

(3) 속세에 대한 경허의 태도

경허는 몇 편의 짧은 주석서와 많은 오언절구(五言絕句), 칠언절구(七言絕句)를 남겼다. 이 글들을 통해서 나라의 운명에 대한 그의 염려를 읽을 수는 있지만, 그것들이 구체적인 사건이나 사태를 지적하는 것은 아니며 일제에 대한 직접적인 저항을 드러내고 있지도 않다. 차라리 죽음, 세상과 삶의 무상함을 주로 노래하고 있는 그의 글들은 그의 염세적 성격, 운명에 대한 체념, 깊은 우울을 반영하고 있는 듯하다. 자연 경관의 아름다움을 노래하면서 그는 자신이 영원히 속할 곳은 산과 구름, 물, 꽃피는 나무의 세계임을 선언하고 있다.

경허의 시들은 속세에 대한 그의 혐오와 인간의 노력에 대한 비관을 우리에게 전하고 있다. 그는 특히 경성과 같은 대도시를 싫어했다. 그는 "인간의 마음은 호랑이만큼이나 탐욕스러운 경향을 갖고 있다", "인사(人事)는 만사가 괴로움이다"라고 말했다고 전해지고 있다. 세속적인 노력보다는 참선하는 좌복(坐服) 위에서 차라리 졸음과 무기력함을 칭찬했다고 한다. 그는 세속사에 얽매이지 않는 것을 무언가 성취하는 것과 동일시하였기에, 부처를 아무것도 일삼지 않는 사람(無事人)이라고 불렀다. 자신의 이익을 위해서나 의무감에서 무언가 행하는 사람은 무사인(無事人)으로 간주될 수 없으며, 부처는 도덕적인 의무감에서 행동하는 범부가 아니다. 깨달은 사람은 단지 존재할 뿐이지, 이익을 좇는다거나 도덕적 선악을 추구하지 않는다. 도덕적 행위와 의무의 이행은 완전히 깨치지 못한 사람들이나 일삼는 것이다. 이에 집착하는 사람은 도를 깨치는 데 있어서 무기력한 사람보다 더 큰 어려움을 갖게 될 뿐이다.

2.3 경허의 만행(萬行)—무윤리(無倫理)적인가, 비윤리(非倫理)적인가, 반윤리(反倫理)적인가?

경허의 언행을 모은 『경허집(鏡虛集)』에는 경허의 만행(萬行) 38건이 발견된다. 경허의 만행에 대한 이 일화들은 경허가 깨달음과 윤리적 노력 사이의 관계를 어떤 시각에서 바라보았는가를 이해하는 데 매우 중요한 실마리를 제공해준다.

이 일화들 속에는 경허가 미친 여자와 동침한 것, 술과 고기를 먹은 것, 사람들에게 두들겨 맞은 것, 술에 취해 설법한 것, 깨달음에 대한 대중 설법 도중 어머니 앞에서 벌거벗은 행위, 술을 사기 위해서 쌀을 훔친 것 등이 포함되어 있다. 비록 "자비행(慈悲行)"이거나 "무애역행(無碍逆行)"으로 미화되기는 하지만, 이런 엉뚱한 행위는 처음부터 비윤리적이라거나 비종교적이라는 논란을 일으켰다.

이런 비난에 대해서 경허는 자신의 행위를 '할 일을 마친 사람의 행위'라고 정당화하였다. 경허는 만행의 필요성을 제시하고, 만행이 행해질 수 있는 조건을 규정하고 있다. "불자(佛子)는 결코 일상 속에서 만행을 행하느라 지혜로 자신의 성품을 밝히는 일을 게을리해서는 안 된다.", "만행을 행할 때일지라도 결코 무심(無心)을 놓쳐서는 안 된다." 두 인용문 가운데 후자는 종밀(宗密)의『선원제전집도서禪源諸詮集都序)』에서 빌려온 듯하다. 때때로 경허는 자신의 만행을 정당화하기 위해서 옛 고승들의 예를 끌어들이고 있다. 그 첫째는 성불을 위해서는 독경(讀經), 염불(念佛), 공양(供養)으로는 안 된다 하고 자기 마음의 본성을 살피는 것이 올바른 수행임을 주장한 보리달마(菩提達摩)이다. 일단 자성(自性)을 살펴 깨달음을 얻으면, 설사 업(業)을 짓더라도 그 업에 장애받지 않는다는 것이 그의 주장이다. 깨달음을 성취한 다음에는 불교의 계율과 어긋나는 역행(逆行)조차 일삼을 수도 있으며, 이러한 역행은 일상적인 윤리관에 의해 판단될 수 있는 것이 아니라는 것이다. 깨달음의 영역은 그저 존재할 뿐인 곳이며, 이 영역의 절대적인 위상은 더 이상 어떠한 윤리적 의무도 염두에 둘 바가 아님을 의미한다. 다시 말해서 이는 우리가 사회적 혹은 역사적 행위를 통해서는 존재 혹은 진리에 도달할 수 없음을 의미하는 것이다.

2.4 경허가 짊어진 사명—시대에 뒤떨어진 것인가, 초시간적인가?

경허는 자신의 임무가 끊어진 선불교의 법맥을 잇고 그것을 더욱 번창시키는 데 있다고 보았다. 불법의 수행에 있어서 교학이 갖는 한계를 깨달은 후 그는 간화선(看話禪)의 수행으로 돌아섰고, 결국은 깨달음을 성취하였다. 경허는 선불교를 진작시키기 위해서 끊임없는 노력을 기울였고, 많은 선원(禪院)과 사찰을 건립. 중창하였다. 이를 통해 경허는 20세기에 근대적인 선불교 종파인 조계종이 생겨날 수 있는 기틀을 준비하였던 것이다. 또한 경허는 수많은 의례와 설교를 통해 민중들 속에서 불교정신을 되살리고자 노력하였다. 궁극적인 깨달음을 위해 그들에게 제시하는 수행법에 있어서 경허는 항상 그들 자신 속에 있는 부처의 싹을 발견하는 것을 강조하였다. 하지만 이러한 노력들 가운데 어디에서도 교육의 중요성 강조나 시대에 어울리는 믿음의 선양, 또는 박한영이나 한용운이 가졌던 당시의 정치적 현실에 대한 관심을 읽을 수는 없다. 이것이 경허로 대표되는 전통 묵수적 불교 유형이다. 요즘 한창 경허의 만행이나 그가 성취한 조선조 선불교의 재흥을 그의 공이라고 과찬하는 수가 있으나, 경허 불교의 본모습은 철저한 수행 중심의 전통적 선불교였다. 그러나 경허의 이런 모습만이 당시 불교를 대변하지는 않는다. 이보다 더욱 사회 참여적인 성격을 가진 또 다른 불교를 전개한 당시의 다른 불교 사상가들에게 눈을 돌려보자.

3. 개혁주의자 백용성(白龍城, 1864-1940)과 대각교(大覺敎) 운동

3.1 유교와 기독교에 맞서는 불교 변증론

백용성의 대각(大覺)사상은 이미 쇠락한 유교 교조주위와 새로이 떠오르는 기독교 교조주의에 맞서는 불교의 변증론이라 할 수 있다. '각(覺)'이라는 용어는 이미 오래된 유물이었기에 용성은 '대각(大覺)'이라는 신조어를 도입하였다. 이 '대각'이라는 용어로 용성은 부처와 깨달음을 동시에 가리키고 있다. 인생의 후반기에서 용성은 자신의 모든 활동을 '대각'과 연결시키고 있다. 그는 1911년 대각사(覺寺)를 창건하고 1921년에는 대각교 운동을 시작하였으며, 1928년에는 대각사에 일요학교를 설치하고 1929년에는 대각선회(결사)를 조직하였다.

대각 사상 실천의 핵심적인 목표들은 1) 기독교의 거센 비판으로부터 불교를 변증하는 것, 2) 시대적 요구에 부응하는 불교를 만드는 것, 3) 모든 사회계층의 남녀노소를 포교의 대상으로 삼는 것, 4) 한문으로 쓰여진 불교경전을 한국어로 번역하는 것이다. 이러한 목적을 위해서 대각교 운동은 무엇보다 불교도의 전반적인 지적 수준과 사회적 지위를 향상하고자 하였다. 그리고 용성이 가진 시대적 목적은 정확히 전통 불교 유산을 보존하는 동시에 시대적 요구에 부응할 수 있도록 불교를 개혁하는 것이었다. 그는 임제(臨濟)의 선맥 계승에 대한 확고한 믿음을 갖고 있었으며, 불교계율은 엄격히 지켜져야만 된다고 믿고 있었다. 또한 그는 민중불교의 창설과 사찰 자립경제 실현, 일제가 조직한 31 본사 체제의 폐지 및 비구제의 제도화를 주장하였다.

3.2 용성의 기독교 비판

'대각'이라는 단어는 "대원각 본연성(大圓覺 本然性, 크고 원만한 깨달음의 본래 그러한 성품)"이라는 개념으로부터 유래한 것이다. 그래서 용성은 대각을 일원상(一圓相)으로 표시하고 있다. 허공과 천지, 그리고 모든 생명체가 이 본연성으로부터 기원한다는 것이 용성의 주장이다. 이 대원각의 본래 그러한 성품은 더없이 큰 동시에 한없이 작으며, 아무 것도 없이 공허한 동시에 모든 현상을 만들고 수용하며, 영명(明)

하기가 비할 바가 없다. 이로 말미암아 천지 만물이 존재할 수 있으며, 천지인(天地人) 삼재(三才)의 조화가 이루어지는 것이다. 이 본성(本性)은 천지가 생기기 이전에도 천지가 파멸된 이후에도 존재하는 것이다. 「세계(世界)의 성립(成立)함과 인생(人生)의 유래(由來)」라는 글에서, 용성은 천지 생성의 역사와 인간의 기원, 통치 권력의 생성, 그리고 인륜의 타락과 수명의 단축의 이유를 제시하고 있다. 언뜻 보기에, 천지만물과 그 본성에 대한 용성의 설명은 기독교의 창조론에 대한 불교적 대안인 것처럼 보인다. 하지만 용성은 불교의 핵심적 교리를 기독교 교리와 조심스럽게 구분하고 있다. 부처[大覺]의 가르침에 귀의하는 것은 천당에 가고자 하는 것이 아니요, "윤회 속에서 큰 깨달음의 본성[大覺性]을 깨쳐 윤회로부터 벗어나고, 모든 중생을 이끌고자 하는 것"이다. 보리달마나 지눌(知訥) 등의 가르침을 인용하면서, 용성은 기독교를 마음의 영역 밖에 있는 초월적인 가치를 추구하는 이교(異敎)라고 배척하고, 기독교의 창조론과 신정론(神正論)에 대한 논파를 시도하고 있다.

3.3 용성의 사상과 활동

용성의 선사상은 본질적으로 임제종 계열이다. 일제의 사찰령이 한국불교의 모든 종파를 선종(禪宗)과 교종(敎宗)으로 나눈 이후, 용성은 한국불교의 전통 법맥은 임제종이라고 주장하면서 당시에 통상 인정되던 법맥이 잘못되었다고 이를 바로잡으려 하였다. 선 수행의 방법에 있어서는 용성은 혜능(慧能), 조주(趙州), 위산(潙山)의 간화선을 수행할 것을 제안한다. 용성은 한편으로 전통적으로 한국 사찰에서 수행되어 왔던 염불이나 주력(呪力), 간경(看經) 역시 수행 방법으로 인정하고 있지만, 이는 어디까지나 선 수행이 다른 수행보다 더 우월한 수행이라는 전제 아래에서이다. 또한 주목할 점은 용성이 자신의 저서에서 항상 계율 지키는 것의 중요성을 강조하고 있다는 점이다. 이천년이 넘는 세월동안 변함없이 그대로 보존되어 온 계율을 지키는 것은 수행의 가장 기초인 것이다. "음주와 식육이 반야를 얻는 데 장애되지 않는다"는 주장은 외도들이나 하는 말이라고 하였다. 용성은 두 차례에 걸쳐서 다른 승려들과 연명으로, 한국불교에서 계율이 보존될 수 있도록 조선 총독부에 요구하는 청원서를 제출한 바 있다.

용성은 불교가 새로운 문명과 지식의 흐름에 맞추어 자신을 변화시켜야만 더 이상의 발전을 기대할 수 있다고 자각하고 있었다.

(1) 이러한 변화를 위해 그는 첫째, 불교 사찰이 경제적으로 자립할 것이 요구된다고 제안하였다. 비록 석가모니가 승려들의 농사와 상업 종사를 금하기는 했지만, 시대가 변하여서 이제는 더 이상 걸식이나 시주금에 의지해서 살아갈 수 없는 형편이 되었다는 것이 그의 진단이다. 따라서 그는 자기가 필요한 것은 자기의 노동을 통해 마련해야만 한다고 주장한다. 참선과 농사일에 똑같이 힘 쏟자고 용성이 제안한 '선농운동(禪農運動)' 역시 그가 사찰의 재정독립을 위해 제시한 방법 가운데 하나이다.

(2) 둘째, 그는 당시 불교계의 교육체계가 개혁되어야만 한다고 주장했다. 신도들의 복지를 위해서 공장들이 도시에 들어서고, 불자들의 신앙을 고취시키기 위해서 포교당이 조합의 형태로 시골에까지 설립되어야만 하는데, 이러한 수요를 충족시키기 위해서는 불교계의 교육체계가 바뀌어야만 한다는 것이다.

(3) 셋째, 그는 자주적인 불교의 건립을 요구하였다. 종교는 세속의 권력으로부터 독립되어야만 하는데, 당시 한국불교는 정치 권력의 손아귀에서 놀아나고 있는 상황이었다. 그는 또한 31본사제도에도 비판적인 견해를 갖고 있었는데, 상하의 차별을 두는 본말사 제도를 두는 것보다는 석가모니 당시의 평등한 승가제도를 회복하는 것이 바람직하다고 생각했던 것이다.

(4) 넷째, 그는 제안은 한문 불전을 현대 국어로 번역해야 한다고 주장하였다. 한문으로 된 불전이 아무리 많이 있더라도 읽을 수 없다면, 그것들은 휴지조각보다 나을 것이 없다고 용성은 말한다. 그는 한문 경전을 국어로 번역하면서 모든 사회계층의 사람들이 읽고 이해할 수 있는 번역을 시도하였다는 점에서 지금의『한글대장경』편찬사업과 같은 현대적인 불경번역의 선구가 되었다고 평가된다. 그는 어려운 한문 용어를 고집하는 당시 사람들의 뿌리깊은 편견을 어리석은 생각이라고 과감하게 물리치고, 현대의 한국 사람들이 일상에서 사용하는 누구나 알아 볼 수 있는 한글 용어로 풀어쓰기를 시도하였으며, 이에서 더 나아가 불교 의례와 진언까지도 한글로의 번역을 시도하였다. 용성은 포교를 위한 일요 법회를 열었을 뿐 아니라 직접 많은 찬불가들을 작곡하였다고 한다. 그리고 박한영과 함께『불일지(佛日誌)』의 발간에도 참여하였다.

용성의 이런 모든 활동은 의심의 여지없이 당시 활발하게 한국 사회 속에서 세력을 넓혀가던 기독교의 영향을 받은 것이다. 용성은 일본의 제국주의뿐 아니라 기독교가 한국 사회 속에 침투하는 것을 꼭 막고야 말겠다는 강한 적대의식을 갖고 있었다. 용성은 불교를 한국 문화 전통의 최고 정점에 위치시키고 조선 성리학의 좋은 점만을 뽑아 불교 교리의 밑에다 두고서는 이를 지켜내고자 했던 점에 있어서는 전통주의자였다고 평가될 수 있다. 그리고 이 전통을 더럽히고자 하는 일본제국주의에 저항하였던 독립투사이기도 하다. 용성 자신은 고귀한 전통을 지키는 동시에 새로운 변화의 물결에 적응하여 스스로 변화하는 것을 '내원각 본연성(大圓覺 本然性)'의 체(體)와 용(用)에 빗대고 있다. 불교의 모든 중요 계율을 굳게 지키면서 깨달음을 얻고자 노력하는 것은 본체 영역의 일이며, 시대의 흐름에 맞추어 자신을 점차 개혁시켜 미혹과 무기력함에서 벗어나고자 노력하는 것은 작용의 영역에 속하는 일이라는 것이다.

4. 개혁주의자 박한영(石顚 朴漢永, 1870-1948)과 보편불교 교육론

4.1 청년 불자 교육을 위한 박한영의 노력

수백년 동안 한국불교에서는 명상을 주로 하는 선(禪)과 학문적인 성격을 가진 교학(敎學) 사이에 어느 것이 올바른 수행 방법인가 하는 권위를 둘러싸고 알력이 있어 왔다. 따라서 도대체 승려가 수행하는 데 있어서 어느 정도의 교학이 필요한 것인가에 대한 물음이 제기되어 왔다. 교학이 올바른 수행방법임을 믿지 않고 선만이 올바른 수행방법이라 고집하는 보통의 승려들과 달리, 박한영은 새로운 시대가 새로운 지성을 요구하고 있음을 자각하고 불교의 부흥을 위해 젊은 불자들과 교육이 맡을 역할을 강조하였다. 그 자신이 시문(詩文)을 즐겼던 박한영은 불교의 수행에 있어서 학문적인 교양에 매우 높은 가치를 부여하였다. 박한영은 모든 중생들이 숙명적으로 성불하게 되어 있다는 생각에는 동의하지 않는다. 대신에 성불을 위해서 만행을 닦을 것과, 시대의 흐름에 맞는 교육을 실행할 것을 주장한다. 그는 또한 바람직한 학문의 대상을 불경이나 선사의 어록에 국한시키지 않고, 문학, 철학, 과학, 사회학과 같은 세속적인 분야로 확대해야 한다고 말하였다. 박한영 자신이 폭넓은 분야의 서적을 섭렵하였기에, 그의 저서는 중국불교(하택신회荷澤 神會, 대혜종고大慧, 조주趙州)와 한국불교(초의艸衣, 백파白坡), 조선 후기의 실학(김정희金正喜, 박제가朴齊家, 정약용丁若鏞)의 여러 사상가들을 폭넓게 인용하고 있다. 뿐만 아니라 그는 자신의 저서 곳곳에서 공자(孔子)와 장자(莊子), 이정 형제(二程兄弟), 주희(朱熹)와 같은 중국의 사상가와 이태백(李太白)과 두보(杜甫)와 같은 문학가에 대해서도 깊은 논의를 펼친다. 최고 지식인의 한 사람으로서 박한영은 또한 최남선(崔南善, 1890-1957)과 정인보(鄭寅普, 1892-?), 변영로(卞榮魯, 1898-1961) 등의 당대 최고 지식인들과 친분을 맺고 학문적인 교류를 하였다.

4.2 박한영과 사회 참여 운동

박한영은 또한 활발한 사회 운동가였다. 학자로서 그는 수많은 강연과 학회를 개최했을 뿐 아니라, 이회광(李晦光)이 시도했던 한국불교의 일본 조동종에의 합병에 반대하여 1910년과 1912년에 한용운과 함께 임제종(臨濟宗) 운동을 널리 퍼뜨리는 데 일조를 하였다. 30년이 넘는 세월동안 불교 강원(講院)에서 강주(講主)로서 활동하였던 그는 1913년에는 편집자 겸 발행인으로서 학술지 『해동불보(海東佛譜)』를 간행하였다. 1929년에 조선 총독부는 박한영을 한국불교를 대표하는

7인의 교정(敎正) 가운데 한 사람으로 선출하였다. 하지만 불교의 정통적 자주성이라는 배경 위에서 조선의 자주 독립을 추구했던 그는 초국가적이라기보다는 보편적·사해동포적이었다는 평가가 더 잘 어울릴 것이다. 그는 한국불교를 호국불교라고 정의내리는 것에 한사코 반대하였다. 불교의 기본 정신은 동서와 과거·현재의 구분을 모두 포함하면서 동시에 초월하는 데 있다는 것이 그의 생각이었다.

『불교 성쇠의 이유에 대한 연구의 현재적 필요성』이라는 저서에서 그는 한국불교사에 대한 설명적 기술을 보여주고 있다. 여기에서 그는 삼국시대를 한국불교의 발생기, 통일신라시대와 고려시대를 성숙기, 조선시대를 쇠퇴기, 그리고 자신의 시대를 부흥기로 규정하고 있다. 불교가 다시 흥성하기 위해서는 역사와 문화가 현재 어떤 흐름을 갖고 있는지 올바르게 파악하여야 하며, 과거에 불교가 왜 쇠퇴하게 되었는지 올바른 반성을 하여야만 한다는 것이 석전 박한영의 판단이었다. 흔히 불교의 쇠퇴를 몇 번의 불행한 역사적 사건들, 조선 조정의 중앙 집권적 권위의 결여, 강한 외세로부터의 압력, 그리고 유교의 패권주의 때문으로 돌리는데 반하여, 석전은 이러한 표면적인 불교 쇠퇴 이유의 깊은 저변에 내적이고 실질적인 이유가 있다고 말한다. 석전이 말하는 불교 쇠퇴의 내적이고 실질적인 이유는 첫째 불교가 자신이 갖고 있는 진리의 보고(寶庫)와 복전(福田)을 구현하여 한민족의 생활방식의 주류가 되도록 하는 데 실패했기 때문이며, 둘째는 불교가 왕과 귀족들의 후원에 길들여져서 세속 권력으로부터 자립하는 길을 상실했기 때문이라고 진단하고 있다. 석전이 볼 때 당시의 불교는 자주성이라고는 찾아볼 수 없으며, 국민들에게 성스러운 진리를 널리 포교하는 의무를 저버리고 있으며, 오로지 편협한 이익만을 추구하고 있는 한심한 작태를 보이고 있었다. 이런 심각한 상황을 이겨 내기 위한 석전의 대책은 모두 재능있는 젊은이들을 교육하는 데 집 중되어 있었다. 석전에게 있어서 교육은 불교와 당시 사회의 모든 병 폐에 대한 만병통치약이라고 말하여도 과언이 아닐 것이다.

4.3 불법(佛法)은 아직 완성된 것이 아니다.

불교의 가르침은 아직 완성된 것이 아니라고 믿는 석전이었기에, 그에게는 교육이 너무나도 중요할 수밖에 없었다. 불교가 완전히 실 현되는 것은 미래의 언제인가 일어날 일이요, 그것은 아직까지 성취 된 적이 없다. 이러한 생각이 박한영으로 하여금 불법의 완전한 실현 인 구경원만(究竟圓滿)은 인간의 진화와 인류 문화의 진보에 종속적이 라 주장하게 만들었다. 불교는 2500여년 전 부처가 보리수 아래에서 깨달음을 얻었을 때에 완성된 것이 아니다. 부처가 깨달은 것은 이상 이 영역에 속할 뿐이며, 그것이 현상의 세계에 구현된 것은 아니다. 그리고 그것이 구현되는 것은 미래의 언젠가일 것이라고 하였다.

그는 현상의 세계에 불법이 완전히 구현되기 위해서는 모든 사람들 에게 종교, 철학, 과학을 교육하여야 하며, 모든 인문학 분야와 인식 론, 사회과학적인 학문이 결합된 교육을 통해서 인류는 불교적인 측 면이나 교양적인 측면 모두에서 최고 수준의 완성에 도달할 수 있다 고 말하고 있다. 이러한 사회가 구현될 때, 법과 비법(非法), 차안(此岸) 과 피안(彼岸)의 구분은 사라질 것이다. 석전에게 있어서 불교 황금시 대는 먼 과거에 존재했던 것도 아니며, 지금 개인적으로 깨달음을 경 험한다고 성취되는 것도 아니요, 교육과 노력을 통해서 인류의 의식을 향상시킬 때에만 미래의 언제인가 성취될 수 있는 것이다.

박한영의 '구경원만(究竟圓滿)'이라는 개념은 이사무애(理事無碍)라는 화엄사상으로 설명되기도 한다. 그는 불교도라면 반드시 '이해(理海)'와 '사제(事諦)' 모두에 똑같이 능통해야 한다고 말한다. '이해(理海)'라는 것은 아마도 선불교의 전통적인 가르침을 가리키는 것이며, '사제(事諦)'라는 것은 새 시대의 문명과 사상을 가리키는 것일 게다.

4.4 올바른 승려교육을 통한 불교의 부흥

박한영은 또한 강원(講院)의 강사들에 의해 행해지고 있는 불교계의 잘못된 관행을 바로잡고자 힘을 다하였다. 그는 당시의 강사들이 거만하고 편협하고 고집불통이며, 세속의 학문과 세상 돌아가는 일에 무지하고, 노동에 대해서 나태한 태도를 취하면서도 자아도취에 빠져 세속적인 이익에 탐닉하고 있다고 비난하는 데 주저함이 없었다. 석전은 이들 강사 무리를 "불자의 탈을 쓴 양주(楊朱)의 후예들"이라고 부르고, 겉으로는 대승(大乘)을 부르짖으면서 실제로는 자기만족의 편협한 길을 걷고 있는 무리라고 비판하고 있다. 석전은 이들 강사 무리들이 편협한 자기 정당화에 몰두하기보다는, 새로 입문한 승려들과 재능있는 젊은이들에게 삼보의 가르침을 포교하는 데 힘을 다해 줄 것을 호소하고 있다.

석전이 "재능있는 젊은이"라는 말을 쓸 때, 이 단어는 강원에서 전통적인 불교 교육을 받는 젊은 승려들을 지칭한다기보다는 세상의 온갖 지식을 폭넓게 섭렵해온 젊은 사람들을 염두에 두고 있다. 이렇게 폭넓은 지식을 쌓은 재능있는 젊은이들은 사해동포주의의 넓은 마음을 갖게 마련이고, 세계 곳곳의 교양있는 지식인들과 쉽게 대화하고 소통할 수 있으리라고 그는 생각했다. 교육에 있어서 이러한 모델을 갖고 있었기에, 석전은 기독교를 "전 세계에서 가장 거대한 종교"라고 평가하고 두려워하였다. 기독교의 이러한 도전에 대항해서 죽어가는 불교를 부흥시킬 수 있는 유일한 길은 젊은 승려들을 올바르고 훌륭하게 교육시키는 것이지 미묘한 내적 경험을 한다거나 타력에 의지하는 등의 수행을 하는 것이 아니라고 석전은 확신하였다. 여러 불교 강원과 중앙불교전문학교(동국대학교 전신)에서 강연을 하면서 그는 어렵고 고루한 불교의 가르침을 현대의 일상어로 전파하고, 포교를 위해서 여러 다른 현대적인 학문분야로부터 새로운 방법론과 용어들을 과감하게 도입하는 등의 노력을 통해 자신이 믿는 바를 실천하고자 노력하였다.

4.5 박한영의 선(禪)사상

박한영은 모든 중생이 영각성(靈覺性)이라 불리는 깨달음을 지향하는 내적인 경향을 갖고 있다고 주장했다. 그리고 이 영각성을 일깨우는 것이 바로 교육이라고 생각했다. 만약 수행하는 사람이 참된 가르침의 훈습(薰習)을 통해 이러한 내적 본성을 성숙시킨다면, 구경의 깨달음을 성취하는 것이 그리 어려운 일은 아니라고 그는 말한다. 나아가 석전은 "성인"이라는 이름은 범부에게 부여되는 표상적인 칭호에 지나지 않는다고까지 말한다. 하지만 석전은 간화선이라는 방법은 대부분의 사람들에게는 너무나 어려워서 별로 효과적인 수양방법이 아니라고 자신의 견해를 밝히고 있다.

선(禪)과 교(敎)가 조화를 이루어야만 한다는 것 또한 박한영의 중요한 주장이다. 박한영은 선사들이나 강사들 모두가 지나치게 치우쳐서 역동적인 전체를 무시하고 한쪽에만 집착하여 문제를 야기한다고 비판하고 있다. 선에만 전적으로 매달리는 사람들은 마치 말라죽은 나무나 다 타버린 재와 다를 바 없으며, 교학에만 몰두하는 사람들은 경전 문자의 종이 되어버리고 만다는 것이다. 석전은 소위 '불립문자(不立文字)'라는 선종의 격언 때문에 생기는 폐해가 그것으로부터 있을 수 있는 어떠한 이득보다도 크니, 이말 때문에 어리석은 사람들이 깨달음을 성취하는 데 학문이 아무런 필요가 없다고 생각하고 있다고 통탄하였다. 그는 선종의 초조(初祖)인 보리달마조차도 『능가경(楞伽經)』을 수지하고 있었으며, 육조(六祖) 혜능(慧能) 역시 『금강경(金剛經)』을 항상 가까이에 두었다는 것을 신도들에게 상기시키곤 하였다. 아무런 교학적인 훈련도 받은 적이 없는 선승이 단지 방(棒)이나 할(喝)과 같은 충격요법으로 깨달음을 성취하는 일은 극히 드문 일이다. 실제 대다수의 경우에는 근기가 너무나 둔하여서 끊임없는 가르침을 통해 점차적인 수행을 해야만 깨달음에 도달할 수 있는 것이다. '불립문자'라는 말을 잘못 이해해서 강사들을 깔보고 욕보이는 것은 자신들의 어리석음을 드러내는 것에 불과하다고 석전은 지적한다. 물론 석전이 '문(文)'이라는 단어로 지칭하는 것은 선적(禪籍)이나 선어록(禪語錄)만을 가리키는 것이 아니라, 서구의 현대적인 학문까지도 포함하는 것이다. 교육과 포교에 전념하면서 석전은 자신의 강연을 듣는 모든 이에게 지행합일(知行合一)을 실천할 것을 강력히 주장하였다. 흔히 숭상되는 것처럼 '무위(無爲)'나 '무사(無事)'를 일삼아서는 안 되니, 그러한 것들은 단지 자신의 게으름과 세상에 대한 무지·안일을 감추는 변명에 지나지 않는다는 것이다. 그는 산사(山寺)의 승려들에게도 땅을 일구고 길쌈을 하는 등 실제적인 노동에 참여할 것을 권하였다. 가장 훌륭한 수행으로서 그가 권하는 '만행(萬行)'은 중생을 교화하고, 인문학을 섭렵하며, 포교에 전념하고, 농사 등의 노동에 직접 참여하는 등의 갖가지 실천을 모두 포함한다. 하지만 그는 계율을 무시하는 소위 '무애행(無礙行)'은 부정한다. 그가 보기에 무애행이란 불교를 무절제과 방종으로 흐르게 하여 궁극적으로 불교를 파멸시킬 수 있는 가장 조심해야만 하는 경계의 대상이었던 것이다.

5. 혁명주의자 한용운(卍海 韓龍雲,1879-1944)과 사회 참여적인 민중불교

5.1 독립투사로서의 한용운

한용운은 전통적인 의미에 있어서의 선사(禪師)가 아니다. 그는 불교수행자인 동시에 시인이었고, 한국의 독립을 위해 투쟁했던 애국자이다. 지난 백년간의 한국불교 인물들 가운데 한용운은 한민족의 운명에 가장 큰 관심과 염려를 보였던 인사라 할 수 있을 것이다. 그의 출가 동기는 단순히 삶과 죽음의 의미를 찾겠다는 데 국한되지 않는다. 그는 꺼져가는 불법의 전승보다는 오히려 일제로부터의 한국의 독립에 더 큰 의미를 부여하기도 했다. 만해의 행장(行狀)에 따르면 그는 선방(禪房)에서는 오직 한 철의 안거(安居)만을 지낸 것으로 되어 있다. 이 사실이 말해주는 것은 그가 참선 수행을 위해서 실제로 소비한 시간이 얼마 되지 않는다는 것이다. 반면 교학적인 측면에 있어서 그는 어려운 불교 경전들을 대중에 쉽게 전달하기 위해서『불교대전(佛教大典)』을 편집하였고, 대승 경전인『유마경(維摩經)』을 강연하기도 하였다. 이에 더해 그는 수많은 신도회를 조직하고 운영하였으며, 많은 불교 잡지 · 학술지를 발간하고 사설과 논문들을 기고하였고, 영향력 있는 일간지인『조선일보』와『동아일보』에 연재물을 싣기도 하였다.

　현실에 만족하거나 현실 밖으로 눈을 돌리는 대신, 한용운은 당시의 시대적 억압에 맞서 현실의 문제를 하나하나 풀어나가고자 하였다. 그는 "인간 행위의 기본 원칙을 굳게 지키면서 환경의 변화에 맞추어 시의적절하고 올바르게 행위한다"는 의미의 유교 용어인 '시중(時中)'이라는 용어를 불교적으로 해석하여 주장하곤 했다. 시중의 정신은 현재를 중시하는 것이다.『조선불교유신론(朝鮮佛教維新論)』(1913)에서 만해는 그 어디에서도 한국불교를 개혁하자는 뚜렷한 주장을 들을 수 없다는 데 유감을 표하고, 변화를 두려워하는 이들에게 '파괴'란 더 이상 시대의 흐름에 맞지 않는 구시대적 유물들을 내던지고 시대가 요구하는 새로운 방향으로 나가기 위한 바로잡기일 뿐이라고 말하고 있다. 그가 항상 '시중'이라는 단어를 염두에 두고 있었다는 사실은 그가 당시의 사회를 심각한 위기에 처해 있고 부조리와 빈곤이 만연하고 있는 시대이자, 정의와 평등, 인권이 결핍된 사회이며, 마구니들이나 즐거워할 시대라고 파악하고 있었음을 보여주고 있다. 그로서는 제정신을 가지고는 결코 자족, 금욕, 선정의 즐거움 따위로 자신이 살고 있는 시대의 특징을 규정지을 수 없었다. 시대라는 것은 악업과 선업이 교차하면서 계속되는 지점이다. 이러한 인과업보(因果業報)의 시대 속에서 사람들은 선업을 짓기 위해 끊임없이 노력해야 하며, 그 결과를 불굴의 인내로 기다려야만 한다는 것이 그의 시대관이었다.

만해는 한민족 뿐 아니라 한국불교가 심각한 위기 속에서 오욕의 나날을 보내고 있는 것은 내적으로는 그것들이 갖고 있는 부조리와 모순, 그리고 외적으로는 그것에 불리하게 돌아가는 정세 때문이라고 주장한다. 특별히 『조선불교유신론』에서 만해는 지금 서양과 동양이 겪고 있는 흥망성쇠는 진리의 문제가 아니라 권력의 문제라고 지적하고 있다. 만해가 현세의 중생계를 규정짓고 있는 특징인 '존재'와 '결핍'이라는 주제는 그의 유명한 시집 『님의 침묵』 속의 시 「당신을 보았습니다」에서 잘 드러나고 있다. 실제로 그의 시는 기다림, 고뇌 그리고 눈물을 지시하는 단어들로 가득차 있다. 그의 시가 보여주는 저항적인 어세에도 불구하고 시 전체의 분위기는 매우 염세적인 경향을 보이고 있는데, 이는 과거의 영광을 잃고 식민의 억압과 착위에 시달리며 밑도 끝도 없이 쇠퇴해가는 당시의 암울한 시대상황이 반영된 것일 게다.

고통을 소멸시킴으로써 개인적인 해탈을 추구하고자 했다는 점에서는 그의 출가 동기가 불교적이지만, 사회·정치적 참여를 통해 사회의 해방을 추구했다는 점에 있어서는 그 동기는 상당히 유교적이었다. 그렇기에 만해는 불교가 매우 자기 중심적이고 시대 방관적이고 반사회적인 염세의 종교이며, 흔히 유교에서 불교를 비방할 때 말하듯이 "부모도 없고 군주도 모르는" 막된 가르침이라는 비난을 충분히 인식하고 있었다. 하지만 이러한 비난은 오해에 불과하다는 것이 그의 대답이다. 불경에서 그리고 있는 불토(佛土), 혹은 정토(淨土)는 불교가 그리고 있는 실제적인 이상국가를 지시하고 있는 것이며, 지금의 더러운 세상을 바꾸어 이상적인 불국토를 만드는 것이 바로 보살들이 쏟고 있는 노력이라는 것이 그의 반론이다. 그렇기에 만해의 세계관 속에서 개인의 운명은 불가피하게 그가 속한 사회와 국가의 운명과 연결될 수 밖에 없다. 만해가 볼 때, 온 세상 곳곳에 두루 미치고 있는 정치권력에서 벗어나 자유로울 수 있는 사람은 아무도 없다. 그렇기에, 자신의 운명을 독자적으로 결정하기 위해서는 어쩔 수 없이 정치에 참여할 수 밖에 없는 것이 현실인 것이다. 한용운의 시 「세모 (歲暮)」를 보면, 이 시에서 그는 저 멀리 외떨어진 산중에 있는 한 선사가 자신을 둘러싸고 있는 자연, 전쟁, 이데올로기, 혁명, 그리고 빚쟁이들과 스스로 풀 수 없는 연기(緣起)의 실타래 속에 함께 하고 있음을 깨닫는 장면을 노래하고 있다.

5.2 정교분리(政敎分離)에 대한 만해의 견해

정치의 중요성을 강조하면서도, 만해는 종교가 반드시 정치로부터 분리되어야만 함을 주장하는 데 있어서는 결코 흔들림이 없었다. 그 둘은 결코 서로에 대해서 보완적인 작용을 하는 것이 아니며, 서로의 영역을 결코 간섭할 일도 없다는 것이 그의 견해이다. 그가 이리한 불간섭의 원리를 주장하는 근거는 이 둘이 인간의 서로 다른 존재 영역을 지배하기 때문이라고 한다. 그는 정치는 인간의 외적인 표현 행위를 지배하는 반면, 종교는 국적이나 인종에 상관없이 마음과 영성[性]을 정화함으로써 외적으로 표현되는 행위의 근거를 개발하는 데 책임이 있다고 말하고, 따라서 종교는 인위적으로 구성된 조직체계의 영역에 속하거나 그것에 속박될 성질의 것이 아니라고 주장한다. 특히 조선총독부의 사찰령에 대해서 만해는 특히 강한 거부감을 보이고 있다. 사찰령은 주지임명권과 사찰의 재산권을 엄격하게 통제함으로써 한국불교를 고립시키고 궁극적으로는 말살시키려는 정책이라는 것이 그의 판단이었다.

　모든 중생을 위해 헌신하는 보살도를 강조하고 적극적으로 정치에 참여하는 불교를 제안하면서 만해는 참선, 선(禪)과 교(敎) 사이의 관계, 그리고 선사가 맡은 시대적 역할에 대한 새로운 이해를 얻게 되었다. 참선의 핵심은 언제나 자신의 마음을 항상 성성하게 깨어있는 상태로 유지하며, 본래부터 잠재되어 있는 참된 성품을 드러내는 것이다. 만해가 설정하고 있는 마음과 일체 현상 사이의 관계로부터 살펴볼 때, 깨달음이란 분별의 대상도 분별의 작용도 없는 신비하고 고차원적인 의식 상태를 말하는 것이 아니다. 『조선불교유신론』에서 한용운은 자신의 견해를 요약하여, "참선은 체(體)요 철학은 용(用)이며, 참선은 스스로 밝히는 것이요 철학은 연구며, 참선은 돈오(頓悟)요 철학은 점오(漸悟)라고 할 수 있다"고 말하고 있다. 이로부터 약 20년 후 선과 교 사이의 관계를 밝히면서 그는 다시 비슷한 말을 하고 있다. 일체제법(一切諸法)의 참된 모습이 올바르게 나타나도록 자신의 마음을 밝히는 것이야말로 돈오의 핵심이며, 중생을 위해서 불교의 다양한 이론적 · 실천적 지침을 마련해주는 과정이 교(敎)가 된다는 것이다. 따라서 만해에게 있어서 선과 교사이의 관계는 돈오점수론(頓悟漸修論)으로 충분히 설명됨을 우리는 알 수 있다. 마치 종밀(宗密)이나 지눌(知訥)에게 있어서 돈오와 점수의 상보적인 관계가 수레의 두 바퀴에 비유되듯이, 만해에게 있어서 선과 교 사이의 상보적인 관계 역시 새의 두 날개에 비유되고 있다는 것 역시 주목할 만하다. 보살행(菩薩行)과 참선(參禪) 사이의 관계를 설명하기 위해서 만해는 『유마경』의 한 구절을 인용하고 있다. 이 구절에서는 보살이 선정(禪定)을 탐착하는 것을 "묶임[縛]"으로 표현하고 보살이 방편을 써서 생사에 들어가는 것을 보살의 "풀림[解]"으로 해석하고 있다.

선정의 맛을 탐착한 나머지 중생의 고통에 참여하기를 피하는 것은 보살의 묶임[縛]이요, 중생의 근기에 따라 참된 도를 가르치기 위해 방편으로 생사의 세계에 들어가 중생을 해탈로 이끄는 것은 보살의 풀림(解)이다.

만해는 보살도는 결코 지혜를 너무 숭상한 나머지 다른 모든 가치를 폄하하는 데 이르지 않으며, '도락(道樂)'이란 보살도를 수행하기 위한 하나의 방편에 지나지 않는 것임을 강조하고 있다. 보살은 생사해(生死海)와 세상사의 깊은 진흙탕에 자유로이 드나들 수 있어야 하니, 그럼으로써 불난집(火宅)에서 연꽃이 피어나도록 해야만 한다는 것이다. 만해에게 있어서 진흙탕이나 불난 집과 같은 표현은 정치권을 말한다. "물을 나르고 땔나무를 운반함도 묘용(妙用) 아님이 없고, 시냇물 소리와 산 빛도 같은 진상임을 알라." 물긷고 나무하는 '묘용'은 정치, 역사, 사회의 영역에까지 확대된다. 다시 말해서 만해에게 있어서 불법의 종요(宗要)를 아무런 걸림 없이 다양한 현실 세계에 적용한다는 것은 결코 그것을 사소한 일상사에만 적용한다는 것이 아니라, 더 나아가 정치, 역사, 사회적인 영역에까지 적용해야 함을 의미하는 것이다.

만해는 존재에 있어서 절대적인 영역과 상대적인 영역을 구분한다. 하지만 그는 결코 상대적인 영역의 가치를 폄하하는 일이 없다. 절대적인 존재 상태를 표현할 수 없는 상대적인 영역은, 선업과 악업이 분명히 구분되는 인과의 법칙에 의해 지배되는 세계이다. 현실세계인 상대적인 세계가 선업과 악업에 대해 예외없는 과보가 따르는 세계이기에, 인간들은 현실 속에서 끊임없는 도덕적인 노력을 기울여야만 하는 것이다. 구시대의 종교에서는 진리를 얻기 위해서라면 세속사에서 멀리 떠나 탈의 경지로 들어가야 한다고 생각했다고 만해는 지적한다. 하지만 만해의 견해에 따르면 이는 잘못된 생각이다. 종교가 참된 것이라면 그것은 당연히 모든 존재의 해탈을 추구해야 하며, 그러기 위해서는 다시 당연히 그들의 현실적인 삶을 보다 풍요롭게 해야 한다는 것이다. 종교만이 한정된 현상세계 속에서 무한한 삶을 구현하는 것이며 이는 결국 절대 역시 상대에 상대되는 것이니, 절대와 상대는 결코 서로의 의존관계에서 벗어날 수 없다는 것이다. 절대의 영역이 절대일 수 있는 것은 그것이 초월적 영역과 내재적인 영역을 모두 포함하기 때문이다. 불교가 이룬 것도 결국은 깨달음 속에서 세상사를 상대화하는 삶을 구현한 것에 지나지 않는다. 상대적인 세상사란 결코 아무런 실속 없는 공허한 껍데기에 불과한 것이 아니다. 오히려 그것은 원만함과 작용으로 가득 찬 실제인 것이다. 그리고 실제 이러한 원만함과 작용이 구체적으로 드러나는 곳은 다름 아닌 세속의 제도, 법률, 윤리에서이다. 일단 이러한 원만함과 작용이 그것들 속에 적용되고 나면, 그것들은 측량할 수 없는 세속. 상대적 가치를 지니게 될 뿐 아니라 그것들이 내포하고 있는 실체. 절대의 초월적 가치가 반영되게 마련이다. 만약 이러한 제도에 어떤 문제가 있다면, 무상한 세계 속에서 엄청난 영향을 미치게 되고 그것이 본래 내재하고 있는 초월적인 참모습을 잃게 되어 불교가 지향하는 깨달음의 삶을 구현하는 것이란 불가능하게 된다. 불교는 결코 아무런 실제적인 내용도 없이 초월적인 영역에 머무는 그러한 것이 될 수 없다. 이는 불교 역시 법률, 제도, 질서와 같은 상대적인 영역과 내재적인 관계를 맺고 있기 때문이다. 불교의 진리가 절대적일 수 있는 것은 그것이 초월적인 측면과 내재적인 측면 모두에서 존재하기 때문이다. 만해는 이렇게 초월적인 영역과 내재적인 영역을 모두 포괄하는 '절대적'인 불교를 '민중불교(民衆佛敎)'라고 부른다. 만해가 염두에 두고 있는 민중불교는 현세의 흐름에 변하지 않는 불교의 진리에 굳게 바탕하는 동시에, 평범한 민중들의 감정과 풍속에 밀접히 접근하고 기꺼이 동화될 수 있는 불교로 규정될 수 있다. 초월적인 가치를 지향하면서도 현실에 충실하여 사회 · 정치에 참여적인 불교를 추구하는 운동이 만해가 죽은 지 50여년이 지나 다시 부활했으니, 1990년대 승려들의 개혁그룹인 선우도량(善友道場)이 바로 그것이다.

6. 결론: 불교 및 한국 사상의 새로운 패러다임

이 논문이 동서사상의 교섭사에 역사적으로 어떤 의미를 갖는지를 규명하는 몇 마디 첨언이 필요할 듯 싶다. 본고는 본래 무슨 주장을 하려는 논문은 아니다. 다만 이 작업의 의의에 대하여 불교적 견지에서는 어떠한 말을 할 수 있을까? 또 한편으로 한국 사상사의 측면에서는 커다란 변화를 추구하고 있는 근대 한국 불교계의 네 거장들을 살펴보는 이 작업이 어떤 의미를 갖는지? 이 두 가지를 생각해 보고 싶다. 우선 한국 사상사의 견지에서 보자면, 이 작업은 서양과 일본으로 대표되는 현대성(MODERNITY)에 대하여 근대 불교계의 네 거장들은 어떤 의식을 지니고 어떤 응답을 하고 있는지를 유형적으로 살펴본 것이다. (1)전통고수 (2)온건 (3)과격한 개혁 (4) 그리고 완전한 혁명적 전회의 네 가지 반응을 확인한다.

전통 고수가 무슨 반응의 한 유형이 될 수 있는지 의문을 품음직하다. 심지어 한국 선불교의 전통을 고수하려는 경허의 모습조차 변화를 부정하는 언행에서 변화 자체를 인정하는 몸짓이다. 필자는 경허 말년의 잠적 이후 시골 서당훈장으로 종생하는 모습에서 전통의 상징적 몰락과 그 권위의 실추같은 모습을 엿볼 수 있다고 생각한다.

불교의 견지에서 이들 근대 한국불교의 거장들은 기실 요즘에야 논의되는 제 4의 YANA (Quatroyana), 또는 Nova-yana 라 일컫는 새로운 불교를 추구했다고 여겨진다. 그리고 지금 현재 진행형의 한국 불교계도 이런 네 가지 유형의 반응 틀이 그대로 유지되는 모양을 관찰할 수 있다. 다시 말하면 성철로 대변되는 해인사 문중 문도들의 시대착오적 화두 유일주의, 내지 돈오돈수 일원론적 수행방법의 고수는 경허의 보수적 노선을 답습하는 것으로 보인다. 그 반대편의 극점에 민중불교의 체제 비판, 내지 사회구조적 변화의 노선이 보인다. 이는 만해를 따라 새로운 불교의 틀을 새로 짜보자는 노력으로 평가할 수 있다 그리고 여타의 기라성 같은 현대 불교계의 거물들은 전통과 개혁을 적당히 조화·절충하는 변화를 모색하는 모습을 보인다. 그들 모두 한편으로는 전통적 수행방법과 새로운 서양, 내지 과거에는 없었던 태도와 주장을 곁들여 중도적 개혁의 길을 밟고 있는 것으로 볼 수 있다. 혹자는 영탄적 인생무상론의 테마를 서양의 실존적 감상으로 수필화해서 일반 대중에게 호소력있는 불교를 전하고 있다. 혹자는 한마음으로 일상적 불안을 해소한다는 구제약을 선전하고 있다. 혹자는 아예 불교의 틀을 벗어났으나 자연친화적 삶, 환경운동, 생명 평화 운동 등으로 세속사회 속에 불교적 메시지를 전하며 스스로 실천하는 모습을 보이고 있다. 항상 변화하는 세상에서 어디 한군데 안주하지 않고 끊임없이 노력하는 불교적 삶이 아직도 이 땅에서 사라지지 않고 그 활력을 발휘하고 있다.

IV

한국철학의 현대적 모색과 새로운 가능성

종교와 철학의 통섭으로서의 한국 사유

이은선(세종대학교)

1. 서구 근대성 논란과 종교와 철학의 통섭으로서 한국 사유

오늘 인류 문명은 여러 차원의 위기 가운데 놓여있다. 18세기 이후 동서의 지구 전체가 서구 근대성에 의해 세례를 받은 후 오늘에 이르렀으나, 지금 그 근대성의 열매와 결과가 크게 의심받고 있다. 서구 근대는 유대기독교 신앙 안에 그 뿌리를 두고서 세계를 신(神)의 창조물로 여겨오던 것으로부터 그 신적 기원을 급진적으로 탈각시켰다. 이후 세상과 타자는 철저히 인간과 자아의 욕망의 대상이 되었고, 한갓 영혼 없는 물질로 환원되었다. 그러면서 오늘은 인간이라는 종이 지구 전 생태계의 삶을 크게 위협하는 '인류세'(Anthropocene)가 거론되고 있고, 신처럼 된 자아가 몰고 오는 종말론적 음울함이 짙어지는 상황이다. 관건은 다시 존재의 초월적 차원을 회복하고, 스스로가 신이 된 자아와 인간의 자리를 한정하는 일일 터인데, 이러한 일은 보편적인 이해로써 말해보면 철학이나 과학이 다시 종교와 대화하는 일이 될 것이다.

오늘 전통적인 의미에서의 '전통', '권위', '종교'는 모두 그 빛을 잃었다. 그래서 '난간없는 사유(thinking without a banister)'가 요구되고,[1] 토대 없이 사유하는 '반(反)정초주의(anti-foundation)', '탈형이상학적 형이상학', 또는 '자연주의적 형이상학' 등이 추구된다. 서구 철학의 전통에서 이와 같은 탈형이상학적 사유들은 전통적으로 기독교 신론에 기대왔던 사유들이 난파하면서 등장했다. 오늘날 점점 더 심각해지는 지구 생태 위기와 포스트 휴먼 시대에 주목받고 있는 서구 철학의 '신유물론'(New Materialism)도 유사한 의미에서의 시도라고 할 수 있다. 하지만 본인은 여기서 이렇게 서양 전통에서의 인격주의적 궁극 표상에 대한 거부와 더불어 시도되는 서양 철학적 사유의 좌절과 고뇌를 더 따라가기보다는 동양적 또는 한국적 사유 방식으로 눈을 돌리고자 한다. 그 이유는 전통의 한국 사유는 서양 사유가 일반적으로 이분해 온 '종교'와 '철학'을 크게 통섭하면서, 서양 철학이 종교적 표상을 거부하면서도 결코 떨쳐버릴 수 없었던 형이상학적 토대나 궁극에 대한 요청을 바로 탈종교적 방식으로, 또는 지극히 성속(聖俗) 통합적인 방식으로 추구해 온 것이기 때문이다.

지금까지 서구 사유는 지구 집의 반대편에서 자신들과는 다른 시도가 있어 왔다는 것을 잘 몰랐고, 그것을 알기 위해 노력하지 않았다. 그래서 오늘 여러 모양으로 이루어지는 서양 철학의 탈형이상학적 시도들은 거의 동양적 또는 아시아적 사유에 대한 무지 속에서 이루어지고 있는 것들이라고 할 수 있다. 본인은 여기에 대해서 종교와 철학

---

1) 한나 아렌트, 『난간없이 사유하기』, 신충식 옮김, 문예출판사 2023.

의 통섭, 그것을 '영(靈)'의 일이라고 보고, 그 대표적인 한 예를 조선 성리학자 퇴계 선생의 다음과 같은 말에서 듣고자 한다:

> "신령한 것[靈]은 본래 기(氣)이다. 그러나 기가 어떻게 스스로 신령할 수 있겠는가? 리(理)와 합하였기 때문에 신령하다."(퇴계 이황, 『이자수어』, 「정자 중에게 준 글(與鄭子中別紙)」)

본인은 오늘 인류 근대문명의 위기 가운데서 다시 새롭게 존재의 권리와 행위의 근거를 얻기 위해 고투하는 서구 탈형이상학적 사유(철학)의 추구가 그 겉모습의 부정에도 불구하고 또 다른 의미의 종교적 물음을 통섭하고자 하는 지향이라고 보면서, 그에 대한 동아시아적 가능성으로서 한국 신유교(新儒敎, Neo-Confucianism) 사유를 제안하고자 한다. 한국 사유의 전통 중에서도 특히 조선 신유교를 제시하는 이유는 동아시아 신유교는 서구기독교나 혹은 불교와는 달리 그 안에 어떤 따로 구별된 성직자 그룹을 두지 않고, 성속을 나누지 않고 온전히 가정이나 나라 등 세속의 한 가운데서 최고의 도(道)를 추구하는 방식이기 때문이다. 즉 학문과 정치, 도덕과 종교, 마음과 몸 등의 이분을 넘어서, 가까운 삶의 반경으로부터 시작해서 천하 만물의 대동(大同) 세계를 이루려는 영적 기도(企圖)라는 점에서 오늘의 탈형이상학적 형이상학의 추구와 잘 상통한다고 보는 것이다. 또한, 인류 근대 문명에서 가장 관건이 되는 물음 중 하나인 젠더 문제만 하더라도, 비록 그 성차별적 적용과 억압에도 불구하고 그 의미실현의 추구에서 '안방'과 같은 전통적 여성들 삶의 영역도 배제하지 않아서 아시아의 어떤 다른 전통보다도 실질적으로 여성들의 도덕적, 정신적 주체성을 일깨우는 데 역할을 했다고 보기 때문이다.[2] 그렇게 유교도가 '하학이상달'(下學而上達)이나 '극고명이도중용'(極高明而道中庸) 등의 언어로 초월의 지극한 내재화와 세속화의 방식을 강조하는 것이라면, 보통 비천하다고 여겨지던 여성들 삶에서의 도의 실현이야말로 오히려 어느 남성적 실현보다도 더 지극한 성취라고 볼 수 있다. 이 글에서는 오늘 세계 인류 문명의 위기 상황에서 종교와 철학의 한 통섭으로서의 조선 신유교 사유 속에 드러난 영적 성취를 특히 조선 전통 여성들의 삶에 주목하면서 한국철학의 소통과 확산의 한 예로서 살피고자 한다.

2. 인류 근대성 위기 앞에서의 유교 도의 귀환: 역(易), 중(中), 인(仁)

동아시아에서의 유교 역할은 서구에서의 기독교와 잘 견주어질 수 있다. 그런 맥락에서 오늘의 영미나 독일, 프랑스 철학자들이 자신들 철학을 칭하는 데 있어서, 그것이 서구 중세 라틴 기독교 문명의 뿌리를 토대로 해서 영근 것이라 하더라도 그들 철학을 결코 유대 이스라엘이나 이탈리아 철학이라고 하지 않는 것에 주목해보면, 오늘 한국철학이 하나의 국민국가로 여전히 이름이 남아있는 중국의 철학에 대해서 자신의 고유성과 정체성을 주장하는 일은 당연하다고 하겠다. 그에 더해서 오늘날 한국사상만의 고유한 뿌리를 찾는 논의가 활발한 가운데 동북아시아 상고(上古) 역사의 실제가 점점 더 드러나고 있

---

2) 이은선, 『잃어버린 초월을 찾아서-한국 유교의 종교적 성찰과 여성주의』, 모시는사람들 2009, 77쪽 이하.

다. 그런 맥락에서 유교 문명을 지금까지 일반적인 이해와는 달리 좁은 의미의 중국적인 전개 이전부터 동북아시아에서 더욱 오랜 토착적인 삶의 기반에서 이루어져 온 장기간의 포괄적인 일로 이해하는 일이 가능해지고 있다.[3] 이러한 이해와 함께 오늘 그동안의 인류 근대성 문명의 오도된 결과로 지구의 사실적 종말이 말해지고 있는 상황에서 그런 동아시아의 유교도는 무엇을 말할 수 있는지 살피고자 한다.

2.1 역(易)

인류 근대 문명의 기저에는 서구 기독교 세계관이 놓여있다. 신(神)과 세계를 철저히 성(聖)과 속(俗)으로 이분시킨 서구 근대는 세계를 죽은 사물로 여기며 한껏 착취하고 이용해 왔다. 그 결과가 오늘 우리의 삶이고, 자연 생태의 모습이며, 남은 것은 만인 대 만인의 싸움이다. 거기에 반해서 동북아시아의 오랜 삶은 이 세상의 만유가 결코 어떤 고정된 실체가 아니고, 일 직선상의 진보만을 위한 것이라든가, 또는 눈에 드러나는 요소만으로 이루어진 단차원의 죽은 것이 아니라는 것을 말해왔다. 그것을 한 마디로 '역'(易, the Change)이라는 말로 표현해왔다. 본인은 이 역이라는 언어가, 위에서 서구 기독교적 사유의 전통 속에서 특히 근대가 세계와 자연을 철저히 속의 영역으로 치부하여 그 초월적 차원을 모두 탈각시키고 죽어있는 대상적 존재로만 여

---

3) 류승국, 「동방사상 형성의 연원적 탐구」, 『한국사상의 연원과 역사적 전망』, 유교문화연구총서10, 유교문화연구원 2009, 19-119쪽.

겨온 것에 대한 동아시아적 대안이 될 수 있다고 본다. 왜냐하면 역의 사유는 세상의 어떤 것도 변하지 않는 것은 없다는 것을 말하면서도, 그 변화의 모습을 간이(簡易)한 괘(卦)와 상(象)으로 밝혀주면서 온갖 것이 서로 연관과 상관의 관계 속에 살아 있음을 강조하기 때문이다. 또한 그렇게 세상의 어느 하나도 홀로 떨어진 의미없는 것이 없음을 드러내 주면서, 그와 더불어 그 모든 드러난 것과 변화에는 보이지는 않지만 변치 않는 궁극이 함께 한다는 것[불역不易]도 말하고 있다.

이것을 서구 기독교적 사유와 비교하여 말해보면, 이 역(易)의 사유는 서구 기독교처럼 어떤 초월적인 인격주의적 신을 끌어들이지 않더라도 훨씬 더 세계내적인 방식으로 온 세상 존재의 초월과 거룩, 궁극의 차원을 다시 밝혀주는 것이라는 의미라고 할 수 있다. 그래서 이렇게 하늘의 온갖 별들, 날(日)과 달(月)의 움직임[曆], 춘하추동 계절의 변화, 열두 동물과 연결된 하루 시간의 운행과 인간 삶에서의 온갖 관계, 정치와 문화의 일, 우주 산천의 변화와 색깔과 소리와 문자의 일 등, 몇 가지만 들어도 그것들이 인간 마음과 몸과 연결되지 않은 것이 없는 것을 알려주니 사실 서구 기독교 사유가 강조하는 '개인적 자율성'이라는 것도 절대일 수 없고 너무도 조건적이라는 것을 밝혀준다. 또한, 변화하지 않는 것이 없으니 혼자서 영구히 무엇인가를 '소유'한다는 것이 허구라는 것, 그래서 눈에 드러나는 '효율성'만을 추구하는 것이 얼마나 단차원적이고, 반생명적인지를 알려준다고 하겠다.

2.2 중(中)

특히 근대 서구 기독교적 사유가 인간과 자연, 의식과 사물, 개인과 공동체 등을 매우 실체론적으로 이분하면서 그 관계를 가치 종속적으로 다루어온 데 반하여 동아시아 역의 유교 전통은 '중'(中)이라는 도를 무척 중시해왔다. 이것은 서구 근대가 눈에 드러나는 '있음'[有]의 세계에서 '없음[無]의 차원을 모두 탈각시켜 버린 것과는 다른 것이다. 서구 근대는 자아가 신이 되고, 원리가 되고, 법이 되는 일을 통해서 유(有, 있음, 존재)의 사고를 극단적으로 펼친 것이라고 할 수 있다. 그 탈각으로 인해 존재와 삶에서 무(無)의 차원이나, 죽음, 자기 헌신이나 희생 등이 의미를 얻지 못하게 하였다.

그런데 사실 동아시아 사유 중에서도 이러한 없음의 무와 공(空)의 세계를 유교보다는 인도 힌두교 문명 기원의 불교가 더욱 강조해 온 것을 우리가 안다. 그리고 또한 잘 알다시피 그 불교가 동북아로 전해져서 중국과 한국, 일본 등의 사유를 형성하는데 나름으로 고유하게 핵심적인 역할을 담당한 것도 사실이다. 그럼에도 불구하고 본인이 오늘 참 인류세의 전개를 소망하며 유교와 기독교 문명의 대화를 더욱 강조하는 이유는 바로 이 '중' 의식 때문이다. 그것은 동아시아의 지난 역사적 삶 속에서 불교와 같은 과격한 무와 공의 언어는 자칫 오히려 현실에서는 더욱 '유'의 세계에 대한 욕심과 타락으로 변질될 수 있는 것을 보았기 때문이다. 이에 대해서 유교는 '있음'과 '없음'을 어떻게든 함께 연결하고자 하고[無極而太極], 바로 여기 이 세상에서 하늘의 높은 도[天道]를 실현하고자 하면서[極高明而道中庸] 이 세상과 우리 몸과 세계의 삶이 결코 하늘의 일과 동떨어져 있는 것이 아니라는 것을 역설한다[下學而上達]. 그런 의미에서 유교 '중용(中庸)'의 도가 우리 시대에 줄 것이 많다고 생각한다.

중이 있다는 것을 의식하며 산다는 것은 그 중 이외의 다양한 다른 경우 수와 존재가 있다는 것을 인정하는 것이다. 그리고 그 '다양성 (plurality)'이 존재의 피할 수 없는 조건이기 때문에 그러한 조건은 우리에게 깊이 '생각하고[心思]', '사유[窮理]하며', '판단[明辯]하는' 일을 요청한다. 즉 인간 삶이란 심사숙고의 정신적 사유와 함께 중(中)을 잡기 위해서 최선을 다하며 인식과 실천의 일을 지속하는 일(中庸 또는 中和)의 일을 통해서 열매가 얻어지고, 생명이 피어나며, 아름다운 공동체와 문화가 자라는 것을 강조한 지혜라고 하겠다. 공자 다음의 맹자에 의해서 더욱 분명히 언어화된 말, "우리 마음의 맡은 바는 생각하는 일이요, 그래서 생각하면 얻고, 생각하지 않으면 얻지 못한다(『맹자』「고자上15」)"라는 언명대로 동아시아 유교 도는 이 세상이나 인간, 또는 생명체 정신의 일과 동떨어진 어떤 하늘 위 별도의 창조주 신을 두는 것이 아니라 바로 여기 이 세상, 인간의 마음, 생명적 정신 속에 내재하는 창조주 리(理)를 만나는 것이다. 그런 의미에서 유교 문명은 종교와 학문과 도덕을 엄격히 나누지 않는다.

2.3 인(仁)

공자와 맹자는 모두 '인간성'[仁]이란 한마디로 '인간'[人]을 지칭하는 것이라고 했고, 그래서 유교의 문제는 바로 인간의 문제가 된다. 그것이 단지 이 세상에서의 인간 정치와 도덕이나 윤리 등의 문제만이 아니고, 존재와 무, 공과 유, 또는 전(全) 우주적 차원의 물음으로 확장되면서 깊은 형이상학적 추구임을 드러냈다. 유교적 세계관에서 이 인(仁)이라는 의식이 전개 발전해온 과정은 긴데, 중국 승나라 주자는 천지의 역(易)이 만물을 낳고 기르는 큰 덕이 '원·형·리·정'(元·亨·

利·貞)의 네 가지인 것과 그 운행이 봄·여름·가을·겨울인 것을 상기시키며, 그것이 인간에게 '인·의·예·지(仁·義·禮·智)' 네 덕목의 본성적 씨앗[性]으로 놓여있는 것을 강조했다. 그중에서 '인(仁)'이란 가장 처음의 사랑하고 측은히 여기는 감정[情]으로 표현되며, 그것이 모든 다른 덕과 감정을 포괄하는 기초와 원형이 된다고 설명한다.

조선의 퇴계도 그의 『성학십도(聖學十圖)』 제7도로 '인설도'(仁說圖)를 가져와서 거기서 주자가 "인(仁)이란 천지가 만물을 낳은 마음이요, 사람이 그것을 얻어서 마음으로 삼은 것이다[仁者, 天地生物之心, 而人之所得以爲心.]"라고 한 말을 강조했다. 이 한 문장에 정말 많은 이야기가 담겨있는데, 이것은 서구 기독교 하나님의 창세기에 유비될 수 있는 유교 창세기일 뿐 아니라 종교와 철학의 사유가 함께 깊이 통섭된 유교 인간론과 심정론이라고 하겠다.

중국 청나라 말기의 사상가 담사동(譚嗣同, 1865-1898)은 가장 전통적인 유교 개념 중의 하나인 '인(仁)'을 근본적으로 새롭게 성찰해서 '인학'(仁學)을 구성하고자 하면서 '인'이란 글자가 두 '이(二)' 자와 사람 '인(人)' 자가 결합한 글자인 것을 지적한다. 그러면서 '인' 자(字)와 '시작'을 말하는 '원(元)' 자나, '없음'의 '무(无)' 자가 모두 같은 구성의 글자로서로 같은 의미라고 역설한다. 그리고 그 인의 가장 중요한 뜻이란 (둘이) '통(通)한다'라는 뜻으로 서양적 이해로 '에테르[以太]'나 '전기', '정신적 에너지'와 같은 것이라고 밝히는데, 이렇게 인과 원, 무의 하나됨을 말하면서, 그리하여 인한 인간은 '시작'을 모르면 안 되고, 인의 유효한 작용은 '무'에서 끝난다는 것을 알아야 한다고 강조한다.[4] 여기

---

4) 담사동, 『인학仁學』, 임형석 옮김, 산지니, 2016. 11, 21쪽.

서 元(the Ultimate)이나 无(the Void)라는 개념을 함께 가져와서 그것을 통(通)을 특성으로 하는 유의 언어인 인과 서로 상통한다고 파악하는 것이 매우 의미깊어 보인다. 그것은 앞에서 지적한 대로, 동아시아 유교 언어가 서구 근대의 과격한 기독교 유의 언어와 인도 전통의 과격한 무의 불교 언어 사이에서 그 중을 택한 것으로 보게 하기 때문이다. 다시 말하면 유교적 중도의 언어인 인(仁)은 보편을 그 안에 포괄하는 특수로서 참으로 인간적이고, 개체적이며, 이 세상적이면서도 동시에 초월적이다. 초인격적이며, 신적인 보편을 함께 불이적(不二的)으로 포괄하는 우주[元]와 궁극의 무[无/無極]라고 볼 수 있다는 것이다.

3. 한국유교의 종교성 – 천명(天命), 성리(性理), 효친(孝親)

한국유교는 분명 중국과 그 풍토가 다르고, 주도한 사람들이 다르며, 지내온 역사가 다른 가운데서 전개되어온 것이므로 그만의 고유한 특성과 다른 점을 말하지 않을 수 없다. 잘 알고 있듯이 이미 통일신라 시대의 최치원(AD 857~900)은 '동인(東人)'의 나라는 중국과는 다른 나름의 고유한 "도[玄妙之道]"를 가지고 있고, 그 안에는 중국으로부터 전해져온 것으로 여겨지는 유교, 불교, 도교의 삼교 가르침이 모두 "포함[包含三敎]"되어 있다고 언술했다. 이 '포함'이라는 단어를 어떻게 해석할 것인가, '근원'으로 하는가 아니면 '종합 또는 혼합'으로 할 것인가에 대한 논의는 이후 분분했지만, 이 언술은 사상과 종교에 있어서 중국과의 다름을 의식하는 매우 분명한 표현이고,

본인은 특히 그것을 한국유교의 종교성과 영성이라고 보고자 한다. 본인은 그것이 바로 본 연구의 맥락에서 보면 철학적 사유와 종교적 사유의 통섭을 통해서 더욱더 생생하고 역동적으로 한국적 사유의 '영적 특성'을 드러낸 것이라고 보고자 한다. 유교적 역과 중, 인이 한국 땅에서 '천명'(天命)과 '성리'(性理), '효친'(孝親)의 언어로 더욱 구체적이고 생생하게, 인격적인 영성의 힘으로 체화되었다고 보는 것이다.

3.1 천명(天命)

앞장에서 서구적 근대성의 위기를 말하면서 그에 대한 대안으로서 역(易)으로서의 유교 도의 귀환을 말했다. 그것은 변역(變易)과 불역(不易), 간이(簡易)의 세 차원을 지닌 역(易)으로서의 실재 이해가 초월과 세상, 신과 인간, 의식과 물질 등의 관계를 훨씬 더 역동적이고 긴밀하게 파악할 수 있도록 하고, 자칫 죽어있는 사물이나 인간 주체의 욕망적 대상으로만 여겨왔던 자연과 몸의 세계를 그와는 다르게 생동하는 생명으로 만나도록 한다고 보았기 때문이다. 서구 근대에서 더욱 굳어진 실체론적 이원론 대신에 동아시아의 역(易)을 말하고, 또 한국적 이해를 가져오려고 하는 것은 바로 어떻게 하면 그 둘 사이(초월과 세계, 정신과 몸, 인간과 자연, 자아와 타자 등)의 관계를 다시 맺게 하고, 거기서의 관계도 지금과 다르게 보다 '정의'롭고, '공정'하며, '평화'롭게 할 수 있을까를 찾기 위해서이다. 다시 말하면 그 관계가 끊어져서는 단지 무일 뿐이고, 의미 자체가 사라지는 것이기 때문에 그래서는 안 된다는 것이고, 종래의 관계 방식이 아닌 새로운 길을 여는 방향으로

나가야 한다는 것이다.[5]

19세기 1880년대 조선의 유학자 김일부(金一夫, 1826-1898)에 의해서 출현된 '정역(正易)'은 우리가 보통 역학(易學)이라고 하면 자연스럽게 드는 B.C. 11세기경 중국 주나라의 '주역(周易)'이 그리는 세계 이해와는 획기적으로 다른 이해를 제시했다. 즉 '천도'(天道)로서의 우주 자연의 변화와 '인사'(人事)로서의 인간 일과 삶의 변화를 더욱 긴밀히 연결한 것이며, 거기에 전적 새로운 큰 방향의 변화, 즉 '후천(後天)'의 세기가 펼쳐질 것이라는 예언이었다. 이렇듯 한민족의 한 '보통 사람'[一夫]에 의해서 원역(原易)이라고 여겨지는 '복희역'과 '주역'에 이어서 '성역(成易)', 즉 '역의 완성'이라고 말해지는 '정역'이 나왔다는 것은 한국의 경우 다른 나라보다 역의 연구가 남달랐다는 것을 말해준다. 그것은 하루아침에 이루어진 결과가 아니라 유구한 역사 속에서의 한국적 계승의 결과물이라고 평가받는다.[6] 다시 말하면, 한국인들이 원래 점술서였던 『역경』에 관한 관심이 지대했다는 것은 항상 '하늘의 뜻'[天命]을 살피는 데 있어서 그 정성이 유별했다는 것이고, '하늘[天]'과 '하느님[上帝]'과 '하늘의 도[天道]'가 이 땅 자신들의 삶을 이끌어준다는 것에 대한 깊은 의식을 가지고 살아왔다는 말이다.

물론 동북아시아 상고 역사의 기록인 『시경(詩經)』과 『서경(書經)』을 포함한 《오경》에는 우주와 인간을 주재하는 최고신 천(天)과 그 인격

---

5) 이은선, 「퇴계 사상의 '신학(信學)'적 확장-참 인류세 세계를 위한 토대(本原之地) 찾기(I)」, 『퇴계학보』 제153집, 2023년 6월, 136쪽 이하.

6) 류승국, 「한국 易學思想의 특질과 문화적 영향」, 『한국사상의 연원과 역사적 전망』, 280쪽.

적 표현인 상제(上帝)에 대한 숭배와 신앙의 표현들이 담겨있다. 하지만 한국인들의 숭경(崇敬)의 정도는 뛰어났고, 그 관계가 매우 돈독했으며, 지속적이었다고 말하고자 한다. 11세기 중국 북송의 주돈이(周敦頤, 1017-1073) 등은 역의 궁극자에 대한 의식을 '태극(太極)' 또는 '무극(無極)'이라는 이름으로 밝혔다. 그리고, 다시 '리' 또는 '천리(天理)', 혹은 '기(氣)' 등의 중국 성리학이 조선에 들어와서 조선 성리학(性理學)으로 크게 꽃피었는데, 하지만 그 최고봉으로 여겨지는 16세기 퇴계만 보더라도, 중국 성리학에는 없는 '천명도(天命圖)'를 중심으로 해서 자신의 사유를 본격적으로 전개시켰다.

이것은 한국유교가 하늘[天]을 '태극'이라는 자못 이념적이고 우주론적 원리로서 이해하는 것을 훨씬 넘어서 더 인격적이고, 구체적으로 자신에게 말 걸어오고 인생의 소명을 알려주는 '살아 있는' 상대자, 즉 '천명'으로 이해한 것으로 파악할 수 있다. 조선 유학이 이후로 심도 있게 전개한 모든 '이기론'(理氣論) 논의도 이러한 기본적인 정조(情調) 속에서 이루어진 것이라고 보는데, 퇴계는 1568년 자신 삶과 사유의 마지막 결산인 『성학십도』와 『무진육조소(戊辰六條疏)』에서 다시 '태극도'와 '천명도' 사이의 긴밀한 연결과 통섭을 보여주면서 그의 하늘[天]과의 관계를 참으로 인간적이고, 인격적이며, 곡진하게 표현하였다. 그는 이 저술의 상대자가 되는 선조 왕에게 이르기를, 하늘을 진정 자신의 '부모'처럼 섬기고[事天], 아무리 어려운 때라도 그의 '사랑[天心之仁愛]'이 얼마나 큰가를 잊지 말고, 진정 '하늘의 일꾼(天君)'으로서 하늘의 '상제' 앞에서 나라를 위한 임금의 역할을 다할 것을 당부한다. 이러한 모든 것은 조선의 유학이 한편으로 좁은 의미의 '리학(理學)'이라기보다는 '천학(天學)'으로 불리는 것을 가능케

한다.[7)]

3.2 성리(性理)

동아시아 신유학의 출현에서 『주역』만큼 중요한 토대가 되었던 『중용(中庸)』은 '천명지위성'(天命之謂性)이라는 유명한 언술로 시작한다. 오래전부터 하늘에 대한 신앙이 각별했던 한국은 그 하늘이 친밀한 초월의 목소리, '천명'으로서 우리 인간성의 내면[性]에 자리한다는 메시지에 열광했다. 다시 말하면 '성리'(性理), '인간 본성[性]'과 '하늘 도리[理]'의 관계에 대한 지속적인 천착을 말하는데, 조선에서는 천지의 도인 역이 특히 '인극(人極)', 인간 안의 중심으로 자리를 잡는 것에 관심이 커서 성리학이 크게 전개되었다.

한국의 유교가 조선시대에 와서 중국에서는 이루어지지 않은 '사단칠정론'(四端七情論)을 곡진하게 전개했다는 것에 대해서 여러 가지를 말할 수 있다. 한국사상의 고유한 특성과 관련해서, 첫째, 한국사상은 하늘의 도(人極과 天命으로서의 太極)를 진정으로 인간 삶에서 실현시키고자 하는 일에 관심한다는 것이다. 둘째로, 그것을 특히 인간 마음 공부(性理學/心學)로 이해했고, 세 번째로, 거기서 동시에 그 마음의 감정[情]과 몸[身]의 차원을 항상 같이 고려하면서, 몸과 마음, 감정과 이성, 땅과 하늘 등의 불이적(不二的), 또는 삼태극적(三太極的) 관계로 살피는 일에 집중한다는 것이다(性·命·精/心·氣·身).[8)] 한국 문화는 이

---

7) 조성환, 『하늘을 그리는 사람들—퇴계·다산·동학의 하늘철학』, 소나무, 2022, 81쪽 이하.

8) 이 '性·命·精'과 '心·氣·身'의 개념은 서구 근대에 대한 또 하나의 한국적 응전이

인간 마음, 특히 거기서의 '감정'에 대한 물음을 아주 섬세하게 펼친 것이라고 할 수 있다. 『주역』에 대한 공자의 통찰인 「계사전(繫辭傳)」에는 "낳고 살리는[生生] 것을 일컬어 역(易)이라 한다[生生之謂易]"와 "천지의 큰 덕을 생이라 한다[天地之大德曰生]"라는 유명한 두 가지 언술이 있다. 이 언술이 잘 밝혀주는 대로, 역(易)은 천지의 큰 덕으로서 '낳고 또 낳으면서 살리는' 일을 하고, 만물을 탄생시키고 기르고 보살피는 일을 하는 근원적 '생명의 힘'으로 파악되고 있다. 한국적 사유에서는 이 '生[낳음과 살림]'의 의식이 지속적으로 강조되는데, 예를 들어 퇴계는 중국의 주자를 따르면서도 천지의 큰 덕인 역의 이법적 이해인 '리' 이해에서 특별히 그 주체적이고 인격적인 살아 있음과 창발성, 역동성을 강조하고자 중국의 리 이해에서는 볼 수 없는 '활리'(活理), '리동' (理動), '리발'(理發), '리도'(理到) 등의 차원을 부각시켰다. 태극 또는 리를 인간 마음 가운데의 '천명'으로 강조하면서 어떤 정태적인 우주적 존재 원리로보다는 능동적으로 활동하고 발현하고 다가오는 '살아있는 창조자'로서 만나는 것을 보여주는 것을 말한다.

퇴계에 이어서 특히 영조 때의 조선 성리학자 하곡 정제두(霞谷 鄭齊斗, 1649-1736)가 그 리를 '생리'(生理)라는 언어로 크게 강조하면서 이것이 세상의 만물을 낳고 살리는 천지의 큰 덕인 역이며, 우리 몸과 마음에서 사랑하고[精], 공감하고[情], 깨닫고[知], 세상과 진정으로 하나가 되는 일을 통해서 새로운 세계를 창조해나가는 "생명근원[生身命

라고 할 수 있는 대종교(大倧敎)의 삼일(三一) 사상에서 나온 것이다. 본인은 대종교도 한국 신유교 전통의 전개 가운데서 출현한 것이라고 본다는 점에서 한국유교 내지는 한국사상의 특성을 말할 때 함께 가져오는 것이 큰 무리가 없다고 본다. 이은선, 「3.1운동 정신에서의 유교(대종교)와 기독교」, 변선환 아키브 편, 『3.1정신과 '以後' 기독교』, 도서출판모시는사람들, 2019, 45쪽.

根]"으로 파악했다. 퇴계와 율곡 등의 사단칠정론 이후 한국 성리학사에서 또 다르게 치열하게 전개된 '인물성동이(人物性同異)' 논변, 즉 인간의 성과 인간 이외의 동물 등, 만물의 성이 과연 같은가 다른가에 관한 논의는 모든 존재를 살아 있는 역동적 존재로 보려는 한국사상의 특성이다. 거기에서 두 가지 방향을 말할 수 있는데, 특히 초월의 차원[理]에 대한 깊은 존숭으로 그 차원으로부터 사고하면서, 먼저 그 존숭이 너무도 깊어서 심지어는 이 세상 인간 존재의 내면[性]과도 그 초월[理]이 온전히 일치한다고 할 수 없으므로 인간과 동물의 성은 더더욱 같을 수 없다는 입장이 있다[人物性異論]. 다른 한편에서는 그 리에 대한 깊은 존숭으로 볼 때 어느 존재 속에도 그것이 내재하지 않을 수 없다고 봄으로써 인간과 만물의 성이 다를 수 없다는 입장[人物性同論]으로 나아간 것이라 할 수 있다. 결론은 다르고 반대로 보이지만, 모두 리의 초월성과 리기(理氣)가 하나로 묘하게 연결되어 생명성[靈]으로 나타나는 것에 대한 큰 믿음인 것은 동일하고, 그것이 어떻게 이 세상 인간[性]과 그 마음[心]의 감정[情], 그리고 또한 만물 속에 현현하는가에 대한 깊은 관심이라고 본인은 생각한다.

이러한 한국사상은 오늘 심각한 지구 생태 위기와 관련해서 서구 신유물론이나 사변적 실재론이 추구하는 '세상 자체'(world-in-itself)나 '사고로부터 무관한 사물의 독립성'이란 허구에 불과하다는 것을 말해주고, 오히려 그러한 현대 서구의 추구는 존재에서 초월적 영의 영역을 모두 탈각시킨 후 나오는 반작용으로 이해한다. 그것은 이 세상 모든 존재는 이미 존재로 불린 한에서는 모두 영적이라는 것, 즉 어느 것도 살아 있지 않고, 생동하지 않는 것이 없다는 것을 생각지 못하는 데서 오는 주장이라고 본인은 이해한다.

3.3 효친(孝親)

한국 사유 특징 중의 하나가 어떻게 하면 하늘의 도를 인간 삶을 치리하는 일에서 표현되도록 하고, 특히 인간 마음, 그리고 그 세밀한 감정의 표현에서 드러날 수 있도록 할까에 집중하는 것이다. 이것은 곧 그 하늘의 도를 구체적으로 실현시키는 일, 매일의 일상과 모든 인간관계, 만물과의 만남에서 구현되도록 하는 일에 정진하는 것을 말한다. 즉 한국유교는 온갖 이념화와 관념화의 위험에도 불구하고 끊임없이 '실학'(實學)으로 거듭나는 일에서 게을리하지 않았다는 것이다. 그것은 그 학문과 도가 구체적인 삶에서 열매[實]를 가져오고, 그것을 따르는 사람들의 삶과 행위에서 변화를 불러오는 것을 참으로 귀하게 여겼다는 것을 말한다. 물론 동아시아에서 유교도는 그 자체가 불교나 도교에 대해서 자신의 고유성을 밝히고자 할 때 후자의 '허학(虛學)'에 대해서 자신을 '실학'이라고 밝혀온 전통을 가지고 있다. 하지만 조선 성리학사에서 '실학'을 말할 때의 의미는 그러한 보편적인 의미 외에도 한국 사유의 고유성을 드러내는 여러 측면을 보여준다.

본인은 한국사상에서 그 고유한 실학의 전개로서 가장 두드러진 것이 '효친'(孝親) 사상에 나타난다고 생각한다. 바로 하늘과의 관계를 여기 이곳의 부모와의 곡진한 관계를 통해서 참으로 이 세상적으로, 몸으로, 그리고 섬세한 감정을 통해서 깨닫게 되는 것을 말한다. 중국의 고문헌들도 끊임없이 증거하듯이 한국인들의 경천(敬天)과 사친(事親)의 효(孝)는 유별하다. 이웃 중국이나 일본과는 달리 배움의 가장 중요한 텍스트가 『효경(孝經)』으로 여겨져 왔고, 이 효 실행의 전설 같은 이야기 모음집인 『효자전(孝子傳)』이 한국 역사와 문화 속에 즐비하다.

이러한 한국적 효 프락시스는, 예를 들어 오늘날 독일의 탈근대주의자 페터 슬로터다이크(P. Sloterdijk)의 『너는 너의 삶을 바꾸어야 한다』의 '인공 공학적' 제안과도 많이 다른 것을 지적하고자 한다. 슬로터다이크는 오늘의 인간 시기를 '기술적 동물(animal technologicum)' 시기로 보면서 특히 '수련(Exerzitium)', 그것도 자기 자신에 대한 관계 형성이자 자기 변형을 위한 '자기 수련(askesis)'의 길을 강조했다. 하지만 그는 그 일을 철저히 자신의 '신체'를 통해서, 여기 지금의 '나 자신'에게 달린 것으로 파악했는데, 본인은 그런 개인주의적이고 모든 것을 나의 몸의 일로 환원시키는 시도는 많은 한계를 가진다고 본다. 그보다는 훨씬 더 다차원적이고, 역동적이며, 마음과 몸이 함께 하는 정신의 차원에서, 그리고 '과거'라는 토대도 인정하면서 오늘의 몸이라는 주체로부터 부모와 가족과 공동체와 함께 하는 '효' 의식의 단련이 21세기 자아에의 함몰 시대에 더 적실하게 역할 할 수 있다고 본다. 왜냐하면, 맹자도 칸트처럼 우리 윤리의식과 도덕감이 구체적인 삶에서의 '미적 감각'이나 '감정'과 상관없는 별개의 이성적인 것만이 아니라고 밝혔듯이, 가까운 삶의 반경에서 효 실행 등과 더불어 구체적인 몸의 감각과 마음 감정의 실행을 통해 길러지는 타자의 인정이, 오늘 더욱 긴요하게 요구되는 우리 윤리의 상대인 '객관'을 훨씬 더 견실하게, 다시 말하면 '객관적'이고 '존재론적'으로 보장할 수 있다고 보기 때문이다.

한국 사유의 깊은 종교성으로 이야기될 수 있는 효 프락시스의 회복 속에 '오래된 미래'가 놓여있다고 생각한다. 그 안에 전통적 서구 기독교의 외래 신 중심적인 타율주의와 그 반대급부로 등장한 철저한 자아 중심주의와 권위해체를 넘어서 구체적이고 실천적이며, 우리 몸과 마음, 삶이 연결된 실제적인 '대안의 권위'를 얻을 가능성이 있다고 보기 때문이다. 오늘 무엇이 우리로 하여금 자아의 감옥으로부터 나와서 진정으로 타자를 인정하게 하고, 자신이 처분할 수 없고, 그렇게 해서도 안 되는 대상이 있다는 것을 알아볼 수 있도록 할까? 우리에게 그러한 감각과 능력을 구체적으로 키워주고 증대시켜주는 이가 참된 '권위'가 될 것이고, 그리하여 공경의 대상이 되며, 그것은 결코 어떤 외부적인 종교적 강압이나 강요로서의 권위가 아니라 진정한 은혜로 느끼게 하는 권위가 될 수 있을 것이다. 이러한 물음 앞에서 오늘 우리 인간적 삶 가운데서 이 일을 참으로 구체적이고, 몸으로 가까이 경험하게 하며, 지속적이고 자연스럽게 이루어지도록 하는 경우가 가족과 가정적인 삶 속에서의 부모와 자식, 형제들 사이의 관계만 한 것이 어디 더 있겠는가? 그런 의미에서 가족 관계의 겉모습은 여러 형태로 달라질 수 있지만, 인류 문명 전통이 전해주는 친밀한 가족 관계 안에서의 관계맺음[仁]의 전형인 효는 여전히 요청된다고 하겠다.

4. 한국 전통 유교 여성의 생명 창조와 살림의 영성-성(誠), 경(敬), 신(信)

종교와 철학의 통합으로서 한국적 유교의 세 가지 특질을 살펴보았고, 이제 한국유교가 어떻게 여성들 삶에서 구체적으로 체현되어왔는가를 살펴보고자 한다. 여기서도 본인은 한국유교 전통에서 중시되던 세 가지 중도적 유교 '무'의 언어를 가져와서 그것들이 어떻게 여성들 삶에서 체화하면서 그들에게 고유한 영적, 도덕적, 미감적 능력으로 현시되었는가를 밝히고자 한다. 곧 일찍이 공자나 맹자 등이 동이족 성왕(聖王) 순임금의 인격을 표시하는 언어로 쓰면서 퇴계 등 한국유교도의 구도자들도 애호했던 '사기종인'(捨己從人, 자기를 버리고 남을 따른다)과 다른 사람과 함께 선을 행하기 위한 '선여인동'(善與人同)의 '극기복례'(克己復禮, 자기를 이기고 예를 따른다), 그리고 궁극적으로 인간성의 극진한 확장을 통한 범 우주적 하나됨의 공동체를 위한 '구인성성'(求仁成聖, 인간성을 구해서 초월을 이룬다) 등의 언어이다. 본인은 한국 유교 여성들의 삶에서 이 세 가지의 일이 여느 남성 선비의 삶과 공부를 통해서보다도 더욱 곡진하고 진정성 있게 체화되었다고 보는데, 그리하여 이 세 가지 가르침의 실현을 통하여 얻은 한국유교 여성 덕목을 다시 크게 '성(誠), 경(敬), 신(信)'의 세 가지 영성으로 정리하면서 그것을 오늘 서구적 근대성의 위기 가운데서 대안의 가치로 제안하고자 한다.[9]

---

9) 보통 이 '성·경·신'(誠·敬·信)의 세 쌍은 동학의 최제우 선생이 자신의 도를 결론적으로 종합해서 제안하신 것으로 알고 있지만, 본인은 이 세 덕목이 먼저 조선 유교 여성들의 삶 속에서 참으로 선취적으로 체현된 것으로 이해한다. 이것으로써 동학을 한국 사상사의 전개 속에서 매우 여성주의적이고, 종교적이며, 영적으로 피어난 한국적 사상의 근대적 꽃으로 이해하는 것이 그렇게 과하지 않다는 것을 밝혀주는 의미로도 이해한다. 이 세 가지 요목이야말로 오늘 세계와 객관과 타자가 모두 존재론적으로 큰 위기 가운데 빠져있고, 우리가 그 타자에 도달하는 길을 잃어버리고 창 없는 자아의 감옥에 갇혀있는 상황에서 그 타개를 위해 다시 체화해야 할 관건이라고 보는 바이다. 이것은 한국유교 전통 여성과 그녀들의 생명 창조와 살림의 힘과 영성에 대한 것이고, 이것을 본인은 곧 '한국적 여성 신학'(信學, Korean feminist integral studies for faith), 곧 서구 전통적인 '신학'(神學)에서부터 전회하여 아시아적 사유와 대화하면서, 오늘 우리 맥락

과학이나 좁은 의미의 철학적 관념과는 달리 궁극적 의미 체현의 기도로서의 종교성 내지는 영적 추구는 그 형태는 다양하다. 하지만 모두 공통으로 여기 지금의 '나', '자아', '자기'를 초극하는 방식을 통한다. 그 추구의 목표가 '성인(聖人)'이나 '대인(大人)'으로 표현되든지, 아니면 '부처'나 '그리스도'가 되든지 모두 좁은 의미의 한정된 자아를 넘어서서 더 큰 의미(聖, 天, 空, 우주 등)와 하나가 되고자 하는 것이다. 그러므로 모든 종교성의 핵심에는 '자아'의 포기, 희생이나 겸비, 극기 등이 중심적으로 들어가 있다. 유교 도에서도 이와 다르지 않아서 유교的 道의 추구인 사기종인이나 선여인동, 극기복례, 사생취의, 구인성성 등, 이것을 단지 세속적 차원의 도덕적 윤리추구로만 본다면 그 의미가 충분히 드러나지 않는다. 이렇듯 종교가 단지 이론의 문제가 아니라 구체적인 삶의 실천 및 체득(體得)과 관계하는 것이라면, 유교 전통 사회 속에서 비록 소수였기는 하지만, 예를 들어 조선 후기 임윤지당(任允摯堂, 1721-1792)이나 강정일당(姜靜一堂, 1772-1832) 등과 같은 유교 여성 선비의 길을 걸어간 여성들의 학행적 삶이 그런 성학(聖學)의 종교성을 잘 체화한 경우로 볼 수 있다.

4.1 사기종인(捨己從人)의 삶을 통한 성(誠)의 통합성

오늘 근대 인류 문명의 극심한 자아 중심주의(세계소외, world-alienation)

에서 종교와 철학의 통합 영성을 추구하는 한국 '신학'(信學)의 '믿음과 신뢰의 학'으로 제시하고자 한다. 그 신앙의 모형과 씨앗을 한국 전통 유교 여성들의 삶에서 살피려는 것이다. 이은선, 『한국 페미니스트 신학자의 유교 읽기-神學에서 信學으로』, 모시는사람들, 2023.

로 인해서 심각하게 그 존재가 위협받고 있는 세계 존재(객체)를 위해서 요청되는 덕목은 '통합성(Integrity, 誠)의 영성이다. 다시 말하면 우리 정신이 이 세상의 모든 존재를 그 나름의 존재 권리를 가진 살아 있는 생명체[生理], 또는 "생동하는 물질(vibrant matter)"로 파악할 수 있는 통합과 화합의 능력으로 거듭나는 것을 말한다. 이것은 전통적으로 주체와 객체를 성(聖)과 속(俗)으로 나누어서 차별적으로 가치 평가하고, 상대라고 여겨지는 대상을 자아의 끊임없는 확장을 위해서 착취하고 말살하는 행위를 그치고, 유교 고전 장재(張載, 1020~1077)의 「서명(西銘)」 등이 선언한 대로 천지를 나의 하늘 아버지와 땅의 어머니로 여기면서 그사이 모두를 한 형제자매와 동포로 알아채는 것이다. 이 「서명」을 자신의 『성학십도』에서 두 번째 길로 제시한 퇴계는 당시 시대의 큰 병과 어려움이 '사기종인'을 하지 못하는 것, 즉 "자신을 내려놓고 다른 사람을 따르는 일을 하지 못하는 것[不能捨己從人 學者之大病]"이라고 보았다.

본인은 유교 전통에서 여성들의 삶이 바로 지극한 '사기종인'의 삶이었다고 본다. '고초 당초 맵다 한들 시집살이보다 더할까'라는 말이 나올 정도로 혼인을 통해서 자신이 원래 살던 삶의 자리에서 철저히 옮겨져서 낯선 시집살이의 삶을 이끌어온 그녀들의 삶이야말로 바로 철저히 '자기를 버리고 남을 따르는' 삶을 훈련하는 그것이었다는 것이다. 그 삶은 혼인 전 자신의 터전이었던 모든 것을 떠나서 낯선 삶의 자리에서 낯선 사람들과 더불어 씨름하다가 마침내는 스스로가 그 삶의 중심이 되는 일을 이루어내는 것이었으므로 그러한 유교 여성들의 사기종인 덕의 실천이 여느 남성의 그것보다 지극했을 것을 잘 가늠할 수 있다. 특히 그녀들 봉제사의 정성[誠]은 자신들의 직접적 혈연적 조상은 아니지만, 혼인으로 인한 시집 조상의 제사를 모셔야 하는 것이었고, 또 봉제사의 일이란 조상이 지금 몸으로 현존하지는 않지만 여기 지금 계신 것 같이[祭如在] 대우하는 일이었으므로 그렇게 나타나는 현상을 넘어선 세계와 깊이 하나 될 수 있는 심적 능력을 뛰어나게 키우는 일이었을 것이다.

조선 유교사에서 이러한 사기종인의 덕을 지극히 실천한 한 예로서 우선 16세기의 신사임당(申師任堂, 1504-1551)을 들고자 한다. 1504년 연산 10년에 강릉에서 태어나서 19세 때 멀리 떨어진 서울의 이원수(李元秀, 1501-1561)에게 출가한 사임당은 21세에 첫아들을 낳은 것을 시작으로 모두 7남매를 낳아 길렀다. 딸만 두었던 친정에서 받은 훌륭한 교육으로 당시 여성으로서는 드물게 유교 경전에 두루 통하였던 그녀는 7명의 자녀를 모두 정성으로 키워서 율곡과 같은 대학자를 키워냈다. 아들을 두지 못한 친정의 부모를 떠나서 멀리 서울로 시집와 살면서 그녀에 대해 오늘까지도 많이 회자하는 이야기 중 하나가 그녀의 친정어머니에 대한 효심이다. 일찍 혼자 된 늙은 어머니를 강릉 친정에 홀로 두고 서울 시가로 향하는 그녀의 마음이 애잔한 한 편의 시에 잘 남겨져 있는데, 이것이야말로 진정 조선 유교 여성들이 체화해야 했던 '사기종인'의 고통이 아름다운 예술[誠]로 잘 승화한 것이라고 할 수 있다. 이러한 신사임당이 길러낸 율곡은 앞에서 살핀 순임금의 사기종인의 덕을 논하는 자리에서 "천하의 눈을 내 눈으로 삼는다면 보지 못 하는 것이 없고, 천하의 귀를 내 귀로 삼는다면 듣지 못하는 것이 없으며, 천하의 마음을 내 마음으로 삼으면 생각하지 못할 것이 없다"(『성학집요(聖學輯要)』 제4「위정(爲政)」)라고 하면서 순임금 삶과 정치의 목표처럼 '선여인동(善與人同, 다른 사람과 함께 선을 행함)'을 지향하는 의식을 크게 강조했다. 그는 가난한 백성과 서자의 처지를 배려하면서 인본 정치를 강조했고, 향약 등의 사회개혁을 시행하여 공동체를 다시 살리는 일에 몰두했다.

여기에 이어서 퇴계의 맏며느리 봉화 금씨와 그 시아버지와의 이야기는 조선 유교 사회 여성들의 사기종인의 삶이 단지 수동적이었다거나 자기 비하적인 것이었다고만 해석할 것이 아니라 그 안에 높은 도덕적 주체성과 자율성, 그리고 오늘 포스트 휴먼 시대에 새롭게 의미있게 논의되는 '익명성(anonymous as core moral value)'의 도덕과도 맞닿아 있는 것임을 보게 한다. 그녀는 시아버지 퇴계를 평생 높이 받들다가 세상을 떠날 때 "시아버님 생전에 내가 여러 가지로 부족한 점이 많았다. 죽어서도 시아버님을 정성껏 모시고 싶으니 나를 시아버님 묘소 아래에 가까운 곳에 묻어 달라"를 유언을 남겼고, 그래서 그녀의 묘는 지금도 퇴계의 묘소 아래 있게 되었다는 아름다운 이야기가 전해진다. 이런 맥락에서 본인은 조선 유교 여성들의 이와 같은 익명성과 사심 없음과 자기 겸비의 도덕성은 단순한 합리적 수준의 이성 판단만이 아니라 진정 자기를 내어주고, 자발적인 섬기는 자로서 주변의 비천해 보이는 것과 비루하게 보이는 것도 함께 포괄해서 의미 있는 삶의 공동체로 포괄시키는 큰 '통섭(integrity)'의 종교성, 즉 성(誠)의 종교성과 영성이라고 해석하고자 한다. 그것이 오늘 포스트모던 시대에 초월과 이 몸의 세상을 다시 연결시키는 것을 가능하게 하는 "가장 적게 종교적이면서도 풍성히 영적인" 포스트 모던적 대안 영성이라고 생각한다.

4.2 극기복례(克己復禮)의 연습을 통한 경(敬)의 타자성

자기를 버리고 다른 사람을 따르는 일은 쉽지 않다. 자신이 하늘의 자녀이고[性理], 하늘의 명을 받은 것처럼[天命] 다른 모든 존재들도 그렇다는 것을 알고서 모든 존재에게 진실과 정성[誠]을 다하는 것이 우리가 가야 할 길이라는 것을 안다[誠之者]. 하지만 사람들은 종종 자기는 특별한 사람이 되기를 원하며, 많은 경우 자신이 깨달은 하늘 자녀라는 의식으로 오히려 다른 존재를 구별이 아닌 차별로 내몰며 자기중심적이고, 타자를 억압하고 배제하며 멸절시키는 길로까지 가고자 한다. 즉 일(一)의 나와 다(多)의 세계와의 관계 문제가 등장하는 것을 말하는데, 그 관계를 부드럽게 하고 그런 가운데서도 순서[序]에 따라서 중(中)을 잡기 위한 예(禮)가 요청되는 것을 말한다.

한국유교 여성들의 삶이 끊임없는 극기복례의 삶이었다는 것은 강조할 필요도 없겠다. 봉제사와 특히 쉴 새 없는 '접빈객'의 손님맞이로, 유교 여성들의 삶은 극기복례의 삶을 지극히 실현한 삶이었다고 할 수 있다. 여기에 대해서 오늘의 페미니즘 관점으로 조선 여성들의 삶은 오직 사적 영역에 갇힌 삶이었다고 할 수 있을지 모르지만, 거기에서도 접빈객의 삶이란 당시 시대의 조건과 한계 속에서 훌륭하게 공적 삶을 수행한 것이기도 함을 말할 수 있다. 19세기 구한말 한국을 방문한 영국 여행가 이사벨라 버드 비숍(Isabella B. Bishop, 1831-1904)은 당시 조선에 숙박 시설이 거의 없는 것을 보고 처음에는 매우 의아해했다고 한다. 하지만 그 이유가 조선 사회는 접빈객의 예가 지극했기 때문에 따로 그러한 시설이 필요 없었기 때문인 것을 알고 매우 놀랐다는 기록이 있다. 이것은 조선 유교 여성들의 손님 접대가 어느 정도로 체화되어있었는지를 잘 보여준다.

극기복례와 밀접하게 연결된 '경'(敬)의 언어와 덕목은 한국유교가 특히 중시하는 것이다. 일찍이 퇴계는 그의 『성학십도』 제9도를 '경재잠도(敬齋箴圖)'로 하면서 "마음을 가라앉혀 하늘 상제를 마주하듯이 하고", "집을 나가서는 큰 손님을 대하듯이, 일을 처리할 때는 제사를 모시듯이 하며", "말을 달리는 사람이 땅을 골라 밟는 것이 개밋둑 사이로 달리는 것처럼 하라"는 정도로 전일과 집중의 공경[敬]을 말했다. 높은 말 등위에 앉아서 어떻게 땅에 아주 조그맣게 솟아 있는 개밋둑을 알아보고 그것을 피해서 말을 달릴 수 있을 것인가? 그와 같은 정도로 마음을 집중해서 타인을 배려하고 공경하면서 살아가라고 한 것이다. 그런 퇴계의 어머니 춘천 박 씨(1470-1537)는 일찍 과부가 되었지만, 7남매의 막내였던 퇴계에게 글 읽는 일에만 치중하지 말고 몸가짐과 행실을 삼가는 일에 주의하라고 가르쳤다. 그리고 높은 벼슬보다는 지방의 직에 만족할 것을 권했는데, 남편 사후에도 7남매를 키우며 어려운 가정 살림을 농사, 길쌈, 바느질, 누에 치기 등으로 구체적으로 이끌었고, 후에 두 아들이 과거에 급제하여 벼슬길에 올라 기뻐하기보다는 항상 세상의 환란을 걱정했다고 한다.

이처럼 한국유교의 중요한 기제(機制)와 덕목이 되는 '극기복례(자기를 극복하고 예로 돌아간다)'와 '경(敬)'의 일도 여성들 몸에 의한 실행에서 그 의미가 더욱 분명해짐을 볼 수 있다. 조선 유교 여성들의 삶은 큰 가족의 반경 속에서 끊임없이 손님을 접대하고, 친척과 이웃들을 돌보며, 아내로서, 자식으로서, 부모로서 여러 역할을 담당해야 했기 때문이다. 조선 여성들의 타자에 대한 공경[敬]과 그를 수행하는 인간 마음의 힘[性·情]이 어느 정도로 전개되었는지에 대한 이야기는 무수히 많다. 그런 가운데서도 18세기 이후 조선 후기로 넘어오면서 여성들이 단순히 기존 예의 수행자인 것만이 아니라 예에 관한 나름의 탐구와 관점을 표하게 되었는데, 그 대표적 여성 예학자로 강정일당을 들 수 있다.

정일당은 조선 유교사에서 여성 최초의 성리학자로 여겨지는 임윤지당을 흠모했다. 그녀의 말인 "비록 부인이지만 하늘에서 받은 성품은 애당초 남녀의 차이가 없다"라는 말을 자신 일상의 가장 중요한 구절로 삼아서 여성으로서 성인지도(聖人之道)의 이상을 따라서 학문과 수양을 통해 참된 성인적(聖人的) 인격으로 거듭나고자 했다. 그녀는 당시 조선 가부장주의 사회에서 자기 자신의 이름으로 도학을 논하고, 직접 예에 관한 논의를 이끌 수는 없었지만, 남편을 대신해서 지은 많은 '대부자작(代夫子作)'의 글이 바로 삶의 여러 경우에서의 예, 상례나 장례, 제례 등에 관한 것이었다. 여기서 자기를 비우고 타인과 다름을 받아들이는 것은 인간 공동 삶을 지속하기 위한 기초와 토대를 마련하는 일이었다. 정일당이 여성으로서 예학에 깊은 관심을 둔 것은 성인의 삶이란 바로 그와 같은 토대와 신뢰의 그루터기를 놓는 일이고, 그녀 스스로의 추구도 그러해서 일상의 모든 영역을 예화하고 성화하기 원했기 때문이다. 그녀는 당시 좁은 의미의 리기 형이상학에 관한 관심보다는 자신 학문의 핵심을 심성 수양에 두었다. 모든 인간의 관계에서, 특히 조상들과의 관계, 일가친척들과 함께 나누는 삶에서 인간적인 도리와 예를 다하는 것을 최선의 주안점으로 삼았다고 한다. 이것은 '성(誠)'과 '경(敬)'을 "도에 들어가는 문[入道之門]"이라고 밝히면서 그중에서도 특히 경을 중시[主敬]하면서 살아온 그녀 삶

의 자연스러운 표현이라고 할 수 있다.[10]

정일당이 가장 가까운 남편으로부터 신명(神明)의 차원으로까지 평가받은 공부란 바로 일상 속에서, 자신의 모든 관계 윤리 속에서 구체적으로 열매를 이루고자 한 것이었다. 그것은 한 재가 여성의 삶과 공부를 통해서 이룬 인간 삶의 모든 시간과 공간을 거룩[聖]의 영역으로 화하게 하려는 유교 탈종교적 종교성[聖人之道]의 지극한 표현이라고 볼 수 있다. 그녀가 독실히 공부한 것은 성인의 학문이었고, 그래서 그녀는 "처음에는 마음이 들뜨고 흔들림을 근심하였으나 점차 깊이 익숙하여 말년에 이르러서는 마음의 겉과 속이 태연하게 되었다"라고 고백한다. 그런 그녀의 삶과 학업에 대해서 주위에서 칭송하기를, "독실하게 공부한 것은 오직 성학이요 문장은 그녀에게 부차적인 일에 지나지 않았다"라고 하고, '부부가 스승을 겸하였으며', "부엌 사이에 책상이 있었고", "경전은 음식물에 섞여 있었다"라고 하였다.[11]

4.3 구인성성(求仁成聖)의 삶을 통한 신(信)의 지속성

이렇게 봉제사와 접빈객의 예를 통해서 인간적 공동 삶의 화목과 지속을 몸으로 담당해온 유교 여성들의 삶에서 그 지속을 오래 가능하게 하는 일로서 후손을 낳고 기르는 일만큼 핵심적인 일은 없었을 것이다. 즉 가계를 잇는 어머니의 역할(모성)을 말하며, 그리하여 그 일은 지나간 조상을 섬기는 봉제사(奉祭祀)와 같은 선상에서 유교 여

---

10) 강정일당, 『국역: 정일당유고』, 이영춘 역, 가람문학 2002, 61쪽.
11) 이은선, 『잃어버린 초월을 찾아서-한국 유교의 종교적 성찰과 여성주의』, 164쪽.

성들의 핵심적인 역할이 되었다. 어머니로서 유교 여성들이 자녀를 훌륭히 키워내기 위해서 어떻게 자신들을 희생했는가의 이야기는 지금까지도 한국 사회에서 가장 많이 회자하는 이야기 중의 하나이다. 그만큼 유교 전통은 후세대의 교육을 중시 여겼고, 그것을 통한 인간 공동 삶의 창달을 중시했음을 의미한다.

'어머니 나라의 말' 또는 '어머니의 언어'(mother tongue)를 뜻하는 '모국어'(母國語)라는 단어 자체가 잘 지시하듯이, 인간은 바로 그러한 어머니와의 관계 속에서 이후 삶에서의 정신적 기초가 되고, 온갖 장애와 난관 속에서도 스스로가 마음에 품은 선한 뜻을 끝까지 밀고 나가 열매를 맺는 '믿음과 신뢰[信]'의 지속성의 힘을 핵심적으로 키울 수 있다는 말이다. '신(信)'이라는 글자가 인간의 '인(人)' 자와 언어의 '언(言)' 자가 함께 연결되어 이루어졌다는 것에서도 유추해 볼 수 있듯이, 모든 창조와 그것의 지속, 그리고 또 새로운 창조가 이 신뢰와 믿음, 상상, 사랑과 함께 가능해지는 것이므로 한국유교 여성들의 곡진한 모성 실천은 진정한 의미에서 '생명을 낳고 살리는 힘[天地生物之理]'이라고 할 수 있다. 이러한 유교적 신의 의미는 '인·의·예·지·신'(仁義禮智信)의 인간 오덕(五德), 또는 오상(五常) 중의 마지막 '신'(信)이 "실지리(實之理)"와 "성실지심(誠實之心)"으로 이해된 것과도 상통하는데, 즉 신이 없다면 창조[實]가 가능하지 않고, 구체적으로 열매를 이루어내는 것이 가능하지 않다는 의미가 되므로, 모성에 의해서 후세대의 마음에 전개된 신뢰와 선한 상상력, 추진력이야말로 만물을 창조하는 근본이 된다는 의미라고 하겠다.

유교 오경의 하나인 『주역(周易)』에서 '집[家]'의 의미를 다루는 '풍화가인(風化家人)'괘는 참된 인간이라면 "그 말이 항상 '사실[物]'에 근거해야 하고, 그 행위에는 언제나 '원칙[恒]'이 있어야 한다[君子以 言有物 而行有恒]"고 했다. 이 말은 많은 의미를 내포하고 있다. 먼저 유교도 가 세상 존재와 평화의 근거를 '가정[家人]'에 두면서 그 '가족적 삶[家]' 의 도에 대해서 말하는 가인괘에 이러한 말이 나오는 것을 보면, 그것 은 인간 말에서의 진실과 바르게 체화된 행실을 평천하(平天下) 대동 세계의 근거로 보는 것을 말한다. 또한, 말에서의 진실과 행위에서의 실행이 바로 가까운 가족적 삶에서의 어려서부터의 경험으로부터 얻 어지는 것을 적시하는 것이라 하겠다. 또다시 말하면, 모성적 사랑과 친밀하고 밀접한 가족적인 관계망이 한 사회의 건강한 유지와 지속을 위해서 어떻게 핵심 관건이 되며, 그것이 이루어지지 않고서는 그 이 후의 모든 시도는 사실 모래 위의 집이 될 수 있다는 것을 지시하는 것으로 생각한다. 특히 오늘날 인공지능과 Chat GPT의 세계가 한껏 가까이 들어와 있는 상황에서 진정 공동체 구성원 사이의 말과 행위 의 신뢰성[信]이 최대의 관건이 되는바, 그 신의 가능성, 만물을 창조 하고 보살피고 지속시키는 기초적 창조력과 실행적 지속력이 바로 인 간적 모성과 가족적 공동체의 경험에서 가능해진다는 가르침인 것이 다. 오늘 우리 사회를 보면 자아에 의한 사실의 왜곡과 부패한 상상과 가상의 언어가 난무하고, 상식과 원칙, 합의가 예상을 뛰어넘는 수준 에서 깨어지고 있는 것을 목도할 때 이 한국 유교 여성들에 의해서 실 행된 모성의 실천은 매우 중요한 깨우침을 준다.

한국 전통 유교 여성들은 그 모성의 실천을 온 만물에게로 향하는 이상을 가지고 있었고, 그 모범적 실천에 관한 이야기는 무궁하다. 그 런 맥락에서 가부장주의 전통이라고 많은 비난을 들어온 유교 전통의 '입후제도'(入後制度)도 다르게 해석할 여지가 있는 것을 본다. 여성이 시집을 가서 집안의 대를 이을 아들을 낳지 못했거나 잃었을 때 남편 측의 동성 친족 중 대를 이을 아들을 양자로 들이는 일이 입후인데, 한국유교 여성들이 지난 전통의 삶에서 큰 고통과 아픔 속에서 겪어야 했던 입후제도를 통한 모성의 실현은 그 모자녀 관계를 생물학적 혈연의 관계를 넘어서 정신으로 형성할 힘을 훈련받은 경험으로 해석할 수 있다. 그것은 궁극적으로 인간이 도달하고자 하는 참된 인간성 완성의 길, 즉 '구인성성'의 길을 오늘날 더욱 보편적이고 넓게 확장하는 길로 이해할 수 있다. 21세기 오늘날의 '어머니 되기'와 모성은 과거 입후제도에서처럼 더는 남아에게로만 향하는 일도 아니고, 또한 모성이 탈본질화된 상황에서는 남녀 양성 모두의 일이거나 다중적 여성 주체의 한 가지 선택적 일로 이해할 수 있다. 그렇다면, 어머니 되기의 역량은 오늘 우리 시대에 더욱 절실히 필요한 '보살핌'과 '연민'을 더욱 보편적으로 확신할 수 있는 능력으로, 집이나 고향같은 작은 인간성의 중심들을 더 실제적으로 만드는 원동력으로 볼 수 있다. 그러므로 이 어머니 모델을 파기할 이유가 없다는 것이다. 오히려 여성들은 인간성을 단지 자신의 생물학적 자녀와 가족만이 아니라, 그리고 인간종에게만이 아니라 더 크게 확장해서 사물과 온 자연을 포함한 만물에게로 펼치는 참된 인간적 주체성으로 키워나갈 수 있을 것이다.

한국 유교 전통의 여성들은 비록 우리 시대와는 달리 스스로 그 일을 선택할 수는 없었지만, 모성을 인간 삶에서 참으로 높은 차원과 수준으로 고양시켰다. 그 여성들이 모성적 인의 실천을 통해 구현한 구인성성의 삶이야말로 오늘 인류가 앞으로의 삶을 지속하기 위해서 긴요한 참된 신뢰와 믿음의 종교성을 어떻게 체득할 수 있을지를 보여주는 좋은 예가 된다고 생각한다.

5. 마무리의 말—세계 인류 문명의 석과(碩果)로서의 한국 사유

지금까지 인류 근대성 위기 앞에서 동아시아 한국 사유와 그 안에서 한국 유교 전통 여성 생명과 살림의 영성에 대해 살펴보았다. 18세기 이후 인류의 지구 집 전체에 세례를 주어온 서구 근대성이 그 치명적 한계를 드러내면서 거기에 대한 대안을 찾고자 지금까지 인류 근대에서 비주류였던 동아시아 유교 문명의 자리를 살핀 것이다. 거기서 얻은 원리와 가치로 먼저 '역'과 '중', '인'을 말했고, 그 세 가지 원리가 다시 중화 중심의 세계에서 변방이었던 한국에 와서 '천명'과 '성리', '효친'의 세 가지 삶의 원리로 고유하게 전개된 것을 살폈다. 즉 조선적 유교 철학과 성리학이 어떻게 여기 지금의 세상과 내재, 인간 심성, 그리고 지극히 가까운 가족적 삶의 반경에서 구체적으로 인간관계에서 연습 되고, 정밀화했는지를 밝힌 것이다. 이것은 곧 한국 사유, 조선 철학과 성리학은 매우 긴밀하게 초월과 내재, 본성과 현실, 마음과 몸, 남성과 여성, 종교와 정치 등의 차원을 통합하는 특성이 있다는 것을 말하는 것이며, 그래서 여기서 유교를 더는 어떤 좁은 의미의 철학이나 정치 이념이 아닌 그 안에 오늘날 포스트모던 탈종교의 시대에 의미 있다고 여겨지는 탈형이상학적 세속 영성과 종교성의 특징을 담지한 전통으로 본 것이다.

오늘 전 세계가 주목하고, 특히 젊은 세대가 열광하는 한국 영화나 드라마, 뮤직 등의 한류(the Korean Wave)에서 한국 전통 여성들 정서가 큰 역할을 하는 것을 부인할 수 없을 것이다. 본인은 그러한 한류 콘텐츠의 많은 부분이 바로 위에서 우리가 살펴본 한국 전통 여성들의 생명주의와 살림의 영성이 밑받침된 것이라고 본다. 그것은 오늘 서구적 근대성의 과격한 인간 자아 독존주의, 잔혹한 실리주의적 능력 평등주의 등의 비인간성에 반해서 만물을 인간적 사랑과 신뢰, 자기 비움의 희생과 인내, 가족 간의 극진한 사랑과 하나 됨 등의 정서로 포괄한 것에 대해서 인류 현대인들이 열광하는 것이라고 할 수 있다. 물론 오늘 21세기 한국 사회는 세계 그 어느 곳에서보다도 근대적 삶의 폭력성이 휘몰아쳐서 그로 인한 한국 사회의 비참과 비극, 잔인함 등이 이루 말할 수 없는 것도 사실이다. 그럼에도 한국 전통 여성들의 오랜 사기종인과 극기복례, 구인성성의 삶을 통해 얻은 성(誠)과 경(敬), 그리고 신(信)의 생명 창조와 돌봄, 배려와 인내의 영성이 여전히 한국적 뿌리로 자리하고 있다는 것을 말하고자 하며, 오늘 상황이 그 반대의 경우라 하더라도 그와 같은 잃어버린 초월을 다시 기억하면서 찾고자 하고, 새롭게 해석하고자 하는 의미로 그러한 내용의 한류가 구성되고 있는 것이라 생각한다.

오랜 유교 전통의 지혜 중에 '석과불식'(碩果不食, 종자 과일은 먹지 않는다)이라는 말이 있다. 즉 씨앗과 종자가 되는 모체 과일은 아무리 굶주리고 상황이 어려워도 따먹지 않는다는 말이다. 어쩌면 우리 지구집, 동서의 가운데, 오랜 중국 문명으로 보면 동북방[艮方]에 위치한 한국 문명이 세계 인류 문명의 석과가 되는지도 모르겠다. 그것은 앞에서 설명한 대로 지금까지 이 지구상에서 인류가 각 지역으로 나누어져 따로 일구어왔던 문명의 열매가 21세기 한국 사유에서 중첩적으로 응축되어 새롭게 펼쳐지고 있는 것을 보았기 때문이다. 그러므로 이 열매를 따 먹는 것은 곧 인류 문명 자체를 파괴하는 행위가 될 것이므로 어떻게든 한반도가 세계 헤게모니 사이의 핵전쟁의 위험 속에 빠져서는 안 되고, 그 위협을 제거하는 것이 곧 인류 모두를 위한 관건이 된다는 것을 마지막으로 말하고 싶다. 변방 중의 변방이었던 한국 문화와 그 가운데서 다시 오랜 기간 비주류였던 한국 전통 여성들의 미덕과 생명과 살림의 영성이 인류 문명이 앞으로 나가기 위해서 핵심적으로 참조해야 하는 길이라고 보면서 그것은 개인의 문제나 여성만의 일, 또는 한국인들만의 과제가 아니라 인류 전체가 함께 드러나게, 또는 드러나지 않게 협력해야 할 일이라는 것을 감히 발설하고자 한다.

| 추천도서 |

이황 지음, 이광호 옮김, 『퇴계집—사람됨의 학문을 세우다』, 한국고전번역원,
    2017.

도올 김용옥, 『동경대전 1,2』, 통나무, 2021.

류승국, 『한국사상의 연원과 역사적 전망』, 유교문화연구소, 2008.

백낙청, 김용옥, 정지창, 이은선 외, 『개벽사상과 종교공부』, 창비, 2024.

이규성, 『한국현대철학사론』, 이화여자대학교출판부, 2015.

이동준 등 24인, 『근세한국철학의 재조명』, 심산, 2007.

이숙인, 『또 하나의 조선』, 한겨레출판, 2021.

이은선, 『한국 페미니스트 신학자의 유교 읽기—神學에서 信學으로』, 모시는사
    람들, 2023.

이정배, 『유영모의 귀일신학』, 밀알북스, 2020.

조성환, 『한국의 철학자들』, 모시는사람들, 2023.

줄리아칭 저, 이은선 역, 『지혜를 찾아서—왕양명의 길』, 분도출판사, 1998.

Anselm K. Min (ed.), Korean Religions in Relation, State University of NewYork
    Press, Albany, 2016.

Young—chan Ro (ed.), Dao Companion to Korean Confucain Philosophy, Springer,
    2019.

현대과학과 한국철학의 만남
─관계론적 · 유기체적 세계관

이중원(서울시립대학교)

1. 현대 과학과 세계관의 변화

현대 과학은 자연을 분석할 때, 분석 대상의 크기에 따라 크게 네 가지 세계로 나누곤 한다. 소립자 · 원자 · 쿼크 그리고 이의 근원 물질 등과 관련된 제일 작은 미시(microscopic) 세계, 입자보다 큰 세포 · 기관 · 유체 등의 집합체 곧 복잡계에 해당하는 중시(mesoscopic) 세계, 인간이 사는 경험 가능한 세계인 거시(macroscopic) 세계, 그리고 은하 · 블랙홀 등의 거대 우주와 관련된 초 거시세계가 그것이다. 각각의 세계를 충실하게 이해하려면, 해당 세계의 특성과 현상을 잘 분석하여 설명할 수 있는 과학이론이 필요하다. 현재 미시세계와 관련해서는 소립자들을 독립된 실체로 보고 이의 운동을 다루는 (고전) 양자 이론, 소립자조차 더 근본적인 양자 장의 산물로 보는 양자장 이론 그리고 원시적이고 근원적인 빅뱅 직후의 초기 우주를 다루는 양자 중력이론이 존재한다. 한편 복잡계가 모여있는 중시 세계와 관련해서는 카오스 이론 또는 시스템이론과 같은 복잡계 과학이 존재한다. 우리의 경험 세계인 거시세계의 경우 뉴턴의 고전역학을 포함하여 전자기학, 천문학 등이 존재하며, 초 거시우주 세계의 경우 우주의 중력 및 시공간 구조를 다루는 아인슈타인의 일반 상대성이론 등이 존재한다. 세계에 대한 이 같은 구분은 물론 절대적인 것은 아니다. 하지만 각각의 세계가 서로 다른 특성을 지니고 현상 또한 서로 다른 양상을 띠는 만큼, 이러한 구분은 의미가 매우 크고 중요하다.

일반적으로 과학이론은 세상을 바라보는 일종의 창과 같다. 가령 양자 이론으로 세상을 본다는 것은 세상의 모든 사물을 유한 크기를 지닌 매우 작은 양자들로 구성된 것으로 보고, 이런 양자들의 불연속적이고 불확정적인 요동으로 사물의 운동, 곧 세상의 변화를 이해한다는 것을 뜻한다. 양자장 이론은 이러한 양자조차 독립된 실체가 아니라 보다더 근원적인 양자장으로부터 특정한 조건과 상황에서 우연적으로 생성된 것으로 본다. 마찬가지로 아인슈타인의 일반상대성이론 소위 중력이론으로 세상을 본다는 것은 우주의 물질 분포에 따라 시간이 서로 다르게 흐르고 공간의 휘어짐도 서로 달라, 우주에는 유일한 시간과 공간 대신 별의 분포에 따른 수많은 시간들과 공간들이 존재하고 물질과 시공간은 서로 분리될 수 없다고 보는 것이다. 물론 이러한 과학이론은 원래 해당 관심 영역의 (관찰과 실험에 의한) 경험 현상을 잘 설명하고 예측하기 위해 등장하였다. 하지만 앞서 보았듯이 과학이론에는 세계를 바라보는 중요한 열쇠, 곧 세계관이 내함되어 있다. 이처럼 과학이론은 현상을 설명하기 위한 (수학적) 도구를 넘어서서 세계 그 자체를 바라보는 세계관을 담지하고 있다. 이 세계관은 과거 동서양의 철학자들이 세계를 이해하기 위해 끊임없이 언급했던 철학의 이야기, 곧 존재론이자 형이상학에 해당한다. 실제로 아인슈타인은 과학이론의 구조를 분석하면서 가장 기저에는 존재론적 전제와 가정들이 있고, 이 바탕 위에서 수학적 형식체계가 만들어지며 이 수학 체계는 현상을 의미 있게 성공적으로 설명하도록 물리적인 실제 세계와 연결되어 있다고 보았다.[1]

그런데 과학이론은 역사가 말해주듯 종적·횡적으로 끊임없이 변화·발전한다. 종적으로는 시간의 흐름 속에서 횡적으로는 영역의 확장을 통해 지속적으로 발전해 왔다. 역사적으로 보면 거시적인 경험세계를 시작으로 미시적인 양자 세계로, 중시적인 복잡계로, 그리고 초거시적인 거대 우주로 그 영역이 점점 확대되고 심화되어 왔다고 할 수 있다. 이러한 과학이론의 발전은 인간이 세계를 바라보는 관점, 곧 세계관의 변화를 가져오고 있다. 먼저 간략하게 살펴보자.

역사적으로 근대과학의 시작은 17세기 영국의 뉴턴에 의해서였다. 뉴턴은 우리가 살고 있는 거시세계를 대상으로 지구에서의 물체의 운동을 포함하여 태양계 행성의 운동을 설명하기 위해 고전역학 이론을 만들었는데, 이것이 바로 서양 근대과학의 시작이다. 뉴턴의 고전역학에서 시간과 공간은 인간은 물론 세계 내의 어떠한 존재에 의해서도 영향을 받지 않는 독립적이고 절대적인 존재이며, 사물 또한 각기 고유한 속성을 지닌 변하지 않는 실체로서 절대적인 공간과 시간 안에서 존재하고 변화한다. 그리고 사물의 운동은 특정한 자연의 원리 또는 법칙의 지배를 받고 있으며, 그 법칙은 사물의 현재 운동상태를 알면 미래의 운동상태를 결정론적으로 완벽하게 예측할 수 있도록 한다. 한마디로 자연을 인과적이고 결정론적인 하나의 거대한 기계처럼

---

1) A. Einstein, *Ideas and Opinions*, pp. 291-292.

본 것이다. 뉴턴 고전역학의 성공, 곧 거시세계의 관련 현상들에 대한 성공적인 설명과 예측은 뉴턴 과학이론에 내재된 세계에 대한 이러한 존재론적 가정들이 마치 실제 세계의 모습인 양 받아들이게 하였다. 이러한 근대과학의 세계관은 우리가 경험하는 거시세계에서는 올바른 것처럼 보인다.

하지만 거시세계와 달리 우리가 경험으로 직접 접근할 수 없는 미시세계의 경우 세계의 모습은 근대과학이 보여준 세계상과는 확연히 다른 모습을 보인다. 이러한 미시세계를 탐구하려면 뉴턴의 고전역학이 아닌 새로운 과학이론, 현대 과학의 대표적인 이론인 소위 양자 이론이라든가 양자장 이론 그리고 양자 중력이론 등이 필요하다. 이러한 현대 과학이론들은 세계가 비결정론적이고 사물의 고유한 속성 또한 불확정적이며, 사물을 구성하는 기본 입자도 더 이상 독립적인 실체가 아니라 양자장이라 불리는 보다 근본적인 물리적 존재로부터 우연히 생성된 것이며, 시간과 공간조차 입자처럼 양자화되어 불연속성을 띨 수 있음을 이야기하고 있다. 완전히 다른 세계관이 펼쳐지고 있는 것이다.

거시세계와 미시세계의 중간 지대에 있는 중시 세계는 어떠할까? 보통 중시 세계와 관련해서는 복잡계를 다룬다. 기후변화라든가 유체현상, 세포 혹은 기관 혹은 뇌와 같은 복잡한 생체구조물에서 일어나는 생명 현상 등이 바로 복잡계의 대표적인 현상들이다. 이러한 복잡계를 이해하려면 카오스 이론 또는 시스템이론 또는 비평형 열역학 이론 등과 같은 새로운 이론이 필요하다. 이러한 이론들은 세계를 '무엇임'이 아니라 끊임없이 '무엇으로 되어감'의 관점에서 본다. 사물의 요소나 구조보다는 과정 그 자체, 생성과 소멸의 과정에 관심이 많다.

즉 복잡계를 각기 고유한 특성을 지닌 실체들의 집합체가 아니라, 주변 환경과의 끊임없는 관계 맺기를 통해 새로운 무언가로 계속 거듭나는 생성의 과정태로 본다. 그리고 이 생성의 과정과 관련해서 두 요소들 간의 기계적인 선형적 인과관계가 아니라 다수 요소들 간의 비선형적 상관관계, 즉 다자간 상호 네트워크에 기반 한 유기적인 관계를 중시한다. 그런 연유로 이 세계에서는 '나비효과'처럼 작은 요인에 의해서도 엄청나게 큰 변화가 발생할 수 있고, 기존의 요소들로 환원하여 분석할 수 없는 창발 현상도 발생할 수 있다. 이는 고전역학은 물론 양자 이론이 보여주는 세계상과도 전혀 다른 세계의 모습을 보여준다.

여기서 한가지 질문을 던져 볼 수 있다. 각각의 세계 영역별로 그에 적합한 서로 다른 과학이론들이 있고, 이들이 함축하는 세계관 역시 각기 다른 상황에서, 무엇을 이 세계를 이해하는 가장 근본적인 세계관의 관점으로 볼 것인가이다. 우선 거시세계를 보면 우리가 직접 경험하는 세계로서 극한적 제한성을 지니고 있다. 바로 빛보다 훨씬 느리게 움직이고 크기 역시 아주 작지도 아주 크지도 않은 세계라는 점이다. 따라서 이를 다루는 고전역학 이론과 이에 내함된 실체에 바탕한 원자론적이고 기계론적인 세계관 역시 이러한 제한성을 피할 수 없다. 다음으로 양자 이론이 다루는 미시세계의 경우 우리의 경험만으로는 온전히 접근할 수 없기에, 경험(측정) 자료를 토대로 미시세계의 존재론적 모습에 대한 추론이 일어나게 된다. 이 추론 과정에서 양자 이론은 경험 세계에서는 서로 배타적이어서 동시에 존재할 수 없는 두 개의 상태(가령 슈뢰딩거 고양이에서 고양의 '삶' 상태와 '죽음' 상태)에 대해, 중첩을 통해 그 동시적 존재를 허용하고 있다. 또한 양자 이론은 거시적인 대상을 구성하는 미시적인 요소를 다루고 크기와 상관없이 원칙적으로 거시세계에도 적용 가능하다는 면에서, 고전역학보다 근본적이며 일반적이라고 말할 수 있다. 그런 면에서 양자 이론이 함축하는 세계관이 보다 근본적인 세계관이라고 말할 수 있겠다. 한편 양자 이론 가운데서도 빛만큼 빠르게 움직이거나 높은 에너지를 가진 미시 입자들을 다루는 양자장 이론이나, 빅뱅 직후의 초기 우주 혹은 중력이 강하게 작용하는 엄청난 블랙홀을 다루는 양자 중력이론의 경우 입자적 세계관에 기반한 기존의 (고전) 양자이론 보다 일반적인 상황을 포함할 뿐아니라 대상 입자의 생성적 근원을 밝혀주고 있다는 면에서 이들이 함축하는 세계관이 훨씬 일반적이고 근본적이라 할 수 있을 것이다. 한편 복잡계 이론의 경우 양자 이론과는 질적으로 다른 세계관을 보여주고 있어, 양자 이론의 세계관과 차별화할 필요가 있다.

이러한 점을 고려하여, 이 글에서는 현대 물리학 이론을 세계관의 관점에서 크게 양자 이론과 복잡계 과학으로 나누고, 양자 이론이 보여주는 세계관은 관계론적 관점에서, 그리고 복잡계 과학이 보여주는 세계관은 유기체적 관점에서 고찰해 보고자 한다. 그리고 이러한 현대 물리학이 함축하고 있는 세계관이 한국철학에 어떤 의미로 다가갈 수 있는지 원론적 수준에서 그 접점을 중심으로 살펴보고자 한다.

2. 양자 이론과 관계론적 세계관

오늘날 양자 이론은 실생활에 혁신을 가져올 만큼 엄청난 유용성을 지니고 있고 실험적으로도 완전하게 검증된 신뢰할 수 있는 이론이다. 그러나 존재 세계에 대해서는 우리의 경험 또는 고전역학이나 기존의 철학 사상으로는 이해하기 어려운 난해한 세계상을 제시하고 있다. 그래서 고전역학과 달리, 양자역학은 자연의 실재에 대해 무엇을 말하고 있는지를 이해하기가 매우 어렵다. 이는 양자 이론이 탄생하는 과정에서 더더욱 논란이 되었는데, 양자 개념이 등장하고 양자 이론이 하나의 물리 이론으로 체계적으로 확립되고 수용되는데 무려 30년이 걸린 것만 봐도 능히 짐작할 수 있다.

20세기의 저명한 양자 물리학자인 머레이 겔만(Murray Gell-Mann, 1929-2019)은 "양자역학은 우리 가운데 누구도 제대로 이해하지 못하지만 사용할 줄은 아는 무척 신비롭고 당혹스러운 학문이다."라고 말한 적이 있다. 리처드 파인만(Richard Phillips Feynman, 1918-1988)도 마찬가지로 양자역학을 이해하는 사람은 아무도 없다고 말했다. 양자이론은 매우 유용하지만 세계의 실재, 세계상에 대해 말해주는 바는 이해하기 어렵고 매우 혼란스럽다는 말이다. 오늘날 양자이론이 물리학·화학·생물학·천문학 등 현대 과학의 기초이고 컴퓨터, 레이저, 원자력과 같은 현대 기술의 유용한 토대임을 생각한다면, 이는 미스터리가 아닐 수 없다.

양자 이론이 탄생한 지 100년이 지난 지금에도 이는 풀리지 않고 있는 수수께끼와도 같다. 양자 이론이 세계의 실재에 대해 무엇을 말해주는가, 혹은 양자 이론이 그려내는 양자 세계는 진정 어떠한 모습인가? 이 의문을 놓고 다양한 해석들이 존재해왔다. 양자 이론이 다루는 미시적인 양자 세계 자체는 직접 관찰이 불가능하기에 그 세계의 존재 모습에 대해 다양한 주장들이 있어왔던 것이다. 이는 양자 세계에 대한 우리 인식의 근본적인 한계를 반영하고 있다. 양자 세계를 우리가 관측하려고 측정장치를 갖다 대는 순간 양자 세계와 측정장치 간 상호작용의 영향으로 양자 세계 자체가 변화할 뿐 아니라, 측정장치를 통해 우리가 얻게 된 관측 결과 역시 양자 세계 자체의 본래 모습을 그대로 재현한 것이라기보다는 양자 세계와 측정장치가 상호작용한 결과이기에 우리는 그 어떤 방법으로도 양자 세계의 모습을 있는 그대로 알 수 없다. 따라서 관측 결과들을 바탕으로 양자 세계의 존재 모습을 추론할 수밖에 없는 것이다. 여기서는 이와 관련한 몇 가지 중요한 시도(해석)를 살펴보고, 그러한 시도가 안고 있는 문제점을 넘어서는 최근에 등장한 가장 설득력 있는 해석으로 '관계론적 해석'을 중점적으로 살펴보겠다.

첫 번째 시도는 양자 이론 창시자들의 시도다. 흔히 코펜하겐 해석이라 불리는데, 양자 세계 자체에 대한 인식적 접근의 한계를 수용하면서 양자 이론을 양자 세계 자체의 존재 모습을 있는 그대로 그리는 이론이 아니라, 경험적으로 관측된 양자 현상을 설명하기 위한 이론으로 바라본다. 한마디로 존재론보다는 인식론적 접근에 더 관심이 있는 것이다. 그렇다고 양자 세계의 존재 모습에 대해 아무런 언급도 없는 것은 아니다.

1913년에 닐스 보어(Niels Henrik David Bohr, 1885-1962)는 원자 세계에 대해 마치 태양계처럼, 무거운 원자핵 주변을 가벼운 전자가 특정 궤도를 따라 운동하는 입자 모델을 제시하였다. 하지만 미시적인 원자 속 전자의 운동은 고전역학이 잘 설명하는 거시적인 태양계의 행성 운동과는 근본적으로 다름이 확인되면서, 이를 어떻게 설명할 것인가가 중요한 문제로 대두됐다. 이때 젊은 나이의 하이젠베르크는 위치와 속도로 물체의 운동을 설명하던 고전역학의 방식 대신, 진동수와 진폭으로 전자의 운동을 기술하는 새로운 방식을 수학적으로 제시하였다. 즉 원자핵을 돌고 있는 전자의 경우 위치와 속도 대신 기본 진동수를 본질적인 특성으로 갖고, 위치와 속도는 이로부터 간접적으로 도출되는 부차적인 성질로 본 것이다. 그런데 그렇게 도출된 위치와 속도가 고전역학에서와는 전혀 다르게 불확정성이라는 놀라운 모습을 띠고 있음이 드러났다. 즉 양자 세계에서는 물체의 위치와 속도(혹은 운동량)를 동시에 정확하게 확정할 수 없게 되는데, 이것이 바로 하이젠베르크의 불확정성 원리다. 이는 양자 세계에 속하는 물체는 위치와 속도에 상응하는 고유한 성질을 갖지 않으며, 우리가 알고 있는 물체의 정확한 위치와 속도는 양자 세계에 대한 관측으로 얻은 결과임을 함축한다. 이는 뉴턴의 고전역학이 등장한 이래로 물체의 고유한 성질이자 운동의 근간으로 그 누구도 의심치 않았던 위치와 속도 개념을 뒤흔드는 중요한 계기가 되었다. 마치 아인슈타인의 상대성 이론의 등장으로 기존에 자명했던 시간과 공간 개념이 완전히 새롭게 이해된 것처럼 말이다. 그런 면에서 불확정성 원리는 양자역학의 씨앗이라 할 수 있다.

1926년에 슈뢰딩거가 입자 대신 파동 개념을 기반으로 슈뢰딩거 방정식을 만들어 양자역학을 새롭게 공식화하자, 양자 세계를 보어와 하이젠베르크처럼 입자적 관점에서 접근하는 것과 마찬가지로 파동적 관점에서 접근하는 것이 가능해졌다. 즉 양자 세계의 물체 운동을 입자 형태로 그릴 수도 있고 파동 형태로 그릴 수도 있게 된 것이다. 그러자 양자 세계의 물체의 본질을 놓고 그것이 입자인가 파동인가라는 새로운 존재론적 문제가 불거졌다. 예를 들어 원자핵 주위를 도는 전자는 입자인가 파동인가, 빛은 입자인가 파동인가 등등. 우리의 일상 경험에서 그리고 이를 일반화한 고전역학의 세계에서 입자와 파동은 서로 배타적이다. 어떤 물체가 입자이면서 동시에 파동일 수는 없다. 그렇다면 양자 세계에서는 어떠한가? 실제로 빛을 분석해 보면, 그것은 전자기파이기도 하고 광자(photon)라는 입자이기도 하다. 이는 양자 세계에서는 입자―파동의 이중성이 실제로 가능함을 뜻하는가? 이 역시 양자역학이 등장하는 과정에서 해명되어야 할 난제 가운데 하나였다. 이에 대해 양자역학을 완성한 닐스 보어를 중심으로 한 코펜하겐 해석에서는 이중성의 존재론적 본질을 직접 언급하는 대신, 파동의 성질을 측정하면 파동에 해당하는 측정 결과를 얻으므로 물체가 파동처럼 행동하는 것이고 입자의 성질을 측정하면 입자에 해당하는 측정 결과를 얻으므로 물체가 입자처럼 행동하는 것으로 해석한다. 이것이 바로 상보성 원리다. 즉 물체의 특성은 측정을 통해서만 확정되는데, 입자성과 파동성은 이러한 측정을 조건으로 상보적인 관계에 놓여 있다는 것이다.

닐스 보어가 상보성 원리라는 새로운 원리를 등장시키면서까지 해명하지 않을 수 없었던 이 문제를 놓고, 코펜하겐 해석을 지지하던 하이젠베르크는 이를 언어의 차원에서 새롭게 조명한다. 하이젠베르크는 물질의 본질을 이해하려면 언어의 문제가 중요함을 누누이 강조하였다. 그런데 물리학의 전통적인 언어들은 모두 우리가 경험하는 세계, 측정과 관찰의 결과로 인지된 세계, 고전역학이 작동하는 세계에 속한 것들이다. 입자와 파동, 위치와 속도라는 언어 역시 그러하다. 따라서 경험 세계의 배후에 존재하는 양자 세계는, 고전역학을 따르는 경험 세계의 전통적인 언어(곧 고전 언어)로 이해하기가 쉽지 않다.

양자 세계는 파동과 입자의 세계, 위치와 속도의 세계가 아니기 때문이다. 하이젠베르크는 입자–파동의 이중성 주장(고전 세계에서는 한 물체가 입자이면서 동시에 파동일 수 없는데 양자 세계에서는 이것이 가능하다는 주장)은, 고전 언어로 양자 세계를 기술한 결과이기에 일관성의 부재와 모순에 부닥친다고 보았다. 즉 고전 언어로 양자 세계를 서술하고 이해하는 데 한계가 있음을 명확히 한 것이다. 하이젠베르크의 이러한 생각은 우리가 오랫동안 혼란스러워했던 입자–파동의 이중성 문제의 본질을 사실상 명료하게 해명했다고 말할 수 있다. 그렇다면 하이젠베르크에게 닐스 보어의 상보성 원리를 뛰어넘어, 양자 세계를 온전히 이해할 수 있는 대안이 있었는가? 고전 언어로 양자 세계를 기술할 수 없다면 양자 세계를 어떻게 이해할 것인가, 양자역학이 그려내는 관찰 혹은 측정 이전의 양자 세계의 참모습은 무엇인가? 이는 오늘날까지도 논란이 되고있는 사실상 철학의 문제, 곧 존재론 또는 세계관의 문제다.

우선 하이젠베르크는 우리가 양자 세계를 관찰과 측정을 통해 이해할 수밖에 없는 상황을 설득하기 위해, "우리가 관찰하는 대상이 자연 그 자체가 아니라 과학적인 방법에 노출된 자연의 일부라는 사실"을 강조하고 있다. 이는 과학을 통해 우리에게 알려진 자연은 인간이 인식할 수 있는 자연, 곧 '자연 그 자체'(nature in itself)가 아니라 '인간에게 알려진 자연'(nature for us)이라는 뜻이다. 이는 칸트 철학의 정수에 해당하는 주장이다. 또한 하이젠베르크는 데카르트의 물질과 정신의 이원론을 근거로, 양자 세계의 물체의 특성이 인간의 측정을 통해 명확히 확인되지만 이 과정에 인간의 주관적인 의지가 개입하지 않음을 강조하고 있다. 나아가 '달은 우리가 관찰하기 전에 본래 그 모습대로 존재한다'면서 존재의 문제를 측정과 연결시킨 코펜하겐 해석을 비판하던 아인슈타인의 주장에 대해서도, 하이젠베르크는 아인슈타인이 생각하는 실재 개념과 양자 세계의 실재 개념이 다르다고 강조한다. 이역시 '자연 그 자체'(혹은 물자체)의 실재성과 인간의 인식을 통해 확립된 자연에 대한 실재성을 구분한 칸트 철학의 영향을 받았음을 알 수 있다. 결과적으로 하이젠베르크는 양자 세계 그 자체를 그려내는 데 성공하진 못했지만, 철학과의 대화를 통해 코펜하겐 해석을 옹호하는 데 중요한 역할을 했음을 엿볼 수 있다. 오늘날 코펜하겐 해석이 양자 세계에 대한 표준적인 해석으로 자리 잡는 데에 하이젠베르크의 공이 매우 컸다.

두 번째의 시도는 아인슈타인의 일반상대성 이론 곧 중력이론과 양자 이론을 통합한 양자 중력이론으로, 빅뱅 이후 초기 우주의 모습과 중력장이 무한대인 블랙홀을 탐구하려 한 카를로 로벨리의 시도다. 그가 양자 중력이론으로 그려낸 세계는 결론부터 말하면 고정된 속성을 지닌 자립적인 실체 곧 물질 입자들로 구성되어 있지 않고, 상호작용(interaction)과 상관관계(corelation)에 바탕한 관계의 네트워크로 이루어져 있다. 물질 입자나 그것의 속성도 관계의 산물이다. 바로 관계론적 세계관을 강조하고 있다. 로벨리의 이러한 해석은 그의 양자 중력이론에 바탕하고 있는데, 양자 중력이론이 우리가 흔히 언급하는 입자를 대상으로 하는 고전 양자 이론이나 입자 자체를 더 근원적인 장의 생성물로 보는 양자장 이론보다 더 근원적이고 원시적인 양자 세계를 다루고 있다는 면에서, 보다 근원적이고 근본적인 세계관을 제시한다고 볼 수 있다. 좀 더 구체적으로 살펴보자.

양자 이론이 밝혀 주는 세계의 실재 이미지와 관련해서, 로벨리는 이를 나름대로 존재론적으로 강하게 제시한 기존의 관점을 비판한다.[2] 특히 양자 세계를 고전적인 물질 파동의 세계로 본 슈뢰딩거의 관점이나 양자 도약, 양자 중첩, 양자 얽힘의 기이한 현상을 이해하고자 양자 이론에 숨은 변수를 도입한 봄의 관점, 아니면 다세계 개념을 추가로 도입한 관점 등이 대표적이다. 물질 파동, 숨은 변수, 다세계 등이 실제로 존재한다고 본 이들 실재론적 관점은 양자 세계의 불확정성과 불연속성 그리고 확률을 피하고자, 그 대가로 실재에 대한 고전적인 이미지를 고수하거나 결코 관찰할 수 없는 요소를 세계의 실재 이미지에 추가하고 있다고 비판한다. 반면 앞의 관점과는 대척점에 서 있는 통상 표준적인 입장, 즉 양자 이론이 관찰가능한 것만 설명한다는 하이젠베르크의 독특한 생각과 양자 이론은 현상이 발생할 확률만을 예측한다는 보른의 주장, 그리고 아주 작은 규모의 양자 세계는 입자적이라는 관점에 기본적으로 공감한다. 하지만 세계의 실재에 대해 무관심하고 아무것도 말해주지 않는 이 정통 코펜하겐 해석(양자 이론을 단순히 확률 계산의 도구로 간주)과는 전혀 다르게 중첩(superposition), 관찰(관측, 측정), 얽힘(entanglement), 확률의 의미를 관계라는 실재를 통해 새롭게 재해석한다.

우선 양자 중첩은 양자 세계에서 대상은 특정한 고유상태만이 아니라 이들을 결합한 중첩 상태에도 놓일 수 있음을 뜻한다. 일반적으로 거시적인 경험 세계에서 우리는 관찰의 결과로 특정 현상 혹은 사건을 목격한다. 이 특정 현상 또는 사건은 보통 '대상이 특정한 고유상태에 있다'의 형태로 기술된다. 가령 슈뢰딩거 고양이는 '살아 있음'이

---

2) 카를로 로벨리, 『나없이는 존재하지 않는 세상』, 쌤엔 파커스, 2023, 72-83쪽.

라는 특정한 고유상태(|삶⟩) 아니면 '죽어 있음'이라는 특정한 고유상태(|죽음⟩) 가운데 하나에만 존재한다. 그런데 양자 세계에서 슈뢰딩거 고양이는 이런 고유상태들의 중첩 상태(C1|삶⟩ + C2|죽음⟩)에 존재할 수 있다. 이는 양자 세계에서 슈뢰딩거 고양이는 문자 그대로 '살아 있으면서 동시에 죽어 있는' 상태에 있음을, 즉 서로 모순되는 두 가지 상황에 동시에 존재할 수 있음을 함축한다. 좀 더 현실적인 이중 슬릿 실험[3]의 사례로 본다면, 하나의 입자는 공간상에서 여기에 있으면서 동시에 저기에 있을 수 있다. 여기나 저기 중 어느 한 곳에만 있는 것이 아니라 둘 다에 있을 수 있다. 확장하면 모든 곳에 있을 수 있다. 대상이 양자 중첩 상태에 있다는 것은 바로 대상이 바로 이런 상황에 놓여 있음을 말한다.[4] 그런데 이러한 상황은 우리의 경험 세계

---

3) 장회익, 『양자역학을 어떻게 이해할까?』, 2022, 한울, 13-20쪽.

4) 이는 양자 중첩에 대한 로벨리의 해석으로서, 존재론적으로 매우 강한 해석이라 할 수 있다.(로벨리의 해석에 대해서는 다음의 논문을 참조할 것. Rovelli, C. Relational Quantum Mechanics. *Int. J. of Theo. Phys.* 35, 1637 – 1678 (1996)) 일반적으로 대상이 양자 중첩 상태에 있다는 말은 무엇을 의미하는가, 세계의 실재 상에 대해 무엇을 말해 주는가의 문제는 바로 상태(함수)에 대한 해석의 문제로서 매우 논쟁적이지만 존재론적 측면에서 보면 중요한 문제다. 예를 들어 양자 이론의 표준해석(코펜하겐 해석)의 경우, 중첩 상태의 절대값의 제곱은 슈뢰딩거 고양이를 관찰했을 때 살아 있을 확률이 $|C_1|^2$이고 죽어 있을 확률이 $|C_2|^2$임을 말해 준다.(소위 보른의 해석규칙) 상태의 절대값의 제곱이 측정 시 현상이 발생할 확률에 대한 정보를 제공해 줄 뿐, 상태 자체가 존재론적으로 어떤 의미가 있는지에 대해 전혀 언급이 없다. 반면 장회익은 상태(함수) 자체를 대상에 대한 관찰이 일어났을 때 사건을 야기할 성향으로 본다. 가령 슈뢰딩거 고양이가 중첩 상태에 있다는 것은, 관찰이 일어났을 때 고양이가 살아 있는 (경험) 사건을 야기할 성향이 $|C_1|^2$이고 죽어 있는 (경험) 사건을 야기할 성향이 $|C_2|^2$임을 의미한다. 장회익의 해석은 상태 자체의 존재론적 의미를 부여하고 있다는 면에서 코펜하겐 해석에 비해 존재론적으로 훨씬 진전된 해석으로 볼 수 있다. 이에 비해 로벨리는 성향 수준을 넘어 모든 곳에서의 존재 가능성을 강조한다는 면에서 강한 존재론적 입장을 갖고 있다고 말할 수 있다.

언급한 세 가지 입장 모두 상태(함수)의 의미를 논하는 과정에 관찰이 중요한 요소로 참여하고 있음을 알 수 있다. 코펜하겐 해석, 장회익의 해석, 로벨리의 해석 모두 관찰

에서는 결코 관찰될 수 없다. 이는 경험 혹은 관찰 이전의 양자 세계에서 일어난다. 그런데 이러한 중첩에 놓인 대상을 우리가 관찰하게 되면, 대상은 우리가 실제로 경험하는 하나의 상태로 전환 또는 붕괴한다. 그렇다면 이를 어떻게 이해할 수 있는가? 이는 관찰과 밀접한 관련이 있다.

양자 세계에서 이처럼 매우 기이한 역할을 하는 관찰(또는 관찰자)은 진정 무엇인가? 관찰은 의식을 지닌 인간만의 특별한 것이 아니라, 자연의 과정으로서 자연법칙을 따르는 두 대상 사이의 상호작용 또는 상관관계로 볼 수 있다. 거시적인 경험 세계에 살고 있는 인간이 미시적인 양자 세계를 관찰할 때, 관찰은 의식을 지닌 인간과 밀접히 관련된 것은 분명하다. 하지만 이 우주는 인간이 존재하기 이전부터 미시적인 양자 세계에서 시작하여 복잡계를 구성하고 거시세계를 거쳐 광활한 거대 우주를 형성해 왔다. 인간 관찰자 없이도 이 세계는 두 대상 사이의 상호작용 또는 상관관계를 통해, 양자 세계를 인간이 관찰했을 때 나타난 기이한 물리적인 변화(상태 붕괴 등)를 지속해 온 것이다. 어떤 대상에 대해 다른 대상이 특정한 관계를 맺음으로써 원래 대상의 상태가 급격하게 변하는 실제적인 물리적 사건들이 반복되어 온 것이다. 따라서 양자 세계에서 흔히 논란이 되고있는 관찰은 더 이상 인간에게만 특별한 것이 아니다. 어쩌면 '관찰'이라는 인간 의존적인 개념을, 두 대상 사이의 '관계적 사건'이라는 일반적 개념으로 바꾸고 인간 의식에 의한 관찰은 이의 특수한 경우로 볼 필요가 있다. 이렇

을 매개로 상태를 (경험) 사건과 연결시키고 있다. 앞으로 논의하겠지만 관찰은 (물리적인 상호작용이든 상관관계이든) 대상과 대상 간의 관계에 다름아니다. 이는 중첩 상태의 존재론적 의미가 관계와 밀접히 연관될 수밖에 없음을 함축한다.

게 보면 세계는 대상들이 끊임없이 상호작용하는 관계적 사건들의 촘촘한 그물망이라 할 수 있다. 여기서 대상은 처음부터 고유한 속성을 지닌 자립적인 실체가 아니다.[5] 다른 대상과의 상호작용 속에서 관련 속성이 끊임없이 발생하는 관계적 존재다. 대상의 속성은 대상 안에 있는 것이 아니라 다른 대상과의 상호작용 속에서만 존재하며, 상호작용하는 대상이 달라지면 속성도 달라질 수 있는 두 대상 사이의 관계. 한마디로 이 세계는 확정된 속성을 가진 대상들의 집합이 아닌 관계의 그물망이다. 이것이 로벨리가 말하는 양자 이론이 밝혀 준 세계의 모습이다. 이제 양자 이론은 하이젠베르크의 기대와 달리 양자적 대상이 관찰을 통해 우리 인간에게 어떻게 나타나는지를 기술하는 것이 아니라, 어떤 물리적 대상이 다른 임의의 물리적 대상에게 어떻게 나타나는지, 다시 말해 두 물리적 대상이 서로에게 나타나는 방식 곧 관계를 기술한다.

양자 얽힘은 어떠한가? 양자 이론에서 양자 얽힘은 다음 경우에 나타난다. 두 입자로 구성된 전체 스핀 값이 0인 계가 있는데, 이 계가 어떤 영향을 받아 두 입자로 쪼개진 후 서로 반대 방향으로 움직이고 있다고 생각해 보자. 전체 스핀 값은 0으로 보존되므로 왼쪽으로 움직인 좌−입자의 (특정 방향) 스핀을 관찰한 값이 +1/2이면 반대 방향으로 움직인 우−입자의 (동일 방향) 스핀 값은 −1/2이 되고, 반대로 좌−입자의 (특정 방향) 스핀을 관찰한 값이 −1/2이면 우−입자의 (동일 방향) 스핀 값은 +1/2이 될 것이다. 이를 상관관계에 있는 두 계가 지

---

5) 양자장 이론에서 보았듯이 실체처럼 보이는 대상과 그것의 속성 역시도 근원적인 '장'으로부터 어떤 관계에 의해 생성된다.

닌 상관적 속성이라 한다. 이제 두 입자가 즉각적으로 서로 정보를 주고받을 수 없을 만큼 아주 먼 거리에 떨어져 있고, 좌-입자의 (x-방향) 스핀을 직접 관찰하여 -1/2의 값을 얻었다고 가정하자. 그러면 우-입자의 (x-방향) 스핀 값은 우-입자에 대한 관찰 없이도 즉각적으로 +1/2가 된다. 이러한 두 대상 간의 상관관계를 양자 얽힘이라고 한다. 이는 마치 멀리 떨어져 있는 두 연인이 텔레파시로 서로의 마음을 느끼는 것과 유사하다. 한마디로 대상들은 서로 얽혀있고, 서로 연결되어 있다.

그런데 여기에는 기이한 점이 존재한다. 앞서 보았듯이 양자 세계에서 대상의 상태는 관찰로 인해 중첩 상태에서 특정한 고유상태(특정한 관찰값을 지닌 상태)로 급격하게 변화(붕괴)한다. 얽힌 계에서 보면 좌-입자에 대한 관찰로 좌-입자의 상태가 중첩 상태(x-방향으로 스핀값 -1/2인 상태와 +1/2인 상태가 동시에 존재하는 결합 상태, $|\psi좌\rangle_{x, before}$ = $C1|+1/2\rangle_x$ + $C2|-1/2\rangle_x$)에서 특정한 고유상태(x-방향으로 스핀값 -1/2인 상태, $|\psi좌\rangle_{x, after}$ = $|-1/2\rangle_x$)로 급격하게 변화한 사건이 일어났는데, 이 사건만으로 우-입자의 상태가 실제 관찰이 없었음에도 마치 관찰이 있었던 것처럼 중첩 상태($|\psi우\rangle_{x, before}$ = $D1|+1/2\rangle_x$ + $D2|-1/2\rangle_x$)에서 특정의 고유상태(x-방향으로 스핀값 +1/2인 상태, $|\psi우\rangle_{x, after}$ = $|+1/2\rangle_x$))로 급격하게 변화하는 현상이 일어난 것이다. 이것이 어떻게 가능한가? 이를 다음의 세 가지 방식으로 설명해 볼 수 있다.

첫째, 좌-입자의 스핀에 대한 관찰 소식 및 결과가 멀리 떨어진 우-입자에게 즉각 전달됨으로써, 우-입자의 상태가 좌-입자와의 상관관계로 인해 바로 특정의 고유상태로 변화한다는 것이다. 그럴러면 좌-입자의 스핀에 대한 관찰 소식 및 결과가 아주 멀리 떨어진 우-

입자에게 엄청나게 빠른 속도로 즉각 전달되어야 한다. 하지만 이는 사실상 빛보다 빠른 정보 전달이 가능함을 인정하는 것이 되어, 어떤 정보 전달도 빛보다 빠를 수 없다는 아인슈타인의 특수상대성 이론과 충돌하게 된다. 따라서 적절한 설명으로 보기 어렵다. 둘째, 두 입자가 분리되는 순간 이미 스핀의 값은 정해져 있다고 보는 방식이다. 하지만 두 입자의 상관관계에 바탕 한 상관적인 속성이 모두 (관찰되는 순간에 무작위로 결정되는 것이 아니라) 분리되는 순간부터 이미 결정되어 있었다고 가정하면, 벨(John Bell)의 정리가 보여주듯이 관찰 결과와 명백히 모순되게 된다. 따라서 이러한 설명 또한 적절치 않다.

그렇다면 얽혀있는 두 입자가 서로 메시지를 주고받은 것도 아니고 사전에 합의한 것도 아니라면 어떻게 이런 일이 가능할까? 세 번째 설명이 이 수수께끼에 도전한다. 앞서 관찰에 대한 분석에서도 언급하였듯이 한 대상의 속성은 다른 대상과의 관계, 즉 상호작용 혹은 상관관계 속에서만 존재한다고 보는 것이다. 이를 두 대상이 얽혀있는 계 전체에 적용하면, 계 전체가 지닌 상관적 속성은 계 전체와 연결된 또 다른 제3의 대상과의 관계를 통해서 발현된 것으로 볼 수 있다. 두 대상이 상관관계에 있다는 말 자체가 이미 이를 전체적으로 바라볼 수 있는 제3의 대상의 관점에서 기술된 것이기 때문이다. 따라서 한 대상의 속성이 다른 대상과의 상호작용 또는 상관관계에 의해 발현되듯이, 두 대상이 얽혀있는 계의 속성 곧 상관적 속성 역시 제3의 다른 대상과의 상호작용 혹은 상관관계에 의해 발현된 것으로 볼 수 있다. 이렇게 보면 얽힘은 현실을 엮는 관계 자체를 외부에서 본 모습에 지나지 않는다. 즉, 그것은 대상의 속성을 현실화하는 상호작용 과정을 통해 한 대상이 다른 대상에게 나타난 것이다.

또한 양자 이론의 확률과 관련해서 이를 정보와 연결 짓고, 정보 역시 두 대상 사이의 상관관계의 산물로 볼 수 있다. 양자 이론은 대상을 관찰하지 않으면 그것이 어디에 있는지 말해주지 않다가 대상을 관찰하면 어떤 지점에 있을 확률을 말해주는데, 이는 관찰이라는 두 대상 간의 상호작용이 만들어 낸 정보의 변화다. 마치 두 개의 동전을 서로 자유로운 상태에서 동시에 던지느냐, 아니면 특정한 방식으로 묶은 다음 던지느냐에 따라 일어날 사건에 관한 정보가 달라지고 특정 사건이 일어날 확률도 달라지는데, 이는 두 개의 동전 사이의 상관관계가 달라진 결과인 것처럼 말이다.[6]

지금까지 살펴본 양자 이론에 대한 관계론적 관점의 핵심을 정리하면 다음과 같다. 대상의 모든 속성은 독립적이고 고유한 것으로 이미 정해져 있는 것이 아니라 궁극적으로 다른 대상과의 관계를 통해서만 존재한다. 양자 세계에서 제기된 새로운 문제들, 곧 양자 중첩, 양자 얽힘, 관찰, 확률의 문제들은 모두 이 관계를 토대로 일관되고 합리적으로 설명되고 이해될 수 있다. 즉 모든 것은 관계 속에 존재한다. 로벨리의 이러한 해석은 그의 양자 중력이론에 바탕하고 있는데, 양자 중력이론이 고전 양자 이론이나 양자장 이론보다 더 근원적이고 원시적인 양자 세계를 다루고 있다는 면에서, 보다 근원적이고 근본적인 세계관을 제시한다고 볼 수 있다.

---

6) 로벨리는 이런 정보의 관점에서 양자 이론을 새롭게 이해하려 한다. 하이젠베르크의 불확정성 원리는 정보의 유한성에 바탕해서 설명하고, 물리적 변수 간의 비가환성은 대상과의 새로운 상호작용이 항상 새로운 관련 정보를 주지만 동시에 기존의 관련 정보를 잃게 만든다는 관점에서 설명한다.

3. 복잡계 과학과 유기체적 세계관

"브라질에서 한 나비의 날개짓이 다음 달 텍사스에서 토네이도를 발생시킬 수도 있다." 이른바 '나비효과'라 불리는 이 가상의 현상은 기상학자 로렌츠(Edwards Lorentz)가 공기의 대류현상과 기후변화에서 기존의 물리학이 설명할 수 없는 '초기조건에의 민감한 의존성', 즉 작은 변화가 엄청난 변화를 초래할 수 있음을 단적으로 표현하고자 농담 삼아 즐겨 사용하던 말이다.[7] 흔히 무질서한 현상의 대명사로 알려져있는 유체의 운동(예를 들어 대기의 흐름, 수도꼭지에서 쏟아져 나오는 물의 운동, 뿜어진 담배 연기의 퍼짐 등등)이라든가 군집 생태학에서 다루는 특정 지역에 대한 생물체의 분포와 변화 등에서는 우리의 경험으로도 쉽게 느낄 수 있듯이 입력의 미세한 차이가 출력에서 엄청난 큰 차이로 나타난다. 이들은 결정론적인 고전 물리학의 관점에서 보면 예측 불가능한 무질서와 혼돈이겠지만, 실제 자연에는 엄연히 존재한다. 그렇다면 자연의 질서와 조화를 일차적으로 다루어 온 기존의 (고전) 물리학은 더 이상 자연현상을 완벽하게 설명할 수 없는 것일까? 자연은 더 이상 규칙성과 예측 가능성보다는 불규칙성과 무질서가 지배하는 것일까?

뉴턴역학에서 아인슈타인의 상대성이론, 양자 이론, 양자장 이론, 그리고 우주론으로 발전되어온 물리학은 변화무쌍한 자연 세계를 수학적으로 모델화하는 인간 노력의 하나다. 매우 복잡한 양상을 띠고 있는 현상계를 몇 개의 자연법칙이 지배하는 부분들의 집합체로 단순

---

7) 에드워즈 로렌츠, 『카오스의 본질』, 2006, 파라북스, part I.

화하고, 부분들에 대한 분석을 통해 전 체계에 대한 정보를 얻어내려는 것이다. 뉴턴역학에 기반하여 유체역학도 유체의 흐름을 지배하는 자연법칙을 수학적으로 모델화한 수학 방정식을 만들어 내었다. 그러나 이러한 무질서한 유체운동을 실제로 설명함에 있어서는 무력하였는데, 그것은 고전 물리학이 몇 가지 방법론적 가정에 기초하고 있었기 때문이다.

첫째, 뉴턴적인 결정론에 대한 믿음이다. 즉 어떤 계의 초기조건과 그것을 지배하는 자연법칙(흔히 미분방정식으로 표현되는 운동방정식)을 정확히 알면, 그 계의 과거 및 현재, 미래의 상태를 모두 다 '거의 정확하게' 예측할 수 있다는 것이다. 이는 자연 세계가 거대한 기계처럼 어떤 결정론적인 질서 하에서 움직이고 있음을 뜻한다.

둘째, 수렴과 근사에 대한 믿음이다. 즉 나뭇잎 하나의 떨어짐이 지구와 태양 간의 만유인력에 어떠한 영향을 끼치지 않듯이 극히 미세한 영향은 무시될 수 있으며, 또한 사물의 행동양식은 일정한 틀로 수렴하려는 경향이 존재한다는 믿음이다. 즉 자연을 질서정연한 부분들로 구성된 매우 안정된 집합체로 본다. 따라서 흔히 경험하는 불규칙한 요동이나 소음과 같은 교란들은 로렌츠의 주장과는 달리 그 효과가 매우 미약한 것으로 쉽게 간과된다.

셋째, 선형성(linearity)의 사상이다. 실제로 자연계를 모델화한 수학 방정식들은 대부분 비선형성을 띠고 있음에도 불구하고 많은 사람들은 이를 풀기가 난해하다는 이유로 근사적으로 선형적인 형태로 변형하여 풀거나, 아니면 일차적으로 비선형적인 항들(가령 실제 세계에서 피할 수 없는 마찰이나 소음과 같은 영향들)을 제거하고 푼 다음 비선형 항들을 선형적인 결과에 미세한 요동 혹은 섭동의 형태로 포함시키는 방식으로 근사적으로 푼다. 그 결과 초기조건이 약간 달라지면 그 결과도 약간 달라지는 입력과 출력 간의 비례 관계가 형성된다.

넷째, 전체에 대한 정보는 그것을 구성하는 부분들에 대한 정보로부터 획득될 수 있으며 그래서 전체는 그것을 구성하는 부분들의 산술적인 총합과 동일하다는 믿음이다. 한마디로 전체를 이해하는데 그것을 구성하는 부분에 대한 정보로 충분하다는 것이다. 가령 어떤 고체의 성질은 그것을 구성하는 원자들의 성질과 원자들 간의 결합구조로 충분히 이해된다. 이는 바로 환원론이라 부르는 과학의 전형적인 방법론이다.

결국 현대 물리학의 전 분야에서도 흔히 사용되고 있는 고전 물리학의 이와 같은 방법론적 가정하에서는 유체현상의 복잡성이 제대로 반영되지 못할 뿐 아니라 로렌츠가 주장한 '나비효과'도 근본적으로 존재할 수가 없게 된다. 또한 H_2O라는 분자 차원에서는 나타나지 않다가 물 전체를 보면 나타나는 액체 현상도 설명할 수 없게 된다. 물리학이 아닌 영역에서는 아주 흔한, 부분에서는 결코 나타나지 않던 성질들이 이들을 결합한 전체 차원에서는 나타나는 소위 창발적인 현상들(가령 뇌에서의 의식 현상)에 대해 전반적으로 설명이 어렵게 된다.

카오스 이론은 바로 나비효과와 같은 현상이 발생할 수도 있는 유체현상을 설명하기 위해, 로렌츠를 필두로 기존 물리학의 이러한 방법론적 가정들에 대한 회의에서 출발하였다. 더욱이 60년대와 70년대 스메일(Stephen Smale), 요크(James Yorke), 메이(Robert May), 만델브로트(Benoit Mandelbrot) 등으로 이어지는 수학자들의 모델화 작업과 컴퓨터의 발달은 비선형방정식을 풀 수 있는 가능성을 열어 줌으로써 카오스이론 연구에 새로운 전기를 마련했으며, 기존의 선형적인 접근방식으로는 도저히 얻을 수 없었던 자연 세계의 신비한 모습을 드러내 주었다. 다름 아닌 혼돈과 안정이 공존하는 세계, 질서와 혼돈이 함께 생성되는 세계, 즉 부분적으로 예측 불가능하지만 전체적으로 안정적인 세계를 밝혀낸 것이다. 군집 생물학에서 특정 지역에서 특정 생물체의 전체 개체수의 변화 과정을 모델화한 로버트 메이의 유명한 단순 모형을 토대로 카오스이론의 이러한 특성을 자세히 살펴보자.[8]

메이에 따르면 특정 지역에서 생물체의 개체수는 적을 때는 빠르게 증가하고 중간값일 때에는 거의 증가하지 않다가 많을 때에는 그 증가를 억제하는 요소로 인해 감소하는 생태계적 성질을 지닌다. 가령 토끼 수가 적을 때에는 토끼풀이 급속히 성장하고 토끼 수가 적정선에 이르면 토끼풀도 균형을 유지하지만, 토끼 수가 많아지면 토끼풀은 급속하게 줄어든다. 토끼풀이 줄어들면 다시 토끼 수도 줄게 되고 토끼풀은 다시 성장하는 식으로 생태계는 순환을 반복한다. 이 생태계의 모형을 단순화하여 수학적으로 표현해 보면, $X_{n+1} = rX_n(1-X_n)$의 비선형 식이 된다. 여기서 r은 매개변수로서 번식률을 나타내며, X_n은 이전 개체수, X_{n+1}은 이후 개체수를 가리킨다.[9] 이제 r값을 점차 증가시킴에 따라 개체수가 어떻게 증가하는가를 살펴보기 위한 수치 실험을 하면, 아래의 〈그림 1〉과 같은 모양이

---

8) 제임스 클라크, 『카오스-현대 과학의 대혁명』, 1993, 동문사, 77–101쪽.

9) 원래 이 식은 로지스틱 방정식이라 불리는 미분방정식 $\frac{dN}{dt} = (K-N)rN$으로 19세기에 인구 증가 모델로 제시되었는데, 오늘날 군집 생태학에서 개체수 증가 모델로 사용되고 있으며 여기서는 미분 대신 차분 방정식의 형태로 재구성하였다. 자세한 내용은 다음의 책을 참조할 것. 제임스 클라크, 『카오스-현대 과학의 대혁명』, 1993, 동문사.

나타난다.

〈그림 1〉 r 값의 연속적 변화에 따른 로지스틱 맵의 분기 곡선

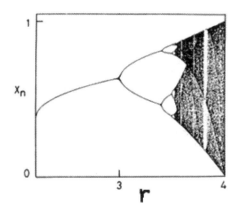

정상상태에서 출발한 개체수는 r값(그림의 가로축)이 증가함에 따라 둘로 쪼개지는 쌍갈래(bifurcation) 과정을 겪는데 이는 이 범위에서 개체수(그림의 세로 축)가 두 값 사이에서 규칙적으로 요동(주기 2의 규칙적 운동)함을 가리킨다. r값이 점점 더 커지면 쌍갈래 과정이 무수히 반복하여 나타나면서 개체수의 변화가 무질서하게 나타나는, 초기조건의 변화에 매우 민감한 혼돈 상태에 도달하게 된다.(그림의 검은 색 영역들) 그러나 놀랍게도 최초의 혼돈 다음(최초의 검은 색 영역 다음의 흰색 영역–'혼돈 중에 나타나는 질서의 창')에는 다시금 처음의 정상상태 때와 유사한 규칙적인 상태가 반복된다.(아래의 [그림 2] 참조) 그리고 이러한 과정은 r 값이 증가함에 따라 혼돈 영역과 질서 영역이 반복적으로 나타나면서 이후로 끊임없이 반복하여 나타난다.

〈그림 2〉 r 값의 특정 영역에서 쌍갈래 과정이 반복되는 모습

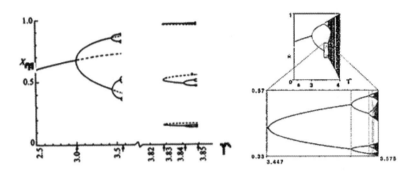

　　바로 고전 물리학에서는 상상도 할 수 없었던, 혼돈과 질서가 결정론적 모델로 부터 함께 생성된 것이다. 이뿐만이 아니다. 〈그림 2〉에서 보았듯이 그 변화의 전체 패턴은 거의 유사한 형태로 부분의 영역에서 반복해서 나타나는 자체 유사성이 존재하고 있다. 즉 영역을 아무리 작게 잡거나 크게 확대하더라도 복잡성의 정도가 일정한 쌍갈래 과정의 전체 패턴이 유사하게 반복해서 나타난다. (경제학에서의 예를 들면 하루 동안 주가 변동 패턴은 한 달간의 그것과 일 년 동안의 그것과 매우 유사한데, 이는 전체의 패턴이 부분 속에서 반복적으로 나타남을 의미한다.) 이렇게 동일한 패턴이 전체와 부분 속에서 반복되는 구조를 프랙탈 구조라 부른다. 또한 개체 수의 변화를 (r, X)의 공간이 아닌 위상 공간상에서 나타내면 그 궤도가 끊임없이 수렴해 가는 '이상한 끌개'(strange attractor)가 나타나는데, 이는 개체수의 변화가 무질서해 보이면서도 상당히 안정된 구조를 지니고 있음을 의미한다. 결국 카오스이론에서 비선형성은 불규칙성이 끊임없이 규칙적으로 반복되는, 전체적으로는 안정된 구조를 가진다. 그런 의미에서 불규칙성은 완전한 무질서가 아니라 불규칙한 패턴이 일정하게 규칙적으로 반복하여 나타난다는 의미

의 질서를 내포하고 있다고 말할 수 있다. 그렇다면 혼돈은 불안정성과 전혀 같은 의미가 아니다. 오히려 안정된 혼돈, 규칙적인 불규칙성이 중요하다.

현재 카오스이론은 복잡계를 설명하는 과학의 대표적인 이론으로 기후변화나 유체의 흐름과 같은 복잡계 현상에 주로 적용되고 있다. 즉 외부로부터 끊임없이 에너지가 유입되어 불안정적이며 예측 불가능한 것으로 보이는 열린 계들(가령 비평형 상태의 화학적 반응계, 비가역적인 생명계 등)이나 환원적인 분석 방법이 더 이상 적용되기 어려운 창발 현상을 일으키는 계(가령 뇌 등)에 매우 유용히 적용되고 있다. 한마디로 복잡계 현상들에 대해 카오스이론은 좋은 설명을 제공해 줄 것으로 기대해 볼 수 있다. 한편 카오스이론은 기존 물리학의 방법론에 대한 도전 때문에 때때로 물리학의 새로운 패러다임인 양 불려지기도 하지만, 현대물리학의 방법론이 여전히 현실 세계의 많은 분야 가령 우주론, 소립자 물리학, 핵물리학, 고체물리학, 광학, 그리고 공학 등에서 지배적 위치를 점하고 있음을 간과해서는 안 된다. 이렇게 볼 때 카오스이론은 물리학 전반에 대한 새로운 지표설정이라기보다는 기존 물리학의 한계극복이라는 상보적 의미가 아직은 강함을 강조하지 않을 수 없다.

그럼에도 불구하고 카오스이론은 다음과 같은 새로운 세계관을 함축하고 있다. 이제는 복잡계를 단순한 계들의 집합으로 인식하지 않고 복잡계 그 자체에 있는 그대로 접근하려 한다는 점이다. 달리 말해 오늘날 주류의 과학 방법론으로 정착된 환원론적 분석 방법 대신 비환원론적 접근 방법 혹은 전체론적 방법을 택하고 있다. 그리고 특정한 시각에서의 정태적인 상태보다는 계의 동적인 변화 과정을 중시한다. 다시 말해 '무엇임'이라는 고정된 존재성보다는 '무엇으로 됨'이라는 끊임없이 변화하는 과정을 강조한다. 또한 뉴턴 물리학의 결정론적 예측 가능성이나 이후 양자 이론에서 언급된 확률적 예측 가능성 모두를 부정적으로 바라본다. 예측 가능성을 정립하는 것이 과학의 핵심적인 문제가 더 이상 아니라는 것이다. 마지막으로 선형적인 사고 대신 비선형적 사고를 강조한다. 특히 이는 오늘날과 같이 모든 것이 다자간 상호 네트워크 구조로 얽혀있는 경우 매우 유용하다. 좀더 구체적으로 살펴보자.

먼저 이러한 복잡계 과학은 세계를 바라보는 인간의 기본적인 사고방식의 변화를 요청하고 있다. '부분에서 전체로', '구조에서 과정으로', 그리고 '개체에서 시스템으로' 등 인식 대상 및 사고방식에서 근본적인 변화를 강조하고 있다. 새로운 패러다임의 첫 번째 특성은 부분에서 전체로의 전환이다. 기존의 지배적 패러다임은 하나의 대상을 이해함에 있어, 대상을 그 구성 원소들로 분할하고 대상의 성질을 그 원소들의 속성이나 상호 관계들로 환원하여 이해하는 분할적 · 환원론적 방식을 중시한다. 가령 물(혹은 인간의 몸)에 대한 이해는 그것을 구성하는 물분자(혹은 세포)의 성질과 상호 관계로부터 이루어진다. 전체를 부분들로 환원이 불가능한 고유한 내재적 가치와 독자성을 지닌 하나의 독립된 존재로 이해하는 것이 아니라, 분할된 부분들의 덩어리 혹은 산술 합으로 규정하는 것이다. 그러나 한 예로 인간의 생명을 규정하는 몸의 복잡한 유기적 연관성으로부터 분리 · 이탈된 개별 세포는, 분리되기 전 몸속에 있던 그 세포가 아니다. 전체는 부분들의 기계적인 산술 합 그 이상이며, 따라서 부분을 전체로부터 분리하는 순간 오류가 발생하게 된다. 이러한 관점에서 보면 자연은 구성 부분들로부터 규정되는 것이 아니며, 오히려 부분들에게 질서를 부여한다고 할 수 있다.

새로운 패러다임의 두 번째 특성은 '구조'를 '과정'이 빚어낸 산물로 보는 것이다. 가령 생명체의 특정한 생물학적 구조는 진화 과정의 산물이다. 생명체는 끊임없이 자신을 갱신하고 환경에 적응하고 무언가를 터득하면서 그 구조를 지속적으로 새롭게 변화시켜 나간다. 이렇듯 과정은 구조(혹은 구조물)를 형성해 내는 생산적 능력이자 밑바탕으로서 연속적 창조의 의미를 지닌다. 한편 구조 곧 특정 순간에 확인된 구조(혹은 구조물)는, 바로 그 순간에 드러난 과정의 한 단면(혹은 현현)으로 볼 수 있다. 이러한 관점에서 보면 결국 자연에서 본질적인 것은 정적인 구조(혹은 구조물)가 아니라, 그 구조를 빚어내는 동적인 과정 곧 연속적인 창조의 과정이라 할 수 있다.

새로운 패러다임의 세 번째 특성은 개체 중심적 사고에서 시스템 중심적 사고로의 전환이다. 자연의 체계는 벽돌을 차곡차곡 쌓은 듯한 건물 구조라기보다는 서로가 유기적 관계로 얽혀 있는 그물망 구조의 특성을 지닌다. 곧 '생명의 그물'이라 할 만큼 인간을 포함한 모든 생명체는 유기적으로 연결돼 서로 의존하며 살고있는 것이다. 여기서 중요한 것은 개체들이 무엇인가가 아니라, 개체들이 무엇이건 그것들이 어떤 시스템을 형성하면서 조화와 균형을 이루는가이다. 즉 시스템이 개체들에 우선하며, 개체들 간의 상호 관계를 규정하고 통제하게 된다. 그리고 개체들은 이 시스템을 벗어나서는 더 이상 존재할 수 없게 된다. 이러한 관점에서 보면 인간 역시 이러한 시스템을 벗어나 독립된 개체로 존재할 수 없다. 자연이라는 거대한 시스템 안에서 인간과 그 외 다른 모든 존재자는, 둘이 아니라 상호의존적으로 연결된 일원적 존재 곧 하나의 유기체로 존재하는 셈이다.

지금까지 복잡계 과학이론이 밝혀 준 새로운 세계관적 함축은 역동적 관계를 근간으로 한다는 면에서 앞서 양자 이론이 보여준 관계론적 세계관과 공통점도 있지만 또 다른 면모를 보여준다. 부분보다는 전체를, 생성된 구조보다는 생성과정을, 그리고 개체보다는 시스템을 강조함으로써, 존재에 대한 사유 방식이나 세계관에서 근본적인 변화를 강조하고 있다. 자연은 모든 존재들이 서로 유기적 관계로 얽혀있는 그물망 안에서 생성과 소멸을 반복하는 과정 그 자체라는 점, 세계를 구성하는 개체들이 무엇이건 조화와 균형에 바탕 한 시스템이 개체들에 우선하며 이들의 상호 관계를 규정할 수 있다는 점이 특히 그러하다. 이에 따르면 자연은 미시세계에서 초거시 세계에 이르기까지 부단한 생성과 소멸의 창조적 연속으로서, 스스로 매우 역동적으로 진화하는 본유적 속성을 지니고 있다고 말할 수 있다.

4. 한국철학과의 만남을 위한 접점 찾기

서양의 근현대 과학은 그동안 서양사상의 핵심 기반이라 할 수 있는 실체론적, 원자론적, 기계론적 세계관과 이에 기반한 분석적이고 수학적인 사유 방식의 범형이라 할 만큼, 이러한 세계관과 사유 방식에 기초하고 있었다고 말할 수 있다. 특히 거시적인 경험 세계를 다룬 고전 물리학은 이의 전형적인 사례로 볼 수 있고, 현대 물리학 또한 이 연장선 상에 있었다고 볼 수 있다. 하지만 앞서 살펴보았듯이 우주의 시원 또는 근원을 다루는 양자 중력이론과 이에서 비롯된 양자 이론에 대한 관계론적 해석의 등장과, 그동안 전통적인 사유방식으로는 분석이 매우 어려워 논외로 두었던 중시 세계에 관한 복잡계 과학의 등장은 기존 물리학의 한계와 내함된 전통적 세계관에 대한 새로운 도전으로 다가오고 있다. 20세기 중반 이후 현대 물리학에 새롭게 등장한 과학이론과 이들이 함축하는 세계관은 한국철학 나아가 동양사상의 주요 내용과 연결될 수 있는 접점이 될 수 있을 것으로 본다.

상호 관계와 연결을 통해서만 세상은 존재한다는 양자 이론이 밝혀주는 관계론적 세계상은 물리 세계를 넘어 우리 인간의 삶에도 큰 울림으로 다가온다. 인간을 포함한 세계 전체를 이러한 관계의 맥락에서 이해하는 새로운 시각을 던져줄 수 있기 때문이다. 양자 세계에 대한 이러한 관계론적 관점은 자연주의 철학의 바탕 위에 있다고 할 수 있다. 인간의 의식이나 '나'라는 존재 또한 세계와 마찬가지로 어떤 실체나 속성 없이 관계와 상호작용으로 상호 연결된 네트워크의 한 부분이기 때문이다. 또한 이 세계는 인간 관찰자 없이도 두 대상 사이의 상호작용 또는 상관관계를 통해 양자 세계를 인간이 관찰했을 때 나타났던 상태 붕괴 등 기이한 물리적인 변화처럼, 사건의 발생과 소멸을 지속해 왔기 때문이다. 관찰은 더이상 인간에게만 특별한 것이 아니기에, 인간 의존성이 강하게 느껴지는 '관찰'이라는 개념을, 두 대상 사이의 '관계적 사건'이라는 일반적 개념으로 바꾸고 인간 의식에 의한 관찰은 이의 특수한 경우로 볼 필요가 있다. 이렇게 보면 세계는 대상들이 끊임없이 상호작용하는 관계적 사건들의 촘촘한 그물망이라 할 수 있다.

이런 자연주의는 초기 대승불교의 핵심 사상인 나가르주나의 공(空) 사상과 연결될 수 있다. 아무것도 실체로 그 자체로 존재하지 않는다

면 모든 것은 다른 것에 의존하고 다른 것과의 관계에서만 존재하게
되는데, 이는 독립된 실체의 존재를 부정하는 나가르주나의 공과 크
게 다르지 않아 보인다. 또한 연기 사상과도 연결될 수 있다. '이것이
있기에 저것이 있고, 이것이 일어나기에 저것이 일어난다. 이것이 없
기에 저것이 없고, 이것이 일어나지 않기에 저것이 일어나지 않는다.'
는 연기론은 어떤 것의 존재성 그 자체가 다른 것의 존재성에 조건화
곧 의존해 있고, 따라서 어떤 존재자도 다른 존재자들과의 상관관계
하에서 상대적으로 규정될 뿐, 독립적인 형태로 존재성을 지닐 수 없
음을 강조한다. 또한 모든 존재들(현상,사물,인간 뿐 아니라 마음이나 의식까
지도 포함)이 상호관계 혹은 인과율의 원리 안에서 생멸함을 강조한다.
실체들의 연결망이 아니라 사건들의 연결망이 관계론적 세계의 바탕
을 이루고 있고, 이러한 사건들이 그때그때의 상호 관계 맺기를 통해
생성과 소멸을 반복하고 있다.

　한편 복잡계 과학이론은 양자 이론이 보여준 관계론적 세계관과도
차별화된 새로운 세계관의 면모를 잘 보여준다. 서구의 근대적인 기
계론적·원자론적 자연관을 대체할 새로운 유기체적·전일적 자연관
을 보여준다. 서구의 근대적 자연관에서 자연은 서로 분할·분리되어
상호 간의 연관성이 결여된 부분들의 집합체이자, 합목적적인 질서
를 지니고 수학적 작동 원리에 의해 움직이는 기계와 같다. 지향성이
나 내재적 가치 없이 외재적인 힘에 의해 움직이는 생명 없는 질료이
며, 인간을 위한 대상으로 사물화된 소산(所産)적 존재로 간주되었다.
이는 서구 문명의 근원을 이루는 인간 중심적 자연관의 핵심적 요체
라 할 수 있다. 그러나 이는 결코 자연의 참된 본질로 보기 어렵다. 자
연은 더이상 인간을 위해 봉사하는 대상화된 객체가 아니라, 인간을

포함하여 다른 모든 존재자의 존재근거를 제공하는 근원으로서 주체적 존재다. 또한 자연은 그 안의 모든 요소가 상호 유기적으로 연결된 살아 있는 하나의 유기체이자, 부분으로 쪼개질 수 없는 전일적인 시스템이다. 인간을 포함하여 자연의 모든 존재자가 한 생명체처럼, 어떤 전일적 패턴을 지닌 거대한 질서의 부분들로서 조화와 균형의 관계를 유지하고 있다. 이 관계로부터 벗어나는 어떠한 존재자도 살아남을 수 없게 된다. 한편 자연은 미시세계에서 초거시 세계에 이르기까지 부단한 생성과 소멸의 창조적 연속으로서, 스스로 매우 역동적으로 진화하는 본유적 속성을 지니고 있다. 정리하면 자연은 유기체적 전일성, 목적론적 지향성, 주체로서의 내재적 가치성, 능산성(能産性) 등을 지니고 있다.

이러한 유기체적 세계관은 성리학의 바탕이 된 주희의 사상과 연결될 수 있다. 그에 따르면 자연과 사회를 우주의 근본 원리에 의해 하나로 통일된 유기체로 볼 수 있다. 즉 자연과 사회의 발생과 운동을 이(理)와 기(氣)의 개념에 의거하여 통합적으로 설명가능하다. 천리(天理)는 만물에 내재하는 원리로서 만물 생성의 근원이 되는 기의 운동법칙이다. 이가 만물의 존재 근거이고 동시에 이가 모든 만물 안에 내재한다는 점에서 인간과 사물의 존재가 서로 연결되어 있음을 밝혀주는 보편적 원리라고 말할 수 있다. 한편 기는 모이고 흩어지는 방식으로 우주 만물을 직접 생성하고 구성한다. 특히 자연·인간·사회는 기의 운동에 의해 서로 다른 등급을 지닌 것으로 생성되었지만, 전체로는 하나의 유기체적 질서를 구성하고 있다. 한편 유기체적 세계관은 노자의 사상, 곧 도는 존재가 아닌 생성이고 도와 만물이 유기체적 관계를 이루고 있으며 이에 바탕해서 세계는 도가 관계들을 연결하는 주축의 역할을 하는 관계의 그물망이라고 보는 자연사상과도 연결될 수 있을 것이다.

현대 과학 특히 현대 물리학은 우주의 근원과 근본에 대한 탐구에 다가갈수록, 기존의 물리학에 함축된 세계관과는 다른 새로운 세계관적 함축을 던져주고 있다. 그리고 이 새로운 세계관은 놀랍게도 한국철학 및 동양사상과 맞닿을 수 있다. 그런 연유로 양자의 연결 가능성과 그 접점을 탐구하는 것은 21세기 사상사의 하나의 변곡점이 될 것으로 기대된다.

| 추천도서 |

장회익, 『양자역학을 어떻게 이해할까?』, 한울, 2022.

카를로 로벨리, 『나없이는 존재하지 않는 세상』, 쌤앤파커스, 2023.

제임스 클라크, 『카오스−현대 과학의 대혁명』, 동문사, 1993, 77−101쪽.

아는 만큼 보이는 한국문화와 한국사상

김교빈(한국철학사상연구회)

1. 21세기는 문화의 세기

호모 사피앤스라고 불리는 현생 인류가 지구상에 모습을 드러낸 이후 수 만년 동안 끊임없이 진화해 왔지만, 근대 이후로는 그 변화 속도에 엄청난 가속이 붙기 시작하였다. 1784년 증기기관의 발명에서 시작된 1차 산업혁명이 수공업을 공장제 기계공업으로 바꾸었고, 그로부터 150년도 못되어 포드 자동차의 컨베이어 시스템으로 대표되는 2차 산업혁명이 일어났다. 그리고 다시 50년 쯤 지나 컴퓨터와 인터넷 기반의 3차 산업혁명이 시작되었고, 2016년 1월 스위스에서 열린 다보스포럼은 4차 산업혁명이 시작되었음을 알렸다. 그리고 지금의 인류는 더 빠른 속도로 '가상'이 '가상현실'을 거쳐 '현실'로 바뀌는 시대를 살고 있다.

이러한 변화는 인류에게 한편으로는 환경문제를 가져다주었고, 다른 한편으로는 문화문제를 화두로 갖게 만들었다. 지구의 온난화로 대별되는 환경문제는 세계 곳곳에서 재앙 수준의 자연 변화를 보이고 있으며, 문화는 과학기술의 발전에 힘입은 교통과 통신의 발달이 지구를 한 마을처럼 좁힌 상황에서 엄청난 부가가치를 창출하는 자원으로 주목받고 있다.

그래서 사람들은 21세기를 '문화의 세기'라고 부르고 있으며, 세계 여러 나라들은 자신들의 고유문화를 활용한 문화상품을 내세우면서 엄청난 규모의 문화전쟁을 벌이고 있다. 1년 내내 전 세계에 자동차를 팔아 얻은 수익보다 더 많은 돈을 영화 한 편이 쓸어가기도 한다. 그런 점에서 본다면 '문화의 세기'라는 표현보다 '문화전쟁의 세기'라는 표현이 더 적실할지도 모르겠다. 이러한 상황은 많은 나라들로 하여금 전 세계에 자신들의 문화를 알리기 위해 힘을 쏟게 만들고 있다. 영국문화원, 미국문화원, 일본문화원을 비롯하여 괴테를 앞세운 독일의 괴테 인스티튜트(Goethe-Institut)와 세르반테스를 앞세운 스페인의 세르반테스 문화원(Instituto Cervantes) 등이 모두 그러하다. 그리고 뒤늦었지만 새로운 강대국으로 떠오른 중국은 공자를 앞세운 공자아카데미를 전 세계 여러 나라에 중국문화를 알리는 교두보로 세웠고, 우리도 여러 나라에 한국문화원을 세웠을 뿐 아니라 2000년대 초반부터 문화체육관광부에서는 한스타일(Han Styles)이라는 이름으로 한복, 한옥, 한식, 한지, 한글, 한국 음악을 세계적인 수준으로 끌어올리는 사업을 추진해 왔다.[1] 세계 여러 나라들이 자신들의 문화를 중시하고 이를 바탕으로 정치, 경제, 사회 모든 방면으로 적극 활용해 가는 까

---

[1] 이 사업은 한브랜즈(Han Brands)라는 이름으로 시작되었고 처음에는 국학(國學)이 6항목 가운데 하나였지만, 한문으로 된 전통사상들을 세계화하는 작업이 쉽지 않다는 판단에서 한국 음악으로 대체하였고 사업의 이름 또한 한스타일(Han Styles)로 바뀌었다.

닭은 자신들의 정체성을 유지 강화하는 길이 독자적인 문화를 보존하고 확산하는 데에 달려 있다고 보기 때문이며 이를 바탕으로 엄청난 규모의 경제적 이득을 확보할 수 있기 때문이다.

그렇다면 문화가 무엇인지를 먼저 살펴보자. 동양, 특히 동아시아의 한자문화권에서 쓰이는 문화는 '이문교화(以文敎化)'에서 시작되었다. '이문교화'는 '문치교화(文治敎化) 또는 '덕치교화(德治敎化)'를 의미하며, 백성들을 무력으로 강제하는 것이 아니라 인문정신에 바탕을 둔 덕으로 가르쳐 변화시킨다는 유가 정치이념의 표현이다. 이런 생각을 가장 잘 드러낸 표현이 '무력으로 하면 복종하지 않게 되니, 문화를 고치지 않은 연후에야 토벌한다'는 문구이다.(劉向, 『說苑』「指武」) 이 말 속에는 무력에 의한 다스림을 반대하는 의미와 함께 내면의 수양을 통한 깨우침을 바탕으로 백성들의 더 나은 삶을 이루게 한다는 일종의 지향의식과 규준 같은 의미가 담겨 있다. 전통적으로 동아시아에서는 '문(文)'을 천문(天文), 지문(地文), 인문(人文)의 세 범주로 나누었고, 인문이 중심이 되어 천문과 지문을 아우른다고 보았다. 따라서 동아시아에서 쓰이는 '문화'라는 개념은 인문정신에 기반을 둔 것이다.

그렇다면 서양의 경우는 어떠한가? 서양에서 문화를 뜻하는 'culture(영/프)' 또는 'Kultur(독)'는 '돌보다', '부양하다', '경작하다'는 뜻을 지닌 라틴어 'colere'에서 시작하였다. 농업을 뜻하는 'agriculture'도 같은 어원에서 온 것으로서 라틴어 'ager(토양)'가 앞에 붙어 땅을 돌본다는 의미가 된 것이다. 이처럼 서양에서의 문화는 인간이 토양을 이용하여 무엇을 얻어낸다는 의미에서 농경사회에 그 시원이 있는 셈이다. 그리고 무력의 반대 개념으로 쓰였던 동양과 달리 인간에게 주어진 물질적 자원을 이용하고 극복한다는 의미에서 자연(Nature)과 대립하는 개념이었다. 그렇기 때문에 '자연'을 최고의 지향점으로 삼고 '자연'을 닮으려고 했던 아시아와 달리 '자연' 그대로의 상태는 원시 또는 미개라고 보고 그 원시 상태로서의 자연에 인간의 노력을 담아 완성해 낸 것이 '문화'였다. 그런 점에서 서양의 문화 개념은 자연을 이용하고 극복하기 위한 무력도 용납할 수 있었으며, 이를 바탕으로 아메리카, 오세아니아, 아시아, 아프리카를 무력으로 점령하면서도 미개 지역에 기독교 문화를 전파한다는 생각으로 정당화할 수 있었던 것이다.

그 뒤 서양의 문화는 자연을 가공한다는 생각에다 키케로(Cicero)가 인간 내면의 정신적인 노력을 덧붙이면서 그 범주가 영혼과 정신을 갈고 닦아 인간의 능력과 재능을 길러낸다는 뜻으로까지 확장해 나갔다. 그리고 헤르더(Herder)는 문화가 개인의 산물이 아니라 공동체에서만 생겨나는 개념이며 그 목적은 인간성의 완성에 있다고 보았고, 칸트도 이성적 존재의 목적 일반에 대한 유용성을 만들어내는 과정으로 보았다. 그 밖에 마르크스주의에서는 모든 산물이 노동의 결과인 것처럼 인간의 문화 발전 또한 그 관건이 인간 노동에 달려있다고 보고 노동의 발전이 곧 인간 사회 문화의 발전이라고 이해하였다.

그 결과 오늘날의 문화 개념은 야만 시기부터 문명 시기에 이르기까지 인류가 자연을 지배하고 순화시키면서 자신의 이상을 실현해 가는 과정에서 얻어낸 사상, 과학, 예술, 종교, 사회, 경제와 같은 모든 산물을 가리키는 말로 쓰이고 있다.[2] 따라서 크게 보면 '문화'는 정신

---

2) 한국사상사상연구회편, 『철학대사전』, 동녘, 1989, 411-412쪽 참조.

과 물질을 모두 아우르면서 인간이 이룩한 총체적인 삶의 결과라는 뜻으로 넓혀진 것이다.

그렇다면 오늘날 우리가 사용하는 '문화'는 어떤 의미를 담고 있을까? '문화'도 서양의 다른 개념어들과 마찬가지로 19세기 말 일본사람들이 '컬쳐(culture)'를 문화로 번역하면서 본격적으로 쓰이기 시작했다. 따라서 우리가 쓰는 문화 개념 안에는 문화 개념의 서구적 발전과정이 그대로 반영되어 있으며 아울러 인문학적 사유에 기반을 둔 동양 전통적 사고 또한 함께 담겨 있다고 볼 수 있다.

하지만 우리가 문화를 이처럼 모호하게 이해한 것은 아니다. 『대영백과전서』에서는 문화 개념을 두 가지로 나누어 정의하였다. 하나는 '총체적인 인류사회의 유산'이라는 일반적 정의이고, 다른 하나는 한 집단의 역사적 생활구조에 연원을 둔 체계로서 언어, 습관, 전통, 제도 뿐 아니라 사상과 신앙 등을 통해 집단의 성원들이 공유하고 체현해 온 '다원적이며 상대적인' 개념으로의 정의이다. 이런 구분은 뒤에서 설명할 문화에 내재하는 보편성과 특수성을 인정한 분류이며, 그 경우 전자가 보편성에 근거한 설명이라면 후자는 특수성에 근거한 설명이다.

그런 점에서 문화에는 보편성과 함께 특수성이 담겨 있다. 예를 들면, 지역으로는 동양문화와 서양문화로 나뉘고, 종교에 따라서는 기독교문화, 이슬람문화, 유교문화, 불교문화로 나뉜다. 또한 문화는 그 속에 시대를 담고 있기 때문에 크게는 전통문화와 현대문화로 나누지만, 작게는 고대문화, 중세문화, 근대문화로 구분한다. 게다가 문화는 만들고 향유하는 주체가 누구인가에 따라 상류층문화와 하류층문화로 구분되기도 하고, 노동자문화와 학생문화처럼 구체적인 집단을 가리키기도 한다. 하지만 이러한 구분들은 별개로 존재하는 것이 아니라 서로 겹쳐서 나타나며, 구체적으로는 민족이나 국가단위에서 보편성을 보이기도 한다. 그래서 우리는 중국문화, 한국문화, 일본문화, 인도문화를 나누고 그 안에서 다시 한국의 불교문화, 한국의 청소년문화 등을 말하는 것이다. 더구나 웬만한 단어 뒤에는 문화라는 말을 붙여 쓰게 되었으며, 그 범주도 '놀이문화', '교통문화', '음식문화', '주거문화', '방송문화', '청소년문화', '노인문화'처럼 다양하다.

앞에서 언급하였듯이 그런 문화가 오늘날은 부가가치가 엄청난 산업으로도 확장되었다. 더구나 우리의 경우는 2000년 무렵 드라마에서 시작된 한류가 화장품으로, 음식으로, 음악으로, 영화로, 관광으로, 의료 서비스로, 한글과 한국어로 확장되면서 K-컬쳐라는 이름으로 자리매김하였다.

2. 문화와 사상

그렇다면 문화와 사상은 어떤 관계에 있는 것일까? 문화는 앞에서 본 것처럼 물질적 가치와 정신적 가치를 포함한 인간의 사회활동 전부를 의미한다. 따라서 종교, 사상, 문학, 예술, 풍속, 법률, 정치, 경제 같은 모든 사회현상을 포괄할 정도로 광범위하다. 하지만 이처럼 복잡해 보이는 문화도 그 구조를 알고 나면 쉽게 이해할 수 있다. 중국학자 방박(龐樸)은 문화의 구조를 물질적 층면-제도적 층면-심리적 층면의 3단계로 나누어 설명하였다. 건축물이나 서적 같은 구체적인 유물들이 문화의 표층으로서 물질적 층면에 해당한다면, 정치, 법

률, 관습 같은 여러 가지 제도와 이론체계 등이 그 중간 단계인 제도
적 층면에 해당하고, 가치관념, 신앙, 도덕규범, 사유방식 등의 종교,
철학, 사상, 윤리 등이 심층인 심리적 층면에 속한다고 보았다. 식물
에 비유한다면 심층은 뿌리에 해당하고, 중층은 가지나 줄기에 해당
하며, 표층은 잎과 열매와 꽃에 해당한다.[3] 그런 점에서 철학 사상 등
은 문화의 뿌리로서 다양한 문화현상들의 원인인 동시에 다양한 문화
들을 가능케 하는 출발인 셈이다.

2001년 대한민국정부는 한국의 문화콘텐츠산업 발전을 위한 정책
을 개발하고 산업 전반을 지원하는 기구로 한국문화콘텐츠진흥원[4]을
설립하였다. 한국문화콘텐츠진흥원의 초창기 사업 중 하나가 문화원
형을 찾는 일이었다. 문화원형이란 무엇인가? 원형의 사전적 의미는
두 가지이다. 하나는 원형(元型, pattern)으로서 주물(鑄物)이나 조각물을
만들 때, 가장 기초가 되는 형(型, form)이다. 이는 언제 어디서나 똑같
은 모양의 산출물을 찍어낼 수 있는 기본 '틀'을 뜻한다. 그리고 다른
하나는 원형(元型, 原形, originality 또는 archetype)으로서 고유성과 정체성
에 초점을 맞추어 '본디 모양'이라는 뜻으로 쓰인다. '틀'이 똑 같은 모
양을 만들어 내는 것과 달리 '본디 모양'은 여러 가지 모습이 나올 수
있는 다양성의 근거이며, 동시에 다양성 안에서 하나의 공통점을 찾
을 수 있는 근거가 된다. 이런 구조를 OSMU(One Source Multi Use) 라고

---

3) 이종계 지음, 이재석 옮김, 『중국문화개론』, 동문선, 1991, 21쪽 참조.
4) 2000년에 만들어진 한국문화콘텐츠진흥원은 문화체육관광부가 설립한 문화산업지원
센터를 확대 개편한 기구였으며 2009년에 이르러 한국방송영상산업진흥원, 한국게임
산업진흥원, 문화콘텐츠센터, 한국소프트웨어진흥원 디지털콘텐츠사업단과 합쳐져 한
국콘텐츠진흥원으로 확대 개편되었다.

부르며 문화원형 논의에 해당하는 원형 개념은 당연히 후자였다. 그리고 그 문화원형을 더 천착해 들어가면 그러한 문화원형을 있게 한 사상, 종교, 윤리 등을 논의하게 되는 것이었다. 그렇다면 과연 우리 문화에서 우리 사상은 어떠한 위치에 있으며, 맡은 역할을 충분히 수행해 왔는가?

어떤 민족이든 어떤 지역이든 그 민족과 그 지역의 문화는 수준의 차이는 있더라도 그 민족, 그 지역의 사상에 뿌리를 둔 인간관, 사회관, 자연관, 세계관, 예술관 등을 반영하고 있다. 따라서 민족 또는 지역의 문화는 그 민족 그 지역의 사상과 서로 표리관계에 있다. 한국사상 초창기에 디딤돌 역할을 했던 박종홍[5]과 '마지막 신라인'이라 불릴 정도로 경주지역 문화의 발굴과 보존에 힘썼던 윤경렬[6]을 통해 전통철학의 한 축인 불교사상을 중심으로 문화와 사상의 표리관계에 주목해 보자.

불교사상에 대한 박종홍의 생각은 그의 첫 번째 노작인 『조선미술

---

5) 박종홍(1903-1976)은 한국사상 1세대에 해당하는 학자로 서울대 철학과 교수를 지냈고 퇴임 후에는 성균관대학교와 한양대학교 교수를 지냈다. 젊은 시절 퇴계에 대한 연구를 시작으로 경성제국대학 철학과에서 하이데거 연구로 석사학위를 받았고, 1959년(57세) 한국에서는 처음으로 '한국사상사' 강의를 열었다. 특히 이 무렵부터 사양사상 연구에서 한국사상에 대한 탐구로 회귀하여 1976년 서거할 때까지 이황, 이이, 정약용, 최한기 등의 유학자들과 근대시기 사상가인 최제우, 곽종석, 유길준, 이인재 등을 연구하였고, 승랑, 원측, 원효, 지눌 등의 불교사상가들을 연구하였다.

6) 윤경렬(1916-1999)은 '영원한 신라인'으로 불리는 경주지역 재야사학자이다. 젊은 시절 토용(土俑)에 매료되어 우리 문화재 탐구에 발을 들였고, 해방 이후 우리 역사와 문화가 신라인들의 뛰어난 미술 역량에 잘 드러나 있다고 보고 경주지역에 자리를 잡았다. 그 뒤 문화의 보존과 확산은 그 지역에서 태어나 자라는 어린이들의 인식에 달려있다고 생각하여 '어린이박물관학교'를 세웠고, '신라문화동인회'를 만들어 시민들을 앞세운 문화운동을 펼쳤으며 특히 경주 남산에 있는 다양한 문화유적의 가치를 알린 것으로 유명하다.

의 사적 고찰(1)』과『한국사상사 (불교사상편)』[7]에 잘 담겨 있다.『조선미술의 사적 고찰(1)』은 20세부터 21세까지 당시 최고의 지성들이 필진으로 참가하던『개벽』에 12회에 걸쳐 연재한 글로서, 불교 미술을 중심축으로 삼아 실제 답사를 토대로 한국 미술의 우수성을 잘 풀어낸 글이다. 박종홍은 한국의 불교미술이 동서양 미술을 창조적인 입장에서 종합했다고 하면서 한국 미술 속에 그리스 로마의 미술을 비롯하여 인도와 중국의 미술까지가 다 녹아있다고 보았다. 그런 입장에서 '동양미술의 특색을 귀납(歸納)한 것이 조선 미술이고 조선 미술의 특색을 연역(演繹)한 것이 동양미술'이라고 하였다.(『박종홍전집』, 권1「조선미술의 사적 고찰(1)」)

동서양의 미술이 조선 미술에 다 담겨 있다고 본 박종홍의 생각은 그 자신이 집필한『한국사상사(불교사상편)』의 생각과 표리를 이룬다. 불교의 발생과 전개과정을 보면 인도에서 발생한 불교는 동쪽으로 전해지면서 티벳불교로, 중국불교로, 한국불교로, 일본불교로 발전해 갔다. 그 가운데 한국불교는 총화(總和)불교, 원융(圓融)불교, 통(通)불교로 불리며, 또 다른 표현으로는 '합침의 불교'라고 불린다. 일찍이 최남선은『조선불교고의(朝鮮佛敎古義)』에서 "인도의 불교는 서론의 불교이고, 중국의 불교는 각론(各論)의 불교이며, 조선의 불교는 결론의 불교"라고 하였다. 그리고 박종홍의『한국사상사(불교사상편)』은 조선불교의 그러한 사상적 특징을 잘 서술하고 있다.

박종홍은 '합침의 불교'의 뿌리가 원효에 있다고 보았다. 석가모니

---

7) 이 글은 1960년 3월부터 1972년 8월까지 8회에 걸쳐『한국사상』에「한국사상사」라는 제목으로 연재한 것으로 1972년 9월 서문당에서 문고본으로 간행되었다.

가 살아계실 때에는 의문이 있으면 석가모니께 직접 여쭈면 되었지만, 석가모니가 돌아가신 뒤로는 석가모니가 하신 말씀에 의지할 수밖에 없게 되자 사람에 따라 석가모니의 말씀에 대한 해석들이 달라지면서 논쟁들이 생겼다는 것이다. 하지만 쪽빛과 남빛이 뿌리가 같고 물과 얼음이 하나이듯이 서로 다른 해석들도 다 석가모니 말씀에서 나온 것이어서 하나로 합칠 수 있다는 것이 원효의『십문화쟁론(十門和諍論)』이었고, 그러한 입장에서 원효는 『화엄경』을 받드는 화엄종, 『묘법연화경』을 받드는 법화종처럼 여러 종파로 갈라진 중국불교와 달리 모두 하나로 합칠 수 있다고 생각하였다. 그리고 이런 입장에서 서로 다른 주장들을 하나로 합친 『화엄경종요』, 『법화경종요』, 『열반경종요』처럼 '종요(宗要)'라는 표현이 붙은 17종의 경전 해설서를 지었다. 이 같은 원효의 생각은 천태종을 중심으로 교종을 합치고 다시 그 위에 선종을 합치려는 대각국사 의천(義天)과, 중국에서 돈오(頓悟)를 중시하던 남종과 점수(漸修)를 중시하던 북종으로 나뉘었던 선종을 돈오점수로 합치고 다시 그 위에 교종을 합친 보조국사 지눌(知訥)로 이어졌다. 그리고 조선에서도『삼가귀감(三家龜鑑)』을 지어 유교 불교 도교의 가르침이 다르지 않다고 한 서산대사 휴정(休靜)과 유교의 오상(五常)이 불교의 오계(五戒)와 다르지 않다는 함허대사 득통(得通)의 현정론(顯正論)으로 이어졌다. 이처럼『조선미술의 사적 고찰(1)』과『한국사상사(불교사상편)』의 서술은 사상사와 미술사가 같은 구도로 이루어져 있다는 생각을 잘 보여 준다.

이 같은 박종홍의 견해와 비슷한 관점으로 우리의 불교문화를 이해한 사람이 윤경렬이다. 윤경렬은 특히 경주 남산의 불교 유적에 주목하였다. 경주 남산은 494.6m의 고위봉이 가장 높은 봉우리일 정도로 작은 산이지만, 100여 곳의 절터와 80여구의 석불, 그리고 60여기의 석탑이 남아 있을 정도로 산 전체가 야외박물관인 곳이다.

그 가운데 먼저 바위에 새겨진 부처를 보자. 남아있는 80여구의 부처가 다 그런 것은 아니지만 삼릉계곡의 선각육존불(線刻六尊佛)을 비롯하여 여러 불상들의 윤곽이 〈그림 1〉, 〈그림 2〉, 〈그림 3〉에 보이듯이 윤곽을 흐릿하게 새긴 경우가 많다. 풍화작용으로 윤곽이 흐릿해진 것이 아니라면 이런 조각들을 어떻게 이해해야 할까? 윤경렬은 이러한 불상들에 대해 윤곽이 뚜렷하면 바위에 부처를 새긴 것이 되지만, 윤곽이 희미한 것은 바위와 부처를 나누지 않음으로써 바위 전체가 부처라는 생각이 담겨 있다고 보았다.

〈그림 1〉 선각육존불

　다음은 탑을 보자. 경주 남산 곳곳에 봉우리마다 자리를 잡은 탑들은 그림 4와 그림 5에 보이듯이 기단이 없다. 그렇다면 정말 기단이

없는 것일까? 하지만 생각을 조금만 달리하면 기단이 없는 것이 아님을 알 수 있다. 탑 아래 바위가 기단인 것이며 더 크게는 탑 아래 봉우리 전체가 기단인 것이다.

〈그림 5〉

〈그림 6〉

이런 생각을 다른 유물에 적용해 보자. 안압지라고도 불렸던 월지(月池)는 신라 왕실의 정원으로서 연회장소로 쓰였을 것으로 추정되는 인공호수이다. 이 호수의 규모는 크지 않지만 놀라운 것은 호숫가 어디에 서서 바라보아도 끝이 보이지 않는 점이다. 그렇다면 어떤 연상이 가능할까? 경주는 동해바다에서 그리 멀지 않은 곳에 자리 잡고 있다. 석굴암에 오르면 동해바다의 일출을 볼 수 있으며, 죽어서도 동해를 지키는 용이 되겠다는 문무왕의 유지를 받들어 그 무덤을 바다에 만들었다는 이야기가 전해오기도 한다. 따라서 끝이 보이지 않는 호수가 바다와 닿아있을 것이라는 상상은 불가능한 일이 아닐 것이다. 경주 남산 곳곳에 새겨진 바위와 하나가 된 부처들. 봉우리마다 서 있던 산과 하나가 된 탑들. 그리고 바다와 하나가 된 월지. 그런 생각의 바탕에 부처님의 힘을 빌어 삼국을 통일하려는 염원과 함께 한국불교의 핵심인 합침의 불교가 자리 잡고 있는 것이다.

〈그림 7〉 월지

그렇다면 전통철학의 또 다른 축인 유교와 도교에 대해서도 간단하게 살펴보자. 고려는 불교의 나라이며 도교의 나라였다. 그래서 고려에는 하늘에 제사 지내는 도관(道觀)이 많았다. 복원궁, 신격전, 태청관, 태일관, 구요당, 청계배성소 등이 모두 그러한 역할을 하는 곳이었으며 이름도 '궁(宮)'이나 '전(殿)'으로 높여졌다. 그러나 유학을 건국이념으로 삼은 조선에 들어와 도교가 비판의 대상이 되면서 소격서 하나로 통합되었고, 이름도 소격전(昭格殿)에서 한 등급 깎여 소격서(昭格署)가 되었다. 하지만 격을 낮추고 규모를 줄인 상황에서도 하늘에 대한 제사의식을 유지해 갔고 그 결과가 '천상열차분야지도(天象列次分野之圖)'라는 별자리 기록으로 남아 있다. 또한 허준이 대표 집필자를 맡아 완성해 낸『동의보감』편찬에 도교 계열 학자들이 참여하여 도교 수련의 호흡법과 오늘날의 마사지 비슷한 도인법(導引法) 등을 담아냈다.

〈그림 8〉

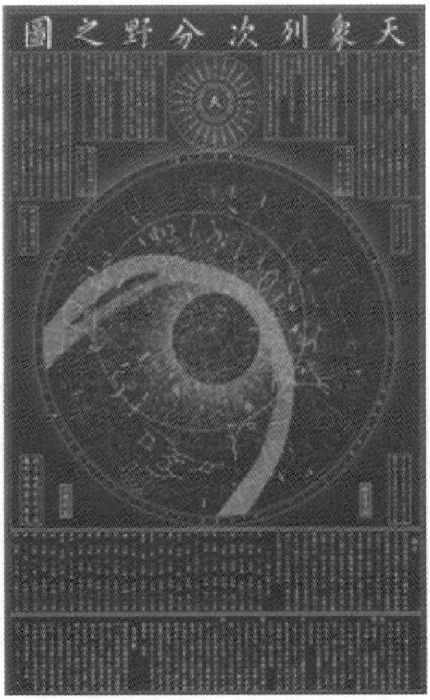

마지막으로 조선의 통치 이데올로기였던 유교에 대해서도 살펴보자. 조선은 인본주의에 토대를 둔 유교 이념으로 세워진 나라였다. 조선의 유물들 가운데 왕릉과 수원 화성, 훈민정음과 『조선왕조실록』, 『승정원일기』와 『조선왕조의궤』, 도산서원을 비롯한 서원들과 창덕궁, 종묘와 종묘제례악, 하회마을과 양동마을 등이 유네스코가 선정한 세계문화유산에 등재되어 있을 정도로 충분한 문화수준을 인정받고 있다. 이 같은 문화유산들 모두가 유교 이념이 그 밑에 깔려있는 것들이지만 조금 더 구체적으로 유교 사상과 문화유산들을 연관지어 살펴보자.

조선은 건국 초기부터 유교 이념을 토대로 서울을 건설하였으며, 조선의 궁궐 다섯 곳 모두 정문에 자신들의 목표를 각인해 넣었다. 경복궁의 정문은 광화문(光化門), 창덕궁의 정문은 돈화문(敦化門), 경운궁(덕수궁)의 정문은 인화문(仁化門), 경희궁의 정문은 흥화문(興化門), 창경궁의 정문은 홍화문(弘化門)으로 정문 마다 들어 있는 '화(化)'는 조선의 만백성을 유교의 도덕이념으로 교화시키겠다는 목표를 잘 드러내고 있다. 또한 사대문도 흥인지문(興仁之門), 돈의문(敦義門), 숭례문(崇禮門), 숙정문(肅靖門 : 명목상의 북대문이며 오행으로 따지면 지(智)에 해당한다)에 유교의 대표 덕목인 인의예지를 넣어 이름을 지었고, 가운데 보신각(普信閣)을 둠으로써 인의예지신의 오상(五常)을 완성하였다.

더구나 조선은 뛰어난 기록의 나라였다. 어느 고을에서든 살인사건이 생기면 그 고을 수령이 먼저 조사를 한 다음 이웃 고을 수령이 다시 조사를 했다. 두 번의 조사가 합리적이면 사건이 종결되지만 의혹이 남으면 중앙에서 암행어사를 보내기도 했다. 이러한 과정은 희생자가 노비여도 마찬가지였고, 그렇게 조사한 것들을 그림까지 그려가며 꼼꼼하게 기록하여 검안(檢案 : 시신을 검사한 서류)이라는 문서로 남겼다. 그 검안들에 담긴 이야기들이 오늘날 TV 드라마의 소재로 되살아나기도 한다. 다른 경우를 보자. 문종이 세자이던 시절 세자비가 궁녀들과 동성애로 적발된 적이 있었다. 당시 세종은 이들을 '돌봄이 필요한 불쌍한 사람들'로 보고 형벌을 내리기보다는 궁녀들은 궁에서 쫓아내고 세자비는 서인으로 낮추어 궁에서 내보내는 것으로 마무리지었다. 또 다른 경우로는 일본에서 조선에 코끼리를 보내준 일이 있었다. 여러 지역들이 돌아가며 코끼리를 돌봤는데 먹는 양이 엄청나서 관리를 맡은 지방마다 곤욕을 치뤘다. 그러던 중 코끼리가 사람을 밟아 죽이는 사건이 일어나자 코끼리를 유배 보냈다가 나중에는 외딴섬에 풀어주고 그 곳에서 일생을 마치게 하였다. 앞에서 본 검안, 세자비의 동성애, 그리고 코끼리까지를 하나로 꿰는 밑바닥에는 사람을 중시하고 더 나아가 모든 존재들의 생명을 중히 여기는 유교 사상이 담겨 있다.

3. 무엇을 한국문화와 한국사상이라 할 것인가

그렇다면 우리는 무엇을 한국사상이라고 해야 하는가? 한국사상이란 우리 민족이 오랜 시간 동안 몸담고 살아온 자연적 조건과 다양한 사회적 상황 속에서의 체험들을 추상화하고 체계화한 것이다. 그 과정에서 우리 민족 나름의 독자적인 사유체계를 만들어 내기도 하고 외래 사상을 받아들여 우리 민족의 특징이 담긴 독자적인 사상으로 변화 발전시키기도 하였다. 이 같은 과정을 거치면서 민족 범주의 보편적 공감대를 구성해 내고 궁극적으로는 다른 민족과 구분되는 독자적인 사유체계를 이루어 온 것이다. 그리고 그러한 사유체계를 바탕으로 우리민족 특유의 문화를 만들어 왔다.

하지만 그런 사유체계가 민족의 보편적인 사유체계가 되고 그 위에서 한국적인 문화를 꽃피워 내기 위해서는, 몇 가지 요소를 갖추어야 한다. 첫째는 그 속에 한국적인 특징이 담겨 있어야 한다. 한국적인 특징이란 다른 나라의 사상에서는 찾아 볼 수 없는 우리만의 독특한 징표이다. 그렇기 때문에 똑같은 사상을 받아들이더라도 받아들이는 과정이 달라질 수밖에 없으며, 받아들인 이후의 발전 또한 우리만의 사회적, 역사적 경험을 토대로 인도불교 · 중국불교 · 일본불교와는 다른 한국불교로, 또는 중국유교 · 일본유교와는 다른 한국유교로 자리매김 할 수 있는 것이다. 중국으로부터 불교를 받아들였어도 토착화를 통해 중국과는 다른 불교를 만들어 내고, 주희의 사상을 계승했음에도 중국 성리학과 다른 한국의 유교를 만들어 낼 수 있었던 까닭은 그 사상들 속에 한국적인 사유 요소가 녹아 있기 때문이다.

둘째는 한국적인 특징을 충족시키기 위해서는 한국인다운 삶에 기초해야 한다. 이 땅의 지식인들에게 아무리 널리 퍼져있는 뛰어난 사상이라 해도 이 땅의 삶과 관계가 없다면 결코 한국의 사상이 될 수는 없을 것이다. 그 사상이 뛰어난 중국사상이라면 여전히 우리가 아는 중국사상들 가운데 하나일 뿐이며, 독일사상이라면 마찬가지로 독일의 다양한 사상 가운데 하나일 뿐이다. 그러한 사상이 우리 사회의 주요 문제를 제대로 분석해 내고 그러한 분석을 토대로 적극적으로 우리의 삶을 개선시키기 위한 도구로 쓰일 때 비로소 우리 사상이 될 수있는 것이다. 다시 말하면, 우리 사회의 문제를 인식하는 도구인 동시에 그 모순을 해결하기 위한 대안이 될 수 있을 때 우리의 사상으로 기능하게 되는 것이다. 지난 시절 유교 불교 도교 같은 전통사상들이 걸어온 길도 이런 과정이었으며, 기독교나 서양 사상들이 걸어야 할 길도 이러한 과정일 것이다.

셋째는 과거의 경험을 통해 이미 우리 것이 된 사상이든 오늘날 우리가 새롭게 받아들인 외래사상이든 현 시점에서나 앞으로나 지속적인 우리 사상으로 남기 위해서는 민족의 삶에 발전적으로 작용해야만 한다. 예를 들어, 과거 우리 사상의 한 부분이었던 전통사상도 오늘 우리의 삶과 무관하다면 더 이상 우리 사상이 될 수는 없다. 그 경우 과거 역사 속에서 전통사상이 해 왔던 역할이나 사상사적 기능이 부정되는 것은 아니다. 하지만 오늘 우리의 삶과 무관하다면 그러한 사상의 역할이 오늘 우리의 삶을 개선하기보다는 오히려 사회발전을 가로막는 역기능으로 작용하기 때문에, 과거의 긍정적 역할이 오늘의 역할로 아무런 제약 없이 이어지는 것은 아니라는 사실이다.

그렇다면 외래사상들은 어떠한 과정을 거쳐 우리 사상의 범주에 들어오게 되는 것일까? 어떠한 경우든 어떠한 사상이든 일방적으로 주입되어서는 안 된다. 주입된 사상의 경우 주입시키는 쪽은 주체가 될 수 있지만 주입당하는 쪽은 주체가 될 수 없기 때문이다. 그러므로 모든 사상은 반드시 주체적 입장에서 섭취, 수용되어야 한다. 사상의 생명은 모방이 아닌 창조에 있다. 물론 긴 역사에서 볼 때 강제적으로 주입된 사상도 있었고 모방으로 그친 경우도 있었다. 일제 강점하의 상황이 바로 그러한 예이다. 그러나 이러한 경우는 주입을 가능하게 했던 외적 조건이 없어지면 바로 생명력을 잃고 만다. 그것은 우리사상의 사상사적 맥락에서 본다면 전통으로 남는 것이 아니라 유행으로 끝나는 것이기 때문이다.

　어느 민족이나 민족의 존립 근거는 주체성이다. 주체성이 없는 민족은 이미 생명력을 잃은 민족이므로 자신의 고유문화를 유지 발전시킬 수도 없을 뿐더러, 다른 민족의 문화에 쉽게 동화될 수밖에 없다. 따라서 주체성이란 민족 내부의 동질성을 보장하는 토대인 동시에 다른 민족과의 차별성을 드러내는 근거가 된다. 오늘날은 자본주의의 전 지구적 확대와 더불어 세계화와 국제화가 강조되고 있다. 따라서 민족 또는 국가 간의 협력과 조화가 더 중요해 보이기도 한다. 하지만 아무리 인류의 보편성이 중요해도 민족 주체성에 기반 한 특수성을 전제하지 않는다면, 강대국의 이익만을 보장하는 거짓 논리에 지나지 않는다.

　그 같은 민족 주체성은 어디에서 오는가. 민족 주체성을 구성하는 요소는 매우 다양하다. 민족이 함께 쓰는 고유 언어와 관습, 오랜 역사적 경험들과 동일한 사회체제 등이 모두 여기에 해당한다. 하지만 그 가운데서도 가장 중요한 것이 민족의 고유문화와 사상이다. 특히 문화의 뿌리를 이루는 민족 고유의 종교나 사상은 그 민족만의 보편적인 사유체계와 세계관을 제공한다. 그 속에서 민족 나름의 인간을 보는 눈, 자연을 보는 눈, 사회를 보는 눈이 나오는 것이며, 민족의 문화는 그러한 사상을 구체적으로 담아낸 삶의 다양한 양식이다. 그렇기 때문에 자신의 고유한 사유체계와 문화를 유지 발전시키지 못하는 민족은 더 이상 민족으로서의 존립 근거를 잃게 되는 것이다.

　그렇다면 우리 문화의 뿌리가 되는 고유 사상은 무엇일까? 일찍이 일본의 식민학자들은 한국에는 고유사상이 없다고 하였다. 이러한 식민학자들 가운데 가장 대표적인 인물은 대한제국 관립 한성중학교 선생으로 왔다가 경성제국대학 교수가 된 다카하시 도루(高橋亨)이다. 다카하시 도루는 자신의 식민사관을 잘 드러낸 대표 논문 「이조 유학사에 있어서 주리주기파의 발달」에서 한국사상의 특징을 세 가지로 설명하였다. 첫째는 신라와 고려 시기에는 불교에만 매달리고 조선에 들어와서는 주자학에만 매달린 것처럼 한 가지에만 집착하는 사상적 고착성이며, 둘째는 이황과 이이를 중심으로 한 사단칠정논쟁처럼 독창성 없이 중국사상을 그대로 답습하는 종속성이고, 셋째는 퇴계의 주리론을 토대로 한 영남학파와 율곡의 주기론을 토대로 한 기호학파로 나뉘어 당쟁을 했고 그 결과 조선의 멸망으로 이어진 분열성이라고 하였다. 유교 · 불교 · 도교 모두 중국에서 들어온 것이라는 점에서 고유사상 없이 외래사상에만 매달려 왔다는 그의 견해는 같은 사상이라도 한국, 중국, 일본의 지역적 특성에 따른 발전을 무시한 주장으로서 자신들의 조선 지배를 합리화시키기 위한 억지에 불과하다.

그 뒤 이 같은 식민사관을 극복하려는 새로운 주장들이 나왔다. 첫째는 유교 · 불교 · 도교 같은 외래사상을 제외한 단군 신화와 무속신앙, 그리고 화랑도만을 우리 고유사상으로 보자는 견해이다. 그리고 둘째는 오랜 세월 역사적 경험을 거치면서 우리 사상의 범주에 들어온 것이라면 유교 · 불교 · 도교처럼 밖에서 들어 온 사상이라도 우리 고유사상으로 보자는 견해이다. 셋째는 동양과 서양, 한국 · 중국 · 일본으로 나누기보다는 보편적 관점에서 한국 사람이 한국에서 한국말로 다루는 것은 모두 한국사상으로 보자는 견해도 있다. 하지만 첫째 견해는 부족한 고대 자료를 상상으로 부풀림으로써 편협한 국수주의에 빠지기 쉬우며, 셋째 견해 또한 구체적인 삶의 경험과 사유체계의 차이를 무시한 뿌리 없는 보편론이 되기 쉽다.

4. 한국인, 한국문화, 한국사상

　한국 문화와 한국사상이 한국 사람들에게 주는 의미는 무엇일까? 물론 한국 사람만 한국문화와 한국사상을 배우고 연구하는 것은 아니다. 다른 나라 사람들도 얼마든지 한국문화와 한국사상을 배우거나 연구할 수 있다. 이것은 우리들이 다양한 여러 나라의 사상과 문화를 연구하거나 배우는 것과 같다. 그렇다면 한국 사람이 한국문화와 사상을 연구하는 것과 외국 사람이 한국문화와 사상을 연구하는 것은 무엇이 다른가? 외국 사람이 한국문화와 사상을 연구할 때는 그 목적이 한국문화나 한국사상을 발전시키려는 데 있지 않다. 이것은 한국 사람이 외국 문화나 사상을 아무리 열심히 연구하더라도 궁극적으로 연구의 목적이 그 나라의 문화나 사상의 발전에 이바지하려는 것이 아닌 것과 같다. 문학의 경우를 예로 들면, 우리가 어떤 외국 문학을 공부하더라도 그 목적이 그 나라의 문학을 발전시키려는 데 있는 것이 아니다. 그 문학이 지닌 다양하고 풍부한 성과를 배움으로써, 좁게는 그 나라의 문학과 문화를 이해하고 나아가 그러한 성과를 바탕으로 우리 문학이나 문화 발전에 도움을 얻으려는 것이다.

　마찬가지로 다른 나라 사람이 한국문화나 사상을 탐구하는 까닭도 한국 문화와 사상의 핵심을 이해함으로써 한국인의 사유구조와 의식을 알려는 것이며, 궁극적으로는 자기 나라의 이익에 보탬이 되게 하려는 것이다. 따라서 그 경우는 아무리 좋게 평가하더라도 수단으로서의 연구를 벗어날 수 없다. 물론 한국사상과 외국사상 사이에 보편성도 있을 수 있다. 하지만 그러한 탐구의 궁극 목적이 자기 나라 사상이나 문화와 남의 나라 사상이나 문화 속에 들어 있는 보편성을 확인하기 위한 것은 아니다.

그렇다면 한국 사람이 한국사상이나 한국문화를 탐구하는 의미는 어디에 있을까? 우리에게는 우리 사상이나 우리 문화에 대한 탐구가 수단이 될 수 없다. 우리는 우리 사상을 탐구하여 한국 문화와 사상의 본 모습을 찾아내고, 외국의 사상가들이 자기들의 사상을 탐구한 결과를 가져다가 우리 사상을 풍부하게 만들며, 우리의 사상 가운데 재현이 가능한 것을 오늘 우리 사회의 발전을 위해 새롭게 재구성해 내기도 한다. 그러므로 한국 사람에게 한국 사상 탐구의 의미는 수단이 아니라 목적인 것이다. 이처럼 한국 사상을 주체적으로 탐구할 수 있는 사람은 한국 사람밖에 없다. 그래서 한국 사람의 한국 사상 탐구는 바로 우리 스스로를 우리 눈으로 보는 것이며 우리의 삶을 주체적으로 변화 발전시키려는 노력이다. 이 같은 관점에서 볼 때 전통사상 연구자든 서양사상 연구자든 그 목적은 우리 사상을 발전시킨다는 근본 목표에서 서로 만날 수 있을 것이다. 이런 점에서 영문학자인 백낙청 교수가 민족문학 발전에 대한 공로를 인정받아 민족주의자인 심산 김창숙을 기념하는 상을 수상한 것은 의미가 깊다고 하겠다.[8]

한국사상과 한국문화는 오랜 역사를 지니고 있다. 숱한 과거의 흐름이 고대부터 오늘까지 이어지고 있으며, 오늘의 사상이나 문화도 새로운 미래로 이어질 것이다. 사실 어떠한 경우든 과거에 뿌리를 두지 않은 현재는 없으며 어떠한 현실도 고정된 상태로 있는 것이 아니다. 현실은 언제나 과거의 전통 위에 서 있으며, 지금 현실도 머지않아 새로운 현실에 대해 전통으로 작용하게 될 것이다. 물론 전통사상

---

8) 백낙청, 「제2회 心山賞을 받으며」, 『분단체제 변혁의 공부길』 창비, 2021년.

이나 문화 가운데에는 버려야 할 것도 많다. 그러나 동시에 계승해야 할 것도 있다. 그러므로 언제나 비판적 태도와 함께 열린 마음으로 우리의 사상과 문화를 보아야 할 것이다.

오늘을 사는 우리들 가운데에는 전통사상이나 문화의 중요성을 강조하는 사람들이 많다. 그들이 전통사상이나 문화를 강조하는 까닭은 전통에 대한 애정 때문이기도 하지만 한편으로는 외래문화가 범람하는 현실에서 새롭게 우리 모습을 되돌아보려는 뜻이 들어있다. 이 경우에 속하는 사람들은 좋은 의미에서는 주체의식이나 민족의식이 강한 사람들일 수도 있으며, 나쁜 의미에서는 전근대적 사고방식을 가진 보수주의자들일 수도 있다.

어떤 사람들은 전통사상이나 문화를 전면 거부하기도 한다. 그들은 전통사상이나 문화를 지키려는 것은 시대착오적인 생각이며 전통사상이나 문화를 부정하지 않고는 미래가 밝지 못하다고 본다. 그들을 긍정적으로 평가한다면 현대적 사고를 가진 미래지향적인 사람들이라 할 수 있지만, 부정적인 측면에서는 외래문화 의존적이고 민족의식이 약하다고 볼 수도 있다.

전통과 현대를 절충하려는 사람들도 있다. 이들은 전통사상이나 문화 가운데 부정적인 요소를 버리고 긍정적인 점만을 계승하려 하며, 아울러 외래문화 가운데서도 우리에게 도움이 될 만한 것만을 받아들이자고 한다. 하지만 그들 가운데에는 중심축을 전통에 놓는 경우도 있고 외래문화에 놓는 경우도 있다. 이러한 주장을 긍정적인 면에서 보면 비판적인 입장을 지닌 합리적인 사람들이라고 평가할 수도 있지만, 부정적인 측면에서는 기회주의적이라고 비판할 수도 있다. 하지만 이러한 평가가 도식적으로 적용되어서는 안 된다. 중요한 것은 주체적인 입장을 견지하면서도 열린 마음으로 우리의 사상과 문화를 바라보아야 하는 일이다. 이런 자세만이 우리 문화와 사상을 바람직한 길로 이끌 수 있을 것이다

| 추천도서 |

경주시, 『경주남산고적순례』, 경주시, 1979.

박종홍, 『한국사상사 (불교사상편)』, 서문당, 1972.

국립경주문화재연구소, 『경주남산 1, 2』, 문화재연구소, 2005.

홍순석 외, 『한국문화와 콘텐츠』, 한국문화사, 2016.

김문식 외, 『유학, 시대와 통하다』, 자음과모음, 2012.

인명(가나다순)

ㄱ

가섭 18, 202

강영안 62, 96

강정일당 353, 359-360

갤만(M. Gell-Mann) 374

견훤 206

결언 212, 213

경문왕 18, 212, 215

경허 21, 160, 296, 298, 303-308, 328

고변 200

고봉 → 기대승

고종(조선) 300

고려 공민왕 219, 228, 221, 234, 227

골드맨(A. Goldman) 35

공자 90, 112, 113, 116, 117, 179, 189, 286, 314, 340, 352, 403

구마라집(鳩摩羅什, Kumārajīva) 136, 141

궁예 206

궈모러(郭沫若) 92, 94

권근 183, 219, 225, 235, 233-234

권부 218

권상하 184

권한공 219

규기 141

균여 212-213

그레이엄(A.C. Graham) 114

기대승 127, 256

기성쾌선 165

길장 139, 144, 137, 138

길재 225, 238

길희성 66

김경신 195

김구용 219, 221, 228

김군수 156

김시습 181

김양 198

김영 275

김영돈 219-220

김옥균 163

김일부 344

김재인 85, 87-88

김정희 314

김주원 195, 198

김창숙 424

김헌창 198

김혜숙 41, 62

김홍지 300

꾸안펑(關鋒) 93

ㄴ

난교 199

난랑 212

네이(A. Ney) 53

노자 17, 31, 37, 38, 90, 144, 170, 175, 183, 184, 185, 189, 399

뉴턴(I. Newton) 42-43, 51, 369, 370-371, 376, 387-388, 394

니시 아마네(西 周) 86-88

니이담(J. Needham) 121-122

니체(F. Nietzsche) 190, 248

김교빈

한국철학사상연구회 이사장. 1953년 서울에서 태어나 성균관대학교 동양철학과에서 철학박사 학위를 받았다. 호서대학교에서 34년 동안 전통철학과 문화를 가르쳤고, 한국철학사상연구회 회장, 인문콘텐츠학회회장 한국철학회 회장 등을 지냈으며, 학술단체협의회 상임대표, 재단법인 민족의학연구원 원장을 역임하였다. 뉴욕주립대학교와 국립비엔나대학교 방문교수를 지냈고 현재는 한국철학사상연구회 이사장을 맡고 있다. 『동양철학에세이』, 『한국철학에세이』, 『동양철학과 한의학』 등의 저서와 『중국고대철학의 세계』, 『중국의학과 철학』, 『기의 철학』 등의 역서가 있다.

김선희

이화여자대학교 철학과 교수. 이화여자대학교를 졸업하고 동 대학원에서 석박사학위를 받았다. 주로 동서비교철학과 한국철학의 주제들을 연구하면서 다양한 범위와 주제로 연구 영역을 확장하고 있다. 『마테오 리치와 주희 그리고 정약용』, 『서학, 조선 유학이 만난 낯선 거울』, 『숙종 시대 문명의 도전과 지식의 전환』, 등의 연구서를 썼고 『8개의 철학지도』, 『나를 공부할 시간』 같은 교양서를 썼다.

김시천

숭실대 베어드교양대학 교수. 숭실대학교 철학과를 졸업하고, 《노자의 양생론적 해석과 의리론적 해석》으로 철학박사 학위를 취득하였다. 호서대, 인제대, 경희대 학술연구교수, 상지대 FIND칼리지학부 교수를 거쳤다. 주로 동아시아의 도가 전통, 한의철학, 동양고전을 매개로 하는 현대 한국철학에 주로 관심을 갖고 연구하고 있다. 지은 책으로 『철학에서 이야기로』, 『이기주의를 위한 변명』, 『무하유지향에서 들려오는 메아리, 장자』, 『노자의 칼 장자의 방패』, 『논어 학자들의 수다, 사람을 읽다』, 『똥에도 도가 있다고?: 동양철학』 등이 있고, 함께 옮긴 책으로 『펑유란 자서전』, 『마이클 샌델, 중국을 만나다』 등이 있다. 또한 한의학의 철학을 탐색한 『상상력의 과학은 가능한가』,

새로운 장자연구를 시도한 『장자, 강호의 철학』, 21세기 한국철학의 길을 예기하는 『K-철학, 어떻게 할 것인가?』를 펴내는 작업에 주력하고 있다.

도현철

연세대학교 사학과 교수. 연세대학교 사학과를 졸업하고 같은 대학교 대학원에서 수학하였다. 연세대 국학연구원장과 한국사상사학회, 역사학회 회장을 역임하였다. 고려 후기와 조선 초기의 정치사상을 주로 연구하고 있다. 『고려말 사대부의 정치사상연구』(일조각, 1999), 『목은 이색의 정치사상연구』(혜안, 2011), 『조선전기사상사』(태학사, 2013), 『이곡의 개혁론과 유교 문명론』(지식산업사, 2021) 등 한국 중세 사상사 관련 논저가 다수 있다.

박소정

성균관대학교 유학·동양·한국철학과 교수. 연세대학교 철학과에서 학사, 석사 및 박사학위를 받았다. 건국대학교, 싱가폴 국립대학(National University of Singapore), 난양이공대학(Nanyang Technological University)에서 한국어, 중국어, 영어로 유·불·도 사상과 동서비교철학, 음악 철학 등을 가르치고 저술 활동을 해왔다. 성균관대학교 한국철학문화연구소 산하에 2021년 7월 한국철학의 세계화를 위한 K학술확산연구센터를 설립하여 새로운 관점에서 한국철학을 바라보고 이를 교육에 적용한 글로벌 온라인 교육 콘텐츠를 제작하고 있다. 'Introduction to Korean Philosophy and Culture', 'In Search for the Origins of Korean Philosophy' 및 'Korean Music', 'A Philosophical Exploration' 등을 통해 수만 명의 글로벌 학습자에게 한국철학을 알리고 있다.

심재룡

전 서울대학교 철학과 교수. 서울대학교 철학과를 졸업하고, 미국 하와이대학교 철학과에서 석사 및 박사학위를 받았다. 2004년 서울대학교 철학과 교수로 재직 중 작고하였다. 저서로 『한국의 전통사상』, 『한국에서 철학하는 자세들』, 『동양의 지혜와 선』, 『중국 불교 철학사』, 『부처님이 올 수 없는 땅』, 『삶이여 번뇌의 바다여』 등이 있고, 역서로 『아홉 마당으로 풀어쓴 선』, 『연꽃

속의 보석이여: 티베트 불교 길잡이』, 『있는 그대로의 자유』, 『유배된 자유: 달라이 라마 자서전』, 『티베트 성자와 보낸 3일』 등이 있다.

이은선

세종대학교 교육학과 명예교수. 종교[聖]와 정치[性], 교육[誠]을 함께 엮어서 '믿음[信]을 위한 통합학문[信學]'의 가능성을 탐색하고 있다. 이화여자대학교, 스위스 바젤대, 성균관대에서 공부했으며, 세종대학교 교육학과 교수로 명퇴 후 한국信연구소(Institute of Korean Feminist Integral Studies for Faith)를 열었다. 한국 사회에 '사유하는 집사람'이 많아지길 기대하며 동서, 여남, 유교와 기독교 문명의 통섭을 추구한다. 지은 책으로 『생물권 정치학 시대에서의 정치와 교육』(2014), 『다른 유교 다른 기독교』(2016), 『통합학문으로서의 한국교육철학』(2018), 『동북아평화와 聖·性·誠의 여성신학』(2020), 『한국페미니스트신학자의 유교읽기—神學에서 信學으로』(2023), 『개벽사상과 종교공부』(2024, 공저) 등 다수가 있다. 한국여성신학회, 한국아렌트학회 회장을 역임했고, 한국유교학회, 한국양명학회 부회장으로 함께했다.

이중원

서울시립대학교 철학과 교수. 서울대학교 물리학과에서 학사 및 석사 학위를 취득하고 동대학원 과학사 및 과학철학 협동과정에서 과학철학으로 이학박사 학위를 받았다. 한국과학철학회 회장, 한국철학회 회장을 역임하였다. 주요 관심 분야는 현대 물리학인 양자이론과 상대성 이론의 철학, 기술의 철학, 현대 첨단기술의 윤리적·법적·사회적 쟁점 관련 문제들이다. 저서로 『인문학으로 과학 읽기』, 『필로테크놀로지를 말한다』, 『양자, 정보, 생명』, 『정보혁명』, 『인공지능의 존재론』, 『인공지능의 윤리학』, 『인공지능 시대의 인간학』 등의 공저가 있다. 그 외에 다수의 논문과 함께 〈문화일보〉, 〈교수신문〉, 〈동아일보〉, 〈한겨레〉, 〈경향신문〉, 〈세계일보〉 등에 과학과 인문학에 관한 컬럼 글을 게재하였고, 세바시, YTN, EBS TV 방송 등 미디어에도 출연하였다. 이메일: jwlee@uos.ac.kr

이한구

경희대학교 석좌교수, 성균관대 명예교수, 대한민국 학술원 회원. 저서로는 『역사학의 철학』, 『역사주의와 반역사주의』, 『역사와 철학의 만남』, *The Objectivity of Historical Knowledge,* 『문명의 융합』 등이 있고, 대한민국 학술원상, 3. 1 문화상, 수당상 등을 수상했다.

장일규

사단법인 가산불교문화연구원 연구위원, 고운학회 회장. 국민대학교 국사학과에서 학사 · 석사를 거쳐 『최치원의 사회사상 연구』로 박사학위를 취득하였다. KBS '역사저널 그날—최치원편'에 출연한 것과 같이, 최치원을 중심으로 한국고대 사회사상사와 한중 교류사를 주로 연구하고 있다. 『최치원의 사회사상 연구』(2008, 2009년 문화체육관광부 우수학술도서), 『신라인의 기록과 신라사 복원』(2022, 공저), 『신라의 쇠퇴와 후삼국의 성립』(2021, 공저), 『일제강점기 언론의 신라상 왜곡』(2017, 공저), 『古代東アジアの知識人崔致遠の人と作品』(九州大學出版會, 2013, 공저), 『한국 역사상 관료제 운영시스템에 관한 연구』(2010, 공저), 『금석문을 통한 신라사 연구』(2005, 공저) 등을 출간하였다. 국민대학교 · 한국학중앙연구원 · 동국대학교 연구교수와 북악사학회 · 신라사학회 회장을 지냈고, 한중일 해양교류사 연구로 대통령 표창을 받았다.

정대현

이화여자대학교 철학과 명예교수. 고려대학교에서 박사학위를 받았고, 이화여자대학교에서 언어철학, 심리철학, 형이상학 등을 가르쳤다. 일상언어는 애매모호하지만 음양적 논리로 자연화된 우주의 희미한 거울일 것이라는 믿음을 가지고 있다. 단독저서로 『솔 크립키』, 『한국현대철학: 그 주제적 지형도』, 『이것을 저렇게도: 다원주의적 실재론』, 『다원주의 시대와 대안적 가치: 한 인간론의 여성주의적 기초』, 『심성내용의 신체성: 심리언어의 문맥적 외재주의』, 『맞음의 철학: 진리와 의미를 위하여』, 『필연성의 문맥적 이해』, 『한국어와 철학적 분석』이 있고, 공동저서로 『표현인문학』, 『정대현 철학을 토론한다』가 있다.

정세근

충북대 철학과 교수. (사)한국철학회 제53대 회장으로 27개 학회가 참여한 한국철학자연합대회와 남북철학사 정리를 이끌었다. 워싱턴주립대와 대만삼군대에서 강의했고, 대동철학회 회장을 세 차례 연임했다. 저서에 인물세계철학 시리즈인『동양 미학과 한국 현대미학의 탄생-캉유웨이, 야나기, 고유섭』과 교과서인『삶의 철학과 토론』(Youtube: 충북대 고교학점제)을 비롯하여, 동전의 앞뒤인『노자와 루소, 여든하나의 방』과『노자와 루소, 그 잔상들』, 쌍둥이 책인『노장철학과 현대사상』과『도가철학과 위진현학』, 어머니의 철학으로 읽는『노자 도덕경』, 불교에서 윤회를 버리자는『윤회와 반윤회』, 평론집인『철학으로 비판하다』가 있고, 편서로는『위진현학』이 있다. 서예 이론『광예주쌍집』(상, 하)을 해제와 도판을 넣어 번역했고, 대만 학생서국에서『장자기화론』(莊子氣化論, 중국철학총간34)을 냈다. 저서 중 다수가 우수학술도서로 선정되었다. KMOOC에서 학생과 일반인을 대상으로 '다문화와 세계종교 기행'과 '비유와 우화로 보는 철학 산책'을 진행하고 있다.

조은수

서울대학교 철학과 명예교수. 현재 미국 예일대학교 초빙교수. 서울대학교 철학과 석사, 미국 버클리 대학에서 불교학으로 박사학위를 하였다. 미국 미시건 대학교 아시아언어문화학과 조교수를 역임하고, 2004년 서울대학교 철학과 교수로 부임하여 2023년에 은퇴하였다. 서울대학교 규장각 국제한국학센터 초대 소장, 유네스코 아시아 태평양지역 세계기록문화유산 출판소위원회 의장, 불교학연구회 회장 등을 역임하였다. 저술로 *Language and Meaning: Buddhist Interpretations of "the Buddha's word" in Indian and Chinese Perspectives*, 편저 *Korean Buddhist Nuns and Laywomen*, 『직지심경』(영문공역), 『불교과문집』(공저), 『마음과철학』(공저), 『한국의 고전을 읽는다 5 - 문화 사상』(공저), 『21세기의 동양철학』(공저) 등이 있다.

한형조

한국학중앙연구원 교수. 서울대학교 철학과 졸업, 한국정신문화연구원 박사. 띠풀로 덮인 동아시아 고전의 옛길을 헤쳐 왔다. 저작에 『성학십도, 자기 구원의 가이드맵』(2018), 『붓다의 치명적 농담』(2011), 『허접한 꽃들의 축제』(2011), 『조선 유학의 거장들』(2008), 『왜 조선 유학인가』(2008), 『왜 동양 철학인가』(2000) 등이 있다. 콘즈E. Conze의 『불교Buddhism』와, 카마타 시게오鎌田茂雄의 『화엄의 사상』을 번역했다.

한국철학의 소통과 확산

초판 1쇄 인쇄 2024년 6월 24일
초판 1쇄 발행 2024년 6월 28일

지은이 김교빈 · 김선희 · 김시천 · 도현철 · 박소정 · 심재룡 · 이은선 ·
　　　　이중원 · 이한구 · 장일규 · 정대현 · 정세근 · 조은수 · 한형조
펴낸이 유지범
책임편집 신철호
편집 현상철 · 구남희
마케팅 박정수 · 김지현

펴낸곳 성균관대학교 출판부
등록 1975년 5월 21일 제1975-9호
주소 03063 서울특별시 종로구 성균관로 25-2
대표전화 02)760-1253~4
팩스밀리 02)762-7452
홈페이지 press.skku.edu

ISBN 979-11-5550-634-9 93150

＊ 잘못된 책은 구입한 곳에서 교환해 드립니다.